U0904489

普通高等教育“十一五”国家级规划教材

齐涛　主编

中国通史教程 现代卷

本卷主编　俞祖华　张生

（第四版）

山东大学出版社

图书在版编目(CIP)数据

中国通史教程:现代卷/齐涛主编;俞祖华,张生分主编.
—4版.—济南:山东大学出版社,2009.4(2010.9重印)
高等学校文科教材
ISBN 978-7-5607-2016-6

Ⅰ.中…
Ⅱ.①齐… ②俞… ③张…
Ⅲ.①中国—通史—教材
②现代史—中国—教材
Ⅳ.K20

中国版本图书馆CIP数据核字(1999)第20618号

山东大学出版社出版发行
(山东省济南市山大南路27号 邮政编码:250100)
山 东 省 新 华 书 店 经 销
山东临沂新华印刷物流集团有限责任公司印刷
720×980毫米 1/16 23印张 425千字
2009年4月和4版 2010年9月第10次印刷
定价:28.60元

四版前言

《中国通史教程》初版于1999年6月,并于当年秋季投入教学使用。与以往的通史教材相比,这套教材重在体现研究性学习与能力培养的主旨,试图做到给教师留下发挥的空间,给学生留下思考的空间,摆脱那种面面俱到、陈陈相因的固有模式。基于此,教材中的各卷均采用上、下编结构:上编立足于断代,以重大历史事件和重点制度、文化为主线,勾勒不同时代的历史进程;下编则选取贯穿不同时代的若干重大历史问题,进行比较深入的分析与讨论。为便于同学进一步的学习,每章之后均有"导读"、"思考与讨论"。

教材投入使用后,我们又组织进行了教学大纲的修订、师资的培训、教与学诸环节的改革,并举办了若干次教学研讨与教学观摩。与此同时,我们充分认识到,随着时代与学术的进步,任何教材都处在不断的落伍之中。因此,自教材使用之日起,有关的编写人员即开始了新的修订。在修订过程中,我们充分听取了任课教师和学生的意见,从体例的完备、内容的完善到新的学术成果的吸收都作了相应的努力,2001年6月,这套教材的第二版正式面世。鉴于一些院校图书资料的局限性,为把研究性学习与能力培养落到实处,在第二版出版的同时,我们又组织编写了《中国通史教程教学参考》,包括了学习过程中需要掌握的学术动态、基本资料以及学术范文,作为课堂讨论和课下自修用书。让人高兴的是,自教材面世至今,在编写人员与有关各校任课教师的共同努力下,我们初步达到了预期的效果。在2001年,该套教材荣获山东省优秀教学成果一等奖;当年5月,又获得了全国优秀教学成果二等奖。目前国内已有百余所高校陆续选用这套教材或指定为考研参考教材。

面对不断增加的使用者以及国内史学界对这套教材的日益关注,我们唯一的选择就是不断修订、不断完善,紧随时代与学术的进步。自第二版出版后,我们又着手组织了第三版的修订,邀请了北京师范大学的赵世瑜教授,复旦大学的戴鞍钢教授,南京大学的张生教授,与前二版的主要主持者山东师范大学的郭大松教授、聊城大学的李泉教授、鲁东大学的俞祖华教授等分别主持了各卷的修订工作。此次修订,达到了"立足学术前沿,提升学术水准"的目的。2008年,这套教材又被教育部确定为普通高等教育"十一五"国家级规划教材。我们深知,这是对这套教材提出了更高的要求。更何况,自上次修订至今又已四年,史学研究的新进展、新成果需要我们及时吸取;新课改实施后的高中毕业生陆续进入高校学习,也需要我们的大学教材尽快与之衔接。为此,我们又组织了第四版的修订。我们希望《中国通史教程》以及与之配套的教学参考在使用过程中能够继续得到师生们的批评与支持,继续修订,不断完善,为历史学科的发展与历史教学工作做出应有的贡献。

齐　涛

2008 年 7 月于山东大学

目录

下　编

导 论

本教材沿用习惯的名称，把1919年五四运动至1949年10月1日中华人民共和国成立，也就是我国新民主主义革命时期的历史称作中国现代史。中国现代史是中国通史的一部分。

近代以来，中国历史摆脱了治乱相替、周期振荡的缠绕，展示了一个全新的发展趋向，这就是回应和加入全球性的现代化浪潮。中国现代化从19世纪中叶被动发轫，预计到21世纪中叶将基本实现，历时约两个世纪。其间以1949年新中国成立为中界分为两个阶段。由于中华人民共和国成立，中国实现了从被动的现代化到主动的现代化、从依附型现代化到赶超型现代化的转变。我们力图从现代化的视角审视1919～1949年这一时段的历史，认为这30年是实现从被动现代化到主动现代化的转变的关键时期。

我们把这30年的历史纳入早期现代化的现代化叙事模式，但可以将其与传统的反对帝国主义侵略、封建主义压迫的革命叙事模式有机结合起来。通过反帝反封建斗争争取民族独立、人民解放和通过推进现代化实现国家富强、人民富裕是近代以来中华民族面临的两大历史任务。两大历史任务是相互区别又相互紧密联系的。两者互动关系为：一方面，现代化的发展依赖于反帝反封建斗争，以反帝反封建斗争为政治前提。反帝反封建斗争在不同程度上推动了现代化的发展。19世纪六七十年代中国资本主义的产生，同太平天国运动震荡封建秩序不无关系；19世纪末20世纪初中国资本主义的初步发展，得益于戊戌变法、义和团运动、抵制美货运动、收回利权运动对资本帝国主义与封建势力的打击；民国初年中国资本主义的进一步发展，其重要条件是辛亥革命结束了封建帝制。由于这些反帝反封建斗争最后都失败了，未能在实质上完成晚发外生型现代化所必需的政治前提，致使早期现代化举步维艰。1949年新中国的成立结束了帝国主义、封建主义统治中国的历史，终于实现了外生型现代化的政治前提，中国现代化道路的探索出现了希望的曙光。对于不实现民族独立和民主政治，现代化就不可能有迅速的、充分的发展这一道理，一些仁人志士是有所认识的。但有一些好心人对此却抱有幻想，他们希望在不改变半殖民地半封建秩序的情况下，通过埋头于实业救国、教育救国、科学救国,求得国家的富强,这当然是不可能的。“在一个半殖民地的、半封建的、分裂的中国里,要想发展工业,建设国防,福利人民,求得国家的富强,多少年来多少人做过这种梦,但是一概幻灭了。许多好心的教育家、科学家和学生们,他们埋头于自己的工作或学习,不问政治,自以为可以所学为国家服务,结果也化成了梦,一概幻灭了。”痛苦的现实使更多的人从梦幻中醒觉,使更多的人懂得“一个不是贫弱的而是富强的中国,是和一个不是殖民地半殖民地的而是独立的,不是半封建的而是自由的、民主的,不是分裂的而是统一的中国,相联结的”,“没有独立、自由、民主和统一,不可能建设真正大规模的工业”①。另一方面,反帝反封建斗争从低级形态到较高级形态的发展又以资本主义的发生发展、现代性的成长及新的社会力量成长为基础。19 世纪六七十年代,由于洋务派创办军事民用工业和资本主义的产生,形成了早期资产阶级和无产阶级,维新派作为新生的资产阶级上层的代表登上了政治舞台;20 世纪初,在中国资本主义获得初步发展的基础上,代表资产阶级中下层的革命派发动了比较完整意义上的资产阶级民主革命;民国初年资本主义的进一步发展,无产阶级队伍迅速发展壮大,为民主革命从旧民主主义推进到新民主主义阶段提供了物质与阶级基础。没有早期现代化的启动,没有新的社会力量,旧式农民起义要发展为比较完整意义上的资产阶级民主革命并进而发展为新民主主义革命,是不可想象的。所以,既不能离开反帝反封建而孤立地谈现代化,也不能离开现代化抽象地讲反帝反封建。

本教材的“上编”为通史部分,描述中国现代史上三种政治势力围绕三种建国主张进行斗争的历程:地主阶级和买办性的大资产阶级主张继续维护大地主大资产阶级的统治,其政治上的代表是北洋政府、南京政府的统治;民族资产阶级主张建立一个英美式的资产阶级共和国以便使资本主义得到自由的和充分的发展,使中国成为一个独立的资本主义社会;工人、农民和城市小资产阶级的政治代表——中国共产党主张中国人民应当在工人阶级及其政党的领导下通过进行彻底的反帝反封建的新式资产阶级的民主革命即新民主主义革命,建立一个工人阶级领导的人民共和国即人民民主专政的国家。我们还根据学术界的多数意见,把 1919～1949 年的历史划分为五个时期:1919 年 5 月五四运动至 1923 年 12 月,是五四运动与中国共产党的创立时期;1924 年国民党“一大”召开至 1927 年 7 月“七一五”政变,是国民革命时期(或称“北伐战争时期”、“第一次国内革命战争时期”);1927 年 8 月南昌起义至 1937 年 7 月“七七”事变,是第二次国内革命战争时期(或称“十年内战时期”、“土地革命战争时期”);1937 年 7 月

① 《毛泽东选集》第 3 卷,人民出版社 1991 年版(后引此书,版本均同),第 1080 页。

“七七”事变至1945年8月,是抗日战争时期;1945年9月至1949年10月,是解放战争时期(或称“第三次国内革命战争时期”)。以下按三条线和五个时期对“上编”的内容作简要的概述。

第一条线:帝国主义、封建主义、官僚资本主义在中国的统治由强变弱以至灭亡的历史。民国前期,中国仍处在北洋军阀统治之下,皖系、直系、奉系先后控制北京中央政权。1920年7月爆发的直皖战争,以皖败直胜而结束,原皖系执掌的北京政权落入直、奉两系军阀手中。到1922年4~6月的第一次直奉战争后,北京政权由直系独霸。国民革命时期,北洋军阀统治走向末路。1924年发生了第二次直奉战争和北京政变,此后,奉系控制了北京政权。吴、孙、奉三支军阀成为北伐战争的主要对象,到第一次国共合作破裂前夕,吴、孙的主力被消灭,奉系则延长了一年。十年内战时期,蒋介石集团通过“二次北伐”打败了奉系,又通过国民党各派系的争斗取得了优势地位,确立了在全国的统治地位。1931年日本发动侵华战争,国民党政权奉行“攘外必先安内”的国策,对内镇压革命和进步势力,对日不作坚决抵抗,使民族危机愈益严重。抗日战争时期,汪精卫集团投敌卖国,蒋介石集团则具有两重性。抗战初期,国民党抗战是积极的,与共产党的关系也较好,但进入相持阶段后,转向消极抗战,积极反共,其统治日趋腐朽。解放战争时期,国民党反动统治迅速崩溃。帝国主义、封建主义、官僚资本主义严重阻碍了中国现代化的发展。如日本于1931年发动的、长达14年的侵华战争不仅打断了中国民族经济在30年代的正常发展势头,而且摧毁了中国东部沿海和平原地带的工业设施,使中国的经济基础遭到了严重破坏。据不完全统计,仅1937~1945年八年期间,战争就使中国损失约5000亿美元。帝国主义侵略和大地主大资产阶级的专制统治破坏和阻碍社会生产力的发展,再加上自身难以调和的矛盾,决定了其必然灭亡的命运。

第二条线:民族资产阶级及其政党的主张与活动。1922年8月,孙中山领导的第二次护法运动失败,表明资产阶级领导的旧民主主义革命在中国已走不通了。在苏俄、共产国际和中国共产党的帮助下,孙中山实现了一生的伟大转变。但在新民主主义革命时期,仍有一些资产阶级与上层小资产阶级的代表人物,企图走中间路线,幻想建立资产阶级共和国,如20年代初的“好人政府主义”、“联省自治”、“制宪救国”、“废督裁兵”等资产阶级改良主义思潮,十年内战时期的第三党、改组派、人权派等中间政派,抗日战争时期的抗日民主宪政运动与中国民主政团同盟,解放战争时期的“中间路线”等。他们为建立英美式的资产阶级共和国进行过长期不懈的努力,但由于民族资产阶级本身的软弱性,由于国内、国际条件的不允许,他们鼓吹多年的“中间路线”最终破产,建立资产阶级共和国的愿望成为泡影。解放战争后期,他们中的多数人抛弃了中间路线,各民主党派响应共产党关于召开新政协的号召，参加筹建新中国的工作。

第三条线：中国人民在无产阶级领导（通过中国共产党）下进行反帝、反封建、反官僚资本主义的斗争直至取得胜利。五四运动以后，中国革命不再是资产阶级领导的旧民主主义革命，而是无产阶级领导的新民主主义革命。“在资产阶级领导时期的革命和在无产阶级领导时期的革命，区别为两个很大不同的历史阶段。这就是：由于无产阶级的领导，根本地改变了革命的面貌，引出了阶级关系的新调度，农民革命的大发动，反帝国主义和反封建主义的革命彻底性，由民主革命转变到社会主义革命的可能性，等等。所有这些，都是在资产阶级领导革命时期不可能出现的。”当然，反帝反封建的民主革命性质并没有变化。“五四”时期虽然还没有中国共产党，但已经有了大批的、赞成俄国十月革命的、具有初步共产主义思想的知识分子。1921 年 7 月中国共产党成立至新中国成立的 28 年的历程可以 1935 年 1 月的遵义会议为界分前 14 年和后 14 年。前 14 年有发展，但也遭到了重大挫折。“在第一次统一战线时期，它是幼年的党，它英勇地领导了一九二四年至一九二七年的革命；但在对于革命的性质、任务和方法的认识方面，却表现了它的幼年性，因此在这次革命的后期所发生的陈独秀主义能够起作用，使这次革命遭受了失败。1927 年以后，它又英勇地领导了土地革命战争，创立了革命的军队和革命的根据地，但是它也犯过冒险主义的错误，使军队和根据地都受了很大的损失。”后 14 年走上了平稳、顺利发展的道路。“一九三五年以后，它又纠正了冒险主义的错误，领导了新的抗日的统一战线，这个伟大的斗争现在正在发展。”①此后，党领导抗日战争、解放战争取得胜利，建立了人民民主专政。新民主主义革命的胜利使一个半封建半殖民地的、军阀专制的、分裂的中国变成为一个独立、自由、民主和统一的中国，为国家现代化创造了必要的政治前提。反对外来侵略，反对军阀割据，扫除阻碍社会生产力发展的桎梏，建立独立、统一的现代化国家，这是中国现代化不容回避的焦点问题，新民主主义革命正是围绕这一中国现代化的基本主题而展开并取得成功的。

本教材的“下编”为专题部分，对中国现代史上的若干重要问题作了深入的探讨，主要有以下几个方面：

第一，关于工业化或经济现代化。第二章“中国现代社会经济的构成”告诉我们：民族资本主义有了较大的发展，但由于外国资本和官僚资本的双重压榨，使民族资本得不到正常发展，始终没有成为中国社会的主要生产方式；官僚资本作为一种畸形的资本主义严重阻碍着社会经济的正常发展，但它仍属民族经济的一部分，客观上为新中国国有经济的建立奠定了物质基础；外国在华资本对中

① 本段的引文均出自《毛泽东选集》第 1 卷，第 316 页。

国资本主义工业化既有客观上刺激示范的作用，又有阻碍作用；封建地主经济和小农经济处在解体、分化的过程中；新民主主义经济初步形成。

第二，关于社会阶层的流动。第三章“中国现代社会结构及各界群众运动”，可使我们看到社会结构的变动反映了现代化的深入：与现代生产方式相联系的工人阶级、资产阶级得到长足的发展；具有现代教育背景的新知识阶层发展壮大；地主阶级的内部结构较旧式地主有了显著变化，许多地主尤其是大地主已不是旧式的收租地主，而是兼营工商与高利贷，成为多元型地主；农民阶级也发生了明显的分化，富农在不同程度上采用了资本主义生产方式，贫、雇农中的相当一部分走上了革命的道路，对推动社会变革产生了巨大作用。

第三，关于建立新的政治共同体，建立具有现代取向的、强有力的中央政府。第四章“北京政府时期的南北政权”与第五章“中国民主党派与多党合作”涉及到这一问题。外生型现代化必须首先具备一个政治前提，即建立独立、统一的现代中央政权。外生型现代化在启动以后非经济因素的作用大于经济因素的作用，其中最突出的是中央政权在推动经济增长与社会变革中的作用。因此，晚发外生型现代化的当务之急是具有立志推进现代化的现代领袖取代传统领袖掌握政权，进而建立一个具有现代取向的、高效有力的中央政府。中国早期现代化中的制度层面的变革在1927年以前侧重于变革旧的权力结构，1927年以后侧重于建立新的政治框架。变革旧的权力结构的现代化变革包括针对清朝皇权体制的戊戌变法、立宪运动、辛亥革命和针对封建军阀势力的二次革命、护国运动、第一次护法战争、第二次护法战争、北伐战争。戊戌变法、辛亥革命等在变革旧秩序的同时，都试图提供新的政治框架，但都很快失败了。重建新的政治框架即尝试现代化集权的努力取得明显成效是在1927年以后，一次是国民党的努力，一次是共产党的努力。国民党于1927年4月18日在南京成立了国民政府，30年代国民政府重建中央集权取得了部分成功，但由于腐败、专制严重腐蚀了政权的现代性，最终导致其在中国大陆的失败。中国共产党于1949年建立了新政权，强大有力、具有现代取向的中央政府终于出现。

第四，关于现代文化与学术。下编的第六、七章涉及到这个问题。文化保守主义、自由主义和马克思主义三大文化思潮虽然在文化取向上彼此对立，但都不反对中国实现现代化，只是各自选择的方向和道路有所不同而已。现代自然科学与社会科学的许多学科得以开创或得到发展，在有些领域，不管是从世界范围还是中国学术发展史来看，名列前茅的成果还是不少的。

本卷1999年初版，编写的分工如下：导论，俞祖华；上编第一章，王冠卿、张为民；第二章，孙崇绂；第三章，张桂华、刘卫东；第四章，袁素莲；第五章，徐士绍、张增森。下编第一、二章，孔凡岭。第三章，沈芳。第四章，刘兰昌。第五章，林治理。第六章,俞祖华、杨庆玲。第七章,"自然科学"与"社会科学"部分,孔凡岭;"文艺"部分,王志丽;"文化事业"部分,于作敏。第八章,李存朴、张厚杭。全卷由俞祖华提出编写提纲,经大家讨论后分工编写,俞祖华、林治理统稿。2001年修订再版仍由俞祖华、林治理主持。2004年,该书又在俞祖华、张生的主持下进行第三版修订补充工作,最后由齐涛对全书进行审定。此次改版,由俞祖华对全书进行了修订补充,齐涛最后审定。

本教材在编写中参考了一些专著、论文和教材,如王桧林先生主编的《中国现代史》、中共中央党史研究室编著的《中国共产党历史》第一卷、李云峰主编的《二十世纪中国史》上卷和陈振江、江沛主编的《中国历史·晚清民国卷》等,在这里我们对这些史学成果的作者表示深深的感谢。本教材会有一些不妥之处,敬请专家和读者给予批评指正。

上　编

第一章 北洋军阀统治的继续与新民主主义革命的开始

1919年5月至1923年底，是皖系、直系军阀统治与中国新民主主义革命开始的时期。基本线索为：(1)各个帝国主义国家在第一次世界大战结束后重新加紧了对中国的侵略，列强的矛盾反映到中国政局中来，体现为军阀的纷争、混战进一步加剧。(2)五四运动发生后，中国工人阶级以独立的姿态登上政治舞台，马克思主义得到广泛传播，马克思主义与中国工人运动相结合，诞生了中国共产党，中国革命由旧民主主义革命转变为新民主主义革命。可分为两个阶段：

第一阶段从1919年五四运动爆发到1921年中国共产党创立。日本帝国主义乘第一次世界大战之机加紧侵华，军阀割据纷争局面的出现，使民族危机进一步加深；中国资本主义的发展，新的社会力量成长和新文化运动的兴起，十月革命的影响，为爱国运动的发展奠定了阶级和思想基础；巴黎和会上中国外交的失败直接促成了五四爱国运动，新民主主义革命揭开了序幕。五四运动后期，工人阶级以独立的姿态登上了政治舞台；五四运动还促进了马列主义的广泛传播；具有初步共产主义思想的知识分子看到了工人阶级在五四运动中的伟大作用，开始到工人中去宣传马克思列宁主义，促成了马克思列宁主义与中国工人运动的结合，为中国共产党的创立作了思想上、干部上的准备。

第二阶段从1921年7月中国共产党成立到1923年底。中国由日本独占回到由几个帝国主义国家共同支配的局面，各派军阀的纷争、混战加剧，爆发了直皖战争和第一次直奉战争，北京政权落到直系军阀手中。中国共产党成立后，集中力量领导工人运动，也开始领导农民和青年、妇女运动；开始了对国民党的联合战线工作；着手制定民主革命纲领。孙中山在绝望中遇到了中国共产党，欢迎共产党同他合作。资产阶级和小资产阶级改良派提出了多种改良主义主张。

一、民国初期的社会变迁

(一)从袁世凯独裁到军阀割据纷争局面的出现

1911年武昌首义后，清政府的统治土崩瓦解。1912年1月1日，中华民国临时政府成立，孙中山宣誓就任临时大总统。武昌起义后被清廷任命为内阁总理大臣的袁世凯，以其老谋深算的政治权术与软硬兼施的恶辣手段，对清廷与南方革命势力两面施压，迫使双方束手就范。2月12日，清室在取得八项优待条件后，皇帝下诏退位。2月13日，孙中山宣布辞去临时大总统一职，并推荐袁世凯继任。4月1日，孙中山宣布解职。随后，袁世凯在北京当上中华民国临时大总统，由此开始了北洋军阀统治中国的时期。

袁所建立的北洋军阀政权，虽然挂上了中华民国的新颖国号，但延续了大清帝国君主专制的衣钵。为了达到建立独裁统治的目的，他对内镇压民主力量，破坏作为资产阶级民主制度象征的国会（参议院）、内阁、临时约法，还不惜出卖国家利益以换取帝国主义对其恢复君主专制统治的支持。他派人杀害了国民党领导人宋教仁，镇压了“二次革命”，并以武力胁迫国会议员选举自己为正式大总统。1913年10月10日就任正式大总统后，他立即向国会和《临时约法》开刀。11月4日，他下令解散国会，并撤销438名国民党议员资格，使国会不足法定人数，无形中被废弃。1914年1月10日，袁世凯干脆下令正式解散国会。2月，又下令停办地方自治及各省议会。在既已解散这个国会之后，袁世凯就着手废除临时约法，代之以《中华民国约法》。他在1914年3月召开了其约法会议，并且为这个会议规定了“约法增修大纲”七条，这七条的主要内容是：“外交大权绝对归于大总统”，“官制官规制定权及官吏任免权”也都属于大总统，都不需要经过议会，而且大总统有权不经过议会“发布与法律同等效力之政令”，有权“以教令为临时财政处分”，这就是取消了议会制；不设国务总理，而使政府各部总长“均直隶于大总统”，这就是取消了责任内阁制；“关于人民的权利，其褫夺恢复等，得由大总统自由行之”，这就是根本否定了民主的概念。按照这些原则制定的约法在1914年5月公布。这个约法赋予袁世凯的个人独裁以“合法性”，只不过还保留着中华民国的名义罢了。袁世凯的约法规定要成立一个类似议会的“立法院”（但它无权监督大总统而只能听命于大总统）和一个叫做“参政院”的咨询机关。实际上，他只成立了参政院，其组成人员是些原来清朝的官员和各地的地主绅士，也有一些进步党人和变节的国民党人。这个参政院适应袁世凯的需要制定了一个“大总统选举法”（1915年1月1日公布）。按照这个选举法，大总统任期十年，并可连任。选举大总统是由参政院和立法院各推五十人来进行，而且参政院“认为政治上有必要时”，可以“议决现任大总统留任”而不用进行选举。再有一项奇特的规定是，继任大总统的候选名单由现任大总统预先确定，写在“嘉禾金简”上，密藏于“金匮石室”中；到选举时，打开石室，取出金简，人们只能照单“选举”。所以当时舆论就认为，袁世凯不但有了终身任总统的保证，而且由于有权指定继承人，因而能够传位给自己的儿子。1915年1月，日本提出灭亡中国的“二十一条”。袁世凯为换取日本的支持于5月9日接受了要求。他并不以取得了和皇帝同样权力的“大总统”为满足，还企图“承天建极”，恢复帝制。12月12日，袁世凯正式宣布实行帝制，改中华民国为“中华帝国”，并且像历代皇帝颁布年号一样，规定次年为“洪宪元年”。

袁世凯的倒行逆施，遭到了全国人民的反对。1915年12月25日，云南宣布独立，蔡锷等组织护国军，许多省份相继响应。陷于困境的袁世凯被迫于1916年3月22日宣布取消帝制，并于6月6日病死。

袁世凯死后，北洋军阀分裂成以段祺瑞为首的皖系和以冯国璋为首的直系。另一个大的军阀派系是以张作霖为首的奉系。各地还有一些非北洋系统的军阀，如晋系阎锡山、桂系陆荣廷、滇系唐继尧、湘系谭延闿等。袁世凯死后，黎元洪以副总统身份出任大总统。黎元洪任职后，北京政府于6月29日决定恢复民国元年的临时约法，于8月1日恢复国会，通过了特任段祺瑞为国务总理的议案。9月初，段祺瑞组阁，掌握北京政府大权。确立了由皖系军阀操纵北京中央政权的局面。掌握北京政府实权的段祺瑞，外受帝国主义列强操纵，对内则假民国之名行专制之实。

1917年初，发生了黎元洪、段祺瑞之间的所谓“府院之争”，黎元洪下令将段免职。7月1日，张勋拥戴溥仪复辟，段祺瑞暗中支持，利用其赶走黎元洪和解散国会。后又于7月12日攻入北京，驱逐了张勋。冯国璋代理大总统，段祺瑞重任国务总理。他在驱逐张勋、重掌北京政权后，拒绝恢复《临时约法》和国会，重新组织了由以徐树铮为首的“安福俱乐部”操纵的御用国会。孙中山为此于1917年7月发起护法运动，8月在广州召开非常国会，9月成立护法军政府，出兵讨段，形成了南北对峙的局面。段祺瑞派兵讨伐护法军政府，并调直系军队打前锋。直系军阀另有图谋，与西南军阀勾结，排斥段祺瑞，主张停战息兵，和平解决。11月，段祺瑞被迫辞去国务总理，专任参战督办。与此同时，南方护法军政府内部也发生分裂，孙中山遭滇、桂军阀排挤，于1918年5月被迫辞职，护法运动失败。在此之前，3月，皖系勾结奉系入关声援，冯国璋被迫再次任命段祺瑞为国务总理。段祺瑞在日本支持下继续推行武力统一政策，直系与西南军阀建立了更密切的联系，并进一步取得英美的支持，与皖系对抗，军阀之间的矛盾更趋尖锐。各派军阀在政治和军事上的角逐、争斗、混战，把中国推到更加黑暗的深渊。

由于欧洲列强忙于第一次世界大战，日本帝国主义成了当时侵略中国的主要国家。1914年8月下旬，日本对德国宣战，随即于9月出兵我国山东，10月占胶济铁路，11月占领青岛，夺取了德国从清政府中攫取的在山东的权益。1915年5月，日本强迫袁世凯签订“二十一条”。1917年至1918年，日方由西原亀三为代表经办，通过向段祺瑞提供总额约5亿日元的“西原借款”，进一步控制了中国的铁路、税收、矿产、森林资源以及军队训练权。1918年5月，日本又与段祺瑞政府签订中日《陆军共同防敌军事协定》和《海军共同防敌军事协定》，调派七八万军队侵占中国东北。第一次世界大战期间，日本在华经济势力迅速扩张。从1913年到1919年，日本在华企业由36家猛增至178家，在中国东北开设的银行由21家增至38家。1918年9月24日，在中日双方关于山东问题的换文中，驻日公使章宗祥对日本夺取原德国在我国山东侵占的权益竟表示“欣然同意”。日本帝国主义的加紧侵略与北洋军阀政府的一再卖国，使中华民族的危机更趋严重。

资产阶级改良派在辛亥革命后，先是依附袁世凯，在袁称帝野心暴露后，转而从事反袁活动。1915年12月，梁启超策动其学生蔡锷在云南组织护国会，发起护国战争。在段祺瑞控制北京政权后，改良派又依附于段祺瑞。他们组织宪法研究会(被称为“研究系”)，幻想在军阀庇护下进行一些改良，但很快被抛弃。辛亥革命后资产阶级革命派和改良派所进行的一系列活动的失败表明中国资产阶级领导的旧民主主义革命已陷入绝境。资产阶级和代表资产阶级的政治力量不可能领导中国民主革命取得胜利。中国革命必须有新的领导，走新的道路。

(二)民族资本主义发展与社会结构的新变化

民国初年，以袁世凯、段祺瑞为代表的北洋军阀统治把中国拖入了一个极为黑暗、困苦的境地。但在这一时期，中国社会也发生了一些积极的变化，其中社会经济方面的新变化就是民族资本主义获得了前所未有的发展，并由此带来新的社会力量的成长。这一时期资本主义获得较快发展的原因有：第一次世界大战期间，欧洲几个帝国主义因忙于战争暂时放松了对中国的经济侵略，为中国民族工业发展提供了一个有利的外部条件。辛亥革命推翻了封建专制统治，建立了中华民国，为中国民族资本主义的发展，扫除了一些政治上的束缚和障碍，而领导这次革命的资产阶级的社会政治地位得到了大大提高，从而激发了其投资近代企业的热情；南京临时政府的领导者大都是资产阶级，也有一些商界人士担任了要职；袁世凯取得政权以后，为了笼络资产阶级，也吸收了其中的代表人物如陈其美、周学熙、张謇等担任工商总长、财政总长的职务。资产阶级通过手中掌握的权力，制订出若干有利于振兴实业的政策法令，如工商部于1912年12月5日颁发了《暂行工艺品奖励章程》，于1914年1月公布了《公司条例》和《公司保息条例》，于1915年公布了《农商部奖章规则》等。这些条例虽然未尽完善，但在一定程度上为发展民族资本主义提供了法律上的保护。近代以来先驱者对“实业救国”的倡导、国人对近代化的逐渐熟悉、认同，尤其是辛亥革命后资产阶级对发展实业的大力提倡更教育了中国人民，形成了有利于民族资本主义发展的社会舆论，大大刺激了国人投资近代企业的热情；辛亥革命前后群众性的反帝爱国运动特别是1915年因反对“二十一条”而掀起的抵制日货、提倡国货运动，既抵制了帝国主义的侵略，又刺激了民族资本主义的发展。由于上述种种原因，使中国民族资本主义工业得到了较大的发展。

据统计，从1840到1911年的72年间，中国历年所创办资本额在万元以上的工矿企业总数约953家，创办资本总额约2亿元；从1912年到1920年的9年间，新建的万元以上几个方面厂矿企业达1048家，创办资本总额约2.3亿元，超过了以往72年的投资总额。获得率先发展的是轻工业，尤其是以纺织业和面粉业发展最快。棉纺织业方面，1913年到1921年，全国华资纱厂的纱锭由48.4万余枚增至124.8万余枚，增长了157.8%；织布机由2016台增至5825台，增长了188.9%。面粉业方面，1913年至1920年，新设面粉厂47个。其他轻工业如缫丝、火柴等也得到了较快发展。重工业的一些部门如采矿业、运输业也得到了发展。与民族工商业获得发展的同时，民族资本的银行业也得到迅速发展。1911年底，中国本国银行共16家，实有资本总额215万元，到1920年增至103家，实有资本总额880万元。在民族工业的发展中，涌现了一些有影响的民族资本家，如江苏无锡的荣宗敬、荣德生兄弟，广东籍侨商简照南、简玉阶兄弟等。虽然，这一时期中国民族资本主义取得进一步的发展，但仍然受着帝国主义和封建主义的压迫，带有半殖民地半封建的特征。民族工业没有形成完整的工业体系，其力量仍十分薄弱。

随着民族工业的发展，新的政治力量随之成长。在这一时期，民族资产阶级的队伍扩大较快。据统计，1918年全国商会会员有16.2万人，华侨商会会员有2.1万人。为了发展民族资本主义，民族资产阶级在政治上也日益活跃。他们对内不满封建军阀对民主制度的践踏，反对军阀的割据与混战，要求建立统一的国内市场；对外反对帝国主义对中国的经济侵略，要求关税自主，收回利权。但民族资产阶级既有反帝反封建的革命性，又有与帝国主义、封建主义的妥协性，他们与农民阶级一样不能担负领导中国革命的重任，不可能领导中国人民完成反帝反封建的民主革命任务。

这一时期，城市小资产阶级尤其是新式知识分子的人数也大为增加了。据估计，五四运动前夕，全国受过新式小学教育的有近千万人，受过中等教育的有十多万人，受过高等教育的有数万人，还有一些留学人员。新式知识分子思想敏锐，眼界开阔，具有强烈的忧患意识，迫切要求社会变革，能够参加反帝反封建的民主革命，还常常在革命中发挥先锋和桥梁作用。

在新的政治力量的增长中，最重要的是无产阶级队伍的壮大。中国产业工人最早产生在19世纪中叶的外国在华企业中，随后又出现在19世纪60年代清朝官办的企业和70年代兴起的民族企业中。到1894年，近代产业工人约10万人。到1914年，增加到100万人以上。到1919年五四运动前夕，已达200万人以上。近代中国的无产阶级，除了产业工人这一主体外，还包括与产业工人处于同等或类似地位、靠出卖劳动力生活并与产业工人所从事的机器大工业生产有直接或间接联系的各种非产业工人，其总数为4000万人左右。中国无产阶级同世界各国无产阶级一样，不占有任何生产资料，与最先进的生产方式相联系，是新的生产力的代表者，富有组织性和纪律性。除此之外，还有自己独特的优点：他们所受的压迫、剥削最重，因而在革命中最坚决、最彻底；人数虽少，但高度集中，易于形成强大的战斗力量；和农民有天然的联系，易于结成工农联盟。这些特点决定了中国无产阶级是中国社会各阶级中最革命、最先进的阶级。随着无产阶级队伍的壮大，工人阶级的斗争也有了进一步的发展，他们经常用罢工这一手段来反抗各种压迫。1912年至1919年5月，有记载的罢工达150多次，超过辛亥革命以前数十年的总和。这些罢工多为自发性的经济斗争，但开始由分散的经济斗争向有组织的反帝反封建的政治斗争转变，如1916年天津工人反对法国强占老西开而举行的罢工就说明了这点。

（三）新文化运动的兴起

辛亥革命推翻了中国长达两千余年的封建帝制，建立了中华民国，但中华民国很快成了一块空招牌，虚假的民主共和形式加上真实的专制独裁内容，使人们在备受欺凌的同时又备受愚弄。尤其是袁世凯为了复辟帝制而大搞祭天祀孔、尊孔读经，极为推崇封建纲常名教，再次表明旧伦理、旧思想与君主专制的密切关系。这引起了中国先进知识分子的痛苦思考。他们认为，辛亥革命之所以失败，是因为缺少一个思想上的启蒙运动，是因为缺乏对封建纲常名教的深入批判。“要巩固共和，非先将国民脑子里所有反对共和的旧思想，一一洗涮干净不可！”[①]因此，他们便向传统的封建主义旧文化、旧思想发动了一场猛烈的攻击。

1915年9月，陈独秀在上海创办《青年杂志》(从2卷1号改名为《新青年》)，新文化运动由此发端。1917年1月，陈独秀应北京大学校长蔡元培聘请就任北大文科学长，《新青年》编辑部也迁到北京。李大钊、鲁迅、胡适、钱玄同等参加了《新青年》的编辑或撰稿。这样，北京大学和《新青年》编辑部就成了新文化运动的主要阵地。

新文化运动的主要内容是提倡民主和科学。新文化运动倡导的民主有两层

① 《旧思想与国体问题》，载《陈独秀文章选编》(上)，三联书店1984年版，第206页。

含义：一是指民主精神和民主思想，包括个性解放、人格独立及自由民主权利等内容；二是指与封建君主专制制度相对立的资产阶级民主政治制度。新文化运动倡导的科学也有两层含义：主要指与封建迷信、蒙昧无知相对立的科学思想、科学精神以及认识和判断事物的科学方法，同时也指具体的科学技术、科学知识。他们主张“以科学与人权并重”，认为民主和科学是推动中国社会前进的两个车轮。他们高举这两面光辉的旗帜，大力宣传民主思想，反对封建专制和军阀政治；大力宣传科学思想，反对封建迷信和愚昧、盲从。为了提高人们的民主主义觉悟，新文化运动的倡导者们对以孔子学说为代表的维护封建专制制度的旧礼教、旧道德发动了猛烈的攻击，提出了“打倒孔家店”的口号。新文化运动的另一重要内容是文学革命：提倡白话文，反对文言文；提倡新文学，反对旧文学。为新思想新文化的传播提供新的载体。

五四运动前的新文化运动仍然属于旧民主主义范畴，存在着形式主义倾向、局限于知识界等严重缺点。但它对统治中国两千多年的封建传统思想文化进行了全面的、猛烈的冲击，使中国知识分子、广大青年的思想得到了空前的大解放。它启发了人们的民主主义觉悟，传播了科学思想，激发了人们对国家命运的关心，不仅为科学社会主义思潮在中国的传播开辟了道路，更为五四运动的发动作了思想准备。

（四）马克思主义的初步传入

正当中国社会发生重大变化之际，俄国爆发了伟大的十月社会主义革命。1917 年 11 月 7 日（俄历十月二十五日），俄国无产阶级和劳动人民在列宁和布尔什维克党的领导下，用暴力推翻了地主资产阶级政权，建立了苏维埃政权，社会主义革命取得了胜利。西方的无产阶级和东方的被压迫民族被十月革命的胜利所唤醒，欧洲资本主义国家的无产阶级革命运动从此走向高涨，亚洲殖民地半殖民地国家的民族解放运动风起云涌。

十月革命胜利的消息传到中国以后，极大地鼓舞了中国人民，使他们看到了中华民族获得解放的新希望。革命民主主义者孙中山由衷地欢迎十月革命。1918 年夏天，孙中山在上海致电苏俄和列宁，表示“极大的敬意”，并“希望中俄两国革命党团结一致，共同奋斗”。十月革命给中国送来了马克思列宁主义，这是对中国最大最深刻的影响。中国的先进分子自此开始用无产阶级的宇宙观作为观察国家命运的工具，重新考虑中国的问题，从而在中国形成了赞成十月革命、具有初步共产主义思想的知识分子。中国人知道马克思并接受马克思主义，经历了一个过程。还在 19 世纪末，马克思的名字就出现在当时的中文报刊上。在中国史籍中第一次提到马克思及其学说，是 1899 年 2 月出版的《万国公报》第

121期上发表的、英国传教士李提摩太节译的《大同学》一文,文中写道:“其以百工领袖著名者,英人马克思也。马克思之言曰:纠股办事之人,其权笼罩五洲,实过于君相之范围一国。吾侪若不早为之所,任其蔓延日广,诚恐遍地球之财币,必将尽入其手。”此后,改良派、革命派、无政府主义者等方面都有人士谈到马克思。如1902年,梁启超在《新民丛报》发表《进化论革命者颉德之学说》一文,文中附带提到了马克思,称其是“社会主义之泰斗”;1905年11月,朱执信在《德意志社会革命家小传》中,叙述了马克思、恩格斯的生平活动,介绍了《共产党宣言》的要点。

马克思主义在中国产生影响并得到初步的传播是在十月革命后。李大钊是我国最早选择了马克思主义的先驱,是我国历史上的第一个马克思主义者。他在1918年所写的《法俄革命之比较观》、《庶民的胜利》、《布尔什维主义的胜利》等论文中,已开始用马克思主义的观点分析第一次世界大战和十月革命的原因,热情地歌颂了十月革命是劳工主义的胜利、是庶民的胜利,表明了中国先进分子对中国命运的新思考。

十月革命还使中国的先进分子看到了工农群众的伟大力量,逐步认识到了发动群众直接斗争的必要性。1918年,蔡元培喊出了“劳工神圣”的口号。陈独秀创办《青年杂志》在开始时只是号召青年从伦理道德方面去修身,反对青年参与政治。但在1919年1月发表的《除三害》一文中,他转而号召“一般国民要有参与政治的觉悟”,起来同军阀、官僚、政客进行斗争,认为“对于这三害要有相当的示威运动”。3月,他在《每周评论》发表的《我的国内和平的意见》中提出,要根本解决中国问题,必须发动工农群众。李大钊从十月革命的胜利是“劳工主义的战胜”、“庶民的胜利”中认识到了民众的力量,提出“非把知识阶级与劳工阶级打成一气不可”①。可见,十月革命和当时世界革命高潮中不断爆发的游行示威、同盟罢工和武装起义等群众斗争方式,深深地感染了中国的先进分子,人们认识到必须“直接行动以图根本之改造”。

二、五四运动——伟大的开端

(一)巴黎和会上中国外交的失败

1918年11月,第一次世界大战以“协约国”获胜而告结束。1917年8月14日,北洋军阀政府曾对德国宣战。当德国投降的消息传来时,国人纷纷以战胜国

① 《青年与农村》,载《李大钊文集》(上),人民出版社1984年版,第648页。

而感到自豪。他们对"协约国"的胜利及其战后的和平会议充满着期待，也对将主导和平会议的列强心存着幻想，企望中国能以战胜国的资格洗刷国耻。蔡元培满怀信心地说："现在世界大战的结果，协约国占了胜利，定要把国际间一切不平等的黑暗主义都消灭了，别用光明主义来代替他。"[①]陈独秀对美国总统威尔逊在国会演说中提出的"和平条款十四条"产生了幻想与错觉，希望有"公理战胜强权"的结果，还称威尔逊为"世界上第一个好人"。这种美好的梦想很快被巴黎和会打碎。

1919 年 1 月 18 日，英、美、法、日、意等 27 个战胜国在巴黎召开"和平会议"，拟定对德、奥等战败国的和约。会议由美、英、法、意、日 5 国各出 2 名代表组成的最高理事会("十巨头"会议)控制。3 月 25 日，决策的 10 人会议缩减为"四巨头"会议：美国总统威尔逊、英国首相劳合·乔治、法国总理克里孟梭、意大利总理奥兰多。实际上，重大问题都由美、英、法三国代表决定。这是第一次世界大战的战胜国为重新划分势力范围而召开的会议。作为战胜国的一员，北京政府从中看出了收回近代以来丧失给德、奥等国主权的希望，并派出以陆征祥(北洋军阀政府外交总长)、顾维钧(驻美公使)、王正廷(南方军政府代表)、施肇基(驻英公使)、魏宸组(驻比公使)等五人为全权代表，多达 52 的代表团出席这次会议。中国代表团先提出废弃势力范围，撤退外国军队、巡警，裁撤外国邮局及有线无线电报机关，撤销领事裁判权，归还租借地，归还租界，关税自主等七项希望条件。接着，在中国旅欧学生要求下，又提出取消"二十一条"的提案。对以上两项提案，和会的操纵者以不在会议的讨论范围之内为由而置之不理。

当时，国人更希望能通过巴黎和会解决山东问题。山东问题由来已久。1897 年，德国强占胶州湾后，把山东划为它的势力范围。德国在山东殖民经营的成功，刺激着日本对山东的野心。特别是中日甲午战争以后德国与俄、法两国迫使日本将辽东半岛"交还"中国，更使日本耿耿于怀。山东为日本近邻，土地肥沃，物产丰富，水陆交通便利，早已成为日本阴谋夺取的对象。1914 年第一次世界大战爆发后，德、意、奥和英、法、俄两个帝国主义集团在欧洲战场上互相厮杀，无暇东顾，这对于蓄谋已久夺取山东并进而扩大对中国侵略的日本来说，是一个极好的机会。第一次世界大战爆发的第二天，日本政府就以"英日同盟"为借口发表宣言，声明它将采取"必要措施"。与此同时，日本政府积极进行侵略中国的备战活动。它暗中发布了战争动员令，组成了海军第二舰队，并集中了陆军 5 个师团的兵力，准备入侵山东，夺取德国在山东的一切殖民权益。1914 年 8 月 23 日，日本正式对德宣战。1914 年 9 月 2 日，日本以对德宣战为名，出兵山东。11

① 《黑暗与光明的消长》，载《蔡元培全集》第 3 卷，中华书局 1984 年版，第 216 页。

月7日，德国战败投降，日英联军占领青岛。此后，日本为了使其霸占山东的既成事实得到国际公认，施展了种种外交手段。巴黎和会召开后，日本方面在1月27日召开的“十人会议”上提出继承德国在山东权益的请求。在1月28日召开的五国会议上，中国代表提出归还胶州租界和德国在山东一切权力的要求。顾维钧从种族、语言、宗教、文化、国防利益等方面，论证山东是中国不可分割的神圣领土，强调该地有3600万以上中国人口，为孔孟故乡，中国文化的发祥地，理应归还中国。但日本却公然拒绝归还中国，同时蛮横地声称：日本在山东获得的德国的权益已成既成事实，并且取得了英、法、意等国的承认，并伪称一旦时机成熟，愿将山东交还中国。日方代表还宣读了1918年9月24日的“山东换文”，说中日之间已就山东问题达成协议，因此日本占据山东是“合理的”。顾维钧当即发言说：“人所共知，‘二十一条’是中国与日本提出最后通牒后被迫签订的”，不能视为有效。并且中国参战宣言中已明白表示，所有中德之间的条款已告作废；况且中德各条约明文规定不准转让他国，德国根本无权转让于日本。“至于1918年9月换文，只是该条约的继续。和平时期的条约，如系以战争威胁迫签，则可视为无效，这是公认的国际法准则”。2月15日，中国代表将《关于山东问题说帖》并附各项密约、条约、外交文书19件送交和会，再次强调德国在山东的各项权益应直接归还中国。3月10日，日本代表发表关于山东问题的宣言，认为日本现在享有的德国在山东的各项权利，是合法的。4月16日，五国会议（由英、法、美、意四国外长和日本代表组成）讨论山东问题，中国代表被排斥在外。美国国务卿蓝辛提出德国在中国的权益暂时交由协约国管理，但遭到日本坚决反对。4月30日，英、法、美、日等国议定了关于山东的条款：“德国在胶州及山东所有各项权利，一概放弃，交予日本，日本自愿担任将山东半岛连同完全主权交还中国”的责任，并将之写入《协约参战各国对德合约》中。中国代表团对此决定提出了强烈抗议，中国国内也随之掀起了声势浩大的民众抗议浪潮。

(二)五四运动的爆发

全国各阶层人民一直在关注着巴黎和会，纷纷通电呼吁争回国家主权。4月30日、5月1日，陆征祥密电北洋政府，报告中国在巴黎和会的外交已经失败。同日，上海《大陆报》首先披露了外交失败的消息。5月2日，身为徐世昌总统顾问的林长民在北京《晨报》发表《外交警报敬告国民》一文，称从梁启超的巴黎来电中“证实”了中国外交失败的消息。同日，蔡元培把巴黎的消息通知北京大学学生代表。外交的失败促使人们迅速地行动起来。

5月3日晚，北京大学1000多名学生和北京十几所学校的学生代表在北大法科礼堂集会，决议致电巴黎中国专使，要求拒签和约，并决定次日在天安门广场集会，举行游行示威。5 月 4 日下午，北京大学等 13 所学校的 3000 多名学生集会在天安门前。他们手执上书“还我青岛”、“收回山东利权”、“誓死力争，保我主权”等字样的旗帜，高呼“取消二十一条”、“还我青岛”、“拒绝和约签字”、“外争国权，内惩国贼”等口号，要求拒绝在和约上签字，并惩办卖国贼曹汝霖、章宗祥、陆宗舆（此三人是北洋政府中的亲日派官员）。集会演讲后，即列队游行。他们向东交民巷使馆区进发，并一路散发传单。其传单《北京学生界宣言》中写道：“中国的土地可以征服而不可以断送！中国的人民可以杀戮而不可以低头！国亡了！同胞们起来呀！”当游行队伍来到东交民巷西口时，受到外国巡捕和军阀政府军警阻拦，就改道奔向赵家楼胡同曹汝霖住宅。在匡吾生带领下，学生们冲入曹宅，痛打了正在那里的章宗祥。因找不到躲在箱子里的曹汝霖，愤怒的学生便放起火来。曹宅起火后，大批军警赶来镇压，捕去了尚未离去的 32 名学生，这就是有名的“火烧赵家楼”。

5 月 5 日，北京专科以上学校实行总罢课，营救被捕学生。6 日，北京中等以上学校学生联合会成立，领导组织学生开展爱国运动。北京学生的爱国行动得到社会各界的同情和支持，天津、上海等地的学生和社会各界纷纷发表通电，强烈要求军阀政府释放被捕学生。北京大学的进步教授成立了教职员联合会，积极营救被捕学生。北京政府迫于全国人民的压力，不得不于 7 日释放了被捕学生。北京各校学生于同日复课。

军阀政府在各校学生复课后，仍对爱国学生进行迫害。5 月 8 日，大总统徐世昌下令将释放的学生送交法庭审判，随后北京检察厅传学生预审。北京大学校长蔡元培成了反动派攻击的主要目标，北京政府已内定撤销其职务。9 日，他被迫辞职出走。蔡元培任北大校长期间，不仅以“兼容并包”的办学思想深得知识分子的赏识，更因其坚持爱国立场、同情学生的爱国运动而受到青年学生的拥戴，他的辞职在学生中激起波澜。14 日，北京政府下令慰留被迫提出辞呈的卖国贼曹汝霖、陆宗舆，并责成北京和各省加紧镇压学生运动。学生们一面强烈抗议军阀政府对学生的镇压，一面要求政府明令挽留蔡元培。在这种情况下，从 5 月 19 日起，北京学生再次实行总罢课，罢课人数达到 2.5 万人。北大教职员也召开挽蔡大会，推选马叙伦、马寅初、李大钊等面见教育总长傅增湘，要求其设法挽蔡。经广大师生恳请和各界人士劝说，蔡于 7 月 9 日复电放弃辞职，9 月返京继续主持校务。学生们组织了“救国十人团”，上街演讲，开展反帝宣传，广泛展开抵制日货、提倡国货活动，并组织了“护鲁义勇队”。

学生爱国运动的进一步发展，威胁着帝国主义的在华利益。日、美、英、法等国驻华公使联合向军阀政府施加压力。日本公使更直接向外交部发出警告，催促北京政府加紧镇压学生运动。6 月 1 日，军阀政府连下两道命令：一道命令公然为曹汝霖、章宗祥、陆宗舆三个卖国贼辩护;另一道命令再次诬蔑学生的爱国行动是"纵火伤人"、"举动越轨",已构成"非法行为",并宣布查禁学生联合会、义勇队,责令学生即日复课。北京政府的媚外残内行径,更加激怒了爱国学生。6月3日,北京各校2000余名学生上街演讲,遭到军警镇压,178人被捕。4日,上街演讲的人数更多,被军警捕去近800人。5日,5000多名学生涌上街头,势如怒涛,军警捕不胜捕。

由北京学生点燃的反帝爱国运动的烈火,迅速燃遍了全国各地。天津、上海、济南、长沙、广州、武汉、南京、成都等地的学生积极行动起来,纷纷举行罢课和游行示威,响应和声援北京学生的正义斗争。山东人民首当鲁案之冲,有切肤之痛,斗争非常积极。5月5日,济南各校纷纷组织团体,上街宣传。7日,山东各界在省议会召开国耻纪念会,讨论了罢课、罢市和抵制日货等问题。不久,成立了全省学生联合会。5月23日,济南中等以上学校学生实行总罢课。日本、法国等国的中国留学生也支持和响应了国内的爱国运动。

从5月4日至6月3日,是五四运动的第一个阶段。在这一阶段,运动的中心在北京,主力是青年学生。爱国学生的英勇斗争,唤醒了民众,打击了帝国主义和封建军阀的统治,显示了革命知识分子和青年学生的先锋作用。

(三)"六三"以后爱国运动的发展

北洋军阀政府对爱国学生的大逮捕,激起了全国各界人士的极大愤怒。工人阶级首先行动起来,举行大罢工,开始以一支独立的力量登上政治舞台。6月5日,由上海日资棉纱厂工人带头,上海许多行业的工人及店员纷纷举行罢工。据不完全统计,自6月5日至11日,上海罢工的企业有50多个,罢工工人达六七万人。在工人罢工斗争的影响推动下和爱国学生的动员下,上海商人举行罢市。6月5日,全市各商店、饭店、戏院、银行等停止营业。许多罢市店铺门首贴着"国家将亡,无心营业"、"罢市救国"、"挽救学生"、"不惩办卖国贼不开门"等标语。两万余名中等以上学校学生在此前已经罢课。这样,就出现了工人罢工、学生罢课、商人罢市的局面。在"三罢"的当天,商、学、工、报各团体召开联席会议,宣布成立"上海商学工报联合会",以加强对"三罢"斗争的领导。这样,五四运动就超出了知识分子的范围,发展成为一个以工人阶级为主力,包括城市小资产阶级、民族资产阶级在内的全国范围的群众性反帝爱国运动。运动的中心也由北京转移到上海,这标志着五四运动进入了一个新的阶段。

从上海开始的"三罢"运动,迅速扩展到全国22个省的150多个城市,形成了一股波澜壮阔的全国革命运动高潮,严重威胁着北洋军阀政府的统治。6月7日,北京总商会向北京政府呈文,要求罢斥曹汝霖等,"以安人心而全大局"。天津总商会6月10日给北京政府的急电更使反动派惊恐。电报说:"查栖息于津埠之劳动者数十万众,现已发生不稳之象,倘牵延不决,演成事实,其危厄之局,痛苦有过于罢市者,市面欲收拾而不能矣。"[①]在全国人民,特别是工人阶级的强大压力下,北京政府被迫于6月7日释放被捕学生,并于10日下令免去曹、章、陆三个卖国贼的职务。同日,国务总理钱能训辞职。五四运动取得了第一个胜利。

随着巴黎和约签字日期的临近,全国人民要求拒签和约成为五四运动的又一个主要目标。6月17日,军阀政府不顾国人的强烈反对,竟电令出席巴黎和会的中国专使在和约上签字。消息传出后,全国人民对军阀政府的卖国行径极为愤慨,各地掀起了拒签和约运动的高潮。6月16日在上海成立的全国学生联合会号召和组织各地学生投入拒签和约的斗争。由于和约直接涉及山东问题,因此山东的拒签和约运动开展得较为普遍而激烈。6月18日,由山东各界推选出的80名代表冒雨到新华门前,向总统府和国务院请愿,提出了"拒签和约、废除密约和惩办卖国贼"三项要求。27至28日,山东、天津、北京、陕西等地及归国留学生代表联合到总统府请愿。全国各地各界人士要求拒绝和约签字的电报像雪片一样飞往巴黎中国代表团,警告他们"如违民意,当与曹、章、陆同论"。代表团曾收到团体或个人拍发的7000通拒签和约的电报。6月28日是巴黎和约签字之日。一大早,旅居巴黎的华工和中国留学生便包围了中国政府总代表陆征祥的驻地,要求拒绝在和约上签字。由于全国人民的斗争,终于迫使中国代表拒绝在巴黎和约上签字,这是五四运动取得的另一个胜利成果。至此,历时50余天的爱国运动的直接斗争目标实现了,五四运动取得了重大胜利。

(四)五四运动的历史意义

五四运动是一场彻底的反帝反封建的爱国政治运动。毛泽东指出:"五四运动的杰出的历史意义,在于它带着为辛亥革命还不曾有的姿态,这就是彻底地不妥协地反帝国主义和彻底地不妥协地反封建主义。"[②]这种反帝反封建的彻底性主要表现在以下几个方面:第一,中国人民对帝国主义的认识从感性上升到理性。中国先进分子从巴黎和会中国外交的失败中得到了深刻的教训,开始看出帝国主义列强联合压迫中国人民的实质。因此,在斗争中,许多人抛弃了对帝国主义的幻想,提出了明确的反帝口号,走上了彻底反帝的道路。第二,全国人民同北洋军阀为代表的封建统治势力进行了坚决斗争,实现了五四运动的直接目标:罢免曹、章、陆三个卖国贼和拒签和约。第三,运动中提出了"外争国权,内惩

---

① 1919年6月11日天津《大公报》。

② 《毛泽东选集》第2卷,第699页。

国贼”的战斗口号，这是反帝反封建口号的具体化，反映了中国人民当时对革命主要对象的认识已经大大超过了以往的任何纲领。第四，运动中形成了各阶级、阶层参加的反帝反封建的爱国统一战线。人民群众参加斗争的广泛性及在斗争中表现出来的团结性是中国历史上空前未有的。

五四运动既是爱国政治运动，又是伟大的文化革新运动与空前的思想解放运动，两者相辅相成。作为前者，包括 5 月 4 日至 6 月 28 日共 56 天时间。作为后者，则包括从 1915 年 9 月《青年杂志》创刊到 1921 年 7 月中国共产党成立，共 5 年零 10 个月的时间。“五四”前兴起的新文化运动，主要是宣传资产阶级的民主主义和科学思想，是反封建主义的启蒙运动，它为爱国运动的爆发准备了思想条件。爱国运动又推动了新文化运动的深入发展，使原来由资产阶级文化思想领导的旧民主主义的文化运动，转变为由无产阶级文化思想即马克思主义指导的新民主主义的文化运动，传播马克思列宁主义成为“五四”后新文化运动的主流。五四运动是一次空前的思想解放运动。五四运动开创了中外文化交流的新阶段，“五四”后西方文化的各方面，不论政治思想、宗教哲学，还是文学艺术、科学技术，都在中国得到了传播和移植。五四运动哺育了一代杰出的人才，这不仅包括我国第一代无产阶级革命家，也包括后来作出过重大贡献的文学家、自然科学家和社会科学家。

五四运动是中国新民主主义革命的伟大开端。从此以后，中国革命已不再是旧民主主义革命而是新民主主义革命了。五四运动之所以成为中国新、旧民主革命的分水岭，是由以下几个因素决定的：第一，五四运动是由于帝国主义对中国的侵略和压迫引起的，又是在俄国十月社会主义革命和世界无产阶级革命运动的影响下发生的，因此成为当时世界无产阶级革命的一部分。第二，五四运动是在马克思列宁主义指导下进行的，是具有初步共产主义思想的知识分子用马克思主义观察中国命运的开始。第三，五四运动中，中国工人阶级已经摆脱了资产阶级、小资产阶级追随者的地位，作为一支独立的力量登上政治舞台，成为五四运动的主力军，发挥了重要作用。第四，五四运动是具有初步共产主义思想的知识分子领导和组织的，他们本质上是正在转变中的工人阶级的知识分子。五四运动中，工人阶级通过具有共产主义思想的知识分子同马克思主义发生了初步的联系，它已不再是一个自在阶级，已能取代资产阶级成为中国革命的先锋队和领导阶级。

五四运动为中国共产党的产生准备了条件。在运动中，具有初步共产主义思想的知识分子经受了锻炼和考验。他们通过斗争实践看到了工人阶级的力量和伟大作用，开始自觉地深入到工人群众中去宣传马克思主义，并力求使马克思列宁主义同中国工人运动相结合。在这个过程中，也锻炼和造就出一批早期的共产主义者，从而为中国共产党的创立作了思想上和干部上的准备。五四运动的发生，还引起列宁和共产国际对中国革命的重视，促使共产国际派员到中国了解情况，因而加速了中国共产党建立的进程。

（五）“五四”后新思潮的竞起

五四爱国运动，极大地推动了新文化运动向纵深发展，为其开拓了新的空间，注入了新的活力。“五四”之后一年内，全国各地新创办的鼓吹新思潮的期刊达400余种，新成立的进步社团达三四百个，促进了新思潮尤其是马克思主义的广泛传播。当时人们所说的新思潮，在内容上具有很大的广泛性、复杂性，既包括各种各样的社会主义思想，也包括各种小资产阶级思想和资产阶级的民主主义思想。流传较广、影响较大的有马克思主义、实用主义、基尔特社会主义、无政府主义、工读主义、泛劳动主义、合作主义、平民教育等。

马克思主义成为“五四”后竞起的新思潮的主流。五四运动进一步解放了人们的思想，推动了新文化运动的发展和马克思主义在中国的广泛传播。在五四运动中，工人阶级的觉悟有了很大提高，他们迫切需要马克思主义的指导。由于巴黎和会打破了人们对帝国主义列强的幻想，使中国先进分子在否定封建主义的同时，也开始怀疑以至放弃资产阶级共和国的方案。而十月革命影响的扩大和苏俄的友好政策，则引导他们从学习西方转向向往社会主义。1919年7月和1920年9月，苏俄政府两次发表对华宣言，宣布放弃沙俄政府在中国掠夺的一切权利。苏俄宣言在中国报刊发表后，在社会各界中引起了强烈反响，对马克思列宁主义在中国的传播也起了促进作用。由于以上原因，马克思列宁主义在中国得到了迅速传播，主要表现在：

第一，各地出现了一大批宣传社会主义新思潮和马克思列宁主义的刊物。据统计，1919年至1920年，在全国400余种报刊中，不同程度具有社会主义倾向的报刊就有200余种。“五四”前出版的《新青年》，这时逐渐成为宣传马克思列宁主义的主要阵地。《每周评论》、北京《晨报》副刊、上海《民国日报》副刊等，也不断刊登介绍十月革命和苏俄情况的文章。此外，李大钊等在北京创办了《少年中国》，毛泽东在长沙创办了《湘江评论》，周恩来等在天津创办了《觉悟》，恽代英等创办了《武汉星期评论》，瞿秋白、郑振铎编辑出版了《新社会》等。这些报刊不仅介绍和研究新思潮，而且还介绍和宣传马克思主义学说，探讨十月革命的道路，具有明显的社会主义倾向。

第二，宣传和研究马克思主义的团体大量涌现出来。1920年3月，在李大钊的指导下，北京大学学生邓中夏、高君宇、黄日葵等19人发起成立了北京大学马克思学说研究会，这是我国最早研究和宣传马克思主义的革命社团之一，其成员后发展到二三百人。5月,陈独秀在上海发起组织了马克思主义研究会,成员有李汉俊、李达、陈望道、俞秀松、沈雁冰等。毛泽东、蔡和森等于1918年4月发起组织的新民学会,在五四运动后大多数会员接受了马克思主义。1920年秋,毛泽东以新民学会会员为骨干创办了文化书社,销售马克思主义书刊。1920年2月,恽代英、林育南、李求实等在武汉组织了利群书社,发行进步书刊。此外,周恩来等于1919年9月在天津成立的觉悟社,王尽美、邓恩铭等于1920年初在济南成立的马克思主义学说研究会等,都是当时比较有影响的讨论社会主义思潮、研究和宣传马克思主义的重要社团。

第三,马克思、恩格斯、列宁的著作以及介绍马克思主义的书籍陆续翻译出版。1920年4月,陈望道翻译出版的《共产党宣言》,是中国最早的、最完整的中文译本。在此前后,各地翻译出版了许多马克思主义的原著,如《社会主义从空想到科学的发展》、《雇佣劳动与资本》、《〈政治经济学批判〉序言》等,列宁的著作《国家与革命》等也被翻译出版。此外,还翻译出版了一些介绍性的论著。

第四,涌现出一批积极传播马克思列宁主义的先进分子。李大钊对传播马克思主义作出了突出贡献。1919年5月,《新青年》出了一期由他主编的"马克思研究专号"。他分两期在《新青年》上发表的《我的马克思主义观》一文,比较系统地介绍了马克思主义的唯物史观、政治经济学和科学社会主义的基本原理,指出这三部分是不可分割的,"而阶级竞争说恰如一条金线,把这三大原理从根本上联络起来"。该文不但表明李大钊完成从民主主义者向马克思主义者的转变,而且标志着马克思主义在中国进入比较系统的传播阶段。之后,他又发表了一系列文章介绍马克思主义的基本原理特别是唯物史观。同时,李大钊还在北京大学和北京女子高等师范分别开设了《唯物史观》、《社会主义与社会运动》等课程,使马克思主义在高等学校讲台上占了一席之地。

陈独秀在五四运动后,也开始从事马克思主义的宣传工作。他为《新青年》7卷1号起草的《本志宣言》中,主张抛弃军国主义和"金力主义"(即资本主义),提倡"民众运动,社会改造"。1919年12月,他在《告北京劳动界》一文中指出,18世纪以来的民主,是资产阶级向封建阶级作斗争的旗帜;20世纪的民主,乃是无产阶级向资产阶级作斗争的旗帜。1920年5月,他在上海积极组织工人举行庆祝五一国际劳动节的集会。1920年9月,他发表《谈政治》一文,明确宣布:"我承认用革命的手段建设劳动阶级(即生产阶级)的国家,创造那禁止对内对外一切掠夺的政治、法律,为现代社会的第一需要。"这一切表明了他的革命态度和马克思主义的立场。

五四运动中一批比较年轻的左翼骨干,如毛泽东、周恩来、蔡和森、李达、杨匏安、恽代英、瞿秋白、陈望道等,这时也开始了思想方向的转变,在传播马克思主义的工作中作出了重要贡献。五四运动后，毛泽东在《湘江评论》上发表《民众的大联合》一文，指出改造中国的根本方法就是“民众的大联合”，号召工人、农民、小资产阶级各阶层人民，起而仿效俄国，组成一个大联合。1918 年，毛泽东在第一次北京之行期间，受到十月革命的思想影响。1919 年底，毛泽东第二次去北京，深入阅读了《共产党宣言》等马克思主义书籍。1920 年 4 月，他从北京到上海，一直到 7 月，与陈独秀探讨马克思主义等问题。到年底，他从理论到实践上都已成为一个坚定的马克思主义者。周恩来在留学日本时，已接触到有关十月革命和马克思主义的书籍。1919 年 6 月，他回到天津，积极参加五四运动。次年 1 月，在觉悟社的一次示威请愿中，他被捕入狱。在狱中，他积极给难友宣传马克思主义。当年底，他到了法国，钻研比较了各种学说后，更加坚定了马克思主义的信仰。李达于 1918 年在日本学习时，曾经阅读和研究马克思主义著作。一年后，他在上海《民国日报》副刊《觉悟》上，先后发表《什么叫社会主义》、《社会主义的目的》等文章，指出“社会主义和共产主义是不同的”，“社会主义和无政府主义是不同的”。从 1919 年秋到 1920 年夏，他翻译了《唯物史观解说》、《马克思经济学说》和《社会问题总览》三部著作，寄回国内出版。杨匏安于 1919 年 11 月至 12 月发表的《马克思主义》一文，对马克思主义的三个组成部分作了比较全面而简要的阐述。这是中国人所写的又一篇比较系统地传播马克思主义的文章。正是由于一大批共产主义知识分子的积极活动，才使马克思列宁主义的学习和宣传具有了广泛的群众性，形成了生机勃勃的马克思主义思想运动。

马克思主义在中国的传播并不是一帆风顺的，不仅要冲破帝国主义、北洋军阀政府的种种阻挠和破坏，而且要同各种非马克思主义思潮进行碰撞。从 1919 年下半年到 1922 年，中国思想战线上展开了马克思主义同非马克思主义的激烈论争。

首先是关于“问题与主义”的争论。这次争论是由实用主义者胡适引发的。胡适早年留学美国，受其老师杜威影响很大，信奉实用主义。回国后，胡适任北京大学哲学教授，投身于新文化运动，因提倡白话文而名噪一时。胡适从实用主义的立场出发，对早期马克思主义者所宣传与阐述的有关阶级斗争、无产阶级专政及对中国社会进行根本改造等观点表示不满。1919 年 7 月，胡适借杜威来华演讲“实验主义”哲学之机，在《每周评论》上发表了《多研究些问题，少谈些“主义”》一文。他主张要多研究具体问题如何解决，不要高谈主义，声称“一切主义都是某时某地的有心人对于那时那地的社会需要的救济方法”，否认马克思主义对中国的适用性。他从资产阶级改良主义的观点出发，主张对中国社会要一点一滴地改良，认为主张“根本解决”是“自欺欺人的梦话，是中国思想界破产的铁证”。

针对胡适的观点，李大钊于1919年8月在《每周评论》上发表了《再论问题与主义》一文予以驳斥。他指出，“问题”与“主义”不能分离，“我们的社会运动，一方面固然要研究实际的问题，一方面也要宣传理想的主义。这是交相为目的，这是并行不悖的”。他公开申明：“我是喜欢谈谈布尔扎维主义的。”“布尔扎维主义的流行，实在是世界文化上的一大变动。”李大钊坚决反对胡适的改良主义，他针对当时中国的现实指出，仅仅依靠“一点一滴的改良”是不行的，社会问题“必须有一个根本解决，才有把一个一个的具体问题都解决了的希望”；“经济问题的解决，是根本解决”，而经济问题的解决必须通过阶级斗争。

“问题与主义”之争的实质，与其说是问题与主义之争，还不如说是主义与主义之争，是胡适的实验主义与李大钊的马克思主义之争，是社会革命思潮与社会改良思潮之争。这场争论在当时引起了相当强烈的反响，在各地出版的刊物上，有不少开始接受马克思主义思想的青年撰文支持李大钊的观点。这场争论的意义在于它揭示了中国社会改造的一个规律，即中国社会必须以马克思主义为指导，进行根本的解决。

接着，又发生了关于社会主义的争论，主要在当时的共产主义者同研究系梁启超、张东荪等人之间进行。1920年10月，英国哲学家罗素来华讲演，宣扬“基尔特社会主义”，认为中国实业未发达时，“暂不主张社会主义”。张、梁在1920年11月后发表了《由内地旅行而得之又一教训》、《现在与将来》等数篇文章，认为中国的惟一病症是穷，救中国只有一条路，就是用资本主义的方法开发实业，增加富力。他们虽然宣称“资本主义必倒，社会主义必兴”，但又说中国产业落后，没有真正的劳动阶级，否认中国有实行社会主义的物质条件与阶级基础，攻击和诬蔑正在兴起的社会主义运动，反对建立工人阶级政党。他们提出的发展实业、发展资本主义经济的主张，虽然符合中国社会经济发展的要求，但他们并不明白在帝国主义的侵略和封建主义的压迫下，中国资本主义无法获得正常的充分的发展，只有通过革命的手段完成反帝反封建的任务，才能充分发展实业和达到国家富强的道理。

张、梁的言论，立即遭到了马克思主义者和社会主义拥护者的反驳。陈独秀、李大钊等在分析中国国情的基础上，指出中国的无产阶级和广大贫苦农民，深受本国地主、资产阶级和国际资产阶级的剥削、压迫，“革命之爆发乃是必然的趋势”，驳斥了张东荪等所谓中国缺少劳动阶级、不宜宣传社会主义、不能进行社会革命的谬论。李达等撰文指出，基尔特社会主义就是发展资本主义，而走资本主义道路，开发实业，在帝国主义和反动军阀统治下的中国根本行不通。中国只有走上社会主义道路，才能真正开发实业；只有组织工农群众，进行暴力革命，夺取政权，实行社会主义，才能“用大速度增加全部生产力”。他们强调，结合共产主义信仰者，组织巩固的团体，建立共产党，不仅有必要，而且有条件。

关于社会主义的这场争论，其实质是中国走社会主义道路还是走资本主义道路、实行社会革命还是实行社会改良和需要不需要建立无产阶级政党的论争。张、梁的理论虽然也包含某些合理成分，如肯定资本主义发展在当时中国的社会意义，不同意“现在中国就实行社会主义”，提出了“对于资本家当持何种态度”的问题，指出中国劳动阶级还不足以作为社会主义运动的主体等，但他们理论的基本出发点是反对工人运动，反对科学社会主义，反对成立共产党。马克思主义者对张、梁的批判，肯定了中国社会发展的方向是社会主义，宣传了马克思主义的社会革命论，对中国共产党的创建起了促进作用。在这场争论中，马克思主义者也存在着明显的缺点，他们对中国社会的性质还缺乏科学的认识，主张直接进行社会主义革命；没有看到在中国社会经济十分落后的情况下，民族资本主义在一定时期内和一定程度上的发展不仅是不可避免的，而且是有益的；不懂得张东荪、梁启超等人的错误不在于说中国现时还不能实行社会主义，而在于认为既然不能马上实行社会主义，就不需要社会主义者，不需要社会主义思想，不需要成立共产党。

同时进行的还有关于无政府主义的争论。无政府主义是一种小资产阶级的政治思潮，“五四”时期在中国有较大的影响，曾对冲击封建思想和军阀政治方面起过积极作用。但在马克思主义深入传播、无产阶级政党即将诞生之际，它已成为建立无产阶级政党的主要障碍。1919 年至 1921 年，以黄凌霜、区声白为代表的无政府主义者，发表了《马克思学说的批评》、《我们反对“布尔扎维克”》等文章，攻击十月革命和马克思主义。无政府主义者反对一切国家、一切权威。他们声称既不承认资本家的强权、政治家的强权，也不承认劳动者的强权[①]；既反对资产阶级专政的“现在的国家”，更反对无产阶级专政的“未来的国家”[②]。他们从极端个人主义出发，主张个人绝对自由，反对一切组织纪律和集中统一领导。他们对社会发展的规律缺乏基本的科学认识，企图超越社会经济的发展阶段，主张在社会生产力还没有获得充分发展之前，在社会革命后立即实行“各取所需”的分配制度。

陈独秀、李达、蔡和森等马克思主义者，以《新青年》、《共产党》、《民国日报》副刊、《觉悟》等为阵地，对无政府主义进行了严肃的批判。他们驳斥了无政府主义者笼统地反对一切国家强权的谬论，指出对于封建贵族、资产阶级的国家必须彻底推翻，而对于无产阶级专政则必须巩固和加强，这是由资本主义通向社会主

① 参见 A·D《我们反对“布尔扎维克”》，载《奋斗》第 2 号，1920 年 2 月。

② 参见《国家、法律、政治》，载《新青年》8 卷 3 号，1920 年 11 月。

义的正确道路。他们还批驳了无政府主义者完全错误的经济理论，指出他们在生产和分配方面的理论是根本不符合社会发展规律的。在批判他们"绝对自由"的谬论时，指出人类社会中，自由总是相对的，"绝对自由"是根本不存在的。

马克思主义者对无政府主义的批判，捍卫了马克思主义关于无产阶级专政的思想，再次强调了十月革命的重要性，明确提出了中国应该建立无产阶级政党，从而有力地推动了马克思主义的传播，使许多受无政府主义思想影响颇深的青年抛弃了无政府主义，接受了马克思主义。

通过马克思主义与非马克思主义思潮的三场论争，使更多的先进分子接受了马克思主义，从而为中国共产党的成立奠定了思想基础。在庞芜混杂的新思潮的旋流中，马克思主义由滴滴活水发展成潺潺细流，并最终汇聚成激荡澎湃的时代主潮。

三、中国共产党的创建及建党初期的工作

（一）各地共产党早期组织的建立

中国共产党的产生，是中国近代社会经济、政治发展和思想演变的必然结果，是马克思列宁主义同中国工人运动相结合的产物。代表先进生产力载体和代表先进社会力量的工人阶级成长壮大与政治觉悟提高，为中国共产党的诞生奠定了阶级基础。代表先进文化的马列主义的广泛传播，是中国共产党成立的思想条件。在五四运动推动下，具有初步共产主义思想的知识分子投身于工人运动，进行马克思列宁主义的宣传工作，促成了马列主义与中国工人运动的结合。中国共产党正是这种结合的产物。

1920年2月，陈独秀离开北京去上海，李大钊亲自伴送他到天津。在路上，他们交换了建立中国共产党的意见，相约在北京和上海分别进行建党的筹备活动。

中国共产党的建立，得到了列宁领导的第三国际（即共产国际）的帮助。1920年3月，经共产国际批准，俄共（布）远东局海参崴分局外国处派全权代表维经斯基等人来华，了解中国革命的情况，并同中国的革命组织建立联系。他们在北京与李大钊等讨论了建立共产党的问题，后又经李大钊介绍，到上海会见陈独秀，进一步讨论了中国革命和建党的问题。于是，发起成立中国共产党一事，就提到日程上来了。

1920年6月，陈独秀同李汉俊、俞秀松、施存统、陈公培等人开会商议，决定成立共产党组织，并初步定名为社会共产党，起草了党纲草案。8月，中国共产

党上海发起组在上海法租界老渔阳里2号《新青年》编辑部正式成立，成员有陈独秀、李汉俊、李达、陈望道、俞秀松等，推举陈独秀为书记。当时取名为“中国共产党”。9月，上海党组织讨论了在全国建立统一的共产党问题，并写信给各地的社会主义者，要他们组织支部。11月，上海小组草拟了《中国共产党宣言》。12月，陈独秀由上海赴广州后，李汉俊和李达先后代理过书记。上海发起组在“一大”召开之前，是各地社会主义者的联络中心，在思想上和组织上推动了各地建党工作的开展，对建立全国统一的工人阶级革命政党起了重要作用。

1920年10月，在李大钊的指导和策划下，北京的共产党早期组织在北京大学图书馆李大钊的办公室正式成立，当时取名为“共产党小组”。年底命名为“中国共产党北京支部”，成员有李大钊、邓中夏、罗章龙、张国焘、刘仁静等，李大钊被推为书记，张国焘负责组织工作，罗章龙负责宣传工作。1920年8月，董必武、陈潭秋、刘伯垂、包惠僧等成立武汉共产党支部。1920年初冬，毛泽东、何叔衡等在长沙成立共产党组织。1921年春，王尽美、邓恩铭等建立了济南共产党组织。1921年春，陈独秀在广州帮助谭平山、陈公博、谭植棠等组建了广州共产党早期组织，当时取名为“广州共产党”。

在国外，1920年6月，陈独秀委托去日本留学的施存统、周佛海组成“日本小组”。党的一大后，旅日共产党早期组织曾发展到十多人。1921年春，旅法华人的共产党早期组织成立，发起人为张申府和赵世炎，成员还有陈公培、刘清扬、周恩来等。旅法的共产党组织于1922年发展为中国共产党旅欧支部。旅欧的党组织为中国革命培养了一批有才能的干部，其中有周恩来、蔡和森、赵世炎、李立三、陈毅、向警予、朱德、李富春、王若飞、陈延年、蔡畅、聂荣臻、李维汉、邓小平等，他们后来成为党的杰出领导人。

中国共产党早期组织的名称并不统一，它们都是不久后组成的统一的中国共产党的地方组织。

各地共产主义小组成立以后，即开始有计划、有组织地传播马克思主义，到工人群众中开展宣传和组织工作，进一步促进马克思列宁主义同中国工人运动的结合，为中国共产党的创建作了思想上、组织上的准备。它们的主要活动是：

第一，研究和宣传马克思主义。1920年9月，上海共产党早期组织把于同年5月移沪出版的《新青年》杂志作为自己的机关刊物，公开宣传马克思主义，并开辟“俄罗斯研究专栏”，介绍十月革命和苏俄的经验。11月，上海小组创办半公开的《共产党》月刊，介绍共产党的基本知识以及共产国际和各国共产党的状况等。各地的共产党早期组织采取出版刊物、成立马克思主义研究会和利用学校讲坛等多种形式，大力开展马克思主义的宣传，开展对各种反马克思主义思潮的斗争，积极进行马列著作的译介工作，扩大了马克思主义的影响，为建党扫清了思想障碍。

第二,在工人中进行宣传组织工作。各地的共产党早期组织一成立,便以相当大的力量直接投身到工人中去,从事比较深入的群众工作。他们出版通俗刊物,向工人进行阶级教育,如上海有《劳动界》、北京有《劳动音》、广州有《劳动者》、济南有《济南劳动》月刊等。同时,还创办了各种形式的工人学校,向工人讲解马克思主义。其中最有名的是北京小组邓中夏等在长辛店举办的劳动补习学校,上海小组李启汉等在沪西小沙渡开办的劳动补习学校。这种方式促进了共产主义知识分子与工人群众的联系,既向工人灌输了马克思主义,提高了工人的觉悟,又使知识分子在与工人接触中得到锻炼和提高。在工人觉悟提高的基础上,各地的共产党早期组织则开始帮助工人组建工会。1920 年 11 月 21 日,在上海的共产党早期组织帮助下,建立了上海机器工会,这是共产党早期组织领导下建立的第一个工会组织。接着,上海又成立了印刷工会、纺织工会。1921 年"五一"节后,长辛店成立了工人俱乐部。各地共产主义小组在帮助工人建立工会的过程中,组织了 1921 年"五一"国际劳动节的庆祝活动,仅长辛店就有 1000 余名工人参加庆祝游行。武汉、济南、长沙、广州等地一些行业也建立了工会,有的还领导了工人的罢工斗争。

第三,成立社会主义青年团。1920 年 8 月,在上海共产党早期组织的领导下,成立了社会主义青年团,俞秀松任书记,发展的第一批团员有罗亦农、刘少奇、任弼时等,后来他们被送到苏维埃俄国留学。不久,北京、天津、武汉、长沙等地也成立了团的组织。1921 年春,在上海成立了团的临时中央局,至此,中国社会主义青年团正式建立,共有团员 2000 余人。各地青年团组织团员学习马克思主义,参加实际斗争,为党造就了一批后备力量。

各地共产主义小组成立后所开展的上述一系列活动,有力地促进了马克思主义的进一步传播及其同中国工人运动的结合。初步确立共产主义信念的知识分子在同工人结合的过程中,思想感情逐渐发生了深刻的变化;一部分工人则通过接受马克思主义的教育,提高了阶级觉悟。这样,形成了一批无产阶级的先进分子。在中国建立共产党的条件就基本具备了。

(二)中国共产党第一次全国代表大会

1921 年 6 月初,共产国际代表马林和共产国际远东书记处代表尼柯尔斯基先后到达上海,与主持上海党组织工作的李达、李汉俊商议建立中国共产党的问题。他们与正在广州的陈独秀和北京的李大钊联系后,决定在上海召开中国共产党第一次全国代表大会。

1921 年 7 月 23 日,中国共产党第一次全国代表大会在上海法租界望志路

106号(现为兴业路76号)李汉俊之兄李书城的住宅内举行。出席大会的代表13人,代表党员50余人。他们是:上海的李达、李汉俊,北京的张国焘、刘仁静,湖南的毛泽东、何叔衡,湖北的董必武、陈潭秋,山东的王尽美、邓恩铭,广东的陈公博,日本东京的周佛海,由陈独秀指定的代表包惠僧。共产国际代表马林、尼柯尔斯基也参加了会议。会议即将结束之际,由于受到暗探注意和外国巡捕搜查,最后一天(7月31日)的会议转移到浙江嘉兴南湖的一只游船上举行。[①]

大会通过了中国共产党的第一个纲领,确定党的名称为"中国共产党"。党的奋斗目标是:以无产阶级革命军队推翻资产阶级,建立无产阶级专政,废除资本私有制,直至消灭阶级差别。纲领还规定了党员的条件和入党手续、民主集中制的组织原则和党的严格纪律。这些规定,对于加强党的思想建设和组织建设,保持党的团结和统一,提高党的战斗力,都有着重要意义。

中国共产党从建党伊始就旗帜鲜明地把社会主义和共产主义规定为自己的奋斗目标,并且坚持用革命的手段来实现这个目标,这表明了中国共产党不仅能进行正确的历史抉择,而且有坚定的革命决心。但是,由于党对中国的具体国情还了解不多,又缺乏实际斗争的经验,党的纲领中还存在着一些缺陷,主要是还没有把反对帝国主义、反对封建军阀的民族民主革命同消灭一切剥削、消灭私有制的社会主义革命区别开来,以为在半殖民地半封建的中国,可以直接进行社会主义革命,建立无产阶级专政。这只有在革命的实践中,将马克思列宁主义与中国革命实际相结合,才能进一步解决。

大会还通过了关于当前实际工作的决议,指出党成立后的中心任务是组织工人阶级,从事工人运动,并作出了建立工会、工人补习学校,出版工人报刊和小册子,成立工人运动研究机构等具体规定。决议还规定党在政治活动中,要采取独立的政策,以维护无产阶级的利益。对其他党派要采取"独立、攻击、排斥的态度","不与其他党派建立任何关系"。这说明初生的中国共产党在当时还不懂得无产阶级政党在民主革命过程中团结一切可以团结的力量、建立广泛的革命统一战线的重要性。

大会选举陈独秀、张国焘、李达组成中央局,陈独秀为中央局书记,张国焘为组织主任,李达为宣传主任。

中国共产党第一次全国代表大会宣告了中国共产党的成立,这是中国历史上开天辟地的大事件。从此,中国出现了完全新式的、以马列主义为行动指南的、以实现社会主义和共产主义为奋斗目标的统一的无产阶级政党。它拥有马

① 目前史学界对党的一大闭幕日期有7月30日、7月31日、8月1日、8月2日、8月5日等不同说法。

克思主义这个最先进的思想武器。它提出的纲领代表着中国社会发展的正确方向,代表着无产阶级和其他广大劳动群众的根本利益。中国共产党的成立给灾难深重的中国人民带来了光明和希望,它像光芒四射的灯塔,指明了中国人民的斗争道路。中国革命要取得胜利,首先需要有一个工人阶级的革命政党,正如毛泽东所说:“自从有了中国共产党,中国革命的面目就焕然一新了。”①

(三)民主革命纲领的制定

中共“一大”未能提出党在现阶段的政纲,这一任务是由党的“二大”来完成的。中国共产党制定民主革命纲领得到了列宁和共产国际的帮助。

1920 年 7 至 8 月,共产国际在莫斯科召开了第二次代表大会。会上列宁提出《民族和殖民地问题提纲(初稿)》,并作了报告。提纲和报告系统地阐述了民族殖民地问题的理论。其基本思想是:把少数压迫民族和人数众多的被压迫民族区别开来,殖民地半殖民地革命必须与世界无产阶级革命联系起来;殖民地半殖民地革命的性质是资产阶级民主革命,革命斗争的首要任务是推翻帝国主义的压迫,同时要反对封建统治,这个革命应该由无产阶级担负起领导作用;殖民地半殖民地国家的无产阶级,必须同农民结成牢固的联盟,同时与资产阶级民主派建立临时联盟,但是应保持自己的独立性;这个革命的前途是不经过资本主义而过渡到苏维埃制度,再经过一定的发展阶段过渡到共产主义。这一基本思想到 1922 年初为中国共产党人所了解,对中国革命产生了极为重要的影响。

1922 年 1 月 21 日至 2 月 2 日,共产国际在莫斯科召开了远东各国共产党及民族革命团体第一次代表大会,出席这次大会的中国代表团由 37 人组成,其中有共产党员张国焘、瞿秋白等 14 人出席了大会。这是中国共产党成立后第一次正式派出代表参加大型国际会议。这次会议分析和总结了远东各国人民革命斗争开展的情况和经验,以列宁关于民族和殖民地问题的理论为指导,阐明了被压迫民族所面临的历史使命。会议指出,帝国主义和封建主义是目前中国和远东各被压迫民族的最大敌人,中国现阶段的革命是资产阶级民主革命,其任务是反对帝国主义和封建势力。会议还提出了反帝统一战线的口号。

中国共产党认真研究了这次会议的精神,开始明确了中国革命必须经过民主革命阶段,民主革命的任务是反帝、反军阀。1922 年 5 月初在广州召开的第一次全国劳动大会和中国社会主义青年团第一次全国代表大会,率先喊出“打倒帝国主义”、“打倒军阀”的政治口号。1922 年 6 月 15 日发表的《中国共产党对于时局的主张》,提出了以反帝反封建为内容的 11 项斗争目标。指出帝国主义

① 《毛泽东选集》第 4 卷,第 1357 页。

的侵略和军阀政治是中国内忧外患的根源，也是中国人民遭受痛苦的根源，解决时局问题的关键是用革命手段打倒帝国主义和封建军阀，建立民主政治。至此，中国共产党的民主革命纲领的基本原则已经提出来了。

1922 年 7 月 16 日至 23 日，中国共产党第二次全国代表大会在上海召开。出席会议的代表有陈独秀、张国焘、李达、蔡和森、杨明斋、罗章龙、王尽美、许白昊、谭平山、李震瀛、施存统等 12 人（尚有 1 人姓名不详），代表全国 195 名党员。会议通过了《中国共产党第二次全国代表大会宣言》和关于民主联合战线，关于工会运动、青年运动、妇女运动，关于党的组织章程，关于加入第三国际等决议案。

大会宣言通过对中国经济政治状况的分析，揭示出中国社会的半殖民地半封建性质。指出，一方面，中国在政治上、经济上无不受帝国主义列强的控制，实际上已经成为“国际资本帝国主义势力所支配的半独立国家”；另一方面，“中国在政治方面还是处于军阀官僚的封建制度把持之下”，这也“使中国方兴的资产阶级的发达遭着非常的阻碍”。因此，反对帝国主义和封建势力的“民主主义的革命运动是极有意义的”。宣言在正确分析了中国国情的基础上，制定了中国共产党的纲领。最高纲领是：“组织无产阶级，用阶级斗争的手段，建立劳农专政的政治，铲除私有财产制度，渐次达到一个共产主义的社会。”简言之，就是要在中国实现社会主义、共产主义。在现阶段的革命纲领是：“消除内乱，打倒军阀，建设国内和平”；“推翻国际帝国主义的压迫，达到中华民族完全独立”；“统一中国本部（东三省在内）为真正民主共和国”。这是党的最低纲领，也就是党在民主革命阶段的纲领。

宣言还提出了为实现党的纲领而必须采取联合战线的策略。指出：“中国共产党为工人和贫农的目前利益计，引导工人们帮助民主主义的革命运动，使工人和贫农与小资产阶级建立民主主义的联合战线。”会议作出了《关于“民主的联合战线”的决议案》。这个策略方针和“一大”不与其他党派建立任何联系的规定相比，诚为一大进步。

大会选举了中央执行委员会，陈独秀、李大钊、张国焘、蔡和森、高君宇五人为中央委员，邓中夏、向警予为候补中央委员。经中央执行委员会推选，陈独秀任委员长，蔡和森、张国焘分管宣传和组织。

“二大”宣言初步阐明了现阶段中国革命的性质、对象、动力、策略、任务和目标，指明了中国革命的前途。即：革命的性质是资产阶级民主革命；革命的对象是帝国主义和封建军阀；革命的动力是工人、农民和小资产阶级，民族资产阶级也是革命的力量之一；革命的策略是组成各阶级的联合战线；革命的任务和目标是打倒军阀，推翻国际帝国主义的压迫，实现中华民族的独立和中国的统一；革命的前途是向社会主义革命转变。"二大"宣言第一次把党在民主革命下要实现的目标，同将来进行社会主义革命要实现的长远目标结合起来，不仅明确提出反对帝国主义、反对封建主义的民主革命任务，并指出要通过民主革命创造条件，实现社会主义和共产主义。这是中国共产党对中国国情和中国革命认识的深化，反映了马列主义普遍原理同中国革命具体实际的初步结合。从党的"一大"确定直接搞社会主义，到"二大"确定首先进行民主革命，再进行社会主义革命，这是党的策略方针的重大转变。"二大"宣言初步解决了中国革命分两步走的问题，指出："民主主义革命成功了，无产阶级不过得着一些自由与权利，还是不能完全解放。而且民主主义成功，幼稚的资产阶级便会迅速发展，与无产阶级处于对抗地位。因此无产阶级便须对付资产阶级，实行'与贫苦农民联合的无产阶级专政'的第二步奋斗。如果无产阶级的组织力和战斗力强固，这第二步奋斗是能跟着民主主义革命胜利以后即刻成功的。"民主革命纲领的提出及从民主革命到社会主义革命转变前途的估计，为中国革命的正确进行指明了方向。

中共"二大"也有不足之处，主要是没有明确指出无产阶级在民主革命中的领导地位问题，把无产阶级和农民只是摆在民主革命参加者的地位，起助手的作用；再就是没有提出武装夺取政权和彻底的土地革命纲领。这些问题，需要随着革命斗争实践的发展，逐步加以解决。

(四)工人运动、农民运动等群众运动的初步开展

中国共产党成立后，首先集中力量从事工人运动。1921 年 8 月 11 日，成立了中国劳动组合书记部，作为党领导工人运动的公开机关。总部原设上海，后来迁往北京，张国焘、邓中夏先后担任主任，下设北京、武汉、湖南、广东、济南、上海等地方分部。书记部出版《劳动周刊》，举办工人夜校，组织产业工会，开展罢工斗争，使党在工人中和整个社会上的政治影响日益扩大。从 1922 年 1 月到 1923 年 2 月，罢工浪潮席卷全国各重要城市和厂矿，罢工达 100 多次，参加罢工的人数有 30 多万，形成了中国工人运动的第一次高潮。

这次工人运动的高潮，以香港海员罢工为起点。1922 年 1 月 12 日，由于英国资本家拒绝增加工人工资等合理要求，香港海员在以苏兆征、林伟民为首的中华海员工会领导下举行大罢工，先后参加罢工的海员达 2 万余人。到 3 月初，海员罢工发展成为全港工人总同盟罢工，参加罢工的人数超过 10 万。罢工使香港的海上航运、市内交通和生产企业全部陷于瘫痪，香港变成"臭港"、"死港"。英帝国主义对海员罢工进行种种阻挠和破坏，并于 3 月 4 日枪杀步行回广州的罢工工人，制造了死六人、伤数百人的"沙田惨案"。但罢工工人毫不妥协，坚持斗争。这次罢工由于它的反帝性质，得到了孙中山和国民党的支持，中国劳动组合

书记部和全国工人也给予香港海员各种援助。罢工从1月12日至3月8日共坚持了56天，终于迫使港英当局取消了封闭海员工会的命令，并答应给海员增加15%～30%的工资。香港海员罢工是中国工人阶级第一次同帝国主义势力进行的有组织的较量。罢工的胜利，增强了工人阶级的战斗勇气和信心，推动了全国工人运动的发展。

安源路矿（江西省萍乡县的安源煤矿和由煤矿通往株洲的铁路）工人罢工，是第一次工人运动高潮中南方工人举行的主要罢工之一。安源路矿是日本帝国主义控制下的官僚买办企业，共有工人1.7万人。这里的工人饱受帝国主义和封建主义的残酷剥削与压迫，生活十分困苦。1921年秋冬，中共湖南支部书记毛泽东两次来到安源调查工人状况。年底，湖南党组织派李立三等以推行平民教育的名义到安源开展工作。李立三等在路矿工人中开办工人夜校，发展党员，建立党的基层组织。1922年2月，建立中共安源支部。5月1日，成立了安源路矿工人俱乐部，李立三被推为主任。同年秋，路矿两局拖欠工人工资，并阴谋解散工人俱乐部，引起了工人们的强烈反对。在这关键时刻，毛泽东于9月又一次来到安源，认为罢工时机已经成熟。为了加强对罢工斗争的领导，党组织又派刘少奇来安源。经过充分准备，安源路矿工人万余人在刘少奇、李立三等直接领导下，在9月14日举行大罢工。罢工工人向资本家提出要求保障工人政治权利、改良工人待遇、增加工资等17项条件。路矿当局在收买工人领袖、刺杀李立三等阴谋破产后，竟电请当地军阀在安源设立戒严司令部，企图用武力镇压罢工。由于党在罢工中采取了恰当的斗争策略以及工人组织严密，斗争英勇，终于迫使路矿当局于9月18日答应了工人所提出的大部分条件，坚持了五天的安源罢工宣告胜利结束。工人俱乐部成员迅速由罢工前的700人发展到1万余人。

安源罢工结束后不久，北方又爆发了开滦五矿工人大罢工。由唐山、林西、赵各庄、唐家庄、马家沟五矿组成的开滦煤矿，原为清末官僚资本创办，后被英国控制。该矿有4万名工人，在中外资本家的剥削压迫下，矿工过着牛马不如的生活。中国共产党成立以后，对开滦煤矿的工人运动给予极大关注。1922年10月19日，在中共唐山地委和中国劳动组合书记部的领导下，成立了罢工领导机构——开滦五矿同盟罢工委员会。它由中国劳动组合书记部北方分部和中共唐山地委成员罗章龙、王尽美、邓培等人以及矿工代表20多人组成。10月23日，五矿工人为增加工资和要求承认工人俱乐部等举行总同盟罢工，参加罢工者近5万人。中国劳动组合书记部呼吁全国工人阶级支援开滦矿工，并派彭礼和等直接指挥这场斗争。罢工中，矿工们同前来镇压的军警进行了英勇斗争，并组织工人纠察队维持秩序。这次罢工坚持了20多天，由于军阀政府采取严厉镇压措施，制造流血惨案，考虑到罢工旷日持久，难以坚持，因此，在矿局答应了工人的部分要求后，11月15日，罢工宣告结束。

继开滦五矿罢工不久发生的京汉铁路大罢工，是工人为争自由、争人权的政治大罢工，是中国工人运动第一次高潮的顶点。京汉铁路是连接华北、华中的交通大动脉，以李大钊为首的中共北方区委非常重视京汉铁路的工人运动，派人在铁路沿线开展工作。到1922年底，全路各站已建立了16个工会组织，有组织的工人达3万多人。为加强全路工会的统一领导，经各工会代表协商，决定筹组京汉铁路总工会。1923年1月，总工会筹备委员会决定于2月1日在郑州举行京汉铁路总工会成立大会。这时，曾通电"保护劳工"的吴佩孚立刻翻脸，下令军方"制止开会"。2月1日，参加会议的工人代表和来宾冲破军警封锁线，如期在郑州普乐园剧场召开了大会，宣布京汉铁路总工会成立。由于总工会会所被军警捣毁，代表和来宾住所被包围，会议被迫结束。为抗议反动军阀的镇压，总工会下令全路工人举行罢工，提出了"为争自由而战，为争人权而战"的口号。为便于指挥，总工会转移至汉口江岸办公。2月4日9时起，在总工会统一领导下，在长达1000余公里的铁路线上，3万多名工人在3小时内实现了总同盟罢工，全路客货车一律停开，充分显示了工人阶级的高度组织纪律性和伟大力量。党领导这次罢工的主要负责人为张国焘、项英、罗章龙、林育南等。2月7日，吴佩孚在帝国主义的支持下，对汉口、郑州、长辛店罢工工人进行血腥镇压，结果有52人惨死，300多人受伤，40多人被捕，1000多人被开除。江岸分会委员长、共产党员林祥谦和武汉工团联合会法律顾问、共产党员施洋先后惨遭杀害。"二七惨案"发生后，全国各地工人和各阶层人民纷纷发通电、捐款、开追悼会、举行示威游行，声援京汉铁路工人的英勇斗争，抗议军阀吴佩孚的罪行。国外侨胞、国际无产阶级和世界革命人民，也表示了积极声援。在帝国主义和封建军阀严厉镇压罢工工人的情况下，为避免更大的牺牲，保存有生力量，准备迎接未来的斗争，京汉铁路总工会于2月9日下令复工。此后，全国工人运动暂时转入低潮。

京汉铁路工人大罢工是第一次工人运动高潮的顶点。这次大罢工进一步显示了中国工人阶级的力量。它虽遭失败，但却以工人的生命和鲜血进一步唤醒了中国人民，使他们进一步明确认识到帝国主义和封建军阀是中国各族人民不共戴天的敌人。

工人运动的第一次高潮，显示了中国工人阶级坚定的革命性和坚强的战斗力，扩大了作为工人阶级先锋队的中国共产党在全国的政治影响，为党建立同其他革命力量的合作、掀起全国规模的大革命准备了一定条件。这个时期的斗争也提供了一些重要教训：第一，中国革命的敌人是非常强大的，为了战胜强大的敌人，仅仅依靠工人阶级孤军奋战是不行的，必须团结广大农民、城市小资产阶级和资产阶级民主派，建立广泛的反帝反封建的统一战线。第二，在半殖民地半封建的中国，工人不能享受起码的民主权利，几乎所有规模较大的工人斗争都受到反动军警的镇压。因此，为了争取革命的胜利，仅仅依靠罢工这个武器主要进行合法斗争是不行的，而必须组织人民武装力量，进行武装斗争。第三，党必须大力吸收工人、农民中的先进分子，尽快壮大自己的队伍，不断扩大和巩固自身的组织，才能适应领导不断发展的革命斗争的需要。

在这一时期，中国共产党在集中力量领导工人运动的同时，也开始从事农民运动、青年运动和妇女运动。1921 年 9 月，共产党员沈玄庐、宣中华在浙江萧山县衙前村发动和组织了农民协会。9 月 27 日，衙前村农民大会选出 6 名农协委员，推举贫苦农民李成虎为领导人。年底，萧山、绍兴一带有 80 余村建立了农民协会。1922 年 6 月，共产党员彭湃在其家乡海丰县从事农民运动，7 月底，成立赤山约①农会。1923 年 1 月，成立了海丰县总农会。随后，陆丰、惠阳也建立了农会。至 5 月 1 日，三县农会会员发展到 20 余万人，海丰总农会改组为惠州农民联合会。7 月，又改组为广东省农会，彭湃任执行委员长。在湖南，中共湘区委员会派刘东轩、谢怀德回到家乡岳北、白果一带开展农民运动。1923 年 9 月，成立岳北农工会，后来会员发展到数万人。韦拔群在其家乡广西东兰县发展农运。1923 年，他组织西山国民自卫军，三次攻打东兰县城；1925 年，又在家乡创办了农民运动讲习所。

在青年运动方面，在党成立前，各地共产党的早期组织就建立了社会主义青年团，但团员思想复杂，认识不一致，又无统一的领导机构，1921 年 5 月便相继解散。1921 年 11 月，张太雷受中国共产党和少共国际委托，重新组建社会主义青年团，确定社会主义青年团为信奉马克思主义的团体，并创办《先驱》半月刊为团的机关刊物。各地纷纷建立团组织，全国团员发展到 5000 多人。1922 年 5 月，在广州召开中国社会主义青年团第一次全国代表大会，通过了团的纲领和章程，选举了团的中央执行委员会，施存统任书记，正式宣告了中国社会主义青年团的成立。旅居法国、比利时、德国勤工俭学的学生代表赵世炎、周恩来等人，也于 1922 年 6 月在巴黎建立旅欧中国少年共产党，赵世炎为书记。后与国内取得联系，更名为中国社会主义青年团旅欧总支部。

在妇女运动方面，中国共产党大力宣传妇女解放的革命主张，并通过举办平民女校来培养妇女干部。1922 年 7 月，中共“二大”专门作出了《关于妇女运动的决议》，并决定在党中央设立妇女工作部，向警予担任了第一任部长。

---

① “约”是清代南方农村的行政建制，相当于后来大的“乡”一级建制。

(五)对国民党的联合战线工作

第一次护法运动失败后,孙中山并未气馁,继续探索救国救民的道路。1919年10月,他将中华革命党改组为中国国民党,以“巩固共和,实现三民主义”为政纲,改变了中华革命党“实行民权、民生两主义”的政纲,在反对帝国主义侵略的意义上恢复了民族主义。1920年11月,孙中山重回广州,恢复了军政府,再度揭起护法旗帜。1921年4月,国会非常会议选举孙中山为中华民国非常大总统。6月,下令讨伐桂系陆荣廷。9月,统一了两广。孙中山准备取道湖南北伐直系,统一中国,并在桂林设立北伐大本营。但孙中山的北伐主张遭到了陆军部长、粤军总司令、广东省长陈炯明的反对。1922年5月,陈炯明趁孙中山在江西指挥北伐之机,勾结吴佩孚,阴谋叛乱。孙中山闻报后急带少数卫队回广州处理此事。6月,陈炯明在广州发动武装政变,炮轰总统府。孙中山避难永丰舰。8月,转赴上海,第二次护法运动又告失败。

在孙中山连遭重挫、走投无路,急于寻求新的革命道路与新的同盟者之际,共产国际、苏俄政府和中国共产党向他伸出了热情援助之手。1921年12月,共产国际代表马林曾到桂林北伐大本营与孙中山晤谈,向孙中山提出两点建议:一是中国革命要有一个能够联系各阶层尤其是工农大众的政党;二是要有革命的武装核心,要办军官学校。孙中山表示赞同。1922年6月,《中国共产党对于时局的主张》提出,为了完成无产阶级在目前的最迫切任务,中国共产党主张同国民党等革命党派,以及其他革命团体,建立民主主义的联合战线,反对共同的敌人。1922年7月,中共“二大”通过了《关于“民主的联合战线”的议决案》,决定与国民党合作,合作的方式是党外联合。但孙中山不同意这种合作方式,他要求共产党加入国民党,实行党内合作。共产国际代表马林支持孙中山的意见,并向共产国际作了汇报。8月,中共中央在杭州西湖召开特别会议,专门讨论与国民党合作的具体形式问题。陈独秀、李大钊、蔡和森、张国焘、高君宇及马林、张太雷出席会议。会议经过激烈争论,决定接受共产国际的建议,作出了共产党员以个人身份加入国民党以实行党内合作的决定。会后,马林、陈独秀、李大钊分别会见孙中山,向他说明中国共产党关于国共合作的主张。李大钊、陈独秀、蔡和森、张国焘等首先以个人身份加入了国民党。1923年1月,孙中山与苏俄代表越飞发表《孙文越飞联合宣言》。宣言表明了苏俄对中国革命的支持和建立平等的中苏关系的主张,标志着孙中山联俄政策的确立。在中国共产党和苏俄的帮助下,孙中山开始了他一生中的伟大转变。

1923年“二七”工人大罢工惨遭吴佩孚镇压的教训,使中国共产党人进一步认识到,要推翻帝国主义和封建军阀在中国的统治,仅仅依靠工人阶级的力量是不够的，党应当采取积极步骤，去联合国民党，建立工人阶级和民主力量的联合战线。

1923 年 6 月 12 至 20 日，中国共产党在广州召开了第三次全国代表大会。到会代表有陈独秀、李大钊、毛泽东、蔡和森、张国焘等 30 多人，代表党员 420 人。会议的中心议题是讨论共产党员加入国民党的问题。会上，在共产党员是否全体加入国民党和产业工人要不要加入国民党问题上发生激烈争论。张国焘、蔡和森等反对全体共产党员加入国民党，尤其反对产业工人加入国民党，认为这样会取消共产党的独立性，削弱共产党的阶级基础。马林、陈独秀主张全体共产党员和产业工人都应加入国民党，但却提出了“一切工作归国民党”的口号。争论双方的认识都有正确的一面，同时又存在片面性。相比较而言，陈独秀等人赞成与国民党合作的意见更符合国民革命的中心任务。经过热烈讨论，会议通过了《关于国民运动及国民党问题的议决案》，决定共产党员应加入国民党，同时保持自己在政治上、思想上、组织上的独立性。

大会发表了宣言，修订了党章，通过了劳动运动、农民问题、青年运动、妇女运动等决议案。大会选出了新的中央委员会，选出陈独秀、李大钊、毛泽东、蔡和森、王荷波、罗章龙、项英、谭平山、瞿秋白等 9 人为中央委员，陈独秀为中央执行委员会委员长。

中共“三大”确定以党内合作形式同国民党建立革命统一战线的方针，促成了第一次国共合作的实现，为国民革命准备了重要条件。但大会也有不足之处，主要是没有提出工人阶级应当努力争取对民主革命的领导权问题。大会对国共两党及所代表的阶级力量作了片面估计，认为中国工人阶级尚未成为一个“独立的社会势力”，“中国国民党应该是国民革命之中心势力，更应立在国民革命之领袖地位”。

中共“三大”以后，国共合作的步伐大大加快了。一方面，党的各级组织做了许多宣传工作，动员党员和革命青年加入国民党；另一方面，在共产党的推动下，孙中山开始着手改组国民党的工作，并吸收共产党人参与其事。

四、西方列强的卷土重来与直系军阀的统治

（一）帝国主义对中国的“协同侵略”

中国共产党创立前后，国际国内形势的主要特点是：各帝国主义国家重新加紧对中国的侵略，企图进一步宰割中国；国内各派军阀之间的矛盾和争夺更加激烈。

第一世界大战期间，日本帝国主义乘其他列强在欧洲忙于战争的机会，大力向中国和太平洋地区扩张势力，造成了在中国的独占状态。巴黎和会承认了日本在中国的特权，巩固了它在中国的地位。日本的这种独霸优势，加剧了列强间尤其是日、美之间的利害冲突。大战期间，美国就已成为日本争夺中国的主要对手。战后，由于它在战争中发了横财，增强了在世界上的实力地位，更加不能容忍日本独霸中国。英国原来是侵略中国的主角，在中国拥有最大的利益，战后卷土重来，英、日之间也发生了尖锐矛盾。美国企图依恃自己的经济优势，打破日本独霸中国的局面，提议组织美、日、英、法新四国银行团，共同承揽中国的一切政治和经济借款。1920年10月，新四国银行团的协定在纽约正式签字。美国在新银行团中占着优势，美国公使在致北京政府的备忘录中提出，新银行团"应得预问"中国财政收支和官吏任用，并有"查账之权"。但由于中国人民的反对，同时由于四国之间，尤其是美、日之间存在尖锐矛盾，使新银行团无法进行工作，美国没有达到预期的目的。

美国为了削弱和限制日本，建立自己在东方的霸权，提议召开华盛顿会议。1921年11月12日至1922年2月6日，美、英、日、法、意、中、荷、葡、比九国会议在华盛顿举行。会议有两项议程：一是讨论限制军备问题；二是讨论远东和太平洋地区的问题，主要是讨论中国问题。这次会议实质上是巴黎和会的继续，是帝国主义各国根据战后力量对比对远东和太平洋地区殖民地与势力范围的一次再分割。如果说巴黎和会暂时调整了帝国主义在欧洲的关系，那么华盛顿会议则基本确定了战后帝国主义在远东、太平洋地区的新秩序，从而形成了战后帝国主义支配世界的新体系，即"凡尔塞——华盛顿体系"。会上，帝国主义各国展开了激烈争夺，经过讨价还价，美、英、日、法签订了《关于太平洋区域岛屿属地和领地的条约》，即《四国条约》。美、英、日、法、意签订了《限制海军军备》条约，即《五国海军协定》。《四国条约》规定：互相尊重在太平洋上岛属地的权益，废除1902年缔结的英日同盟。《五国海军协定》规定：美、英、日、法、意主力舰的吨位比例为5：5：3：1.75：1.75。通过这两个条约的签订，英日同盟被拆散，迫使日本承认其海军居于二流地位。

华盛顿会议的中心议题是中国问题，中国是帝国主义在远东争夺的焦点。在这次会议上，美、英、日等国都想从中国取得更多的利益，但它们之间矛盾重重。参加这次会议的北洋政府代表团在会上提出了处理中外关系的"十项原则"，其一方面要求各国尊重中国"领土之完整及政治与行政之独立"，一方面又声称完全赞同美国提出的"门户开放"、"机会均等"的原则。在讨论中，美、英为了不让日本独霸中国，支持中国收回山东主权的要求；美国坚持"各国在华机会均等"、"门户开放"，力图凭借经济优势，排挤日本在华势力；日本则极力维护其既得利益，反对会议讨论山东问题，坚持在会外由中、日直接交涉解决。美、英又迫使日本同意他们的代表以观察员资格参加中日谈判。在美、英的压力下，日本被迫于 1922 年 2 月 4 日与中国签订了《中日解决山东悬案条约》，规定日本将胶州德国旧租借地交还中国，由中国全部开为商埠，准许外国人在该区域内自由居住、经营工商业及其他职业；日军撤出山东；青岛海关移交中国；胶济铁路由中国以 5340.6141 万金马克赎回，在路价未偿清前，中国须任用一日本人为车务长，一日本人为会计长。5 月 6 日，日军撤毕，由中国军队接防。12 月 10 日，日本向中国移交胶州德国租借地，并于 1923 年 1 月 1 日将胶济铁路归还中国。

1922 年 2 月 6 日，参加华盛顿会议的各国签订了《九国关于中国事件应适用各原则及政策之条约》，即《九国公约》。公约宣称“尊重中国之主权与独立及领土与行政之完整”。但这只是一句空话，中国代表团提出的取消治外法权、撤退外国军警、恢复关税自主权、取消势力范围等项要求，一概未列入公约。实际上，公约的出发点是中国应为各帝国主义共同的殖民地，其核心是肯定美国提出的“各国在华机会均等”和“中国门户开放”的原则。它规定要“维持各国在中国全境之商务实业机会均等之原则”，任何一国“不得因中国状况，乘机营谋特别权利”等。这是美国图谋扩张在华侵略势力的一个胜利。《九国公约》的签订，打破了日本在中国的独占状态，又使中国回到几个帝国主义国家共同支配的局面，这是第一次世界大战后中国形势的重大变化。

（二）军阀混战与直系军阀的统治

1919 年夏，美国为保证其“门户开放”政策的实现，大力扶持直系；日本为维护其在华的“特殊利益”，以达到独占中国的目的，继续扶持皖系。于是，北洋军阀内部的矛盾进一步扩大，直、皖两系的斗争日益表面化。

段祺瑞重新控制北京中央政权后，主张武力统一中国，竭力排斥直系势力。在对待南北和议及内阁问题上，与直系的裂痕迅速扩大。1919 年 6 月，段祺瑞又派其心腹干将徐树铮去西北地区和外蒙古扩张势力，使皖系很快控制了西北地区。这样，又严重威胁到以东北为基地的奉系军阀张作霖的利益，促使直、奉两系结盟反皖。1919 年 12 月冯国璋死后，曹锟、吴佩孚成为直系军阀首领，他们利用人民群众反对皖系卖国、专制的浪潮，勾结南方军阀，联合奉系军阀，积极进行反皖倒段活动。从 1919 年中到 1920 年初，形成了直、苏、鄂、赣、豫、辽、吉、黑八省反皖联盟。

1920 年 6 月，吴佩孚沿京汉铁路“北撤”至保定。与此同时，徐树铮及其西北边防军也开回北京待命。直皖矛盾顿时激化。7 月初，段祺瑞在团河成立定国军总司令部，自任总司令，准备讨伐直系；直系则成立“讨贼军”，以吴佩孚为前敌总司令，准备抗皖。7月14日夜，直皖战争正式爆发。双方大战于北京附近的长辛店、高碑店、涿州、琉璃河一带。奉军也趁机挥兵入关，助直作战。南方军阀也联名通电声讨段祺瑞与皖系。段祺瑞四面楚歌，不得不于7月19日通电辞职。23日，直奉军进驻北京，形成了以直系为主、直奉两系共掌北京政权的局面。皖系势力从此衰落下去。

直皖战争后，直、奉两系共同控制了北京政权。但是，以英、美为后台的直系军阀和以日本为后台的奉系军阀，是不可能长久共存的。直皖战争刚结束，两系就在势力范围的扩充上发生了尖锐的矛盾。直系迅速扩张到长江流域，使皖、苏、鄂、湘相继成为自己的地盘，而奉系所得甚少。这就使张作霖非常不满。为能在与直系的争斗中取得主动，奉系便与浙江的皖系军阀卢永祥和广州的孙中山结成反直的三角同盟。

1921年12月，亲直的靳云鹏内阁，因财政困难辞职。奉系随即向大总统徐世昌保举亲日派梁士诒组阁。新内阁应奉方之请，下令特赦被通缉的皖系要员，并在经济上抑制直系。吴佩孚则抓住梁士诒媚日卖国、欲借日款赎回胶济铁路一事，联络社会各界及各省督军，连续发出通电，痛斥梁士诒"害莫大于卖国，奸莫甚于媚外"。吴佩孚并公开表示坚决与支持梁士诒内阁的奉系作战。1922年1月25日，梁士饴下台，由外交部长颜惠庆暂代国务总理。随后，直、奉双方调兵遣将，积极备战。4月28日晚，第一次直奉战争爆发。双方各动员了12万左右的兵力，在东路马厂、中路国安、西路长辛店方面展开了猛烈的战斗。5月5日，吴佩孚在西路发动强攻，击败奉军。奉军遂全线崩溃，退回关外。6月18日，在英国调停下，双方议和罢兵，战事正式结束。此后，北京政府大权由直系独揽。

第一次直奉战争后，吴佩孚打出"武力统一"的旗号，导演了一出驱徐迎黎、"法统重光"的闹剧，赶走了徐世昌，请出了黎元洪复任大总统。吴佩孚利用黎元洪这个傀儡，建立了一个由直系控制的"合法"政府。但直系内部曹、吴之间也渐生裂痕。9月，在吴佩孚的支持下，王宠惠出任国务总理。阁员罗文干、汤尔和等均属英美派，当时被称为无党无派的"好人"，因此这个政府又有"好人政府"之称。它实际是听命于吴佩孚的"洛派"（洛派因吴佩孚驻兵洛阳而得名）政府，而为曹锟的"保派"（保派因曹锟驻兵保定而得名）直系军阀所反对。它仅仅存在了三个多月，就于11月下旬被赶下了台。从此，直系军阀正式分裂为"洛阳派"和"保定派"。

洛、保分裂后，曹、吴二人争当总统。1923年6月，曹锟赶走了黎元洪。9月，曹锟以5000元至10000元一张的选票，收买议员500余人；以40万元的高价，收买了国会议长。在选举总统的当天，曹锟派出大批军警警戒。在军警的严密监视下，曹锟“当选”为大总统。10月10日，曹锟就职。同日，公布了由这些受贿议员赶制的所谓《中华民国宪法》。

曹锟的贿选，使直系的声望一落千丈，激起了全国人民的极大义愤。曹锟上台后，为换取帝国主义支持，作出种种残民媚外之举。在处理临城劫车案、办理金法郎案时，奴颜卑膝，丧权辱国，更使直系声名狼藉。

五、国民经济的迟滞与资产阶级改良主义思潮

(一)国民经济迟滞的发展

第一次世界大战后到1922年，中国民族工业的纺织业、卷烟、面粉业等少数工业部门和个别企业，继续有所发展。这是因为许多民族工业在大战期间筹建和进口的设备，到战后才形成生产能力。如纺织业，全国华厂纱锭1920年为84.2万枚，1922年为150.6万枚。但是，就中国民族工业的整体来看，则陷入了迟滞状态。

帝国主义在战后卷土重来，加紧对中国的经济侵略，大力向中国进行商品输出和资本输出。在商品倾销方面，外贸入超在1920年又达到1913年的2.2亿海关两，1921年更高达3亿海关两以上。在资本输出方面，帝国主义在华开设的银行1914年为9家，1926年增至16家50个分行。新设的许多银行有英国设立的大英、大通、运通，美国设立的友华，荷兰设立的安达，意大利设立的华义，日本设立的住友、三井、三菱银行等。这些银行向北洋军阀政府提供贷款，对铁路、矿山投资，并发行纸币，吸收存款，控制中国的金融和财政命脉。在工业投资方面，列强在华开办的企业迅速增多，1895～1920年为56家，年均2家；1921～1930年，为54家，年均5家。1924年中国煤矿总投资中，外国资本占24.4%。帝国主义在华纱锭数，1918年为486858枚，1922年增加到879694枚，1924年增至1183244枚。帝国主义还利用“中外合资”的办法，把资本“加入”到中国民族资本主义企业中，进而加以吞并。1917年到1927年，日本在华单独经营的企业资本增加了214%，而“中日合资”企业的日方资本，增加了655%。帝国主义加紧经济侵略，从原料、资金、市场等各个方面压制、排挤中国民族工业，这是中国各族资本主义经济发展迟滞的主要原因。

大小军阀都拼命扩军，造成军费激增。北洋政府1918年军费为2.03亿元，1925年增至6亿元。尽管如此，军费仍不敷用，军阀还采取增发公债、滥发纸币的办法筹款，造成货币贬值，物价飞涨，赋税年年增加，苛捐杂税多如牛毛，人民负担极重。各派军阀为争权夺地，连年混战，所到之处，杀人放火，抢劫财物，社

会生产力遭到极为严重的破坏。军阀割据对社会经济的破坏，是中国民族资本主义经济发展迟滞的又一个重要原因。

1922年以后，中国民族资本主义经济陷入了萧条停滞状态。建厂数目和增长速度急剧下降，产品积压，价格跌落，利润减少以至亏本。向北京政府农商部注册的新厂，1920年为70个，1921年还有61个，1922年降至46个，1923年猛降至14个，1924年仅剩11个。不少民族资本企业破产或被外资兼并，未破产者也是惨淡经营。1917～1927年间，有21个中国纱厂被兼并。以下是轻工业几个部门的情况：

棉纱业：由于战后受外资竞争排挤，加上苛捐杂税和运输困难，出现"棉贵纱贱"的现象。1922年，每生产16支纱一包就要亏银12两以上，因而"颠连困苦，亏损不支"。大中华纱厂破产不足偿债，宝成第一、第二纱厂被日人兼并，裕大、华丰纱厂为日商债权所管理，久兴纱厂为美商债权管理，上海有20余家纱厂倒闭。1922年8月，华资纱厂联合会曾召集上海各纱厂开会，公定最小限价，以维持生产，但纱价仍然跌落。12月，又作出停工1/4的决议，也没有使市场情况好转，许多工厂时开时停。

面粉业：战后各国生产逐渐恢复，排斥中国面粉入口，使中国面粉的国外市场大大缩小。与此同时，美国、日本、澳洲、加拿大等国的面粉大量输入中国，充斥市场。1922年，中国面粉入超合银1100多万两，1923年增至3000多万两。因此，许多面粉厂倒闭。

丝织业：1922年和1923年被称为上海丝织业的"危险时期"，许多丝织厂倒闭。

其他行业的情况也是如此。以制铁业为例，从1920年起，铁厂积货如山，无人问津。著名的本溪湖铁矿、汉阳钢厂、汉阳铁厂、扬子机器厂先后停工。

帝国主义对中国侵略的加紧和严重的封建剥削，连年的军阀混战，也破坏了中国农业生产，造成农村经济的凋敝。战后帝国主义向中国农村大量倾销日用消费品，从而排斥了农村手工业，加深了农民对洋货的依赖程度。帝国主义采取各种方法，掠取其生产所需的原料，使经济作物种植面积扩大，粮食生产缩减。这样一来，粮食入超不断增加，形成谷贱伤农。再加上地租苛重、高利贷盘剥以及天灾不断，农民生活几乎陷入绝境。

经济停滞，使中国人民的处境更加恶化，大量工人失业，广大农民破产，其他各阶层的人民生活也愈来愈艰难。因而，加深了中国人民同帝国主义和封建势力的矛盾，人民迫切要求改变中国现状，摆脱帝国主义和封建势力的剥削和压迫。

(二)资产阶级改良主义思潮

帝国主义对中国的侵略,封建军阀的割据混战,造成中国民族危机日益加深;政治腐败,社会黑暗,人民处境日益恶化,中国的出路何在?各派政治势力提出了各自不同的政治主张。在统治阶级方面,控制中央政权的直系军阀鼓吹“武力统一”;各省地方军阀则要求“自治”或“联省自治”。以孙中山为代表的国民党人先是重新树起“护法”的旗帜,恢复“三民主义”的提法,后又在苏俄、中共的影响下把旧三民主义发展成新三民主义。中国共产党人提出了民主革命纲领。一些不满足现状而又不赞成以暴力革命手段改造现实社会的民族资产阶级和上层小资产阶级的改良主义者提出了各种政治主张,改良主义思潮一时广为传播,主要有“好人政府”主义、“省自治”和“联省自治”、“制宪救国”、“废督裁兵”等。

“好人政府”主义。1922 年 5 月 13 日,蔡元培、胡适、梁漱溟、王宠惠等 16 位知识界知名人士,联名在《努力周报》上发表《我们的政治主张》一文,提出组织一个“好人政府”,作为改革中国政治的最低限度的要求。他们提出了政治改革的三条基本原则:要求一个“宪政的政府”,一个“公开的政府”,一种“有计划的政治”。他们认为,中国之所以败坏到这步田地,“好人自命清高”是一个重要原因。因此,社会上的“优秀分子”站出来和恶势力斗争,组织“好人政府”,“这是政治改革的惟一下手功夫”。这种主张反映了资产阶级及其知识分子对专制独裁的不满和对民主政治的向往。他们希望通过“好人”进入政府使中国得救,但至于如何让“好人”进入政府以及进入政府后是否能起作用,则是他们不能答复的。吴佩孚利用这一主张对抗曹锟。在他的支持下,1922 年 9 月 19 日,曾在《我们的政治主张》一文上签名的王宠惠、罗文干、汤尔和入阁,王宠惠任国务总理,当时被称为“好人政府”。实际上,王内阁完全听命于吴佩孚为首的“洛阳派”军阀,自然为以曹锟为首的“保定派”军阀所不容。11 月 18 日,保派势力将王内阁赶下台,“好人政府”仅存在了三个月就垮台了,可谓昙花一现。从此,“好人政府”主义随其实践的破产而销声匿迹。

“省自治”和“联省自治”。这种思潮由来已久,早在清末,就有人提出在中国建立联邦制的国家,以后陆续有人提出类似的主张。1920 年下半年至 1923 年,形成了一个颇具规模的要求“省自治”和“联省自治”的浪潮。其代表性的言论有章太炎于 1920 年 11 月在北京《益世报》上发表的《联省自治虚置政府议》、唐德昌于 1922 年 9 月在《太平洋》上发表的《联省自治与现在之中国》和胡适于 1922 年 9 月在《努力周报》上发表的《联省自治与军阀割据》等文章。他们认为,中国致乱的根源,是由于中央政府权力过大,引起军阀争夺总统、总理职位。救治的办法是增大地方权限、民众权力,实行“省民自决主义”,各省制定宪法,民选省长,实行自治,然后在省自治的基础上,建立一个“联省自治的共和国”。

“制宪救国”。制定一部民主宪法,通过这一途径达到救国治国的目的,这是20年代初期改良主义思潮的一个重要方面。当时的报刊对这一问题进行了广泛讨论,《东方杂志》在1921年11月出版了两期《宪法研究专号》。主张制宪救国的人认为,大小军阀掌握着中央和地方的政权,人民毫无民主自由,因而造成政治混乱,当前急务就是制定一部宪法,用国家根本大法的形式来约束军阀的行为,使“政治入轨,绝乱源,定国基”,“然后徐图兴国之道”。在制宪活动高潮中,有些省虽然制定了宪法,如《浙江省宪法》在1921年9月分布,《湖南省宪法》在1922年1月公布。但军阀并不想实行,那些宪法只是一纸空文。至于国家根本大法的制定,根本无从入手。因此,这个活动毫无结果。

“废督裁兵”。辛亥革命后,军阀拥兵自重,操纵政治,连年混战,成为国家的极大祸患。有人认为,只有废除督军,裁减军队,才能杜绝乱源。这是20年代上半期“废督裁兵运动”兴起的原因。1921年,吴佩孚导演“驱徐迎黎,法统重光”的闹剧。即将出任大总统的黎元洪没有军队,为削弱军阀势力,遂迎合舆论,通电全国要求废督裁兵,以此作为复任条件。在南方进行护法斗争的孙中山为恢复民主共和制度,响应废督裁兵,并提出了“化兵为工”的具体计划。废督裁兵运动由此开展起来。当时的报刊上连篇累牍地发表鼓吹废督裁兵的文章,提出了种种裁兵的办法。北京、上海、湖南等地的许多团体发表宣言、通电,召开裁兵大会,举行示威请愿,组织裁兵促进会,一致要求废督裁兵,形成了一个声势浩大的民众运动。但这个运动本质上是资产阶级改良运动,他们不懂得,在军阀政治制度下,军队是军阀的命根子,“有兵则有权,兵多则权大”,希望军阀发善心,识潮流,大彻大悟,自动裁兵,无异于与虎谋皮。因此,喧嚣五六年之久的“废督裁兵”运动,因毫无实际效果而烟消云散。

上述资产阶级改良主义主张,主观愿望大都是好的,也有其合理成分。但是,这些主张都忽视了帝国主义的侵略和封建军阀的反动统治是中国的根本乱源这一事实,他们反对或不赞成以革命手段推翻帝国主义和封建军阀的统治,而幻想通过和平改良的道路改变中国现状,这表现了资产阶级的软弱性。

【导　读】

1. 毛泽东:《新民主主义论》(五、十一、十二、十三),载《毛泽东选集》第3卷,人民出版社1991年版。

2. 有关“三次论争”的一组文章。胡适:《多研究些问题,少谈些主义》;李大钊:《再论问题与主义》;陈独秀辑:《关于社会主义的讨论》;梁启超:《复张东荪书论社会主义运动》;李达:《讨论社会主义并质梁任公》;陈独秀、区声白:《讨论无政府主义》。上述文章收录于中国社会科学院近代史研究所编的《五四运动文选》一书。该书由三联书店1959年出版，1979年辑录重印了“五四”时期人物如陈独秀、李大钊、蔡元培、胡适等在“五四”前后发表的文章，并附录若干资料。

3.《中国共产党第一次全国代表大会通过的党纲》(1921年7月)、《中国共产党第一个决议》(1921年7月)、《中国共产党对于时局的主张》(1922年6月15日)、《中国共产党第二次全国代表大会宣言》(1922年7月)、《中国共产党第三次全国代表大会宣言》(1923年6月)，载中央档案馆编《中共中央文件选集》(1921～1925)，中共中央党校出版社1989年版。

4. 李新、陈铁健主编:《伟大的开端》，中国社会科学出版社1983年版。本书是《新民主主义革命史》(多卷本)中的第1卷，记叙了1919年至1923年间中国新民主主义革命开端时期的历史。

5. 中国社会科学院近代史研究所近代史资料编辑组编:《五四爱国运动》，中国社会科学出版社1979年版。本书系五四运动资料类编，记录了在“五四”革命风暴中，全国罢课、罢市、罢工运动蓬勃展开，猛烈抨击内政外交的黑暗，讨伐北洋军阀卖国政府的情形。本书收录的原始资料，包括当时的出版物、档案等，非常详尽。

6.《中国现代史资料选辑》第1册，中国人民大学出版社1987年版。

7. 张静如:《中国共产党的创立》，河北人民出版社1981年版。

8. 彭明:《五四运动史》，人民出版社1998年版。

9. 姜义华:《社会主义学说在中国的初期传播》，复旦大学出版社1984年版。

10. 邵维正:《中国共产党创建史》，解放军出版社1991年版。

11. 叶永烈:《红色的起点》，上海人民出版社1991年版。

12. 黄修荣:《中国共产党创建史》，黑龙江教育出版社2000年版。

13. 来新夏等著:《北洋军阀史》(上、下册)，南开大学出版社2000年版。

14. 齐锡生著，杨云若、萧延中译:《中国的军阀政治(1916～1928)》，中国人民大学出版社1991年版。

15. 罗志田:《乱世潜流:民族主义与民国政治》，上海古籍出版社2001年版。

【思考与讨论】

1. 分析五四运动的历史背景。
2. 五四运动爆发的导火索、提出的基本口号、直接斗争目标和发展阶段是什么?

3. 五四运动的伟大历史意义是什么？怎样理解五四运动是中国新民主主义革命的开端？
4. 五四运动后马克思主义在中国得到广泛传播的原因及情况如何？
5. 评述"五四"时期马克思主义与反马克思主义思潮的三次大论争。
6. 通过具体历史事实说明中国共产党的诞生是近代中国经济、政治和思想演变的必然结果，是马克思列宁主义与中国工人运动相结合的产物。
7. 论述中共"二大"制定的民主革命纲领。
8. 如何理解"自从有了中国共产党，中国革命的面目就焕然一新了"？
9. 第一次工人运动的高潮是怎样掀起的？它的伟大历史意义和提供的经验教训是什么？
10. 论述中国共产党从"一大"到"三大"关于民主联合战线政策的演变。
11. 论述孙中山"联俄，联共"政策形成的历史过程。
12. 比较中共民主革命纲领与资产阶级改良主义思潮解决中国问题的方案。

国共合作的国民革命与北洋军阀的溃败

1924年1月至1927年7月"七一五"政变，是第一次国内革命战争时期。这一时期是北洋军阀势力走向末路和国民革命从兴起、发展到失败的历史。

这段历史可以分为三个阶段。

1924年1月国民党"一大"至1926年6月北伐战争开始前为第一阶段。国民党"一大"的召开，标志着第一次国共合作和各革命阶级统一战线的正式建立。统一战线建立后，工农运动、爱国反帝运动、反军阀争民主运动很快兴起并迅速高涨起来。"五卅"运动的爆发，标志着全国革命高潮的形成。广东革命根据地的巩固和统一，进一步为北伐战争奠定了基础。统一战线内部共产党和国民党左派同国民党右派争夺领导权的斗争，也在发展，为革命埋伏下了危机。中国共产党人努力运用马克思主义基本原理，分析中国社会现状，对中国革命规律作了积极的探讨，新民主主义革命思想初步形成。在帝国主义的支持下，北洋军阀各派系势力争斗不已，最后形成张作霖、吴佩孚、孙传芳三大势力分据各主要省区的局面。1924年10月，冯玉祥发动的北京政变对北方政局的演变产生了巨大的影响。

1926年7月北伐出师至1927年"四一二"政变前为第二阶段。国共两党联合发动的北伐战争迅速从广东进展到长江流域和黄河以南，基本上消灭了吴佩孚、孙传芳两大军阀势力，张作霖日益孤立。工农运动迅猛发展，汉口、九江英租界被收回，特别是上海工人发动三次武装起义，以湖南为中心的农民运动的突起，全国处在人民大革命的高潮之中。这时，帝国主义加紧了对中国革命的干涉。在革命阵营内部潜伏着国共合作破裂的危机。

从"四一二"政变到"七一五"政变为第三阶段。蒋介石集团发动了"四一二"政变，使国民革命在部分地区遭到失败，出现了宁汉对立的局面。在帝国主义和反动军阀势力的压迫下，武汉国民政府日趋反动，并最终叛变了革命。中国共产党内发生了以陈独秀为代表的右倾机会主义错误，给革命事业造成了严重危害。

一、第一次国共合作的正式形成

(一)中国国民党的改组

1924年至1927年，中国大地上发生了空前规模的反帝反封建军阀的革命运动，人们称之为“大革命”或“国民革命”。它是在国共两党共同努力下发展起来的。先是孙中山把他领导的资产阶级民主主义革命称为“国民革命”。早在1906年秋冬，孙中山在《军政府宣言》中，开始将太平天国以前和以后的革命区别开来。他指出：“前代为英雄革命，今日为国民革命。所谓国民革命者，一国之人皆有自由、平等、博爱之精神，即皆负革命之责任，军政府特为其枢机而已。”后来，中国共产党人赋予“国民革命”口号以新的含义。1922年9月20日，陈独秀在《向导》第二期发表《造国论》一文，其中写道：“中国产业之发达还没有使阶级壮大而显然分裂的程度，所以无产阶级革命的时期尚未成熟，只有两阶级联合的国民革命(National Revolution)的时期已经成熟了。”后来，他在同刊发表的《本报二年来革命政策之概观》一文中指出：“在殖民地半殖民地的经济地位，决没有欧洲十八世纪资产阶级的革命之可能，所以在本报第二期《造国论》上，便改用‘国民革命’来代替‘民主革命’这个口号。”1923年5月，蔡和森对国民革命的内容作了进一步说明：“殖民地国民革命运动的特性就是：一面打倒国内的封建势力，一面反抗外国帝国主义；在这种立场上，殖民地的无产阶级所以可与革命的资产阶级结成联合战线。”[①]这一口号对动员民众参加到这场革命运动中起到了巨大作用。

中国共产党积极推动孙中山对国民党进行改组。1922年9月4日，孙中山在上海召集有陈独秀等共产党人参加的会议，研究改组国民党。孙中山解释了联俄、联共政策及改组国民党的主张和计划，得到与会者的一致赞同。6日，孙中山指定茅祖权、张秋白、陈独秀等九人成立改进案起草委员会。11月15日，孙中山召集会议，审查改进案，并推举胡汉民、汪精卫起草国民党宣言。

经过反复的讨论和修改，经孙中山审定的《中国国民党宣言》于1923年元旦发表。宣言重申了国民党的政纲三民主义，强调“革命事业，由民众发之，亦由民众成之”。同时，孙中山重新指定了党本部各部部长、副部长及参议等人选，其中包括共产党人陈独秀(任参议)等。

恰在此时，在孙中山的策动下，驻留广西的滇军杨希闵、范石生、朱培德各部

① 蔡和森：《中国革命运动与国际之关系》，载《向导》第23期，1923年5月2日。

和桂军刘震寰部联合发动了向陈炯明的进攻，并于1923年1月将陈逐出广州。2月间，孙中山回到广州重建大元帅府，就任大元帅职，控制了珠江三角洲和广东中部地区，形成了国民革命运动的根据地。

孙中山回到广州后，继续推进国民党的改组工作。8月，他派出了以蒋介石为首、有共产党人张太雷参加的孙逸仙博士代表团，赴苏联考察党务和军事。10月6日，应国民党的邀请，苏联代表鲍罗廷①到达广州，被孙中山委任为国民党组织教训员。此后，大批苏联政治、军事顾问到达广州。国民党的改组进入实质性阶段。10月19日，孙中山委任廖仲恺、汪精卫、张继、戴季陶、李大钊为国民党改组委员，负责办理国民党本部改组事宜。10月25日，国民党改组特别会议在广州举行。会议委任胡汉民、廖仲恺、邓泽如、谭平山（共产党员）等九人为国民党临时中央执行委员，汪精卫、李大钊等五人为候补执行委员，负责进行改组国民党的工作。11月12日，临时中央执行委员会发表《中国国民党改组宣言》，公布了《中国国民党党纲草案》、《中国国民党章程草案》。

此后，改组工作积极推进。党员较多的广州、上海开始重新登记党员，天津、南京、湖南、湖北等地开始筹建国民党组织。1923年底，李大钊应孙中山的邀请到达广州，帮助筹备召开国民党第一次全国代表大会。

与此同时，中国共产党采取实际步骤积极推动和帮助国民党改组。11月24～25日，中国共产党在上海举行三届一次中央执行委员会会议，讨论并通过了《国民运动进行计划决议案》。全会指出，开展国民革命运动是我党目前的全部工作，全党“当以扩大国民党之组织及矫正其政治观念为首要工作”。要求各地共产党员在国民党有组织的地方应“一并加入”，在国民党无组织的地方“同志们为之创设”。会议强调指出：“无论哪种情况，共产党员均应受我党指挥，努力站在国民党的中心地位。”

孙中山联俄联共和改组国民党的工作，遇到了国民党内一部分右翼势力的反对。1923年11月29日，邓泽如等11人联名上书孙中山，反对国民党改组，诬蔑共产党。他们指责共产党帮助孙中山确定反帝反军阀的纲领，是使国民党“从国际之仇怨”，诬称共产党加入国民党，是要“借国民党之躯壳，注入共产党之灵魂”。孙中山对此非常气愤，亲笔在上书上逐条批驳，重申国民党改组和联共的必要性。孙中山联俄联共和改组国民党的决心没有因右翼势力的反对而动摇。在苏联和中国共产党真诚帮助下，孙中山完成了国民党改组的一系列准备工作。

---

①　鲍罗廷（1884～1951年），苏联人。1903年加入俄国社会民主工党。1919年出席共产国际第一次代表大会。1923年10月到达广州。1927年国民革命失败后回国。

(二)中国国民党第一次全国代表大会

经过一系列准备之后,中国国民党第一次全国代表大会于 1924 年 1 月 20 日至 30 日在广州召开。大会代表共 197 人,出席开幕式的有 165 人,一部分由孙中山指派,一部分由各地党员推举产生。代表中有李大钊、谭平山、林伯渠、张国焘、毛泽东、瞿秋白、王尽美等 20 多名共产党人,约占大会代表总数的 14%。孙中山以国民党总理的身份担任大会主席。大会主席团由孙中山指定的胡汉民、汪精卫、林森、谢持、李大钊五人组成。苏联顾问鲍罗廷也参加了大会。

大会最重要的议程是通过《中国国民党第一次全国代表大会宣言》。这个宣言是孙中山委托苏联顾问鲍罗廷起草、经反复讨论、由孙中山审定而成的,1 月 23 日由全体代表通过。

宣言第一部分"中国之现状",分析了辛亥革命后"军阀之专横,列强之侵蚀,日益加厉"的情况,指出进行国民革命,实行三民主义,"为中国惟一生路"。宣言第二部分"国民党之主义"是主要部分,重新解释了三民主义。重新解释的民族主义,一是主张"中国民族自求解放","免除帝国主义之侵略";二是主张"中国境内各民族一律平等"。民权主义主张直接的、普遍的、革命的民权,即"为国民者,不但有选举权,且兼有创制、复决、罢官诸权",民权"为一般平民所共有,非少数者所得而私","凡卖国罔民以效忠于帝国主义及军阀者……皆不得享有此等自由及权利"。民生主义规定了平均地权和节制资本的原则。平均地权是由国家通过征税和收买的办法,使土地之增值收归国家,以防止"土地权之为少数人所操纵"。对缺乏田地的农民,则由国家给以土地,"资其耕作"(后不久,孙中山又明确提出"耕者有其田"的口号)。节制资本是防止私人资本操纵国计民生,规定凡具有独占性质或规模过大之企业,要"由国家经营管理之"。国家还要制定劳工法,以改良工人的生活。宣言的第三部分是"国民党之政纲",包括对内政策 15 条和对外政策 7 条。

以国民党"一大"宣言为标志,孙中山的旧三民主义发展为新三民主义。它具有鲜明的反帝反封建的内容,其政治原则和中国共产党的民主革命纲领在基本原则上是一致的。因此,新三民主义就成为第一次国共合作的共同纲领。当然,两者之间还是有区别的,主要表现为新三民主义没有彻底实现人民的权力、八小时工作制和彻底的土地革命纲领;它的宇宙观是"民生史观",其实质是二元论或唯心论。

大会制定了新的国民党章程。这个章程第一次规定了国民党从中央到基层的完整的组织系统。即:全国设全国代表大会和中央执行委员会;各省设省代表大会和省执行委员会;各县设县代表大会和县执行委员会;各区设区党员大会和执行委员会；区分部为基层组织，设区分部党员大会和执行委员会。章程设“总理”一章，规定孙中山为总理；党员须服从总理之指导；总理为全国代表大会和中央执行委员会之主席，不必经过选举；总理对全国代表大会的决议“有交复议之权”，对中央执行委员会的决议“有最后决定之权”。这种突出个人权力的规定，对以后的国民党产生了不良的影响。大会在讨论国民党章程时，国民党右派分子方瑞麟主张加入“本党党员不得加入他党”的条款，提出共产党员加入国民党必须以脱离共产党为条件，实际是反对国共合作。李大钊代表加入国民党的共产党员发言辩驳，指出：共产党员可以加入国民党去从事国民革命运动，但不能因为加入国民党而脱离共产党。共产党员的“跨党”是经过孙中山同意的“光明正大的行为，不是阴谋鬼祟的举动”。廖仲恺也发言据理驳斥，他指出：共产党员之加入，“是本党一个新生命”，“是与我们同做国民革命工夫的”。结果，方瑞麟的提案被否决，确认了共产党员和社会主义青年团员以个人资格参加国民党。

经孙中山提名，大会选出中央执行委员24人，其中有胡汉民、汪精卫、廖仲恺、戴季陶、林森、邹鲁、谭延闿、于右任等和共产党人李大钊、谭平山、于树德等。选出候补中央执行委员17人，其中有共产党人林伯渠、毛泽东、张国焘、瞿秋白等。41名中央和候补中央执行委员中，有共产党员10人。会后组成中央常务委员会，委员有廖仲恺、谭平山、戴季陶等。同时选举了中央监察委员会，推邓泽如、吴稚晖、李石曾、张继、谢持5人为中央监察委员，蔡元培、许崇智等5人为候补中央监察委员。任命各部部长和秘书13人，其中共产党占5名。组织部长谭平山，农民部长林祖涵，宣传部长戴传贤（后汪兆铭），工人部长廖仲恺，妇女部长廖冰筠（后何香凝），青年部长邹鲁，海外部长林森。

国民党第一次全国代表大会事实上确立了“联俄，联共，扶助农工”的三大政策①，重新解释了三民主义，改组了国民党，标志着国共合作的正式建立和革命统一战线的全面形成。改组后的国民党，成为工人、农民、小资产阶级和民族资产阶级革命统一战线的组织形式。国共合作的建立，对革命的发展具有重大的意义，成为国民革命高潮的起点。

二、国共合作建立后国民革命高潮的兴起

（一）工农运动的恢复和发展

第一次国共合作的建立，为工人运动的复兴和农民运动的开展创造了有利

① 国民党始终称“联共”为“容共”，即容纳共产党之意。“三大政策”是后来共产党人概括的。

的条件。"二七惨案"后由于受到反动军阀政府的摧残而转入低潮的工人运动，开始恢复和发展起来。国民党"一大"闭幕后，从中央到地方各级组织都设立了工人部和农民部，两部的秘书和干事多由共产党人充当。因此，中国共产党除了直接发动和组织工人外，还利用国民党这面旗帜来开展工作。

安源工会由于工作基础好，善于斗争，没有受到摧残。安源工人在 1923 年和 1924 年的"五一"节，都举行了万人示威游行。这一期间，工人工资有了提高，工人补习学校和工会组织得到进一步的发展和巩固，包工制也被打破了。因此，当时安源被称作"小莫斯科"。1924 年"二七惨案"纪念日，国共两党共同努力，在军阀统治区北京秘密成立了全国铁路总工会。10 月，中国共产党利用统战关系，保释了"二七惨案"以来被捕的工人领袖，恢复了京津、正太、陇海、京绥大部分的工会，到 1925 年 1 月，全国铁路各工会几乎全部得到恢复。2 月 7 日到 10 日，全国铁路总工会第二次代表大会在郑州召开。与此同时，"二七惨案"时被封闭的京汉铁路总工会恢复，并在郑州召开代表会议。随着北方工会的恢复，山东、河北、北京及东北的工人都举行了罢工斗争，多数取得了胜利。上述情况表明，中国工人运动在北方开始复兴。

第一次国共合作建立前，广东虽然也有一些工会组织，但数量繁多，情况复杂。国民党中央工人部成立后，积极进行统一广东工会组织的工作，筹备成立"广州工人代表大会"。1924 年 5 月 1 日至 10 日，工人部召开了广州工人代表大会。大会由廖仲恺主持，孙中山亲自到会发表演讲。他号召工人"要从今日起，立一个志愿，组织一个工人大团体"。"工人既是有了团体，要废除中外不平等的条约，便可以作全国人的指导，作国民的先锋，在最前的阵线上去奋斗。"① 共产党人刘尔崧在会上作广州工人运动的情况和今后工作任务的报告。国共两党的合作，带来了广州各工人团体的团结合作，为广州工人运动的发展奠定了基础。

组织起来的广州工人阶级，首先展开了反帝反封建的斗争。1924 年 6 月 30 日，英法帝国主义者在沙面公布新警律，限制中国人出入租界，公然歧视、侮辱中国人，激起中国人民的极大愤怒。7 月 15 日，沙面各业华工宣布罢工，华籍巡捕也于次日宣布罢岗。孙中山和广东革命政府坚决支持工人的罢工斗争。罢工爆发的当天，孙中山即派陈友仁赴沙面与领事团进行交涉。7 月 19 日，英国领事晋谒孙中山，要求广东政府取缔罢工。孙中山回答说："工人此次因争人格发生合理循轨的罢工，政府实不能加以取缔，苟或有之，即为剥夺人民自由之违法行

---

① 《孙中山全集》第 10 卷，中华书局 1986 年版，第 145、149 页。

为。"[①]同日，廖仲恺也以广东省长名义复函法国领事，对沙面工人罢工表示支持。国民党和广东政府还捐款、派人慰问罢工工人。在孙中山和广东政府的大力支持下，以共产党人为主领导的沙面工人罢工持续一个多月，终于取得了胜利，迫使英法帝国主义租界当局撤销了新警律。沙面工人罢工打击了帝国主义的气焰，充分体现了工人阶级团结战斗的精神，打破了京汉铁路大罢工失败后工人运动的低沉局面，成为工人运动重新走向高潮的起点。

为了进一步推动工人运动，加强对工人运动的领导，第二次全国劳动大会于1925年5月1日在广州召开。国民党中央工人部长廖仲恺出席大会，并代表国民党致词。大会决定成立中华全国总工会，它代表全国166个工会，拥有会员54万人。大会选举了由25人组成的中华全国总工会执行委员会，由林伟民任委员长，刘少奇、刘尔崧任副委员长，邓中夏任秘书长兼宣传部长，总部设在广州。大会通过的《全国中华总工会章程》，宣布取消中国劳动组合书记部，由中华全国总工会统一领导全国的工会。

与工人运动逐步恢复的同时，农民运动也很快发展起来。1924年6月，国民党中央决定在广州开办农民运动讲习所，以培养农民运动的骨干，推动农民运动的发展。从1924年7月到1926年9月，农讲所共举办了六届。第一至五届的主任分别是：彭湃、罗绮园、阮啸仙、谭植棠、彭湃，第六届改主任制为所长制，所长为毛泽东。农讲所的教员大部分是共产党员。孙中山也曾到所讲演，他说："农民是我们中国人民之中的最大多数，如果农民不参加革命，就是我们革命没有基础。国民党这次改组，要加入农民运动，就是要用农民来做基础。"[②]六届毕业生共772人，其中规模最大的是第六届，由毛泽东主办，学员来自全国19个省区，共300余人。这些毕业生分配到各地后，绝大多数成了当地农民运动的骨干，有力地促进了各地农民运动的蓬勃发展。在1925年一年中，广东省即有37县成立了农民协会组织，会员达到62万人。1925年"五一"国际劳动节，在广州召开了广东省第一次农民代表大会，成立了由彭湃任委员长的省农民协会。1925年2月，毛泽东从上海回到韶山，一面养病，一面发动和领导农民运动。几个月内，就在韶山地区20多个乡建立了秘密农会和公开的群众组织"雪耻会"。6月，建立了中共韶山支部，领导农民向地主豪绅展开了一系列斗争。在这一年里，广西、江西、河南等省的农民运动都开始有了发展。

---

① 《孙中山全集》第10卷，中华书局1986年版，第423页。

② 《孙中山全集》第10卷，中华书局1986年版，第555页。

(二)反帝爱国的废除不平等条约和反军阀争民主的国民会议运动

全国性的废除不平等条约运动,是国共合作建立后革命形势高涨的一个重要表现。它发端于中苏协定的签订。

1923 年 9 月,苏联驻华代表加拉罕代表苏联政府发表第三次对华宣言,申明苏联政府仍将以 1919 年和 1920 年两次对华宣言作为"对华关系的指导基础",愿意实行"完全尊重主权、彻底放弃从别国人民那里夺得的一切领土和其他利益"的政策。经过谈判,1924 年 5 月 31 日签订了《中俄解决悬案大纲协定》,同时签订《中俄暂行管理中东铁路协定》。协定规定:废除帝俄与中国签订的一切不平等条约;苏联政府承认外蒙是中国的一部分;苏联政府放弃帝俄时代在中国划定的租界,放弃庚子赔款,取消治外法权和领事裁判权;中东路除商业性质以外的一切事务概由中国政府管理,铁路由两国共同经营,中国方面将出资赎回中东铁路及一切所属财产。这是鸦片战争以来中国同外国签订的第一个平等协定。

中苏平等协定的签订,在中国人民中引起强烈反响,以此为契机,全国兴起了大规模的废除不平等条约运动。中国共产党努力把这次运动引导到彻底的民主革命轨道上来。《向导》第 80 期发表文章指出:"废约运动,即是民族独立运动。""中国受列强逼迫欺骗所订成之一切不平等条约不废除,中国永无解放的希望。"号召"被压迫的民众——工人、农民、兵士、商人、学生,快快起来作举国一致反帝国主义的大运动,始终要到达驱逐任何帝国主义于中国领土之外"。上海闸北市民外交协会在庆祝中俄邦交恢复的通电中说:"我们当此中俄邦交恢复之时,一面固然要一致的庆祝中俄万岁;一面也要一致的向列强收回治外法权及庚子赔款,废除一切不平等条约。"[①]6 月末,著名记者邵飘萍在《京报》上发表《人类永久和平之关键安在?》一文,提出"和约即为永久平和之障碍,欲求世界之永久平和,非推翻一切不平之和约不可"。这篇文章在舆论界产生了号召作用。

从 7 月开始,北京、上海、武汉、长沙、济南、天津、广州、太原等地的群众团体和各界人士,纷纷组织反帝同盟,召开群众会议,发表通电和宣言,展开反帝废约宣传。7 月 13 日,参众两院、北京学生联合会、华侨实业协进会等 50 余团体的代表及各界人士 230 余人开会,决定成立反帝国主义运动大同盟。各地也纷纷成立了多种多样的类似组织。9 月 3 日至 9 日,由反帝大同盟发起全国范围的反帝国主义运动周,广州、北京、天津、上海、武汉、长沙、济南、太原等地都召开了群众大会,进行反帝宣传。

---

① 载《向导》第 71 期,1924 年 6 月 18 日。

废除不平等条约运动是一个包括有不少上层人士参加的广泛的群众性的反帝国主义运动，它起到了动员中国人民进行反帝国主义斗争的作用。1924 年 11 月孙中山北上后，废除不平等条约运动同召开国民会议运动结合在一起，形成了更为巨大的群众运动的洪流。

召开国民会议以解决中国时局的主张，最早是由中国共产党提出的。1923 年 2 月陈独秀在《向导》发表《中国之大患——职业兵与职业议员》一文，提出“改用由现存的团体(如工会、商会、教育会、律师公会等)选举的国民会议，市民县民会议，代替现在职业议员的国会及各级地方议会”①。7 月，中共发表《第二次对于时局的主张》，正式向全国人民提出：“由负有国民革命使命的国民党，出来号召全国的商会、工会、农会、学生会及其他职业团体，推举多数代表在适当地点，开一国民会议。”“只有国民会议才真能代表国民，才能够制定宪法，才能够建设新政府统一中国。”孙中山接受了中国共产党的主张。北京政变后，孙中山应冯玉祥的邀请于 1924 年 11 月离粤北上，这次北上的两大口号就是废除不平等条约和召开国民会议。11 月 10 日他发表《北上宣言》，全面陈述北上目的，重申反对帝国主义，反对军阀；同时提出：“召集国民会议，以谋中国之统一与建设。”13 日，孙中山偕宋庆龄离开广州，乘船经香港、上海，取道日本，前往北京。12 月 4 日抵天津，31 日到达北京。

对于孙中山的北上，中共最初是持保留态度的。但是中共中央经过认真讨论后，认为孙中山北上有利于把革命影响扩大到全国，应当予以支持，以推动国民会议的召开。11 月 19 日，中共中央发表了《第四次对时局的主张》，指出：解决中国政治问题的方法，不是各省军阀的和平会议，也不是段祺瑞提议的善后会议，“乃是本党……及中国国民党现在所号召的国民会议”。许多共产党员，如在北京的李大钊，在上海的恽代英、向警予，在天津的邓颖超，在江西的方志敏，都直接领导了当地的国民会议运动。

在国共两党大力推动下，全国很快掀起促成国民会议运动的高潮。广州、上海、北京、天津、武汉、济南、南京、徐州、张家口等地的人民团体，纷纷发表通电，拥护召开国民会议。上海、广东、湖北、湖南、浙江等省市成立了国民会议促成会或筹备处。上海国民会议促成会由 143 个团体组成，它不仅成立最早，还发表了不少带指导性的政见。工人阶级在运动中发挥了重要作用。汉冶萍总工会、广州工人代表会、全国铁路工会第二次代表大会等，都号召工人积极投入运动。上海、北京还成立了妇女界国民会议促成会。

面对声势浩大的群众运动，军阀政府用召开善后会议来抵制和破坏国民会

① 载《向导》第 19 期，1923 年 2 月 7 日。

议。1924年12月24日,段祺瑞公布了《善后会议条例》。根据这个条例,段祺瑞邀请的123名代表,除孙中山等少数人外,其余绝大多数都是军阀、官僚和附属于他们的知识分子。它实际上是一个代表军阀、官僚利益的政治分赃会议。善后会议于1925年2月1日开场,4月21日闭幕,以毫无结果而收场。

段祺瑞的善后会议遭到国共两党和全国人民的一致反对。中国共产党第四次全国代表大会宣言抨击善后会议是“统治中国人民的工具”。国民党中央向全党下达了抵制善后会议的通知。为了同段祺瑞的善后会议相对抗,国民会议促成会全国代表大会于1925年3月1日在北京召开。代表成分包括工农群众、知识分子、民族资本家,共200余人。他们代表20余省区、120余个地方的国民会议促成会。大会坚决否认段祺瑞的善后会议,并通过了一系列决议。在国际问题的决议中宣布“废除一切不平等条约”,在国内问题的决议中一再申述了打倒军阀的主张。这是一次空前的人民集会。大会的决议当然不会为军阀政府所采纳,但是,它在宣传和组织群众方面起了巨大的作用。

正当国民会议促成会全国代表大会进行之际,孙中山于1925年3月12日在北京逝世。孙中山是一位伟大的民主革命家,他为中国的民主革命事业耗费了毕生的精力。在他的遗嘱中总结了四十余年的革命经验,指出欲求中国之自由平等,“必须唤起民众及联合世界上以平等待我之民族,共同奋斗”。要求国民党人继续他未竟的事业,最近尤须要促成召开国民会议和废除不平等条约的实现。孙中山逝世后,全国广泛展开了追悼孙中山、宣传三民主义和“联俄,联共,扶助农工”三大政策的活动。

废除不平等条约和国民会议运动,预示着更大规模的革命风暴即将来临。

(三)“五卅”运动和全国革命高潮的兴起

1924年是中国革命形势不断高涨的一年。为了迎接和促进革命高潮的到来,1925年1月11日至22日,中国共产党在上海召开了第四次全国代表大会。出席大会的代表20人,代表党员994人。大会讨论了如何加强对日益高涨的国民革命运动的领导,为即将到来的革命高潮作了思想上和组织上的准备。大会选举了新的中央委员,中央执行委员有陈独秀、李大钊、蔡和森、张国焘、项英、瞿秋白、彭述之等九人。大会后召开的四届一中全会,决定陈独秀为中央总书记兼中央组织部主任,彭述之为中央宣传部主任,张国焘任中央工农部主任,蔡和森、瞿秋白任宣传部委员,以上五人组成中央局。

1925年5月上旬,上海的日本纱厂同业会决议拒绝承认工会,并要求取缔工会活动。14日,资本家无理开除工人代表多人。在中国共产党领导下,工人连续发动了罢工斗争。5月15日,上海内外棉七厂的日本资本家对罢工工人实行报复，枪杀工人共产党员顾正红，并伤十余人。这是五卅运动的导火线。事件发生后，中共中央多次开会研究对策。蔡和森提出：应当把工人的经济斗争转变到民族斗争。5月28日，在陈独秀的主持下，中共中央和上海党组织召开紧急会议，分析了上海各阶级的动向，决定把工人的经济斗争发展成为反对帝国主义的政治斗争并以反对帝国主义屠杀中国工人为中心口号，还决定于30日在上海租界举行反帝大示威。

5月30日上午，上海各校学生2000余人进入租界，散发反帝传单，发表反帝讲演。下午，帝国主义巡捕大肆捕人。到15时，仅南京路老闸巡捕房一处已拘押学生100多人。这时聚集在巡捕房外的万余群众，异常激愤，高呼"打倒帝国主义"的口号，要求释放被捕学生。英国巡捕竟突然开枪，向密集的群众射击，打死13人，重伤数十人，逮捕53人，制造了震惊中外的"五卅惨案"。

"五卅惨案"发生的当晚，中共中央再次召开紧急会议，决定把斗争扩大到各阶层中去，结成反帝统一战线，展开工人罢工、学生罢课、商人罢市的三罢斗争，决定成立由瞿秋白、蔡和森、李立三、刘少奇和刘华组成的行动委员会领导这次斗争。5月31日，上海总工会成立，李立三、刘华分任正副委员长，刘少奇任总务科主任。总工会宣布6月1日实行总同盟罢工，20多万工人参加罢工，5万多学生罢课，绝大多数商人罢市。在国共两党的共同支持下，6月7日，上海总工会、全国学生联合会、上海学生联合会、各马路商界总联合会等团体共同组成上海工商学联合会，作为这场斗争的公开领导机构。各阶级、各阶层的联合行动大大增强了五卅运动的扩展能量。6月11日，该会主持召开了有各学校、各业罢工工人及各商界联合会500余团体约20万参加的市民大会，提出同帝国主义交涉的惩凶、赔偿，华人在租界有言论、集会之绝对自由，取消领事裁判权，永远撤退驻沪之英日陆海军等17项条件。这些交涉条件表现了中国人民坚决反帝的精神和人民革命外交的气魄。

上海人民的反帝爱国运动，给予帝国主义以沉重的打击，使英、日帝国主义感到极大的恐慌。为了镇压中国人民的革命斗争，英、日帝国主义开来大批军舰，海军陆战队布满上海。自5月30日至6月10日，英、日帝国主义在上海九次枪杀中国人民，杀死60余人，重伤70余人，轻伤不计其数。上海的民族资产阶级由于受到帝国主义的压迫，初期对五卅运动抱同情和支持的态度。但民族资产阶级又是软弱和动摇的。运动一开始，代表民族资产阶级上层的上海总商会就拒绝参加工商学联合会，总商会会长虞洽卿把工商学联合会提出的17项条件修改为13项，删掉了撤退外国军警、取消领事裁判权、工人有集会结社罢工自由等重要条款，并主张停止罢市。6月26日，上海各商店重新开市。

资产阶级停止罢市不久，因暑假到来，学生纷纷离校，上海学生联合会的力量大大削弱。这样,工人阶级单独坚持斗争将会招致不必要的损失。为了保存工人阶级的组织,争得一定的经济要求和地方性的政治要求,中国共产党决定改变斗争策略,即改总罢工为经济斗争和局部解决的策略。从8月底到9月上旬,各业罢工工人在日、英资本家承认一定条件下先后复工。

五卅运动爆发后,中国共产党发表告全国民众书,号召全国各被压迫阶级的群众起来,“反抗帝国主义野蛮残暴的大屠杀”。上海的反帝怒潮迅速向全国发展。北京、天津、汉口、长沙、南京、济南、太原、西安、成都、郑州、福州、南昌、青岛、张家口、广州、杭州等600多个城镇约1700万群众纷纷举行集会、游行示威或罢工、罢课、罢市。许多地方的农民也加入了斗争的行列。

五卅运动是中国共产党领导的一次全国规模的反帝运动,它冲破了长期笼罩全国的沉闷的政治空气,促进了中华民族的觉醒和国民革命运动的发展,显示了各革命阶级、各阶层民众在无产阶级领导下联合斗争的巨大威力,打击了帝国主义和军阀势力。它对中国共产党的发展起了重大的推动作用。随着运动向全国推进,党组织在全国得到了发展,党员人数快速增加。1925年年初党的四大召开时有共产党员994人,同年10月增加到3000人,年底达到1万人。党在斗争中得到了锻炼,政治威信得到了提高,对中国革命基本问题的认识得以深化。它检验了各阶级的政治态度,充分证明帝国主义、封建军阀、买办资产阶级是人民的死敌;民族资产阶级具有软弱性和妥协性;小资产阶级是革命的同盟者;只有无产阶级具有最坚决、最彻底的革命性,是中国革命的领导力量。它揭开了全国大革命风暴的序幕,直接为北伐战争作了准备。

在为支援五卅运动而爆发的各地罢工斗争中,规模最大、影响最深、时间最长的是全国总工会直接领导下的广州和香港工人的大罢工,即省港大罢工。“五卅惨案”的消息传到广州后,6月上旬,中共广东临时委员会派邓中夏等到香港发动罢工。6月中旬,中共广东区委派李森(李启汉)、刘尔崧等到广州沙面发动工人罢工。在中共广东区委的领导和全国总工会的公开指挥下,6月19日,香港十余万工人为支援上海工人的斗争和自身要求而举行了罢工,并有一部分工人返回广州,与广州的罢工工人汇成一支强大的反帝力量。6月21日,广州沙面租界的中国工人发动了罢工。23日,香港和广州的罢工工人、郊区农民、学生、黄埔军校学生等十余万人,举行示威游行。当游行队伍经过沙面租界对岸的沙基时,英帝国主义者竟开枪扫射示威的群众,当场打死52人,重伤170余人,轻伤无数,造成了“沙基惨案”。这一事件,更加激起广大人民的愤怒。6月29日,香港罢工人数迅速发展到25万,其中有13万人陆续回到广州。

7月初,共产党为了统一领导这场斗争,成立了以苏兆征为委员长的具有政权性质的省港罢工委员会,组织了有2000余人的武装纠察队,严密封锁香港及沙面租界,使香港变成了“死港”、“臭港”,在政治上、经济上给英帝国主义以沉重的打击。香港当局曾两次电请英国政府出兵攻打广州,梦想重演鸦片战争的事件。但罢工委员会采取了分化帝国主义联合战线的策略,规定除英船英货外,其他不经过香港的外国船只可以直接到广州贸易,发给来广州经商“特许证”,集中打击了英帝国主义。正是由于实行了这一策略和广东革命政府的支持,省港大罢工得以坚持16个月之久,直到1926年10月才胜利结束。

(四)黄埔军校、革命武装的建立及统一广东革命根据地的斗争

第一次国共合作实现后,以广州为中心,全国的革命力量迅速汇聚起来,很快开创了一个反对帝国主义和封建军阀的新局面。国民党在全国范围内得到空前的大发展。改组前,国民党的组织只在广东、上海、四川、山东等少数省、区和海外存在。到1926年1月,国民党已有正式党部11个,特别市党部4个,正在筹备的省党部8个,除贵州、云南、新疆等少数省区外,全国大多数省、区建立起党部组织。共产党员在各级党部中发挥了重大作用。随着国民党各级组织的建立,国民党党员人数迅猛增加,到国民党“二大”前夕,已达20万之多。

孙中山从自己多次失败中,痛切地认识到革命要成功,必须建立一支真正的革命军队。早在1921年12月,共产国际代表马林会见孙中山时,就向他建议创办军官学校,以建立革命军的基础。国民党“一大”后,他在苏联和中国共产党的帮助下,建立了中国国民党陆军军官学校(1926年2月改称“国民党中央军事政治学校”),因校址设在广州东南的黄埔岛上,故又称“黄埔军校”。

军校第一期学员500余人于1924年5月入学。6月16日,举行开学典礼,正式开学。孙中山亲自主持了开学典礼并讲话,他指出十几年来革命失败的原因,就是由于“只有革命党的奋斗,没有革命军的奋斗”,说明“如果没有革命军,中国的革命永远还是要失败”,而开办黄埔军校的目的,“就是要从今天起,把革命的事业重新来创造,要用这个学校内的学生做根本,成立革命军”①。

黄埔军校由校总理、校长和校党代表组成校本部。孙中山亲自兼任军校总理,他委派蒋介石为校长,廖仲恺为党代表,先后聘请加伦②等苏联军官为军事顾问。校本部下设政治、教授、教练、管理、军需、军医六部。共产党人周恩来、恽代英、萧楚女、熊雄、聂荣臻等,先后在军校担任政治领导工作和其他工作。党代表和政治部是学习苏联红军的军制而设立的,是使军校成为新型军事学校的最

① 《孙中山全集》第10卷,中华书局1986年版,第292页。

② 加伦(1889～1938),苏联人。1916年参加俄国社会民主工党。1921～1922年任远东共和国军事部部长、人民革命军总司令。1924年10月至1927年8月两次来华工作。

重要保证。

黄埔军校的最大特点是把政治教育提高到同军事训练同等重要的地位，这是它同其他军校根本不同的地方。中国共产党人和国民党左派注重用革命思想教育学生，特别是在周恩来担任军校政治部主任后，加大了政治教育的分量，从8门政治课逐步扩展为26门，包括三民主义、帝国主义解剖、社会发展史、社会主义、苏联研究、工人运动、农民运动、学生运动、各国革命史等。军校还经常邀请国共两党领导人来校讲演有关革命的各种问题。孙中山、廖仲恺、汪精卫、胡汉民等国民党人及彭湃、邓中夏、恽代英、张太雷、刘少奇等共产党人都曾应邀到校讲演。从1924年5月到1927年8月，军校一共办了5期，前4期4980余人毕业于广州，第5期3个大队900余人毕业于武汉，另3个大队1480人毕业于南京，毕业学生计7390多人。在短时间内，迅速培养起大批军事政治干部，奠定了以后国民革命军的基础。中国共产党也从各地选派大批党、团员和革命青年到军校学习。第一期学生中有蒋先云、陈赓、左权、许继慎、徐向前等五六十人，约占总数的十分之一。中国共产党从事军事活动严格地说是从黄埔军校开始的。

1924年10月、12月，以军校毕业的学生为骨干，成立了两个教导团，后又扩充为师。这支新成立的部队是当时广东各军的中坚力量。1924年11月，经孙中山同意，在中共广东区委直接领导下，成立了“建国陆海军大元帅府铁甲车队”。1925年11月，以铁甲车队和从黄埔军校抽调出的一部分人员为骨干，建成一个独立团，由共产党人叶挺任团长。

1924年10月，广东革命政府依靠黄埔军校的学生和工农群众，平定了商团叛乱。广东商团成立于1912年，原是商人的自卫组织，后被英帝国主义所操纵。到1924年，广东商团已扩充为10个分团，4000余人，且装备精良。团长为已加入英国籍的英国汇丰银行广州分行的买办陈廉伯，佛山大地主陈恭受为副团长。国民党改组后，英帝国主义企图扑灭广东的革命势力，一面援助陈炯明向广东进攻，一面利用广州商团势力颠覆广东革命政府，建立“商人政府”。

1924年8月上旬，广东革命政府查扣了商团秘密运进广州的大批枪支弹药，并下令通缉陈廉伯。陈潜逃香港，指使商团借机罢市“抗争”，至8月底，全省罢市商埠达138处。英帝国主义也从后台走到前台，调来九艘军舰集中白鹅潭，炮口对准中国军舰。10月9日，商团发出第二次大罢市的通牒。10日下午，商团军竟公然向庆祝双十节的游行队伍开枪射击，当场打死20多人，伤100余人。商团军把被打死的人斩首剖心，割头断足，沿街示众。商团封锁了市区，张贴“打倒孙政府”的标语，并准备与军阀陈炯明配合，夺取广州政权。孙中山在中共的帮助和广大群众的推动下，决定镇压商团叛乱。14日下令解散商团军。15日，政府军和黄埔军校学生军一起向商团军发动进攻，经过几个小时的战斗，全部歼灭了商团军。商团叛乱的平定，使广东革命政府获得了初步稳定，为广东革命根据地的统一创造了条件。

陈炯明自1922年退据东江一带后，一直和广东政府相对抗。1924年11月，他乘孙中山北上之机，自封为“救粤军总司令”，在英帝国主义及段祺瑞政府的支持下，准备进攻广州，以图恢复他在广东的统治。广东革命政府决定进行东征。1925年2月1日，广东革命政府出兵讨伐陈炯明，是为第一次东征。这次行动的主力是黄埔学生军3000人和粤军许崇智部，由军校校长、粤军参谋长蒋介石统领，军校政治部主任周恩来负责学生军的战时政治工作。学生军中的共产党员和青年团员在东征中起了骨干作用，他们作战勇敢，不怕牺牲，成为全军的榜样。在东江农民的积极配合与支援下，不到两个月，东征军就打垮了陈炯明的主力3万多人，占领了潮州、梅县等地，迫使陈军退到江西和闽南。

正当东征军准备乘胜进击陈炯明之时，驻扎广州的滇军杨希闵、桂军刘震寰部发动叛乱。广东政府所属的杨、刘部，都是旧军阀的部队。第一次东征时，本以杨希闵部为左路军，刘震寰部为右路军，但他们暗中勾结陈炯明，按兵不动。6月初，杨、刘即发动了反革命武装叛乱，占领了电报局、火车站等要地。广州局势陷入严重危机。6月6日，东征军回师广州镇压叛军。在广州工人和广州郊区农民的积极配合下，6月12日，全歼叛军2万余人，迅速平定了叛乱，为广东革命政府清除了一大祸患。

平定商团军、第一次东征和平定杨、刘的胜利，大大巩固了广东革命政府的地位。1925年7月1日，广州大元帅府正式改组为中华民国国民政府。由汪精卫任主席，许崇智任军事部长，胡汉民任外交部长，廖仲恺任财政部长。随后，国民政府进行了统一财政、统一军事的工作。8月，将所辖军队统一改编为国民革命军，统辖于国民政府军事委员会之下。到年底，共编成6个军，有8.5万人。黄埔军校学生军和一部分粤军为第一军，蒋介石任军长；谭延闿所部湘军为第二军；朱培德所部滇军为第三军；李济深所部粤军第一师为第四军；李福林所部粤军另一部为第五军；程潜所部湘军及其他零星部队为第六军。各军中设各级党代表和政治部，许多共产党员担任了军队中的政治领导工作，共产党人周恩来、李富春、朱克靖、罗汉、林祖涵分别任第一、第二、第三、第四、第六军的副党代表兼政治部主任（各军党代表均由国民革命军总党代表汪精卫兼任）。

国民政府成立后，陈炯明在英帝国主义和北洋军阀的支持下，乘革命军回师平定杨、刘叛乱之际，重新攻占了东江潮州、梅县一带地区，准备进攻广州。与此同时，盘踞粤南的邓本殷部也积极配合陈炯明，准备夹攻广州。为了消灭反革命势力，统一广东，国民革命军于10月1日开始第二次东征。东征军以蒋介石为总指挥,以周恩来为总政治部主任。在省港罢工工人和东江农民的有力配合下,东征军于10月14日攻克号称"南中国第一天险"的惠州城。随后,东征军兵分三路乘胜追击,至11月初,再度收复东江一带,全歼陈炯明反革命军队。陈本人潜逃香港。

与第二次东征同时,国民革命军组成南征军,讨伐盘踞在高州、雷州、海南岛一带受北洋政府任命为"粤南八属督办"的军阀邓本殷。南征部队在12月占领钦州、雷州后,于1926年1月中旬渡海作战。2月,歼灭了海南岛上的残部,胜利结束了南征。至此,广东全省获得统一。3月,广西的李宗仁、黄绍竑等接受国民政府的领导,所部桂军编为国民革命军第七军,两广实现统一。6月,唐生智所部湘军编为第八军。

两广的统一,革命根据地的进一步巩固和发展,为北伐战争创造了有利条件。

三、统一战线内部争夺领导权的斗争

(一)共产党人联合国民党左派同国民党右派的斗争

在革命形势迅速发展的同时,革命统一战线内部共产党和国民党左派同国民党右派的斗争也在发展并逐步尖锐起来。

改组后的国民党明显分化为左、中、右三派。左派包括加入国民党的共产党员和以廖仲恺为代表的国民党中的真正革命派,他们代表着工人、农民和城市小资产阶级;中派代表民族资产阶级和上层小资产阶级;右派代表地主买办阶级和民族资产阶级右翼。阶级利益的不同,决定了统一战线内部必然存在着错综复杂的斗争。1924年5月,中共中央和上海党组织召开执委会扩大会议,会议通过的《共产党在国民党内的工作问题议决案》指出:"照现在的状况看来,国民党的左派是孙中山及其一派和我们的同志——我们的同志其实是这派的基本队;因此所谓国民党左右派之争,其实是我们和国民党右派之争。"斗争主要表现在赞成还是反对反帝反封建军阀的政治主张、赞成还是反对孙中山三大政策两个问题上。

左、右派之争,从国共合作成立之时就开始了。还在1924年夏,就发生了所谓"党团"问题的争论。6月,国民党中央监察委员邓泽如、张继、谢持向孙中山和国民党中央提出《弹劾共产党案》。他们以中国社会主义青年团印发的两份材料为根据,断言:加入国民党的共产党员和青年团员"实以共产党党团在本党中活动",是"党中有党",对国民党的生存和发展,"有重大妨害",要求"从速严重处理”。邓泽如等人进行的“弹劾”,实际是分裂刚刚形成的国共合作。共产党人陈独秀、恽代英等著文严厉地驳斥了他们的谬论。国民党中央于7月发表《关于党务宣言》,郑重声明:“本党既负有中国革命之使命,即有集中全国革命分子之必要。故对于规范党员,不问其平日属何派别,惟以其言论行动能否一依本党之主义政纲及党章为断。”8月,国民党召开一届二中全会,作出关于国共合作问题的决议,指出:“中国国民党对于加入本党之共产主义者,只能问其行为是否合于国民党主义政纲,而不问其他。”张继、谢持等人不服从国民党中央的决议,不久走上公开分裂国民党的道路。

孙中山逝世后,国民党右派的活动更加猖獗。戴季陶主义的出现,就是一个重要表现。戴季陶是国民党新右派的重要理论家。他对孙中山确定的“联俄,联共,扶助农工”三大政策,一开始就表示反对。1925年三四月间,他在北京、广州到处演讲,反对阶级斗争和国共合作。5月,他在国民党一届三中全会上提出以所谓“纯正三民主义”作为国民党的最高原则。六七月份,戴季陶相继写成《孙文主义之哲学的基础》和《国民革命与中国国民党》两本小册子,提出一整套反动理论,这标志着戴季陶主义的形成。

戴季陶主义的主要内容是:

第一,在思想上,他提出了唯心主义的道统说来歪曲孙中山的三民主义,阉割孙中山思想的革命精神。他认为,孙中山的思想,“是继承尧舜以至孔孟而中绝的仁义道德的思想”,“完全渊源于中国正统思想的中庸之道”。认为三民主义的“思想基础”是“民生哲学”,而“仁爱”又是“民生哲学之基础”。

第二,在政治上,反对马克思主义的阶级斗争学说,宣扬阶级调和。他认为“中国没有明显的强大的阶级区分”,“中国的革命与反革命势力的对立,是觉悟者与不觉悟者的对立,不是阶级的对立”。因此,国民革命是要“促进国民全体的觉悟”,恢复他们的仁爱性能。戴季陶认为:“拥护工农群众的利益,不需要取阶级斗争的形式……可以仁爱之心,感动资本家,使之尊重工农群众的利益。”他还否认中国存在阶级的对立,诬蔑中国共产党“制造”阶级斗争。

第三,在组织上,反对共产党员加入国民党,反对国共合作。他认为国共两党没有“共信”,所以,“共信不立,互信不生;互信不生,团结不固;团结不固,不能生存”。鼓吹应发挥国民党的“独占性、排他性、统一性、支配性”。要求加入国民党的共产党员或“脱离一切党派,作单纯的国民党员”,或退出国民党。

戴季陶主义在反共、反对国共合作、反对孙中山三大政策方面,和老右派是完全一致的,但他比老右派更具有欺骗性。因此,它成为以后以蒋介石为代表的新右派反共篡权的理论基础。

戴季陶主义出笼后,中国共产党联合国民党左派,对其进行了坚决的斗争和批判。1925年8月,陈独秀发表了《给戴季陶的一封信》。9月,瞿秋白发表了《中国国民革命与戴季陶主义》。12月,毛泽东在他主编的《政治周报》上连续发表文章。他们的文章,捍卫了马克思主义的阶级斗争学说和孙中山思想的革命内容,指出戴季陶完全站到了右派和帝国主义的一边,他的"理论"同老右派的思想是完全一致的。国民党右派都是抱着不同的目的先后混进革命队伍的地主阶级、买办阶级和中产阶级的右翼,他们代表了地主、买办阶级的利益。革命的发展侵犯了他们的"阶级利益",因此,他们才纷纷反对革命,反对国共合作,反对马克思主义和孙中山的新三民主义。但是,他们不能阻止中国革命的发展,只要坚持反帝反封建的革命,坚决反对右派的进攻,全国革命派就会更加团结,革命统一战线就会更加巩固和扩大。

1925年8月20日,国民党著名的左派领袖廖仲恺被国民党右派密谋刺杀。这是国民党右派打击左派、破坏国共合作的严重事件。国民党中央在共产党人的参加下,开展了打击右派的斗争。蒋介石利用这一事件将胡汉民、许崇智排挤出广州,乘机控制了广东的军政实权。8月24日,他被任命为广州卫戍司令。26日,他又以军事委员会委员兼国民革命军第一军国长,并将许崇智的粤军解散、收编,归其第一军指挥。

11月23日,国民党右派中央委员和监察委员邹鲁、谢持、林森、张继、邵元冲等10余人,在北京西山碧云寺召开非法的国民党一届四中全会,通过了所谓"取消共产派在本党党籍"、"顾问鲍罗廷解雇"、"开除中央执行委员之共产派谭平山等案"等决议,公开反对孙中山的三大政策。会后,他们又窜到上海成立了伪中央党部,与广州国民党中央对垒。1926年3月,他们还纠集各省区的右派在上海非法召开所谓"国民党第二次全国代表大会"。这批人被称为"西山会议派"。

西山会议开幕后,国民党中央执行委员会致电各级党部,严厉驳斥在北京召开的这个非法会议。1925年12月,国民党召开一届四中全会,斥责了西山会议派的分裂活动,并决定于1926年1月召开国民党"二大",对西山会议派进行组织处理。毛泽东主编的国民党中央机关刊物《政治周报》,大张旗鼓地进行了反击右派的宣传。毛泽东以"子任"、"润"的笔名在《政治周报》第2、3期发表《革命党员群起反对北京右派会议》、《帝国主义最后的工具》等文,指出西山会议派"做了帝国主义的工具",他们的反革命活动"适合了帝国主义的需要"。陈独秀、瞿秋白等也在《新青年》、《向导》上发表文章,批判西山会议派,揭露他们的反动本质。这些都为在组织上处理西山会议派作好了准备。1926年1月1日至20日,国民党"二大"在广州召开,大会应出席代表256人,到会代表189人。这次大会是重申"联俄,联共,扶助农工"三大政策和"一大"宣言、政纲的正确性,并组织力量反击新、老右派进攻的大会。大会通过了《中国国民党第二次全国代表大会宣言》，重申反帝反封建的革命纲领。宣言指出，当前中国革命的任务是“对外当打倒帝国主义”，“对内当打倒一切帝国主义之工具首为军阀，次为官僚买办阶级、土豪”。重申必须执行孙中山手订的革命政策：以诚意与苏俄合作，承认共产党员加入本党共同努力，扶助农工运动。大会还通过了“弹劾西山会议”和“处分违犯本党纪律党员”的决议，严正宣布：西山会议“纯属违法，并足以危害本党之基础”。大会决定：永远开除邹鲁、谢持二人的党籍；对参加西山会议的其他右派分子，给予警告处分。对于戴季陶私自发表《国民革命与中国国民党》一书，“由大会予以恳切之训令，促其猛省”。这个决定伸张了党纪，对国民党右派是一个沉重的打击。在大会选举的36名中央执行委员和24名候补中央执行委员会中，共产党人分别占了7席。共产党人谭平山、林祖涵、毛泽东分别担任国民党中央组织部长、农民部长和宣传部代部长。

国民党“二大”在继承和发扬国民党“一大”精神、反击国民党新、老右派进攻方面，取得了积极的成果。大会虽对戴季陶主义进行了批判，但戴季陶仍被选为中央执行委员。蒋介石在这次大会上当选为中央执行委员，随后在二届一中全会上当选为常务委员会委员，2月1日又担任国民革命军总监，一跃而为国民党党政军要员，为其后来夺取国民党的领导权打开了方便之门。

蒋介石随着其地位的上升，野心更加膨胀。他为了打击、排斥共产党人，夺取党政大权，制造了“中山舰事件”，并提出了限制共产党的“整理党务案”。

1926年春，蒋介石支持下的孙文主义学会分子，到处散布“共产党要暴动”的谣言。3月18日，黄埔军校驻省办事处主任欧阳钟到海军局，向海军局局长兼中山舰舰长李之龙（共产党员）传达了蒋介石的命令：“着即通知海军局迅速派兵舰两艘，开赴黄埔，听候调遣。”李之龙即派“中山”、“宝璧”二舰前往。19日晨，兵舰驶抵黄埔后，又被通知无调舰命令。兵舰开回广州。在此期间，风传有人要搞变乱，劫持蒋介石到苏联。3月20日凌晨，蒋介石坐镇广东造币厂，背着国民党中央和国民政府，以防止“中山”舰“有变乱政局之举”为借口，悍然调动大批军警，宣布广州戒严；占领海军局和“中山”舰，逮捕李之龙；扣押黄埔军校和第一军中中共党员50多人；包围省港罢工委员会，并收缴工人纠察队的枪械；同时包围苏联顾问团住处，收缴卫队的枪械；并对中共驻广州的领导机关和负责人进行监视。这就是“中山舰事件”，亦称“三二〇事件”。

“中山舰事件”是蒋介石加紧反共反革命的重要信号。当时，中共党内毛泽东、周恩来、陈延年等主张予以坚决反击。苏联顾问团和中共中央没有听取他们的意见，反而采取了妥协退让的方针。事件也引起了多数国民党人和国民革命军将领的不满，但他们也都没有挺身出来反蒋。这就使蒋介石的意图得以实现。

于是,共产党员退出了第一军,并宣布解散中国青年军人联合会;国民党中央作出了令苏联顾问季山嘉回国的决定。同时,蒋介石还利用中山舰事件逼汪精卫离开了广州。随后,分别由谭延闿、蒋介石取代汪精卫为中央政治委员会主席和军事委员会主席。蒋介石进一步掌握了国民党的军政大权。

蒋介石通过“三二〇事件”,既打击了共产党,又打击了国民党左派,还逼走了汪精卫,从而在实际上控制了广东的局面。不久,他又提出了“整理党务案”,无所顾忌地开始了全面的反革命篡权活动。

1926年5月15日,蒋介石以“消释疑虑,杜绝纠纷”为借口,在国民党二届二中全会上抛出了“整理党务案”。提案规定:国民党高级党部,包括中央党部、省党部、特别市党部的执行委员,共产党员不得超过三分之一;共产党员不得担任国民党中央党部部长;加入国民党的共产党员名单必须全部交出,由国民党执行委员会主席保管等。

对是否接受“整理党务案”,出席国民党二届二中全会的中共党团成员意见不一。指导中共党团的张国焘,根据鲍罗廷的意见,要大家接受,使其在国民党二届二中全会上获得通过。于是,担任国民党中央部长和代理部长的共产党员谭平山、林祖涵、毛泽东等全部离职。蒋介石当上了国民党中央组织部长和军人部长。6月4日,国民党中央执行委员临时全体会议又通过任命蒋介石为国民革命军总司令,统率陆、海、空各军,这样,在北伐战争前,蒋介石大大扩张了权势。新右派夺权的成功使即将开始的北伐战争和整个国民革命潜伏着危机。

(二)反对国家主义派的斗争

中国共产党在反对国民党右派的同时,对另一个反动的政治派别——国家主义派也进行了批判。

国家主义是资产阶级民族主义的一种表现,最初产生于18世纪的欧洲,在资本主义上升时期,起过一定的进步作用。但当资本主义发展到帝国主义阶段,特别是在苏俄十月革命之后,这种思潮和法西斯主义结合,成为直接为帝国主义服务的、以仇视国际工人运动和共产主义为特点的、极端反动的社会思潮。

国家主义派的骨干分子有曾琦、李璜、左舜生等人。五四运动后,他们就打出“国家主义”的旗帜,抛出了许多宣传国家主义、反对马克思主义的文章。1923年12月,他们在法国巴黎成立中国青年党。由于其党名长期保密,对外活动都以“中国国家主义青年团”的名义出现,所以人们称他们为“国家主义派”。还因他们以《醒狮》周报作为自己的喉舌,人们又称他们“醒狮派”。

国共合作实现后,国内革命形势迅速向前发展。为了积极进行反革命活动,国家主义派于1924年秋,把活动中心由法国移到国内,并在各地建立了30多个国家主义派小组织。1925年底,这个反动组织有了较大发展。他们勾结军阀孙传芳、张宗昌、吴佩孚、张作霖等,猖狂进行反共反人民的活动。因广东国民政府改用"青天白日满地红"旗,他们在上海、南京等地召开拥护五色旗(北京军阀政府用的旗)大会,组织拥护五色旗大同盟,在北京举行反赤大会。1926年初,《醒狮》发表了大量的反共文章,反革命气焰十分嚣张。

中国的国家主义派,抹煞国家的阶级实质,宣扬"国家至上";反对共产党,反对阶级斗争,宣扬"全民革命";煽动反动的民族主义,煽动反苏,为帝国主义辩护。他们盗用"五四"时期提出的"内除国贼,外抗强权"的口号作为政治纲领。但是他们要"先行对内,而不是即时主张什么反对帝国主义","对于一切既成条约,均照旧遵守"。而对于同中国友好的苏联,则诬蔑它"侵略",对接受苏联援助及对苏联友好者,则骂之为"苏俄之走狗"、是"假借外力,争取政权"的"国贼"。他们只反苏,不反帝,是帝国主义的奴仆。他们所说的"国贼",实际上决不是指媚外的卖国反人民的军阀官僚,而是把攻击的矛头指向中国共产党,将其列在"国贼"之中。有人竟狂叫"一刀两断用武力铲除共产党人"。

中国共产党对国家主义派进行了大力的批判。《中国青年》是批判的主要阵地。

共产党人根据马克思主义的原理,对国家主义派的反动思想进行批判,阐明国家是有阶级性的,是阶级统治的工具,根本不存在什么抽象的、超阶级的"全民福利国家"。针对国家主义派否认我国存在阶级和反对阶级斗争的观点,共产党人指出阶级的存在是中国社会的客观事实,阶级斗争是不可避免的,是工农参加国民革命的手段,以所谓"全民革命"反对阶级斗争的说教,"完全是骗人的"。对于国家主义派"内除国贼,外抗强权"的口号,共产党人痛斥他们"从来不反对帝国主义及其走狗军阀","却认定一切革命勇敢作战的本党左派分子与共产党员为国贼","认定能在精神物质上给中国革命运动最大帮助的苏俄为强权"。他们"完全成了帝国主义的走狗","做了帝国主义及军阀的工具而恬不知羞"。

共产党人对国家主义派的批判,取得了重大胜利。到1926年下半年,国家主义派内部发生了分化,许多国家主义小团体纷纷解散,一些个人发表文章,宣称他们"从国家主义中觉醒过来"。此后,国家主义派的影响日益缩小。

四、中国共产党对中国革命基本问题的探索

五四运动后,中国革命进入了新民主主义革命的新时期。经过几年的革命实践和理论上的探讨,中国共产党对中国革命基本问题的认识逐步深化。

关于中国革命的性质和前途。党的"二大"明确提出,中国革命的性质是反

帝反封建军阀的资产阶级民主革命，前途是社会主义。随后，中国共产党人开始从时代条件、领导力量、斗争目标等方面将中国正在进行的国民革命同以往的民主革命加以区别。1923 年 5 月，蔡和森著文指出，中国革命运动的性质“已不是纯粹资产阶级民主革命的问题，事实上也已变成为国民革命(亦可称为民族革命)的问题”[①]。毛泽东指出，欧美和日本等国的资产阶级革命“乃是资产阶级一阶级的革命”，目的“是建设国家主义的国家即资产阶级一阶级统治的国家”，而中国的国民革命“乃小资产阶级、半无产阶级、无产阶级这三个阶级合作的革命”，“其目的是建设一个革命民众合作统治的国家”。[②] 瞿秋白认为，国民革命“在国际范围内，这不过是世界无产阶级革命的一部分，在一国范围内，虽然性质上还是资产阶级的，而在革命力量上，却大半须以无产阶级为主力军”[③]。党的“四大”通过的《对于民族革命运动之议决案》指出，中国革命是“广大的世界革命之一部分”，是与“推翻世界资本主义建设共产主义运动相联系的。”党对中国革命性质和前途的新认识，为党后来明确提出新民主主义革命理论提供了条件。

关于中国社会各阶级尤其是资产阶级和农民。1923 年，共产党主要领导人陈独秀先后发表了《资产阶级的革命与革命的资产阶级》、《中国国民革命与社会各阶级》等文章，系统地阐明了他对中国革命和社会各阶级的看法。他把中国的资产阶级区分为两部分，一是“官僚资产阶级”，一是“真正资产阶级——工商阶级”。他还分析了小资产阶级特别是他所说的“知识阶级”的状况，认为知识阶级中的革命分子在国民革命中起着“连锁”各阶级的作用，具有“不可轻视的地位”。对于农民，他认为“自然是国民革命之伟大的势力”。他还特别指出中国革命“是世界革命之一部分，而且是重大的一部分”。这些观点都是正确的。在他的文章中也存在着一系列错误观点，如低估工人阶级的力量，不懂得工人阶级在民主革命中应处于领导地位；虽然承认农民在革命中的重要地位，但又认为农民“难以加入革命运动”；认为资产阶级力量比农民集中，比工人雄厚，因而国民革命要以资产阶级为主体；认为民主革命的胜利只能是资产阶级的胜利，由资产阶级掌握政权，发展资本主义，这样就割断了民主革命与社会主义革命的联系。这些都是当时共产党没有解决的问题，是党的幼年性的表现。

“四大”以后，恽代英、蔡和森、邓中夏、周恩来、瞿秋白、毛泽东、李大钊、陈独秀等先后都有论述各阶级的文章发表，其中毛泽东于 1925 年 12 月 1 日发表的

---

① 蔡和森:《中国革命运动与国际之关系》，载《向导》第 23 期，1923 年 5 月 2 日。

② 《毛泽东文集》第 1 卷，人民出版社 1993 年，第 24～25 页。

③ 瞿秋白:《国民革命运动中之阶级分化——国民党右派与国家主义派分析》，载《新青年》第 3 号，1926 年 3 月 25 日。

《中国社会各阶级的分析》是最重要的一篇。

毛泽东的文章首先提出了正确区分敌友问题的重要性，认为这个问题是革命的首要问题。进而，毛泽东对中国社会各阶级的经济地位及其对于革命的态度作了细致的分析。毛泽东指出：地主阶级和买办阶级“完全是国际资产阶级的附庸”，尤其是大地主和大买办阶级是“极端的反革命派”。中产阶级即民族资产阶级，对中国革命抱“矛盾的态度”。他们在受外资打击、军阀压迫感觉痛苦时，需要革命；但是当着革命迅猛发展时，又怀疑革命。他们企图实现由民族资产阶级统治的国家，但这种企图“是完全行不通的”。在阶级斗争激烈的形势下，他们必定很快发生左右分化，“没有他们‘独立’的余地”。小资产阶级是一个“值得大大注意”的阶级，可以分作有余钱剩米的、经济上大体自给的、生活下降的三部分，即右翼、中间、左翼三部分，当革命高潮到来时，他们都可以参加或附和革命。半无产阶级包括半自耕农、贫农、手工业工人、店员、小贩等。他们对于革命宣传极易接受，“需要一个变更现状的革命”。其中半自耕农和贫农是农村中一个数量极大的群众，所谓农民问题，主要就是他们的问题。工业无产阶级虽然人数不多，但他们人员集中，经济地位低下，“特别能战斗”，是民族革命运动的主力。

中国共产党人对资产阶级的认识不断深化。党的“一大”认为资产阶级都是革命的对象。“二大”认为资产阶级民主派是可以联合的力量。“三大”在一定程度上认识到中国资产阶级的大部分有两面性。到党的“四大”，已明确指出中国资产阶级分为反革命的“大商买办阶级”和“新兴的民族工业资产阶级”两部分。五卅运动后，共产党人对资产阶级的两面性有了更深入的认识。关于农民问题，在“四大”之前，党已认识到农民在革命中的重要地位。党的“四大”肯定农民是无产阶级的同盟者。五卅运动使许多共产党人进一步认识到农民在民主革命中的地位和建立工农联盟的重要性。毛泽东从1925年开始以主要精力领导农民运动，并注重研究中国农民问题。1926年5月，党领导召开的广东省第二次农民代表大会作出《农民运动在国民革命中之地位决议案》，认识到“农民问题是国民革命中的一个中心问题”，表明党对农民在中国革命中的重要地位已经有了比较深刻的认识。

关于无产阶级领导权问题。比较早地提出无产阶级领导权思想的是瞿秋白和邓中夏。1923年6月，由瞿秋白主编的《新青年》发表《新青年之新宣言》一文，指出：“即使资产阶级的革命亦非劳动阶级为之指导，不能成就”，“无产阶级在社会关系之中，自然处于革命领袖的地位”。12月，瞿秋白又发表了《自民治主义至社会主义》一文，该文强调在中国民主革命中，“独有无产阶级能为直接行动，能彻底革命”，因此，工人阶级“日益取得重要的地位，以至于指导权”。邓中夏于1923年12月到1924年1月在《中国青年》上连续发表文章，论述工人运动、农民运动、兵士运动，提出：工人、农民、兵士是“革命主力的三个群众”，而工人群众无论在民主革命中还是在社会主义革命中，都是“最勇敢的先锋队”、“最重要的主力军”。1924年11月，邓中夏在《中国工人》上又发表《我们的力量》一文，明确提出只有无产阶级“配做国民革命的领袖”。同年12月，彭述之在《新青年》上发表《谁是中国国民革命之领导者?》一文，具体分析了中国资产阶级和无产阶级的状况及其他阶级的“利益之趋向”，得出结论说：“中国的国民革命，只有中国的工人阶级配作领导者，也只有他能作领导者。”

中共“四大”在对中国革命的理论认识上，有巨大的进步。大会在党的历史上第一次明确提出无产阶级在民主革命中的领导权和工农联盟问题。大会决议案指出中国的民族革命运动，必须有无产阶级的“有力参加，并且取得领导的地位”，才能胜利。还指出农民“天然是工人阶级之同盟者”，不努力发动农民从事经济和政治的斗争，“我们希望中国革命成功以及在民族运动中取得领导地位，都是不可能的”。“四大”虽明确提出了无产阶级在民主革命中的领导权问题，但对资产阶级与无产阶级争夺领导权的严重性和实现无产阶级领导权的途径还缺乏认识。

五卅运动后，共产党人进一步认识到无产阶级同资产阶级争夺领导权的重要性。刘少奇指出：“工人阶级在‘五卅’反帝国主义运动中牺牲为最大，主张最为急进，奋斗最能坚持，力量亦表现得非常伟大。在各种奋斗事实中，足以证明工人阶级在国民革命运动中之领导地位，是确凿不移的。”[①]瞿秋白认为，五卅运动中资产阶级软弱退让，使罢工斗争遭受挫折，资产阶级的妥协性和小资产阶级的犹豫畏怯，足以“证明无产阶级在国民革命中取得指导权之必要”[②]。邓中夏还进一步指出，无产阶级同资产阶级争夺领导权，不能局限在群众运动方面，还应当重视政权问题，他强调：“政权我们不取，资产阶级会去取的”；只有无产阶级在政治上的地位与势力日见增长与巩固，才能“防范资产阶级在革命中之妥协退让，并制止其在革命后之政权独揽”，给将来建立工人政府“预为准备”[③]。

关于武装斗争问题。共产党人对武装斗争和革命军队的重要性有所认识。周恩来在东征回师途中发表了《军队的性质和组织》的讲演，指出军队是工具，“压迫者拿这工具去压迫人”，被压迫阶级“也可利用这工具去反抗他们的压迫者”。瞿秋白在《中国革命之武装斗争问题》一文中指出，革命已经到了“将近决

① 《刘少奇选集》上卷，人民出版社1981年版，第1～2页。

② 瞿秋白：《国民会议与五卅运动——中国革命史上的1925年》，载《新青年》月刊第3号，1926年3月25日。

③ 中夏：《劳动运动复兴期中的几个重要问题》，载《中国工人》第5期，1925年5月。

死战争的时机”,“在这一时期,革命战争是主要的方式”。他还指出:“中国国民革命里极端需要革命的正式军队。”

关于革命路线。毛泽东在同时发表的《国民党右派分离的原因及其对于革命前途的影响》中,提出了关于中国新民主主义革命路线的初步思想。中国的国民革命,是“小资产阶级、半无产阶级、无产阶级这三个阶级合作的革命”。毛泽东主张:“用无产阶级、小资产阶级及中产阶级左翼合作的国民革命,实行中国国民党之三民主义,以打倒帝国主义,打倒军阀,打倒买办地主阶级……实现无产阶级、小资产阶级及中产阶级的左翼的联合统治,即革命民众的统治。”

中国共产党人在对中国社会各阶级作出分析的基础上,逐步形成了无产阶级领导的反帝反封建的新民主主义革命的初步思想。

五、北洋军阀势力的演变及反动统治

(一)第二次直奉战争 奉系的分裂

第一次直奉战争后,日本帝国主义大力扶持奉系军阀张作霖;同时,拉拢皖系的浙江军阀卢永祥,以对抗英美支持的直系势力的扩张。于是,在1924年秋策划了奉系张作霖和皖系卢永祥联合反对直系军阀的战争——江浙战争和第二次直奉战争。

1923年10月,卢永祥通电不承认曹锟贿选的总统地位,一时间反直系的各派政客麇集于杭州、上海,浙、沪一带俨然成了反直的中心;而且浙卢又和奉系张作霖、广东的孙中山形成三角反直同盟。因此,直系军阀决心拔除这个钉子。经曹锟、吴佩孚同意,由直系的苏督齐燮元、皖督马连甲、赣督蔡成勋、闽督周荫人及孙传芳订立联合图浙计划。

1924年9月3日,直系孙传芳和齐燮元从福建、江苏两面进攻卢永祥,江浙战争爆发。战至10月中旬,卢永祥战败,于10月12日通电下野,逃往日本。

江浙战争爆发后,北方的第二次直奉战争立即发动。9月4日,张作霖发出了响应卢永祥的通电;15日,奉军编为6个军25万人,向直系发动进攻。9月17日,曹锟发布讨伐张作霖令,任吴佩孚为“讨逆军总司令”,率直军20万兵分三路,迎战奉军。第二次直奉战争正式开始。

这次战争,是北洋军阀统治时期规模最大的一次军阀混战。9月下旬至10月中旬,山海关一带的战斗十分激烈,奉军精锐张学良、郭松龄部奋力作战,吴佩孚也赶往滦州亲自督战。正当两军在前方相持、北京城防空虚的时候,直系将领冯玉祥从前线倒戈回师,发动了北京政变。结果使战局发生急剧变化,直军很快被奉军打败。11月3日，吴佩孚率残军2000余人由塘沽乘舰南逃，第二次直奉战争结束。

冯玉祥在第一次直奉战争中立过很大功劳，但战后却受到吴佩孚的排斥。冯任河南督军不到半年，就被调任没有实权的陆军检阅使。同时，孙中山对冯玉祥进行了争取工作；段祺瑞、张作霖也极力拉拢冯玉祥共同反直。上述几种因素推动冯玉祥走上反对直吴的道路。第二次直奉战争爆发后，冯玉祥任"讨逆军"第三路军总司令，出古北口，赴热河侧击奉军。冯玉祥内结胡景翼、孙岳为反吴同盟，外联段祺瑞、张作霖，伺机倒吴。10月22日夜，冯军秘密回师北京，一夜间控制了北京城。23日凌晨，包围了总统府，监禁了曹锟。此即"北京政变"。11月2日，曹锟辞职，由内阁摄行总统职权。11月5日，摄政内阁修改优待清室条件，国民军驱除清废帝溥仪出皇宫。政变后，冯玉祥等通电脱离直系军阀系统，改称中华民国国民军，冯任总司令兼第一军军长，胡、孙任副司令兼第二、三军军长。

北京政变使中国政局发生了重大变化。直系在北方的势力被消灭，国民军控制了北京；奉军大批入关，并沿津浦线南下；冯玉祥与奉系的矛盾趋向激化；段祺瑞欲东山再起，重掌中央大权；孙中山毅然应邀北上。面对复杂的政治军事形势，11月中旬，冯玉祥、张作霖、段祺瑞在天津举行会议，决定组织中华民国临时执政府，以段祺瑞为临时执政。临时执政府于11月24日成立。这样，北京政权又落到反动军阀官僚手中。

第二次直奉战争后，奉军源源南下，奉系势力伸张到长江下游一带。这引起南方各直系将领的恐惧与反对。1925年10月，孙传芳以浙、闽、苏、皖、赣五省联军总司令的名义通电讨奉，很快就迫使奉军退至山东境内，孙传芳控制了东南五省。与此同时，吴佩孚重新恢复了势力，逐渐控制了湖北，并于10月21日在汉口宣布成立十四省讨贼联军总司令部，自立为总司令。这样，吴佩孚又成为当时最大的军阀之一。

在奉军被赶出苏、皖两省后不久，奉军内部发生了郭松龄倒戈事件。奉系军阀内部本来就存在着新老两派、特别是土洋两派的矛盾。第二次直奉战争后，在战争中出力甚大的土派领袖郭松龄一无所得。他遂与冯玉祥联合起来，于1925年11月订立反奉密约。再加李景林，形成反对张作霖的"三角同盟"。11月23日，郭松龄在滦州倒戈反奉，并立即率所部7万人"班师回奉"，要求张作霖下野，查办杨宇霆，拥护张学良为总司令。12月20日，郭部攻至巨流河一带，距沈阳仅60余里。张作霖惊慌失措，正准备逃离之际，日本帝国主义出兵8000人、飞机80架，给予援助。12月23日，两军在巨流河展开决战，郭军大败。郭松龄于次日被杀害。

(二)反奉倒段斗争 奉直联合进攻国民军

北京政变后,段祺瑞与张作霖结合,控制了北京政府。他们对内破坏国民会议运动,镇压人民革命斗争,对外向帝国主义屈辱妥协。1925 年 4 月,段祺瑞政府与法国订立《中法协定》,承认了争执几年的“金法郎案”。当时法国政府因纸币法郎贬值,要求中国对法庚子赔款以金法郎计算,如此中国要多付白银 6200 余万两。金法郎案遭到全国各界一致反对。因此,从 1925 年底开始,全国人民的反奉倒段斗争迅速发展起来。

1925 年 10 月,段祺瑞政府召开关税特别会议,向帝国主义乞求提高一点税率,以缓解日益加剧的财政危机。国共两党决定以反对关税会议,实行关税自主为号召,掀起反帝国主义的关税自主运动,把反奉倒段斗争推向高潮。11 月 28 日,北京各学校学生敢死队、工人保卫队和群众 5 万人齐集神武门前,举行示威大会。会后,群众高呼“打倒奉系军阀”、“打倒段祺瑞卖国政府”、“建设国民政府”等口号,包围了执政府。后又捣毁了一些官僚政客的住宅。次日,更多的群众在天安门前举行国民大会,通过了“即日解除段祺瑞一切政权,由国民裁判”、“解散关税会议,实行关税自主”、“组织国民政府临时委员会,召集国民会议”、“惩办卖国贼”、“查办金法郎案”等七项决议。由于运动的领导者和广大群众都缺乏经验,反动政府事先已有防备,原已联系好的国民军没有采取一致行动,这次打倒段祺瑞政府的斗争没有成功。因游行队伍曾打出“首都革命”的牌子,又称这次运动为“首都革命”。

1926 年春,北方出现了反动势力联合向进步势力进攻的局面。一方面,奉、直、直鲁联军等反动军阀联合向国民军发动进攻;另一方面,段祺瑞政府对人民革命运动进行残酷镇压。

1926 年 1 月,奉系张作霖、直系吴佩孚达成了“谅解”,又联合了张宗昌、李景林的直鲁联军,从三个方面围攻国民军。山西军阀阎锡山、陕西军阀刘镇华也趁火打劫,截阻国民军。国民军在反动军阀的联合进攻下,处境十分不利,控制区域日渐缩小,天津、京畿一带危急。冯玉祥于 1 月 1 日通电下野,以将全权交其部下张之江,准备取道库伦赴苏游历。

支持奉系和直系的帝国主义,对国民军也采取了间接或直接的反对态度。日本不仅供给奉系以大量武器和其他军用物资,还派军事顾问和技术人员直接参加战争。英国也给吴佩孚以 15000 支枪的支持。1926 年 3 月 12 日,日本帝国主义由两艘军舰为四艘奉舰护航,驶入大沽口,炮轰国民军控制的天津大沽炮台,致国民军死伤十余人。国民军被迫还击,将日舰逐走。大沽口事件发生后,日本帝国主义竟向中国提出“抗议”,还纠集了《辛丑条约》签字国,于 3 月 16 日向北京政府提出“最后通牒”。同时，帝国主义军舰20多艘云集大沽口。

帝国主义的卑劣行径，激起了中国人民的极大愤怒和强烈反抗。3月18日，北京总工会等民众团体及各校学生在天安门前召开反对八国通牒示威大会，与会者5000余人。共产党人李大钊在会上发表了演说，号召大家“用‘五四’的精神，‘五卅’的热血”，“不分界限地联合起来反抗帝国主义的联合进攻，反对军阀的卖国行为”。会后，2000多人参加了游行示威，他们高喊“打倒帝国主义”、“打倒段祺瑞”、“驱逐帝国主义公使出境”等口号。当游行队伍到达铁狮子胡同执政府门前时，段祺瑞政府竟然向赤手空拳的群众开枪射击，当场打死47人，伤199人，制造了“三一八”惨案。

惨案发生后，段祺瑞政府反诬群众的爱国举动是共产党“聚众谋乱，危害国家”，下令通缉共产党人李大钊和国民党人徐谦等。对于这种卑劣的手段，鲁迅曾抨击为：“墨写的谎话，决掩不住血写的事实”，并把这一天称为“民国以来最黑暗的一天”。3月20日，中国共产党发布告全国民众书，指出惟一的办法是“民众应立即起来团结、武装和革命”。上海、天津、广州、桂林、长沙、南昌等地的群众和海外华侨，纷纷举行各种活动，声讨卖国政府，声援北京人民。“三一八”惨案后的民众斗争显示出北方革命高潮的到来。

“三一八”惨案后，奉直联合进攻国民军的战争继续进行。4月9日，驻北京的国民军第一军鹿钟麟部包围了执政府，段祺瑞逃匿日本使馆，同时恢复了曹锟的自由，国民军欲联吴抗奉，但为吴所拒绝。4月15日，国民军由北京退往南口，后又向西退往绥远、甘肃。国民军退出北京后，段祺瑞打算继续执政，但在全国革命运动不断高涨的情况下，拥有军事实力的直、奉军阀企图直接控制北京政权，段不得已于20日宣布下野，退居天津。段下台后，胡惟德兼署国务总理，摄行执政职权。执政府名存实亡。

六、北伐战争和工农运动的大发展

(一)北伐战争的胜利进军

为了适应国民革命的迅猛发展，用革命战争推翻帝国主义和封建军阀的统治，将革命推向全国，出师北伐，提到了广州国民政府的议事日程上。

1926年2月21日至24日，中共中央在北京召开特别会议。会议指出：“党在现实政治上主要的职任是从各方面准备广东政府的北伐”，“尤其是在北伐的过程上，以建筑工农革命联合的基础，而达到国民革命的全国范围内的胜利”。4、5月召开的广州第一次工人代表大会、广东省第二次农民代表大会和第三次全国劳动大会都提出发动北伐战争的要求，催促国民政府“从速出师北伐”。广东国民政府也积极主张北伐。1926 年 1 月召开的国民党“二大”就提出大会后要做的工作是如何统一全国。6 月 4 日，国民党中央通过国民革命军出师北伐案。6 月 5 日，任命蒋介石为国民革命军总司令。7 月 1 日，国民政府军事委员会下达北伐部队动员令。7 月 6 日，国民党中央通过《为国民革命军出师宣言》。宣言揭示了北伐的目的，表明了北伐战争的正义性质。7 月 9 日，国民革命军在广州誓师，北伐战争正式开始。

北伐战争面临的敌人是三个：一是控制两湖、河南和直隶南部的吴佩孚，拥兵 20 万；二是盘踞江苏、安徽、江西、浙江、福建的孙传芳，有军队 20 万；三是占有东北和山东、直隶、热河、察哈尔并控制北京政权的张作霖，有军队 35 万。从军队数量上讲，反动军阀大大超过了国民革命军。但他们反动腐朽，祸国殃民，人心丧尽，遭到全国人民的反对，而且三派军阀之间矛盾重重，不可能协同作战。

在国民革命军方面，有 8 个军，10 万人。蒋介石为总司令，李济深为总参谋长，邓演达为总政治部主任，中共党员李富春、朱克靖、廖乾吾、林伯渠分任二、三、四、六军党代表兼政治部主任。除李济深统领第四军一部、第五军大部留守广州外，其余各部均出师北伐。根据双方力量对比和敌人内部矛盾的情况，苏联顾问加伦等协助北伐军制定了“集中优势兵力、各个击破敌人”的作战方针。首先以第四、七、八军约五万人，指向湖南、湖北；同时以第二、三、六军约三万人由湘南、湘东警戒江西；以第一军驻守潮州、梅县，警戒福建。待消灭吴佩孚后，再集中兵力转向东南各省，消灭孙传芳。最后进入长江以北地区，消灭张作霖。

北伐战争的前奏是援湘作战。1926 年 3 月，亲吴的湖南军阀赵恒惕被湖南人民和反赵势力赶走，而由湖南省防第四师师长唐生智代理省长职务。因唐生智此前已与广东国民政府联系，表示愿意参加北伐战争，故为吴佩孚所不容。吴佩孚即派直军攻打唐生智。唐生智被迫放弃长沙，退守衡阳，并向广东国民政府求援。国民政府即任命唐生智为国民革命军第八军军长兼北伐前敌总指挥，同时派第四军两个师和叶挺独立团及第七军一部入湘援唐。国民革命军的援湘作战，很快稳定了湖南战局，揭开了北伐战争的序幕。

北伐战争的进展异常迅速。5 月底 6 月初，先遣入湘的叶挺独立团等部连克汝城、永兴、安仁、攸县、茶陵。7 月 9 日国民革命军正式誓师北伐，7 月 10 日攻下醴陵，11 日攻占长沙。稍事休整后，再次发起攻击。8 月 19 日克平江，22 日占岳州。至此，北伐军占领湖南全境，战争推向湖北。这时，吴佩孚率主力部队星夜兼程南下，以 2 万余人扼守粤汉路上的军事要隘汀泗桥。北伐军第四军于 8 月 26 日晨向汀泗桥守敌发起攻击，经 20 多个小时的激战，北伐军于 27 日占领汀泗桥。叶挺独立团在追击作战中，乘敌军立足未稳之时，又迅速攻下咸宁。30日晨，北伐军第四、七两军攻击鄂南另一战略要地贺胜桥，经过惨烈的肉搏战，于当天攻占。汀泗桥、贺胜桥战役，是北伐战争中同吴军作战的两次关键性战役。吴佩孚投入精锐主力，并亲往督战，也未能阻挡住北伐军的勇猛进攻。两战后，便打开了通向武汉的大门。北伐军乘胜追击，总攻武汉，于9月6日、7日占领汉阳、汉口两镇。经一个月的攻城作战，10月10日，占领武昌，歼敌2万余人。至此，吴佩孚的主力基本被消灭，北伐军取得了两湖战场的胜利。第四军由于作战勇敢，屡建奇功，被人们称誉为"铁军"。尤其以共产党员为核心的第四军叶挺独立团，战绩更为卓著。

北伐军在两湖的胜利，迫使孙传芳撕下了"中立"、"保境安民"的伪装，集中主力10万人入赣，兵分三路，准备与北伐军作战，并在北伐军占领汉口时发出通电，狂妄地限令北伐军在24小时内退回广东。北伐战争的主战场转向江西。

北伐军为平定江西，乘孙传芳主力尚未集中完毕时，于9月6日，以第二、三、六军及第一军两个师，由北、西、南三面发起攻击，很快占领20余县和赣南重镇赣州。9月19日，第一次攻占南昌，苦守三日，于21日退出，第六军和第一军第一师受到重大损失。22日再次攻入南昌。此时，作为预备队的蒋介石嫡系第一军第一师开赴南昌前线作战，几乎全军覆没。入城部队得不到援军，于24日退出南昌。第七军从鄂南进入赣北，歼灭孙军一部主力3万余人，截断南浔路。10月中旬，北伐军第二次攻打南昌，又遭重大损失，被迫撤围。10月下旬，第四军奉调投入江西战场。北伐军分三路会攻南昌。11月5日，克九江。8日，攻入南昌。至此，孙传芳主力大部被消灭。与此同时，福建战场也取得了胜利。10月10日，第一军攻克永定。后未经大的战斗，即占领闽南各地，12月9日攻占福州。

1927年初，北伐军兵分三路向长江下游地区推进。东路军仍以第一军为主，由何应钦任总指挥，出闽、赣，攻击浙江、上海一带；中路军以第三、六、七军为主，由蒋介石兼总指挥，其下又分江左军和江右军，分别以李宗仁、程潜为总指挥，夹江而下，攻取安庆、芜湖、南京；西路军以第四、八军为主，由唐生智为总指挥，沿京汉路向河南进击。这一期作战的中心目标是夺取南京、上海。2月17日，北伐军攻占杭州，3月中旬抵达上海郊区。3月22日，上海工人经第三次武装起义攻占上海。24日，中路军江右军攻占南京。

北伐战争的胜利进军，给冯玉祥很大影响。1926年9月，他从苏联回国。9月17日，率所部国民军在绥远五原誓师，宣布全军加入国民党，旋经甘肃、陕西，进入豫西，以期与北伐军会师中原。

北伐军出师不到十个月，就消灭了数倍于己的吴佩孚、孙传芳的反动军队，占领了湘、鄂、赣、闽、皖、苏等省区，把国民革命从广东推向长江流域，沉重打击了帝国主义和北洋军阀在中国的统治。在北伐胜利进军的形势下，西南川、滇、黔各省地方军阀也都转向拥护国民政府。但北伐的胜利进军，并未能扼制革命阵营的危机。身为国民革命军总司令的蒋介石因北伐的胜利提高了个人声望，并通过收编军阀部队等手段，使其实力在北伐过程中膨胀起来，为他后来发动反革命政变准备了条件。

（二）反帝运动和工农运动的大发展

国民革命军誓师北伐后，中国共产党在各地发动组织广大工农群众，以各种方式支援北伐军作战。工农群众运动支援了北伐战争，北伐战争的胜利进军也有力地推动了全国工农运动，特别是湘、鄂、赣地区工农群众运动的进一步发展。从1926年底开始，湖南、湖北、江西等省以工人阶级为中坚，展开了声势浩大的反帝运动。其中，最重要的事件是汉口、九江英租界的收回。

1926年底以来，武汉人民连日举行反英大会，抗议英帝国主义支持军阀，干涉中国革命。1927年1月1日至3日，武汉各界为北伐胜利和国民政府迁汉举行庆祝大会。3日下午，国民党中央军事政治学校宣传队在汉口英租界附近江汉关前演说，英国水兵越界用刺刀驱赶听众，当场刺伤数十人，其中3人重伤，造成汉口“一·三”惨案。

事件发生后，人民群众悲愤异常，纷纷冲入租界。当晚，国民政府外交部长陈友仁向英领事提出抗议，限令24小时内撤退水兵，由中国政府派兵进驻英租界。4日，武汉工、农、商、学、妇各团体500多名代表召开了联席会议，提出解决“一·三”血案的八项条件，要求国民政府与英国政府严重交涉。武汉中央联席会议也完全支持各界人民的革命行动。5日下午，在刘少奇、李立三等领导下，武汉400多个团体、30多万人举行反英示威大会。会后，群众冲入租界。当晚，武汉政府成立了英租界临时管理委员会，接管英租界。

汉口“一·三”血案发生后，6日，英帝国主义又在九江逞凶，发生了英水兵枪伤中国码头工人和英舰开炮挑衅事件。九江工人和市民无比愤慨，奋起反击，冲入租界。10日，国民政府又成立了九江英租界临时管理委员会，接管了租界。

2月19日、20日，中英双方先后达成《收回汉口英租界之协定》和《收回九江英租界之协定》。这两个协定的签订，是中国人民反帝爱国斗争的重大胜利。

北伐军占领长沙、武汉后，湘鄂两省工团联合会都改组为省总工会。到1927年二三月份，全国工会会员由北伐前的100万人发展到近200万人。随着工会组织的发展，工人阶级为争取政治权利，改善经济条件，同帝国主义、封建买办阶级进行了不懈的斗争。湘、鄂、赣等地工人阶级，还初步建立了自己的武装——工人纠察队。

在这一时期的工人运动中，上海工人三次武装起义占有特殊重要地位。1926年10月和1927年2月，上海工人阶级为配合北伐战争，两次举行起义，但都因缺乏经验和准备不足而失败。两次起义失败后，中共总结经验，积极准备第三次武装起义。周恩来、赵世炎、罗亦农等一起担负了第三次武装起义的领导和组织工作。起义前成立了起义总指挥部，中共中央军委书记周恩来任总指挥；组织了5000人的工人武装纠察队，作为起义的骨干力量；组织上海市民委员会准备起义后建立临时革命政府。3月20日，北伐东路军开始进攻淞沪。3月21日，上海总工会下令举行总同盟罢工，80万工人起而响应。总同盟罢工旋即转为武装起义。经过30多小时的浴血奋战，歼灭直鲁联军3000人和反动警察2000人，于22日下午6时取得胜利，解放了上海。22日，上海临时市政府宣告成立。上海工人的三次武装起义，谱写了中国工人运动史上的光辉篇章。

与城市反帝运动、工人运动不断高涨的同时，以湖南为中心的全国农民运动也迅速地发展起来。

1926年9月，毛泽东发表《国民革命与农民运动》一文，深刻阐明了农民在中国革命中的重要地位。毛泽东指出："农民问题乃国民革命的中心问题，农民不起来参加并拥护国民革命，国民革命不会成功。"他提议要有大批同志立刻下决心，"去做那组织农民的浩大工作"。11月上旬，中共中央制定了一个《农民政纲》，提出了"推翻农村中的劣绅政权，建立农民平民政权"、"武装农民"、"没收大地主、军阀、劣绅及国家、宗祠的土地，归给农民"等主张。11月中旬，毛泽东担任中共中央农委书记，健全了中央农委机构。以邓演达为主任的国民革命军总政治部进驻武汉后，决定把工作重点转到农民运动方面。国民政府迁都武汉后，国民党二届三中全会还明确规定了农民运动的方针，发表了《对农民宣言》。1927年3月，在武汉成立了全国农协临时执行委员会，对开展农民运动进行了具体部署。4月，中央农民运动讲习所在武汉开学，为各地培养了800余名农运骨干。这样，在共产党的领导发动下，同时也在国民党左派的赞助支持下，湘鄂赣等省出现了农村革命的高潮，湖南更成为农村大革命的中心。三个省都先后建立了省农民协会。1927年4月，湖南农会会员有450万人，占了全国农会会员的一半。此外，河南、福建、浙江等地的农民运动都有相当的发展。到1927年6月，全国有200多个县成立了县农民协会，会员达到915万人。

农村大革命主要在三个方面展开。第一，经济斗争。农会在农村中进行了减租、减息、减押、平粜，阻禁、取消地主一切超经济勒索，收回社仓积谷、祠庙及一切公产等。后期土地问题日益尖锐，广大农民要求分配土地。有些地区农民已经自动丈量土地，"插标均田"。第二，政治斗争。农会从政治上打击土豪劣绅、不法地主，根据其罪行大小，分别采取清算、罚款、游街、组织审判，对个别罪大恶极、民愤极大的恶霸地主，则召开群众大会宣判死刑。农会还摧毁了乡村封建地主政权，成立了乡村政权机关，做到“一切权力归农会”。为了镇压地主阶级的反抗，农会建立了自己的武装，除普遍建立梭镖队外，还成立了农民自卫军和“常备队”。第三，文化思想斗争。随着地主政权的倒台，农村中一切封建宗法制度，如神权、族权、夫权等都受到冲击。农民禁止封建迷信活动，没收祠堂庙宇作农会会所或兴办学校。农会十分重视妇女解放，各级农会都设立了妇女部，不少妇女拿起梭镖同男子并肩战斗。农会还进行经济文化建设，如办学校、办合作社、修路、筑塘坝、禁烟、禁赌等。许多农村出现了“道不拾遗，夜不闭户”的新气象。以湖南为中心的农村大革命，冲垮了几千年来封建专制政治制度的基础，为完成反帝反封建的民主革命开辟了广阔的前景。

农村革命的风暴，动摇了帝国主义、封建主义在中国的统治基础，因而引起了土豪劣绅、不法地主、国民党右派和北伐军中反动军官的极端仇视。他们不仅诬蔑咒骂农民运动是“痞子运动”、“破坏北伐”，还建立反革命组织“白化党”、“保产党”、“三 K 党”等，与农会相对抗。民族资产阶级和小资产阶级，面对蓬勃发展的农民运动，也吓破了胆。他们指责农民运动“过火”、“影响北伐”，暴露了他们革命的动摇性和妥协性。同时，在地主阶级、资产阶级和国民党右派的压力下，陈独秀右倾思想进一步发展，他认为农民运动“过火”。1926 年 12 月，中共中央在汉口召开的特别会议，根据陈独秀的报告作出了以压制工农运动、放弃无产阶级领导权为基本内容的决议，给正在兴起的农村革命泼了冷水。

在农民运动受到各方责难的情况下，1927 年 1 月 4 日至 2 月 5 日，毛泽东对湖南湘潭、湘乡、衡山、醴陵、长沙等五个县的农民运动作了 32 天的实地考察。3 月 5 日，发表了《湖南农民运动考察报告》。报告充分估计了农民问题的极端重要性，着力宣传了放手发动群众、组织群众、依靠群众的革命思想，热情歌颂农民运动是“好得很”，而不是“糟得很”；报告论述了在农村建立农民政权和农民武装的必要性；报告进一步强调了贫农的伟大作用，指出没有贫农的参加，便不能完成民主革命的任务。

(三)迁都之争和国民党二届三中全会

随着北伐战争的胜利进军，武汉已成为全国革命的中心。1926 年 11 月 26 日，国民党中央政治委员会临时会议正式决定将国民政府及国民党中央党部迁往武汉。12 月 7 日，国民党中央通电宣布中央党部和国民政府北迁。12 月 13 日，第一批到达武汉的国民党中央执行委员和国民政府委员组成临时联席会议，代行国民党中央和国民政府职权。联席会议由徐谦、孙科、宋子文、邓演达、吴玉章、宋庆龄、陈友仁、董必武、唐生智、王法勤等 14 人组成，以徐谦为主席，叶楚伧为秘书长,鲍罗廷为顾问。1927年1月1日,联席会议在武汉正式办公。

然而,蒋介石在迁都问题上横生枝节。蒋介石原来也赞成将国民政府和国民党中央党部迁往武汉。南昌被北伐军攻占后,蒋介石就把总司部设在这里。因此,原来力主迁都武汉的蒋介石,一反前言,提出迁都南昌,挑起了"迁都之争"。12月底,蒋介石截留了第二批由粤迁汉的国民党中央执行委员和国民政府委员,其中包括国民党中央常委会代理主席张静江和国民政府代理主席谭延闿。

"迁都之争"实质上是统一战线内部争夺革命领导权的斗争,是蒋介石准备公开叛变革命的一个严重步骤。因此,中国共产党人和国民党左派,坚决反对蒋介石迁都南昌的图谋。1927年1月3日,蒋介石利用第二批由粤迁汉人员经过南昌的机会,召开所谓中央政治会议临时会议,作出"暂驻南昌"的决定,并于1月5日以中央执行委员会的名义发出《通知国民政府暂移南昌电》。宋庆龄、徐谦、陈友仁等接到通知后,立即回电驳斥,要求"中央党部及国民政府,照既定策略来鄂"。1月12日,在一次"欢迎"蒋介石来武汉的集会上,各界群众代表当场一致要求国民政府及中央党部"从速迁鄂"。随后,国民党湖北省党部、汉口特别市党部及省总工会、省学联、省妇女协会等群众团体和第四、七军政治部,纷纷通电敦促国民政府"立即迁鄂"。在共产党人、国民党左派和广大群众的反对下,蒋介石迁都南昌的图谋没有得逞。蒋介石迫于压力,不得不于2月8日以南昌政治会议的名义作出"中央党部及国民政府迁至武汉"的决定,并于3月6日决定让被截留的国民党中央委员和国府委员赴汉。2月21日,在武汉的国民党中央执政委员、候中央执行委员和国民政府委员举行扩大联席会议,决定结束武汉临时联席会议,宣布"中央党部及国民政府即日在武汉正式开始办公"。

在迁都问题上的失败,并未能使蒋介石停止其军事独裁野心的增长。2月21日,蒋介石在南昌发表演说,公然声称他"是中国革命的领袖,并不仅是国民党一党的领袖",所以对共产党"有干涉和制裁的责任及其权力"。同时,他还大肆攻击国民党左派领导人徐谦等人。

面对蒋介石军事独裁野心的发展,国民党中央在共产党人的支持下,开展了提高党权运动。3月10日至17日,国民党二届三中全会在武汉召开。会议的中心是提高党权、防止个人独裁和军事专制。全会决定将一切政治、军事、外交、财政等大权,均集中于党,确立中央常务委员会、政治委员会和军事委员会的集体领导制度;并废止了1926年7月7日国民政府公布的《国民革命军总司令条例》,裁撤中央军人部,以削弱蒋介石的权力。全会坚持了孙中山的三大政策,制定了国民革命的十条行动方针,并要求进一步加强国共合作。全会选出的中央常务委员会委员有汪精卫、谭延闿、蒋介石、顾孟余、孙科、谭平山、陈公博、徐谦、吴玉章等9人。选出国民政府委员28人,其中常委有孙科、徐谦、汪精卫、谭延闿、宋子文等。二届三中全会的召开,是共产党和国民党内革命势力对以蒋介石为首的右派势力的打击。会议发扬了孙中山的三大政策,产生了有中共党人参加的武汉国民政府,支持了蓬勃发展的工农运动。会议对蒋介石的军事独裁企图从组织上给予一定限制,但是对蒋介石的军权并没有削弱,因此也就不能制止蒋介石反动气焰的增长。

七、第一次国共合作的破裂

(一)列强的干涉与国民革命阵营的分裂

北伐战争的胜利发展和工农运动的迅猛高涨,使北洋军阀政权面临着总崩溃的危机。帝国主义为了维护在中国的利益,加紧了对中国革命的干涉。

干涉中国革命的急先锋是英国。1926年9月初,当北伐军兵临武汉时,英国军舰公然援助吴佩孚,炮击北伐军。接着,又制造了"万县惨案",企图以传统的炮舰政策恫吓中国人民。先是8月底,川军扣留了屡次撞沉中国木船的英轮"万流"号和"万县"号。英帝国主义即以此为借口调来军舰,于9月5日炮轰万县城,打死士兵100多人,"焚毁民房商店1000余家,死伤人民数以千计"。1927年初,英、美、法、日等帝国主义为了阻止革命势力向长江下游发展,纷纷增派军队和军舰来华。到3月,在上海的帝国主义武装共增至3万多人,在中国水域停泊的军舰近170艘,仅停泊在上海附近的帝国主义军舰即达60余艘。2月,英帝国主义还向日、美、法等国提出了"协同防卫"上海的建议,之后美帝国主义又提出所谓将淞沪划为中立区的建议,企图"协同"阻止北伐军进入上海。3月23日,北伐军攻占南京。溃逃的直鲁联军及一些地痞流氓,袭击抢掠了外国领事馆、外人机关和住宅。英美帝国主义竟以保护侨民为借口,命令其停泊于下关江面的军舰,对进入南京的北伐军和南京居民进行炮击,打死军人24人,平民19人,重伤26人,轻伤多人,制造了震骇世界的"南京惨案"。

帝国主义在实行炮舰政策的同时,又采取种种阴险手段分化革命阵线。英、美、日等国都曾发表对华政策声明,虚伪地表示"尊重保全中国之主权及领土,对于中国之内乱,严守绝对不干涉主义";对中国的国民革命运动,"予以同情而加以谅解";"希望中国团结、独立和繁荣",等等。他们开动宣传机器,鼓动所谓"温和派"和"极端派""决裂"。他们的中心目标是拉拢蒋介石,暗示只要蒋介石能保护帝国主义在中国的利益,就准备与之谈判并支持他。1926年底,日本许多"要人"纷纷来中国"考察",极力拉拢蒋介石。1927年2月,英国也派代表到南昌与蒋介石会谈。以蒋介石为头子的国民党右派集团,成了帝国主义争取的共同对象。

与此同时,蒋介石也在设法取得帝国主义的谅解和支持,加紧同帝国主义和各种反动势力的勾结。他公开向外国记者发表谈话,向帝国主义表明他的反共反苏的政治态度。同时,他派吴铁城、戴季陶去日本,谋取日本帝国主义的支持。日本外相币原由此判断:蒋介石是“口头上的过激派,行动上的稳健派”;并向内阁提议,日本应拉住反共的蒋介石,让他去压制中共。蒋介石在暗中联络日本的同时,还通过各种渠道与美国进行了秘密勾结。南京事件后,蒋介石赶往南京,首先派人与日本领事馆取得联系,一面表示“道歉”;一面诬称抢掠事件是“共产党蓄意制造”,并下令解散共产党南京支部。1927 年 3 月 26 日,蒋介石到达上海。他通过报界公开宣称“决不用武力改变租界现状”,并派人到与南京事件有关国家领事馆表示“遗憾”。蒋介石投靠帝国主义的态度渐趋明朗。

在国内,蒋介石纠集各种反共势力,作为他背叛革命的依靠力量。他所纠集的反动力量,除北洋军阀旧官僚、封建买办阶级的政客外,主要是以江浙财团为代表的资产阶级势力和帮会势力。江浙财团的主要成分是中国的一部分大资产阶级或民族资产阶级的上层,具有更多的买办性、更大的动摇性和妥协性。北伐战争的节节胜利、工农运动的日益发展,都使他们深感恐惧。江浙财团的代表人物们就讲:“吾人最怕之事,即共产”;“工潮不决,纷扰无已”。蒋介石反共需要资本家的支持,而江浙财团为了维护自身利益也愿意资助蒋介石以反共,双方沆瀣一气,一拍即合。江浙财阀虞洽卿就曾到南昌与蒋商谈,答应给蒋提供反共经费。蒋介石到上海后,江浙财团在经济上给其提供了一笔又一笔巨款。4 月 1 日至 4 日,以虞治卿、王震为首的上海商业联合会一次性向蒋介石拨付 300 万元的短期借款,直接资助蒋介石发动“四一二”反革命改变。蒋介石还授意青洪帮头子黄金荣、张啸林、杜月笙筹组中华共进会和上海工界联合会,供蒋介石发动反革命政变用。蒋介石在南昌期间,还收编了孙传芳的大批溃散部队,迅速扩充了自己的军事实力,这些部队名义上改称国民革命军,但实际上并未改变其封建军阀部队的本质,而被蒋介石作为反共的武装工具。

为了表明自己的反革命态度,蒋介石制造了一系列反共事件:3 月 6 日,蒋介石派人诱杀赣州总工会委员长陈赞贤;16 日,解散南昌市党部;17 日,他指使流氓袭击九江国民党市党部和总工会;23 日,指使流氓捣毁安徽省党部、省总工会、省农会筹备处和安庆市党部。

(二)“四一二”政变与三个政权对峙局面的出现

蒋介石于 3 月 26 日到达上海后,即在帝国主义和大资产阶级的支持下,密谋策划发动政变。从3月底开始,"清党"反共会议连日召开。3月28日,在沪国民党中央监察委员召开会议,吴稚晖首先提出所谓"护党救国运动",诬称中共"谋叛国民党"。4月2日,又通过吴提出"查办共产党"函。随后,由吴稚晖、张静江等以中央监察委员会名义呈交国民党中央执行委员会,要求对他们开列的190余名各地共产党领导人给以"非常紧急处置","在所在各地就近知照公安局或军警机关,暂时分别看管监视"。这时,汪精卫已从国外回到上海。3日,蒋介石发表通电,表示他以后要"专心军旅",所有军政、民政、财政、外交皆在汪精卫指挥下"统一于中央"。从3日到5日,蒋介石、汪精卫、李宗仁、白崇禧、黄绍竑、吴稚晖等十余人举行秘密会议,具体策划"清党"反共。但在是否立即"清党"反共问题上发生了争执,汪主张在南京召开国民党二届四中全会,以解决一切;蒋、吴等则主张立即反共。在这同时,蒋介石还进行了军事上的准备:由白崇禧负责浙江军事;调何应钦到南京,将卫戍南京而倾向革命的三个团缴械;命令拥护武汉政府的第二、六军渡江作战,并在两军渡江后,立即切断了后路;收买孙传芳的残余部队,令其驻守扬州和南通;令李宗仁第七军主力向南京前进;调新近收编的旧军阀周凤岐部第二十六军进驻上海,而把同情工农的一部分北伐军调离了上海。

在蒋介石即将发动反革命政变的危急时刻,中共主要领导人陈独秀却表现了严重的右倾麻痹思想。4月5日,陈独秀与汪精卫发表《汪陈联合宣言》。宣言说:"国民党最高党部全体会议已议决,已昭示全世界,决无有驱逐友党、摧残工会之事。上海军事当局,表示服从中央,即或有些意见与误会,亦未必终不可解释。"要求群众"不听信任何谣言"。这个宣言,是汪精卫方面表示继续同中央"合作",在中共方面则是呼吁国共团结。但是在当时的具体情况下,这个宣言实际上起了帮助蒋介石解除共产党和革命群众思想戒备的作用。宣言发表后,汪精卫和陈独秀离开上海去武汉。

为了麻痹革命群众,蒋介石在磨刀霍霍、准备反革命政变的同时,又玩弄政治欺骗手段。他向上海工人纠察队表示:"纠察队本应武装,断无缴械之理,如有人意欲缴械,余可担保不缴一枪一械。"4月6日,蒋介石还派人向上海工人纠察队送去"共同奋斗"字样的锦旗。

在"共同奋斗"的烟幕下,蒋介石加快了反革命政变的步伐。4月6日,蒋介石令白崇禧派兵查封了国民革命军总政治部上海办事处。8日,蒋介石指使吴稚晖、白崇禧、陈果夫等组织上海临时政治委员会,"决定上海一切军事、政治、财政之权",并成立了由白崇禧为司令的戒严司令部。9日,发布了戒严条例,禁止罢工、集会和游行。同日,吴稚晖、张静江、蔡元培等以中央监察委员会名义发出《护党救国通电》,对中国共产党和武汉国民党中央进行攻击。当天,蒋介石悄然离开上海去南京。上海的反革命政变由白崇禧、杨虎等具体执行。同日晚，杜月笙诱杀了上海总工会委员长汪寿华。

11 日，蒋介石发出“已克复的各省一致实行清党”的密令。当天下午，周凤岐部第二十六军与“工界联合会”，布防街市。深夜，帝国主义侵略军越过租界，逮捕了共产党人和革命群众 1000 多人，送到驻龙华的蒋军司令部。12 日凌晨，全副武装的青洪帮分子，冒充工人，从租界大量出动，向各区工人纠察队驻地发动进攻。工人纠察队奋起反击。大批反动军队就以“调解工人内讧”为名，收缴工人纠察队武装。1700 多条枪全部被缴，队员死伤 300 多人。上海总工会也被反动派占领。

为了抗议反动派的血腥暴行，4 月 13 日，上海 20 万工人举行罢工，并有六万名群众冒雨举行示威游行，向二十六军第二师司令部请愿。当游行队伍行至宝山路时，反动军队竟向徒手群众开枪射击，当场打死 100 多人，伤者无数。接着，反动派下令禁止罢工游行，解散上海总工会，查封革命组织，捕杀共产党员和革命群众。到 4 月 15 日，共产党人和革命群众被杀 300 多人，被捕 500 多人，流亡失踪 5000 多人。中共江苏省委领导人陈延年、赵世炎等在政变后相继被杀害。

继上海大屠杀之后，4 月 15 日，李济深等在广州也发动了“四一五”政变。仅 7 天被捕者达 2100 人，其中共产党员约 600 人，被秘密杀害者 100 多人。著名的共产党人萧楚女、熊雄、邓培、李启汉等都被杀害。除上海、广东外，国民党反动派还在广西、江苏、浙江、福建、四川等省举行“清党”。无数共产党人和革命人民牺牲在反动派的屠刀之下。

“四一二”政变后，蒋介石在南京另立国民党中央政治会议和中央军事委员会。4 月 15 日，蒋介石在南京召开国民党中央执、监委第四次会议，由于到会人员不足半数，遂改为“谈话会”。会议讨论了以南京为国都，取消武汉国民政府及中央党部等问题。17 日，召开中央政治会议第 73 次会议，决定国民政府于 18 日在南京办公，同时举行庆祝典礼。4 月 18 日，成立了与武汉国民政府相对立的南京“国民政府”。它对内发布的第一号命令就是所谓“清党”，通缉著名共产党人和国民党左派等 190 余人。白色恐怖笼罩了蒋、桂等反动派控制的地区。“四一二”政变标志着中国阶级关系和革命形势的重大变化。蒋介石集团从代表民族资产阶级右翼的新右派转变为代表大地主大资产阶级的反动派。蒋介石控制地区的民族资产阶级也发表声明，拥护蒋介石的反共“清党”。

与南京国民政府成立前后，张作霖及其拥护者在北京成立了安国军政府。

随着北伐战争的进展，吴佩孚、孙传芳的军队损耗殆尽，张作霖看准了这个机会，组建了安国军。孙传芳被北伐军打败后向奉张乞援，1926 年 11 月 28 日他在天津秘密与张作霖会面，拥护其为北洋各派的领袖。11月30日，孙传芳等拥戴张作霖为安国军总司令。12月1日，张宣布就职，并任命孙传芳、张宗昌为副司令。1927年6月，奉系在北京召开会议，杨宇霆代表张作霖提出北方必须团结起来抵御南方，因此必须立即组织安国军政府，以便号令全国。6月18日，张作霖在中南海怀仁堂就任安国军政府陆海军大元帅，以军职摄行元首职权。当天发布的《中华民国军政府组织令》宣称："大元帅于军政时期代表中华民国行使统治权。""军政府置国务员，辅佐大元帅执行任务。"安国军政府是北洋军阀控制北京政权的最后一个政府。奉张安国军政府是很反动的，在杀害了著名进步人士邵飘萍、林白水后，于1927年4月6日派军警搜查苏联大使馆，逮捕李大钊等50余人。4月28日，李大钊等27人被杀害。

这样，中国大地上在短时期内就出现了北京、武汉、南京三个政权对峙的局面。

(三)工农运动的继续高涨　武汉政府转向反动

"四一二"反革命政变后，革命遭到局部失败。但是武汉国民政府管辖的湘、鄂、赣三省的群众革命运动，还在继续高涨。

在中国共产党和国民党左派的推动下，武汉地区掀起了声势浩大的讨蒋运动。4月17日，国民党中央和国民政府下令开除蒋介石的党籍，免去他本兼各职。20日，中共中央发表《为蒋介石屠杀革命民众宣言》，指出："蒋介石业已变为国民革命公开的敌人，业已变为帝国主义的工具。"22日，在武汉的国民党中央执行委员、国民政府及军事委员会委员共40人联名讨蒋。各界群众也纷纷举行集会，声讨蒋介石的罪行。在讨蒋运动中，武汉地区的工农运动也继续高涨。武汉的工人建立了一支拥有5000人、3000支枪的工人纠察队。全国工会会员至1927年6月已发展到290万人。全国农会会员也增加到915万人，其中湖南451万，湖北250万。四五月间，湖南地区的农民运动发展到要求解决土地问题的阶段。农民群众创造了丈田、插标、分田等解决土地问题的办法，有力地冲击了土豪劣绅、地主所赖以生存的封建土地制度。湖北的一些农村也开始出现要求分配土地的要求。为了适应形势的发展，国民党中央于4月初成立了由邓演达、毛泽东等参加的土地委员会，研究制定解决土地问题的方案。经过一个月的讨论，制定了《解决土地问题决议草案》、《处分逆产条例》等7个决议案，但有的决议案尤其是《解决农民土地问题决议案》未被国民党中央通过。这反映出武汉政府在农民问题上存在着严重的分歧和斗争。不久，因反革命暴乱事件相继发生，土地问题便被搁置了。

1927年4月19日，武汉政府开始第二期北伐。这期北伐的主力是国民革命军第四方面军,总计6万人,以唐生智为总指挥。这次北伐的矛头指向了河南。这时,河南的奉军约8万人。5月中旬,北伐军在驻马店地区向奉军发动总攻。下旬,连克漯河、郾城、临颍、许昌、新郑。冯玉祥的军队也于5月26日攻占洛阳,然后分兵进攻新乡和郑州。奉军被迫放弃郑州、开封。6月1日,北伐军和冯玉祥军在郑州会师。4日,占领开封。第二期北伐取得了重大胜利。与此同时,南京方面也于5月1日渡过长江,攻打直鲁联军和孙传芳军。6月2日,进占徐州。

武汉国民政府第二次北伐虽然取得了胜利,但它错过了东征讨蒋的时机,给了蒋介石新军阀政权以巩固的时间。武汉政府不但没有完全打破敌人的包围,而且遇到了更加严重的危机。在军事上,蒋介石、广东军阀、四川军阀、奉系军阀从东南西北四面,对武汉形成军事包围。帝国主义的军舰聚集于武汉江面,对武汉政府进行武力威胁。武汉南北的铁路和长江上下游的航运,均被截断,武汉成了孤岛。在经济上,帝国主义关闭了在武汉的银行、工厂,套走现金,运走物资,破坏武汉地区的经济。官僚买办资产阶级也趁机关厂罢业,对抗革命。民族资产阶级因惧怕工农革命和劳资纠纷的加剧,纷纷关厂停业。1927年5月中旬,武汉130多家商店关闭,继续营业的只有24家,失业人数猛增到12万人。政府的财政赤字越来越大,月收入仅150万元左右,支出却达1300万元。为弥补赤字,只得大量增发纸币,纸币发行越来越多,结果是货币贬值、物价高涨的势头难以遏制。在政治上,武汉政府逐渐右转,开始压制工农革命运动和攻击中国共产党。汪精卫夸大和利用工农运动中的缺点,连续发布"纠正"工农运动"过火"的训令,限制工农运动的发展。于是,武汉国民政府内部的矛盾也日趋激化。

武汉国民政府在政治上的右转,导致了军事上反革命叛乱事件的接连发生。首先是武汉政府所辖独立第十四师师长夏斗寅在鄂南叛变。5月上旬,夏斗寅勾结四川军阀杨森,放弃驻地宜昌给川军,自己率部顺流东下,进兵嘉鱼、咸宁。13日,他发表反共通电,然后北上,一直攻到距武昌仅20公里的纸坊。17日,武汉政府任命第十一军第二十四师师长叶挺为前敌总指挥,率所部和中央独立师(由中央军事政治学校学生组成)前往镇压。19日,将叛军击溃。

正当武汉革命军追击夏斗寅叛军时,5月21日晚,驻守长沙的许克祥团在军长何键的指使下,发动军事叛乱,即"马日事变"。一夜之间,叛军在长沙收缴了工人纠察队、农民自卫军的武装,捣毁了省党部、省总工会、省农协等革命机关及其他革命群众团体,释放了在押的反革命分子和土豪劣绅,枪杀了百余名共产党员和革命群众。叛军成立了反动的"中国国民党救党临时办事处",夺取了湖南全省大权。"马日事变"后,湖南常德、醴陵、浏阳、湘潭、益阳也都发生了叛乱事件。半月之内,全省被屠杀的革命者达一万人以上。工农运动遭到极大的摧残。

到5月底、6月初，又发生江西朱培德“礼送”共产党人的事件。朱将其第三军中全部政治工作人员和省、市党部中共产党员计164余人“礼送出境”。朱培德还勒令江西省总工会、农民协会停止活动，农民自卫军交出武装，共产党员限期离境，全省停止农工运动。

由于内外反革命势力的压迫以及对共产党力量的发展和工农运动巨大威力的恐惧，武汉政府中号称“左派”领袖的汪精卫等人日趋右转。国民党中央在汪精卫要求下，组织了特别委员会，以“矫正”和“制裁”民众运动中“越轨之行动”。“马日事变”发生后，武汉政府未能予以及时解决。6月底，唐生智奉命回湘全权处理此次事变，但他回湘后，一面肆意攻击农民运动“横流溃决，迭呈恐怖”，一面为许克祥百般辩解。唐的回湘，起了进一步鼓动反动势力向共产党和工农运动进攻的作用。

在湘、鄂、赣的反共影响下，冯玉祥的政治态度也明显右转了。6月10日，他与汪精卫、谭延闿、徐谦、顾孟余、孙科、唐生智、张发奎、邓演达等在郑州举行会议。会上，冯主张宁汉息争，共同北伐。汪精卫等既谴责蒋介石的独断专行，又对共产党和工农运动表示不满。会议决定：(1)组织政治委员会开封分会，以冯玉祥为主席，指导陕、甘、豫等省党务；(2)成立河南、陕西、甘肃三省省政府，分别以冯玉祥、于右任、刘郁芬为主席；(3)冯玉祥的第二集团军扩编为七个方面军，所有进入河南的北伐军全部撤回武汉地区，名曰“巩固后方”，实则准备镇压两湖地区的工农运动。经过郑州会议，第二期北伐的成果全为冯玉祥所独占。

郑州会议实际上是武汉“分共”与宁汉合流的酝酿。6月19日，冯玉祥由郑州赶赴徐州，与蒋介石、李宗仁、吴稚晖、胡汉民、张静江等举行徐州会议，进一步会商“分共”与宁汉合作等问题。在蒋冯合作、宁汉合流、共同“北伐”、“清党”反共、驱逐鲍罗廷回国等方面取得共同意见。21日，冯玉祥致电汪精卫、谭延闿、唐生智等人，攻击武汉工农运动是“阳冒国民革命之名，阴布全国恐慌之毒”，要求汪精卫“设法使鲍(罗廷)回国”，鼓动蒋、汪合作，说武汉与南京“既异地而同心，应通力而合作”，催促汪精卫“速决大计，早日实行”。徐州会议是“宁汉合流”的先声，在冯玉祥的促使下，武汉国民政府终于步蒋介石的后尘公开走上了反革命的道路。

(四)陈独秀右倾错误的发展

在革命的紧急关头，以陈独秀为首的中共中央领导机关已深深陷在右倾错误之中，没能给革命以正确的指导。

1926年12月中旬，中共中央在汉口召开特别会议。这次会议使党内的“右”倾错误逐步发展为右倾机会主义。这次会议根据陈独秀的政治报告，确定当时党的主要策略是:限制工农运动的发展,以换取蒋介石由右向左转;建立以汪精卫为领袖的“文人政府”,以制约蒋介石。“四一二”政变的发生,表明汉口特别会议确定的推动蒋介石“左转”策略的彻底破产,但中共中央并未从革命受挫中醒悟过来而改变不抓军队、过分相信和依靠国民党某些领导人的做法,只是把支持“蒋汪合作”改变为专心扶助汪精卫。

1927 年 4 月 27 日至 5 月 9 日,中国共产党第五次全国代表大会在汉口举行。出席大会的正式代表 82 人,代表党员 57967 人。会议讨论了中国革命的一系列根本问题,通过了接受《共产国际执委会第七次全会关于中国问题决议案之决议》以及政治形势与党的任务、土地问题、职工运动等决议案和大会宣言。会上一些代表批评了党中央过去向蒋介石妥协退让的错误,批评了陈独秀在会议报告中提出的目前只能“扩大革命”而不能“加深革命”等观点。大会提出了争取无产阶级对革命的领导权、建立革命民主政权和实行土地革命的一些正确的原则,但对于当时如何夺取革命领导权、如何解决农民土地问题、如何对待武汉国民政府和国民党、如何建立党领导的革命武装等迫切需要解决的问题,均未作出切合实际的回答。而且,在右倾错误继续存在的同时,又出现了“左”的倾向。大会选出新的中央委员会,中央委员 31 人,候补中央委员 14 人。随后举行的五届一中全会选举陈独秀等 9 人为政治局委员,陈独秀、李维汉、张国焘为政治局常委(后增补瞿秋白、谭平山,周恩来任代理常委),陈独秀为总书记。中共“五大”没能担负起在紧急关头挽救革命的重任。

当时,陈独秀、鲍罗廷等人把同所谓“左派”的关系当作一切问题的中心,为了不使号称“左派领袖”、“左派军人”的汪精卫、唐生智等人与共产党分裂,对汪精卫集团采取迁就态度,跟着他们指责工农运动“过火”。在 1927 年 5 月 18 日至 30 日召开的共产国际执委会第八次会议上,斯大林还认为汪精卫是左派,称“中国左派国民党对现在中国资产阶级民主革命所起的作用,近乎苏维埃在 1905 年对俄国资产阶级民主革命所起的那种作用”。鲍罗廷在中央政治局会议上说:国民党左派没有什么错误和不好的倾向,一切错误都是工农运动过火,领导湖南农民运动的是“地痞”与哥老会,不是共产党;必须向左派让步,继续取得与他们合作是中心问题;农民运动只要能做到减租减息、乡村自治,便是胜利,便是土地革命;中共中央和一切工会、农会应发表宣言,号召群众拥护国民党中央和国民政府所公布的一切有关谴责民众运动过火和错误的法令。陈独秀的观点与鲍罗廷是一致的。在对待“马日事变”问题上,中共中央同样表现了严重的右倾动摇。事变发生后,汪精卫力主“调解”所谓“军工冲突”。以陈独秀为首的中共中央原来主张像对付夏斗寅那样,以武力解决许克祥部,但听到汪精卫的意见后,转而认为不宜用武力解决,甚至公开指责这次事变“自然和湖南农民运动的幼稚行动不无关系”，决定派谭平山去湖南纠正“过火”行为。5月下旬，由共产党员谭平山担任部长的国民政府农政部发出布告，声称要纠正“农民所有一切幼稚举动”，对于“轶出越轨”者，“更不得不加以制裁”。

5月底，共产国际给中国共产党发来紧急指示，提出如下挽救革命的紧急措施：第一，强调要开展土地革命。紧急指示指出，没有土地革命，中国革命是不可能胜利的。要通过农民协会从下面实际地夺取土地。只应没收大、中地主的土地。对手工业者、商人和小地主作出让步是必要的。第二，提出改组国民党中央委员会。要从下面吸收新的工农领袖到国民党中央委员里去，国民党上层必须加以革新。第三，主张迅速组织工农武装。动员2万左右的共产党员，加上两湖地区约5万的革命工农，组织一支可靠的军队。第四，提出要制裁叛变阴谋分子。组织革命军事法庭，惩办与蒋介石勾结或者残害工农的军官。第五，加强在蒋介石后方和军队中的瓦解工作。6月1日，中共收到这个紧急指示。陈独秀在6月7日召开的中央政治局会议上，表示赞同指示，但中共未必能贯彻执行。罗易认为应执行指示，但却提不出切实可行的办法，并且把这个指示直接拿给了汪精卫，以表示对汪精卫的信任。这个指示成了汪精卫“分共”的一个主要借口。

6月，当汪精卫集团加紧策划“分共”的时候，中共中央领导进一步压制工农，忽视掌握革命武装，继续向“左派”妥协让步。14日，中共中央宣传部通告：“放任农民无组织的自由行动来解决土地问题，已经引起了无数的过火行为，这种情形，必须纠正。”以张太雷为书记的中共湖北省委于6月初制定《关于对国民党及工运、农运之策略要点》，提出武装农民“上山”和争取地方武装等建议。同月，中共湖南省委在《湖南目前工作计划》中也提出“上山”的主张。但均被以陈独秀为首的中共中央否定。28日，因国民政府有解散工人纠察队的要求，陈独秀为“表示对国民政府拥护的诚意”，决定公开宣布解散武汉工人纠察队，枪支弹药交武汉卫戍司令部。7月3日，陈独秀在鲍罗廷及罗易的支持下，在中共中央扩大会议上通过了《国共两党关系决议案》11条，其中规定：承认国民党处于国民革命的领导地位；提出为避免政局纠纷，参加政府工作的共产党人可以“请假”的名义退出政府；提出工农等民众团体均应受国民党党部之领导与监督；工农武装队均应服从政府之管理与训练等。这种种妥协并没有能拉住汪精卫，反而更加助长了他的反动气焰，汪精卫等更加肆无忌惮地煽动“分共”。

（五）“七一五”政变与国共合作的破裂

1927年6月中旬，汪精卫等从郑州返回武汉后，即在国民党中央党部和军队中加紧策划“分共”。29日，驻武汉的国民党第三十五军军长何键在汪精卫的授意下，发出反共训令，要求国民政府“明令与共产党分离”，并控制了汉口和汉阳;唐生智也以“处理湘事”为名,在长沙屠杀共产党员和革命群众。7月9日,武汉国民党中央执委会举行扩大会议,决议限制共产党在国民党内的活动,严禁共产党在国民革命军中宣传共产主义。

根据共产国际的指示,7月12日,中共中央进行改组,成立由李立三、李维汉、周恩来、张太雷、张国焘五人组成的中央临时政治局常务委员会,停止了陈独秀的领导职务。13日,中共中央发表《对时局宣言》。宣言回顾了革命统一战线建立以来革命运动的发展和北伐战争的伟大胜利,痛斥了蒋介石、汪精卫叛变革命、屠杀人民的罪行。宣言表示:中国共产党将继续不妥协地进行反对帝国主义、反对军阀的斗争。宣言号召全国人民在中国共产党的领导下,团结一致,为完成反帝反封建的革命任务而斗争。同日,国民党左派邓演达发表辞职宣言,谴责汪精卫等人曲解三民主义、背叛三大政策的行径。14日,宋庆龄发表声明,斥责汪精卫集团的背叛行为,指出:他们“不再是孙中山的真实信徒;党也就不再是革命的党,而不过是这个或那个军阀的工具而已”。她严正宣布:“对于本党新政策的执行,我将不再参加。”

7月14日晚,武汉国民党中央政治委员会主席团秘密召开“分共会议”,决定公开背叛孙中山的三大政策。15日,汪精卫召开国民党中央常务委员会第20次扩大会议,讨论“分共”问题。会议在一片激烈的叫嚣声中通过了关于“分共”问题的决议:“在一个月内,召开第四次中央执行委员会全体会议,讨论决定分共”的问题;在未开会以前,中央党部应制裁共产党人违反本党主义政策之言论行动。于是,汪精卫等在“宁可枉杀千人,不可使一人漏网”的反革命口号下,在武汉地区对共产党员、革命群众进行大屠杀。第一次国共合作终于全面破裂。实行“清党”、“分共”使国民党及其政权性质发生了质的变化,国民党成为代表买办阶级、地主阶级利益的政党,各革命阶级联合的政权变成买办、地主阶级的政权。

轰轰烈烈的国共合作的国民革命最后以国民党“清党”、“分共”的苍凉结局告终。中国共产党领导的人民革命力量的发展遭受了重大的挫折,这种失利的原因是复杂的。在客观上,由于中外反动势力大大超过革命力量,随着斗争的深入,它们形成了一个包括帝国主义、地主豪绅、军阀买办和民族资产阶级右翼的反革命联合战线,共同镇压革命,尤其是蒋介石集团、汪精卫集团相继叛变了革命。在主观上,由于中国共产党还处于幼年阶段,党员数量少,理论水平和领导经验都不成熟,特别是国民革命后期陈独秀的右倾错误路线占据中央统治地位,放弃了革命的领导权;共产国际、联共(布)及其驻华代表对国民革命的失败有着不可推卸的责任。他们有不少脱离中国实际的错误指挥,并经常存在严重的分歧,极大地影响中共中央对许多问题的决断和有关方针、政策的实施。维经斯基后来承认:“对中国共产党所犯错误我要承担很大的责任,要承担比中国共产党领导更大的责任。”①

国民革命从兴起到挫折的历史使年轻的中国共产党经受了一场血与火的洗礼，它为中国革命提供了极为宝贵的经验和教训。

这个时期的经验证明，党提出的反帝反封建的民主革命纲领是正确的，在此基础上形成的新民主主义革命总路线的基本思想也是正确的。经验证明，以国共合作为特征的革命统一战线的建立是必要的、正确的。国共合作推动了工农运动的蓬勃发展，壮大了革命力量，并锻炼了无产阶级及其政党。经验还证明，在半殖民地半封建的中国，要战胜武装到牙齿的敌人，必须建立一支革命的武装。

这个时期的教训说明，中国革命的任务是艰巨的，斗争是长期的、曲折的。中国是一个半殖民半封建的大国，革命的敌人异常强大。我们要战胜强大的敌人，必须经过严重的、反复的斗争过程。正确的领导可以缩短这个过程，错误的领导则会延缓这个过程。但是，不能设想，革命在一次冲击中就能取得胜利。教训还说明，无产阶级能否坚持革命的领导权，是革命成败的关键。坚持无产阶级的领导权是革命统一战线的根本原则，也是新民主主义革命基本思想的最主要标志。无产阶级的领导，主要是对农民和革命武装的领导，没有这样的领导，就没有革命统一战线的发展、巩固和新民主主义革命的胜利。同时，无产阶级只有取得农民——这个中国革命主力军的支持，建立牢固的工农联盟，才能解决无产阶级在革命统一战线中的领导权问题，才有可能把革命领导到胜利。无产阶级的领导权不是天然的，而是在同资产阶级的激烈争斗中得来的。正是由于陈独秀右倾错误致使没有放手发动群众，没有大力支持农村大革命，没有建立一支人民自己的武装，才使无产阶级在革命的重要关头丧失了领导权，从而导致了国民革命的失败。

国民革命在广大群众中留下了不可磨灭的革命影响，它唤醒了人民，播下了革命火种，锻炼了幼年的中国共产党，积累了丰富的革命经验，为以后革命的胜利发展创造了条件。

【导　读】

1.《毛泽东选集》第1卷，人民出版社1991年版。参阅《中国社会各阶级的分析》、《湖南农民运动考察报告》等文。

2. 中国第二历史档案馆编：《中国国民党第一、二次全国代表大会会议史料》，江苏古籍出版社1986年版。可参阅《中国国民党第一次全国代表大会宣言》、《汪精卫在中国国民党“二大”上的政治报告》、《中国国民党“二大”弹劾西山

① 《维经斯基在中国的有关资料》，中国社会科学出版社1982年版，第159页。

会议、处分违反本党纪律党员决议案》等文献。

3. 王宗华主编:《中国大革命史(1924~1927)》,人民出版社1990年版。

4. 李新主编:《国民革命的兴起(1923~1926)》,上海人民出版社1991年版。

5. 中国革命博物馆编:《第一次国共合作时期的北伐战争》,黑龙江人民出版社1987年版。

6. 黄修荣:《第一次国共合作》,上海人民出版社1986年版。

7. 苏仲波、杨振亚主编:《国共两党关系史》,江苏人民出版社1990年版。

8. 林家有等:《国共合作史》,重庆出版社1987年版。

9. 唐培吉等:《两次国共合作史稿》,浙江人民出版社1989年版。

10. 曾宪林、曾成贵、江峡:《北伐战争史》,四川人民出版社1990年版。

11. 任建树、张铨:《五卅运动简史》,上海人民出版社1985年版。

【思考与讨论】

1. 中国国民党"一大"的历史功绩是什么？重新解释的三民主义增添了哪些新的内容？
2. 国民党"一大"后全国革命形势的发展表现在哪些方面？五卅运动和省港大罢工的历史意义是什么？
3. 试述北伐出师前共产党人和国民党左派同国民党右派斗争的情况。
4. 中国共产党的新民主主义革命的初步思想是如何逐步形成的？
5. 简述直奉军阀的反动统治。
6. 简述北伐战争的经过并分析北伐迅速取得胜利的原因。
7. 简述北伐战争期间工农运动发展情况。
8. 帝国主义是怎样干涉中国国民革命的？
9. 蒋介石是怎样同帝国主义和中国大资产阶级结合起来并准备"四一二"反革命政变的？
10. 武汉国民政府是怎样由革命走向反动的？
11. 陈独秀右倾机会主义表现在哪些方面？造成了什么危害？
12. 试分析总结国民革命失败的原因和经验教训。

国共两党的十年对峙

1927 年 8 月南昌起义至 1937 年 7 月“七七”事变前，是第二次国内革命战争时期，也称十年内战时期或土地革命战争时期。这一时期的基本线索是：(1)以蒋介石为首的的国民党新军阀确立并加强了它在全国的统治；(2)中国共产党领导人民走上了农村包围城市的正确道路，克服了党内“左”、右倾错误尤其是第三次“左”倾错误，促成了中国革命由低潮走向高潮；(3)除国共两党的活动外，还有一部分既不满意国民党的独裁统治，又不赞成中国共产党领导的武装斗争和土地革命的资产阶级、小资产阶级知识分子活跃在这一时期中国的政治舞台上，他们企图走中间路线，被称为“中间政派”；(4)日本帝国主义武装侵略中国，中国人民抗日民主运动兴起，初步形成了抗日民族统一战线。

这一时期可分为三个阶段：

1927 年 8 月南昌起义至 1931 年“九一八”事变是第一阶段。经过宁汉合流、对奉系的“北伐”和东北易帜，国民党将其统治扩展到全国；在打败奉系之后，国民党新军阀内部矛盾立即尖锐起来，接连发生混战，其中规模最大的是中原大战。中国共产党确立了土地革命与武装反抗国民党反动派的总方针，发动了各地武装起义，创建了红军和根据地，走上了农村包围城市的道路，形成了“工农武装割据”的理论。除国共两党的尖锐对立外，还有中间政派活跃在当时的政治舞台上。

1931 年“九一八”事变至 1935 年“一二・九”运动是第二阶段。日本帝国主义武装侵略东北并逐步向关内扩张，使中日矛盾逐步上升，引起了国内政治形势和阶级关系的变化，全国抗日民主运动高涨。国民党推行了“攘外必先安内”的反动国策。苏区革命继续深入，进行了查田运动、第四次反“围剿”，成立了中华苏维埃共和国临时中央政府，产生了新民主主义经济。王明“左”倾错误给革命造成了严重危害，1935 年 1 月的遵义会议扭转了危局。

1935 年“一二・九”运动至 1937 年“七七”事变前是第三阶段。1935 年华北事变使民族危机进一步加深，抗日民主运动继续发展，“一二・九”运动标志着抗日民主运动新高潮的到来。中国共产党提出了抗日民族统一战线政策，实现了从反蒋抗日到逼蒋抗日再到联蒋抗日的转变。国民党在华北事变后,对日政策也渐趋强硬,逐步接受了国共两党合作抗日的政策。最后以国民党五届三中全会为标志,抗日民族统一战线初步形成。

一、国民党在全国统治的确立及国共分裂时各派势力之间的混战

(一)国民党在全国统治的建立

1927年,在全国重新出现了军阀割据的形势。国民党集团内部派系林立,各霸一方,各自为政。在南京,有以蒋介石控制的"国民政府"和"中央党部",称为"宁方";在武汉,有汪精卫控制的"国民政府"和"中央党部",称为"汉方";在上海,有西山会议派控制的"中央党部",称为"沪方"。此外,以张作霖为首的旧军阀奉系控制着北京政府,统治着山东、河北、平津、东北地区;还有割据山西的晋系阎锡山,占据洛阳的冯系冯玉祥,盘踞两广的桂系、粤系势力李济深等。桂系的另一部分李宗仁、白崇禧则在南京与蒋介石合作。加上各帝国主义在中国的争夺和挑拨,使得当时的中国成了三强五霸、新旧军阀冒险争斗的场所。

当时国民党各派系的纷争,主要表现为宁汉双方的对立和争斗。双方的斗争焦点是谁统一谁的问题。8月8日,宁方蒋介石、李宗仁、胡汉民等11人发出通电,表示欢迎武汉重要分子至宁"柄政"。汪精卫集团虽同意与宁方合作,但坚持武汉方面在国民党中的正统地位,强调必须推翻蒋介石的个人独裁。在汉方坚持反蒋的同时,宁方内部蒋桂矛盾也尖锐起来。8月13日,蒋介石采取以退为进的策略,突然宣布下野,东渡日本,其嫡系部队仍控制江浙一带。8月19日,武汉政府宣布迁都南京。9月5日,汪精卫偕陈公博、顾孟余、徐谦等进抵南京。9月16日,宁、汉、沪三方特别委员会成立。9月20日,由"特委会"产生的国民政府就职,宁、汉两个政府合并。通过《国民政府组织案》,但由于权力分配不均,这个"合作"很快又被新的分裂所代替,10月,宁(李宗仁、何应钦)、汉(汪精卫、唐生智)之间爆发战争。不久,汉方战败,桂系势力控制两湖,实力大增。汉方汪精卫派受此打击后,不甘心失败,乃依托广东的地方势力于11月1日成立国民党中央,与南京对峙,形成宁粤对立的局面。在南方一片混乱期间,北方的奉系军阀张作霖发动了对阎锡山、冯玉祥的军事进攻。为摆脱困境,国民党各派人物联名发出通电,请蒋介石复职,以统一南方,使南兵北进,这样国内出现了蒋卷土重来的有利形势。此时,蒋介石也以牺牲中国东北的权益为代价和在日确定同宋美龄的政治联姻取得了日、美等帝国主义对其统一中国的支持。11月

10日，蒋介石回到上海。他以调停者的姿态活跃于各派之间。在宁粤对立中，蒋先联汪制桂，迫使桂系停止特委会的活动，同意召开国民党二届四中全会预备会。之后，又利用中国共产党发动的广州起义，反诬此乃汪派“勾结”共产党所为，迫使汪派骨干纷纷出逃。这样，在国民党各派系斗争中，蒋介石纵横捭阖，排斥了一个个对手，重新掌握了军政大权。1928年1月4日，蒋介石复任国民革命军总司令。2月2日至7日，由蒋一手包办的国民党二届四中全会正式在南京召开。会上通过了《整理党务》、《中华民国政府组织法》、《制止共产党阴谋》、《集中革命势力限期完成北伐》等决议案，改组了国民党中央机构和国民党政府机构，谭延闿担任国民政府主席，蒋介石担任国民革命军总司令兼军事委员会主席。不久，蒋又先后担任中央政治会议主席和国民政府主席，李济深、李宗仁、冯玉祥、阎锡山分别为广州、武汉、开封、太原政治分会主席。这样，蒋介石开始集党、政、军大权于一身，“以退为进”的策略获得成功，这就为蒋介石以后实行独裁统治奠定了基础。

国民党二届四中全会以后，蒋、冯、阎、桂四派新军阀为了共同完成对奉系军阀的“北伐”，暂时获得妥协，他们的军队分别编为国民革命军第一、二、三、四集团军，于1928年4月5日在徐州誓师“北伐”。7日，蒋下达总攻击令，各路战事同时发动，4月19日经巨野一战基本消灭孙传芳部队，4月27日攻占泰安，5月1日攻占济南。5月3日，日本借口保护侨民，公然出兵济南进行阻挡，对中国军民进行血腥屠杀，中国军民死伤万人左右（死亡达3900余人），还将进行交涉的战地政务委员会委员兼外交处主任蔡公时等断鼻削耳后枪杀，造成“济南惨案”。蒋介石下令中国军队撤出济南，绕道北上，逼近天津。张作霖见大势已去，遂于5月30日作出向东北撤军的最后决定，6月3日深夜，张作霖乘专车秘密离京返奉，次日凌晨，当专车行至沈阳附近的皇姑屯车站时，被日军预先埋置的炸药炸死。6月8日，阎锡山部进驻北京。12日，阎军傅作义部进入天津。15日，南京政府宣布“统一”告成。20日改直隶省为河北省，北京市为北平市。

张作霖死后，其子张学良任东北三省保安总司令，主政东北，挫败了日本帝国主义借机分裂和侵略中国东北的种种阴谋，力排奉系内部的干扰，逐步稳定局势，于12月29日通电宣布“遵守三民主义，服从国民政府，改旗易帜”。30日，南京国民政府委任张学良为东北军边防司令长官。在此之前，6月16日，新疆督办杨增新通电归附南京；24日，国民革命军攻克多伦，收复察哈尔省；7月19日，热河省表示易帜。9月17日，南京政府明令成立热河、察哈尔、绥远、青海和西康等省。至此，南京国民政府统一了中国。北洋军阀中的奉系也最后退出历史舞台，北洋军阀统治宣告结束。

(二)国民党政权初期的内外政策及阶级性质

南京政府成立后,确立了"以党治国"的政治体制。1928 年 2 月通过的《中华民国国民政府组织法》,规定国民政府在国民党中执会指导监督下掌握全国政务,政府委员由国民党中执委推举。1928 年 8 月,国民党召开二届五中全会,宣告军政时期结束,训政时期开始,实行"以党治国"。通过《政治问题案》,决定颁布训政时期约法,改组南京政府,设立司法、立法、行政、考试、监察五院,行政院下设内政、外交等部。10 月 3 日,国民党中常会通过《中国国民党训政纲领》六条。其中规定:在训政时期,由国民党全国代表大会"代表国民大会领导国民行使政权";大会闭会期间,把政权"付托国民党中央执行委员会执行之",由国民党"训练国民逐渐推行"选举、罢免、创制、复决四种政权;国民政府总揽行政、立法、司法、考试、监察五种治权,但"国民政府重大国务之施行",要受国民党中央政治会议的"指导监督"。很显然,所谓"训政",就是国民党的一党专政。10 月 8 日,国民党中常会又公布了第三次修正的《中华民国国民政府组织法》,规定国民政府总揽国家"治权",国民政府由行政、立法、司法、考试、监察五院组成,并分别执行治权,国民政府主席兼中华民国海陆空军总司令,国民政府以国务会议处理国务。同日,国民党中常会任命蒋介石为国民政府主席兼海、陆、空军总司令,谭延闿、胡汉民、王宠惠、戴季陶、蔡元培分别任五院院长。1929 年 3 月召开的国民党第三次全国代表大会追认了《训政纲领》,通过了《训政时期党、政府、人民行使政权、治权之分际及方略案》,规定:"以中国国民党独负全责,领导国民扶植中华民国之政权、治权";国民党最高权力机构"于必要时,得于人民之集会、结结、言论、出版等自由权,在法律范围内加以限制"。1931 年 6 月 1 日公布的《中华民国训政时期约法》(由 1931 年 5 月 5 日到 17 日召开的国民会议制定),以宪法的形式将国民党"以党治国"的政治体制加以确认。至此,国民政府中央政权机构的组织形式趋于完备。

国民党政权建立后,对内政策的特点是严厉的政治压迫和残酷的经济剥削。1927 年 4 月,南京政府建立后,蒋介石就在全国建立了"清党委员会",对共产党和革命人民进行疯狂的血腥镇压,严禁工人罢工,解散工会、农会及其他各种群众团体,取缔群众运动。8 月初,武汉政府对罢工工人实行大规模的逮捕和屠杀。12 月,广州政府为镇压工人,实行昼夜戒严。1928 年 1 月,桂系军阀在武汉解散了工、农、妇、青等各种群众组织。2 月,国民党二届四中全会通过了《制止共产党阴谋案》,3 月,又公布了《中华民国刑法》,以剥夺人民的权利,镇压革命力量。据不完全统计,从 1927 年 4 月到 1928 年上半年,国民党屠杀共产党员和革命群众达 337000 余人,其中共产党员 2.6 万人,到 1932 年被杀害者竟达 100

万人以上。据1927年11月的统计,中共党员数量由大革命高潮时期的近6万人减少到1万多人。共产党领导下的工会会员由大革命时期的280余万减至几万人。拥1000万会员的各地农民协会大多被解散。

在对革命进行镇压的同时,南京国民政府还打着"三民主义"的旗号颁布一些法令,进行政治欺骗活动。如1929年制定的《工厂法》中规定:工作时间以8小时为原则,延长时间以10小时为限;童工工作不得超过8小时;工人最低工资应以当地工人生活状况为标准;工厂会议由劳资双方同等代表组成等。但这只不过是一纸空文,既未公布,更未实行过。1930年6月公布的《土地法》中明文写着"达到平均地权及耕者有其田的目的",实际上是欺世盗名。《土地法》公布六年之后(即1936年),才公布《土地施行法》,但仍然没有付诸实施。其他如《工会法》、《农会法》、《劳资争议处理法》等虽也有些冠冕堂皇的条文,实际上不过是以法律条文的形式限制工农运动,以维护国民党的反动统治。

另外,南京国民政府建立后,由于行政、军事等费用开支过大,从而造成财政危机的不断出现并日益发展。为解决财政困难,国民党政府除举借外债,再就是加重对人民的剥削,其主要办法就是增加税收和发行公债。国民党政府的财政收入主要靠关税、盐税、统税三大收入。经过1928年的"改订新约",使关税在财政总收入中的比重由1913年的21%上升到1928年的41%和1929年的51%。盐税之重,据30年代的统计,约占盐价的3/4。统税即对国内工业产品所课的出厂税,税率高达50%以上,加重了民族资本家的负担。三税收入,成为国民党政府掠夺人民财富、实现官僚资本积累的重要途径。除此之外,南京国民政府还大量举借内债,仅从1927年至1936年,发行数额就达22.068亿元,是北洋政府1912年至1926年15年间发行数额的(6.2亿元)的近4倍,这给国民党政府带来了惊人的暴利。因公债一般是按票面的五、六、七折给银行,而还本付息则按十足的票面计算,利润很高。

南京国民政府对外政策的特点是亲帝反苏。1927年5月在其第一次外交声明中就表示对外"不采取暴动手段"。11月,蒋介石从日本回国后,又声称"要联合各国共同对付第三国际"。

1928年3月,南京政府与英、美等国就1927年3月英、美等国军队炮轰南京事件达成协议,依照帝国主义的要求,诬指共产党人是"肇事祸首",答应向各帝国主义国家道歉、赔偿和惩凶。1929年3月,南京国民政府又一次顺从了帝国主义的要求,与日本政府就1928年5月的"济南惨案"达成协议,不仅对日本屠杀中国军民、侵略中国领土的罪责只字不提,反而规定中国政府负责保护在华日本人的生命财产安全,实际上把日本的罪责一笔勾销。

南京国民政府通过"改订新约"运动,取得了列强的正式承认。此次运动内容主要限于关税自主和废除领事裁判权两项。1928 年 6 月 15 日，南京国民政府发表对外宣言，要求与各国"重订新约"。从 1928 年 7 月起，南京国民政府先后与美、意、英、法、日等国签订新的关税条约或友好通商条约，并在 1929 年至 1934 年间，先后四次修订税则，使海关税率有所提高，但关税总税务司仍然由英人担任，税率的提高也有所限制，中国的关税仍不能完全自主。关于领事裁判权问题，意、比、葡、丹、西等条约期满的五国在同南京政府所订的新约中，虽同意取消领事裁判权，但又有重大保留，即中国对五国行使司法权的方式须经双方同意，且须待多数国家同意废除领事裁判权方能实施。南京国民政府还向美、英、法、日、意等国发出吁请废除在华领事裁判权的照会，但始终未得结果。1929 年 12 月，南京国民政府宣称自 1930 年元旦起撤销各国在华领事裁判权，但列强不予理睬。1931 年 5 月 4 日，南京国民政府又试探性地公布"管辖在华外国人实施条例"22 条，声称在 1932 年元旦施行。但不久，"九一八"事变爆发，有关废除领事裁判权的规定也成为一纸空文。不过，可以肯定的是，通过"改订新约"运动，使中国一些长期丧失的主权得到一定程度的恢复，增加了国家收入，否认了领事裁判权的合法性，具有一定的进步意义。南京政府称之为"外交的新纪元"。

与亲帝相对照，南京国民政府对苏联采取报复和仇视的政策。1927 年 12 月 14 日，借口共产国际代表纽曼参与了广州起义，派兵围攻苏联领事馆，通令停止对苏贸易，宣布与苏绝交。反苏事件相继在各地发生。1929 年 7 月 10 日，在蒋介石的指使下，东北当局又挑起了中东路事件。中东铁路中方负责人以武力接收中东路，逮捕和遣送苏方高级职员。18 日，中苏断交。8 月至 11 月，中苏边境爆发武装冲突，东北军遭到惨败后于 12 月与苏联签订《伯力协定》，恢复冲突以前的状态，但与苏联的邦交没有恢复。

（三）国民党各派势力间的战争

在半殖民地半封建的中国，帝国主义划分势力范围的分裂剥削政策，必然导致各个军阀的混战。北洋军阀的混战随着他们的灭亡而结束了，代之而起的是国民党新军阀混战的开始，"故只要各国帝国主义分裂中国的状况存在，各派军阀就无论如何不能妥协，所有妥协都是暂时的。今天暂时的妥协，即酝酿着明天的更大的战争"[①]。事实正是如此，国民党新军阀蒋、桂、冯、阎四派，在北京、天津没有打下以前，有一个为对抗张作霖的临时的团结；北京、天津打下以后，这个团结立即解散，变为四派内部激烈斗争的局面。1929 年 1 月，蒋介石在南京召开全国军队编遣会议，即所谓"裁兵会议"，企图削弱冯、阎、桂等派别实力，扩充

① 《毛泽东选集》第 1 卷，第 47～48 页。

自己的地盘和力量。3 月，蒋又召开了由他一手包办的国民党第三次全国代表大会，以中央指派和圈定代表的办法排斥反对派，从而加剧了蒋与各地军阀的矛盾，蒋、冯、阎、桂之间的矛盾也随之表面化起来，终于导致了四大军阀集团之间的混战。

1929 年 3 月间，首先爆发了为争夺两湖地盘的蒋桂战争。战前，蒋桂之间的争斗一直在进行，当时桂系控制着两湖和两广，势力雄厚，无论财政、军事都自成一个系统，对南京政府仅在名义上服从。当时湖南省主席鲁涤平逐渐亲蒋，蒋也偷运军火给鲁涤平，唆使鲁反桂，为此，1929 年 2 月，桂系控制的武汉政治分会罢免了鲁涤平。蒋介石以军队编遣期间，政治分会无权任免有关特定区域内官员为借口，下令讨桂，蒋桂战争由此开端。3 月 26 日，蒋介石发布讨伐令；29 日，亲赴前线指挥作战；31 日，下达总攻击令。4 月 5 日，蒋介石进驻武汉，桂系失败，蒋军控制了两湖的大部分地区。6 月底，桂系留守广西的部队再次战败，李宗仁、白崇禧逃往香港，蒋桂战争遂告结束。

蒋桂战争后，相继爆发了蒋冯战争。蒋、冯本是结盟兄弟，但奉系军阀张作霖垮台后，冯玉祥欲实行“平民政治”，与蒋介石的军事独裁政治产生了矛盾。早在蒋桂战争进行时，蒋冯战争已在酝酿。1929 年 3 月底，蒋派兵驻胶东，牵制冯系山东省主席孙良诚，使蒋冯矛盾更趋尖锐。4 月，蒋介石制造谣言和大造发动讨冯内战舆论，使蒋冯战争终于公开爆发。13 日，冯玉祥发表辟谣通电，并开始收缩鲁、豫兵力及采取一系列应战防御措施。5 月 15 日，西北军将领通电反蒋，战幕正式揭开。正在这关键时刻，蒋介石分化冯部成功，韩复榘、石友三等部将叛冯投蒋，给冯以沉重打击。5 月 23 日，国民党中常会决定，革除冯玉祥的一切职务，永远开除党籍。24 日，南京政府下令查办冯玉祥，阎锡山也通电促冯下野。为保存实力，冯玉祥于 27 日通电下野，免战自守。蒋介石因冯下野失去攻击目标而停止军事进攻，蒋冯战争随之暂趋缓和。在蒋冯矛盾冲突中，阎锡山既媚蒋压冯，又拉冯抗蒋。冯玉祥下野后，阎锡山约他到山西太原会晤商谈合作抗蒋问题，冯玉祥被骗入山西后，阎将他软禁于五台县建安村。以此为筹码，向蒋要高价。然后阎又亲自屈驾建安村访冯，向冯表示愿意联合出兵反蒋，并约定西北军先发起之，晋军响应。10 月 10 日，冯系将领宋哲元等 27 人通电反蒋。蒋调大军应战，而阎锡山却按兵不动，西北军又失败了，于 11 月退守潼关。

在此前后，9 月，湖北宜昌的张发奎和广西的俞作柏、李明瑞先后通电反蒋；11 月，李宗仁、白崇禧、黄绍竑回广西招纳旧部举旗反蒋；12 月，唐生智、石友三同时在郑州、浦口宣布反蒋，但均以蒋介石取胜而告终。

在 1929 年的几次军阀混战中，反蒋派的接连失败，使各派军阀产生了联合反蒋的要求，而在历次战争中始终以两面手法保存实力的阎锡山，此时也感到自已将成为蒋打击的下一个主要目标,反蒋之心逐渐萌起,于是在 1930 年形成了一个庞大的反蒋联盟。其军事首领是阎锡山,政治首领是汪精卫,表现在行动上是历时七个月的中原大战和北平"扩大会议"的成立与破产。

1930 年 3 月 15 日,冯、阎、桂三派的将领鹿钟麟、商震、黄绍竑等 57 人公开发表通电,拥戴阎锡山为中华民国陆海空军总司令,冯玉祥、李宗仁、张学良等为副总司令,共同反蒋。4 月 1 日,阎、冯、李分别宣誓就职,但东北的张学良却一直保持沉默,既不通电就职,也不声明反对。4 月 5 日,蒋介石以"国民政府"名义下令通缉阎锡山,免去阎本、兼各职并下令讨伐阎锡山、冯玉祥。5 月 11 日,蒋介石下达总攻击令。于是空前规模的新军阀大混战,在东起山东、西至襄樊、南迄长沙、北达河北的数千里战线上全面展开。这场战争主要是在以陇海线为主体,津浦、平汉两线为两翼的中原地区进行的,"中原大战"缘此而得名。

战争开始后,战争的主动权在反蒋联军方面,陇海线上的西北军冯部英勇善战屡败蒋军,使蒋全线动摇。同时,津浦线上的阎军也攻占了济南,桂军也进军湖南,各条战线上的蒋军接连失利,蒋介石在 6 月中旬曾一度提出停战议和,冯、阎不理。但是,8 月间,由于冯军补给不足,官兵疲劳,致使在陇海线上的战事失利,不得不停止进攻,这便给蒋军以喘息的时间,使已经动摇的防线得以稳定,战场形势发生根本变化,蒋军开始处于主动地位,反蒋联军处于被动地位。

在中原大战酝酿的同时,政治上的倒蒋活动也激烈展开。1930 年 3 月,汪精卫由香港派陈公博去北方活动。此时,以谢持、邹鲁为首的西山会议派因不满蒋的统治,在北平活动倒蒋,他们与阎锡山共同磋商,请汪北来主持政治。但他们之间同样存在着争权夺利的斗争。经过多次协商,才达成一致意见,决定成立"中国国民党中央党部扩大会议",为国民党的最高临时权力机关。8 月 7 日,"中国国民党中央党部扩大会议"在北京正式召开。会议决定组织政府,筹备召开国民会议,起草约法。会议推出阎锡山、汪精卫、冯玉祥、李宗仁、谢持等为国民政府委员,阎锡山为主席。9 月 9 日,阎锡山等分别在各地宣誓就职。但由于战场形势发生了变化,反蒋联盟迅速从顶峰上跌落下来。

在中原大战的进行中,张学良起着举足轻重的作用,战争的双方都在竞相联络张学良。随着战争形势的变化和双方拉拢的加紧,张学良的态度也在发生变化,从严守中立,最后倒向拥蒋。9 月 18 日,张学良发表通电,表示拥蒋,旋即率兵 10 万入关助蒋作战,占领平津。整个战局急转直下,反蒋联盟迅速瓦解。至 10 月中旬,反蒋派的军事反蒋行动彻底失败。10 月 23 日,冯玉祥宣布下野。11 月 4 日,阎锡山宣布取消陆海空军总司令部。历时 7 个月的中原大战宣告结束。

张学良的拥蒋通电发出后,北平扩大会议由北京迁至太原,但由于倒蒋战争失败,扩大会议也宣告破产。

中原大战历时七个月，百万大军在千里战线上厮杀，双方死伤达30余万人，耗用军费5亿元，给人民的生命财产带来了无法估量的损失，同时也给日本帝国主义发动“九一八”事变以可乘之机。

军阀混战给人民带来了巨大的灾难。从1927年至1930年的三年中，全国性的大战达六七次之多，据统计约死亡50万人，十几个省的民众饱受兵灾之苦。经过数次混战，特别是中原大战，蒋介石扩张了自己的势力，打败了所有的对手。中原大战后，冯、阎、桂三派势力受到严重打击，从此他们失去了问鼎中原、与蒋决一胜负的形势与实力。到1932年，蒋介石的政权中心基本确立，新军阀的混战暂告结束。之后，蒋介石便以重兵转向共产党领导的红军和根据地。

二、农村包围城市道路的开辟

(一)土地革命与反抗国民党总方针的确定

1927年国民革命实行“清共”后，中国革命由高潮转入低潮。面对严峻的形势，中国共产党和中国人民并没有被吓倒、被征服、被杀绝，他们从惨痛的教训中懂得了武装斗争对于中国革命的重大意义，决定用武装起义来回答国民党的屠杀政策，以革命的武装来反对反革命的武装。1927年7月12日，根据共产国际执行委员会的指示，中共中央进行改组，停止陈独秀的总书记职权，成立了由周恩来、张太雷、张国焘、李立三、李维汉组成的临时中央常务委员会，代行中央政治局职务。五人委员会随后决定：在武汉政府的军队中筹划武装起义，在湘、鄂、赣、粤四省组织秋收暴动，以革命的武装反对反革命的武装；召开中央紧急会议，纠正陈独秀的右倾错误，确定新的斗争策略。

1927年8月7日，中共中央在汉口召开紧急会议(即“八七”会议)。参加会议的有中央委员10人，候补中央委员3人，还有中央监察委员、团中央、军委和湖南、湖北两省代表及共产国际代表8人。会议由瞿秋白、李维汉主持，瞿秋白和共产国际代表罗明纳兹分别作了报告，毛泽东等作了重要发言。会议通过了《告全党党员书》和农民斗争、职工运动、党的组织问题等决议案。会议主要解决了两方面的问题：第一，系统地批判并结束了陈独秀右倾机会主义在中共中央的统治，成立了新的中央领导机构。会议在批评陈独秀为首的中央所犯的右倾错误时指出：中央在同国民党的关系问题上，完全放弃共产党独立的政治立场，实行妥协退让政策；在革命武装问题上，始终没有想到武装工农的必要，没有想着造成真正革命的工农军队，甚至下令解散工人纠察队；没有积极支持和领导农民革命运动，不能提出革命的行动政纲来解决土地问题；中央不受群众的监督，党内缺乏民主生活。会议选出了由瞿秋白、李维汉、苏兆征等组成的新的临时中央政治局，毛泽东、周恩来等为政治局候补委员。第二，确定了土地革命和武装反抗国民党反动派的总方针。会议指出，当时中国革命仍处在资产阶级民主革命阶段，“现在中国革命的根本内容是土地革命”，中国共产党必须领导农民来解决土地问题。会议规定“没收大地主及中地主土地”，“没收一切所谓公产的族祠庙宇等土地”，“对小田主则减租”。会议强调把武装斗争和土地革命结合起来，批判了机会主义者在武装问题上的错误，提出共产党现实最主要的任务是“有系统的、有计划的、尽可能的在广大区域中准备农民的总暴动”。会议通过了在湘、鄂、赣、粤四省发动秋收起义的计划，在讨论发言时，毛泽东提出了党今后“要非常注意军事，须知政权是由枪杆子中取得的”[①]的科学论断。

“八七”会议的历史功绩在于给正处在思想混乱和组织涣散中的中国共产党指明了前进的方向，鼓舞了他们的斗争勇气，为挽救中国共产党和中国革命作出了巨大贡献。中国革命从此进入了以土地革命为中心内容的工农武装革命的新阶段。其缺点是：在反对右倾错误的同时，未注意防止“左”的错误，甚至助长了“左”倾情绪的增长；会议在批评与清算过去所犯错误的时候，集中在陈独秀身上，推卸了共产国际所应承担的责任，这既不符合历史事实，也不利于摆正共产国际与中国共产党的关系。但会议的功绩是主要的。

(二)各地武装起义

1927年8月1日，中国共产党首先在南昌发动了武装起义。

1927年7月下旬，中国共产党决定将自己掌握的军队集中于南昌发动起义，并派周恩来担任南昌方面的前敌委员会书记，负责筹划和领导这次起义。这是中国共产党临时中央政治局常务委员会为挽救革命失败而决定发动的。26日，贺龙、叶挺率领国民革命军第二十军和第十一军第二十四师开进南昌。27日，周恩来经九江到达南昌。根据中央决定，中共前敌委员会成立，由周恩来、李立三、恽代英、彭湃、谭平山(后参加)组成，周恩来任书记。

8月1日2时，在以周恩来为首的前委领导下，贺龙、叶挺、朱德、刘伯承等率领党直接掌握和影响的军队两万余人在南昌宣布起义。由于部署严密，对敌军进行突然袭击，经4个多小时的激战，就全歼守敌，占领南昌。起义胜利后，立即成立了以共产党人为核心、有国民党左派人士参加的中国国民党革命委员会，制定并公布了《八一起义宣传大纲》等文件。起义部队进行了整编，仍沿用国民革命军第二方面军的番号，下辖第九、十一、二十共三个军，任命贺龙为代总指挥

① 王桧林主编：《中国现代史》，北京师范大学出版社1991年版，第237页。

兼二十军军长，叶挺为代前敌总指挥兼十一军军长，朱德任第九军副军长，刘伯承任参谋长，郭沫若任总政治部主任。调整后起义部队的领导干部，增加了共产党和国民党左派分子的成分。一支由无产阶级独立领导的军队诞生了！8月3日至7日，起义部队按照预定计划，相继撤离南昌，经过赣南、闽西，直奔广东潮汕，准备重建广东革命根据地，再次北伐。在进军途中遭到国民党军队的围追堵截，接连失利，10月，在潮汕地区遭优势敌军围攻而失败。保存下来的部队，一部分由颜昌颐、董朗率领进入海陆丰地区，与当地农民武装会合；另一部分在朱德、陈毅率领下，经赣南、粤北转移到湘南开展游击战争。

南昌起义是中国共产党独立领导武装斗争的开始，打响了武装反抗国民党反动统治的第一枪，在全国人民面前树起了一面鲜明的坚持革命斗争的旗帜；南昌起义反映中共开始了创建新型人民军队的伟大实践，提出了党对人民军队实行绝对领导的基本思想，规定了人民军队所担负的重大任务，提出了人民军队纪律的重要内容，因此，8月1日成为中国人民解放军诞生的光荣节日①；南昌起义领导人提出了到广东或东江建立革命根据地的设想，讨论过土地革命的具体政策，并于起义后立即南下，对建立农村根据地作了最早的探索。南昌起义是探索中国革命新道路的起点。

南昌起义仍使用“左派国民党”的旗帜，而在秋收起义中没有再使用国民党的名义。中共中央在此前后有相应的决议。在“八七”会议通过的《最近农民斗争的议决案》和《最近职工运动议决案》中，曾提出“乡村政权属于农民协会”的口号和实现“工农独裁”的目标。8月9日，中央临时政治局在致中共湖南省委的指示信中，明确提出要建立工农民主专政的革命政权，在乡村一切权力归农民协会，在城市一切权力归农民委员会。不过，此时中共中央仍提出组织工农暴动于革命的左派国民党旗帜之下。中共中央认为国民党是民族解放运动的特别的旗帜，共产党员加入了国民党，而且一直成为国民党左派的中心，国民党在城市小资产阶级群众以至一部分工农群众中有革命的威信，现时不应当丢掉这个旗帜。一个多月后，即9月19日，中共中央通过《关于“左派国民党”及苏维埃口号问题决议案》，指出：“现在群众看国民党的旗帜是资产阶级地主反革命的象征，白色恐怖的象征，空前未有的压迫与屠杀的象征”；中央“认为八月决议案中关于左派国民党运动与在其旗帜下执行暴动的一条必须取消”；“现在的任务不仅宣传苏维埃的思想，并且在革命斗争新的高潮中应成立苏维埃”。此后近10年的时间里，中国革命一直在苏维埃的旗帜下进行。

---

① 1933年7月，中华苏维埃共和国临时中央政府通过决议，指出中国工农红军是由南昌起义开始组建的，因此“批准中央革命军事委员会的建议，规定以每年‘八一’为中国工农红军纪念日”。

“八七”会议前，中共中央临时政治局常委会在决定举行南昌起义的同时，还决定在国民革命时期农民运动基础较好的湘、鄂、粤、赣四省举行秋收起义。“八七”会议一结束，8月9日毛泽东和彭公达分别被指派为中央特派员和湖南省委书记，赶赴湖南领导秋收起义。8月18日和30日，改组后的湖南省委召开会议，讨论秋收起义计划。会议决定成立以毛泽东为书记的中共湖南省委前敌委员会，作为起义的军事领导机关；成立以易礼容为书记的行动委员会负责地方配合。毛泽东在会上传达了“八七”会议精神，并就起义中的农民土地问题、军事问题和起义区域问题作了重要讲话。根据毛泽东的建议，会议决定集中力量在群众基础较好的湘东、赣西一带发动起义。鉴于国民党已经变成压迫、屠杀民众的工具，会议决定抛弃国民党的旗帜，直接打出共产党的旗号，并应竭力宣传和建设工农政权。参加起义的部队编为工农革命军第一军第一师，毛泽东任前委书记，卢德铭任总指挥，余洒度任师长，下辖三个团，后又收编夏斗寅残部组成第四团。起义计划是，首先分三路进攻平江、萍乡、醴陵、浏阳，然后共同攻取长沙。1927年9月9日，湘赣边界的秋收起义爆发。起义军一度占领浏阳、醴陵和一些城镇，但因敌人力量过强和第四团叛变，各路起义军先后遭到挫折。9月14日，毛泽东在浏阳东乡上坪召开紧急会议，决定改变攻打长沙的计划，命令部队迅速到浏阳文家市集中。9月15日，湖南省委决定停止执行长沙武装起义计划。9月19日，起义军退到浏阳的文家市，在这里，毛泽东主持召开了前委会议，否定了余洒度等人坚持的“取浏阳直攻长沙”的主张，决定向湘、赣、粤边界的农村进军。这是一个伟大的战略决策，标志着中国革命从城市到农村战略转变的开始。

秋收起义是中国共产党抛弃国民党的旗帜，独立树起工农革命军旗帜的开始，它在攻占大城市遭挫折后转而走上建立农村根据地以保存和发展革命力量的正确道路，使土地革命和武装斗争联系在一起。

继南昌起义、秋收起义之后，1927年12月11日，在张太雷、叶挺、叶剑英、周文雍、聂荣臻等领导下，举行了广州起义，这是一次工人和士兵联合的城市武装暴动。参加起义的部队主要是叶剑英领导的第四军教导团约1300人和周文雍领导的工人赤卫队约3000人。凌晨3时左右，起义爆发。经过两个多小时的激战，起义军便占领了广州市区的大部分地区，随即成立了广州苏维埃政府，并发表了宣言和政纲。12日，敌军在美、英、法等国军舰支持下大举反扑，起义军经过三天三夜的浴血奋战，终因寡不敌众而失败。起义的主要领导人张太雷在战斗中牺牲，革命群众七八千人惨遭杀害。撤出的起义部队，大部分到东江地区，小部分到广西右江地区，分别参加了当地的武装斗争。

除上述三次重要起义外，1927年秋至1928年夏，中国共产党在全国其他一些地区先后还发动了100多次武装起义。其中影响较大的有:1927年9～10月,彭湃领导的广东海陆丰起义;10月,杨善集等领导的广东琼崖起义;11月,吴光浩等领导的湖北黄安、麻城起义;1928年1月,方志敏等领导的赣东北弋阳、横峰起义;1～2月,朱德、陈毅领导的湘南年关暴动;1927年底至1928年春,贺龙、周逸群领导的湘鄂西起义;3～4月,刘志丹等领导的陕西渭南、华县起义;同年春,郭滴人、邓子恢、张鼎丞等领导的闽西龙岩、永定起义;7月,彭德怀、滕代远、黄公略等领导的平江起义。

所有这些起义,由于敌我力量的过于悬殊等原因,都先后失败了,但都在不同程度上打击了国民党的新军阀统治,扩大了革命影响,为后来各地工农红军和农村革命根据地的大规模发展奠定了初步的基础。正如毛泽东所说:"革命失败,得了惨痛的教训,于是有了南昌起义、秋收起义和广州起义,进入了创造红军的新时期。"①

(三)革命根据地的创立

1928年至1930年间,在全国各地武装起义的基础上,中国共产党相继创立了一系列革命根据地。

最早开辟的是井冈山根据地。井冈山位于湘赣边界罗霄山脉中段,地势险要,进可攻,退可守,革命群众基础好,敌人统治力量薄弱,远离中心城市,四周都是产粮区,最利于我们的军事割据。1927年9月20日,毛泽东率领秋收起义的部队开始了向井冈山的战略进军。29日,部队经过艰苦转战,到达江西省永新县的三湾村时,进行了著名的"三湾改编":将一个师缩编为一个团,改称为工农革命军第一师第一团;建立党的各级组织,加强党的领导,班、排设党的小组,连以上设党代表,营、团建立党委;连以上设立士兵委员会,实行政治民主、经济公开、官兵一致的民主制度。10月3日,部队抵达宁冈县古城。27日,部队抵达井冈山的中心茨坪,开始了创建井冈山革命根据地的艰苦斗争。

工农革命军到达井冈山后,采取积极发展的方针,分兵发动群众,打土豪,分田地,恢复发展地方党组织,先后在茶陵、遂川、宁冈等县建立了工农兵政府,并严明军纪,规定了"三大纪律、八项注意",将原来井冈山的农民自卫军袁文才、王佐的部队改编为工农革命军第一师第二团。从1928年3月开始,边界各县先后开展了打土豪的斗争和土地革命的试点工作。至此,以宁冈为中心的湘赣边界的工农武装割据局面已经形成。

1928年4月,朱德、陈毅率领南昌起义保留下来的部队和湘南农民自卫军

① 《毛泽东选集》第2卷,第548页。

到达井冈山，在宁冈砻市与毛泽东所部胜利会师。5月4日，两军合编为工农革命军第四军（6月改称“工农红军第四军”）。

从1928年5月起，井冈山根据地进入全盛时期。5～6月间，红军采取“敌进我退，敌驻我扰，敌疲我打，敌退我追”的游击战术，击破敌军多次“进剿”，取得了五斗江、草市坳、龙源口三战三捷的重大胜利，成立了湘赣边界苏维埃政府，使根据地发展到包括宁冈、永新、莲花三个县和吉安、安福、遂川、酃县各一部的广大地区。后来，井冈山根据地进一步发展为湘赣根据地。

井冈山革命根据地的建立具有重大的历史意义。它成功地把革命的退却和革命的进攻结合起来，实现了中国革命的伟大战略转变，从实践上为中国革命开辟了农村包围城市、武装夺取政权的新道路。

除井冈山根据地外，中国共产党从1928年到1930开辟的主要根据地还有：

赣南闽西根据地。1929年1月，毛泽东、朱德、陈毅率红四军主力3600多人向赣南进军，以打破湘赣敌人对井冈山的“围剿”，经过艰苦奋斗，创建了赣南根据地。与此同时，红四军三次进入闽西，配合邓子恢、张鼎丞等领导的闽西党组织，开辟了闽西根据地。1930年3月，建立了赣西南和闽西苏维埃政府，曾山、邓子恢分别担任政府主席，还将两地地方武装分别编为红三军和红十二军。1930年6月，红四军、红三军、红十二军合编为工农红军第一军团，共2万余人，毛泽东任政治委员和前委书记，朱德任总指挥。8月，红一军团与彭德怀领导的红三军团组成红一方面军，共3万余人，毛泽东任总前委书记兼总政治委员，朱德、彭德怀分任总、副司令。1931年9月，粉碎国民党军第三次“围剿”后，赣南、闽西两根据地连成一片，形成了中央革命根据地。

湘鄂赣根据地。1928年7月，彭德怀、滕代远等领导了平江起义，成立了红五军，在湖南平江、浏阳，江西万载、修水、铜鼓、萍乡一带进行游击战争，开辟了湘鄂赣根据地。1928年11月，彭德怀、滕代远率红五军上井冈山，黄公略仍坚持湘鄂赣的游击战争。1929年8月，彭德怀部红五军又返湘鄂赣区与黄公略部会合。1930年6月，红五军扩编为红五、八、十六三个军，组成红三军团，彭德怀任总指挥，滕代远任政治委员。井冈山根据地发展成湘赣根据地，于1931年10月成立了以袁德生为主席的湘赣苏维埃政府。

闽浙赣根据地。1928年1月，方志敏等领导赣东北弋阳、横峰起义后，转战到两县交界的磨盘山地区，坚持游击战争，组成了土地革命军。1928年6月将土地革命军改称中国工农红军江西独立团，10月，成立了包括弋阳、横峰等八县的信江工农民主政府。同年冬，共产党领导了闽北崇安农民起义，开始创建闽北根据地。1930年夏，赣东北区与闽北区结合为闽浙赣根据地，革命武装合编为红军第十军。后来发展为红十军团，与红一方面军会合，闽浙赣根据地发展成为中央革命根据地的一部分。

鄂豫皖根据地。1927 年 11 月，湖北黄安、麻城起义的队伍组成了工农革命军鄂东军，后改称工农红军十一军第三十一师，于 1929 年创建了鄂东北根据地。同年，中国共产党又在河南商城和安徽六安、霍山发动起义，组成红军十一军第三十二师和三十三师，开始创建豫东南和皖西根据地。1930 年 4 月，中共鄂豫皖边区特委成立，红十一军集中编为红一军。5 月，乘新军阀中原大战之机，红一军大举出击，三个地区连成一片。6 月，成立鄂豫皖特区苏维埃政府，甘景元任主席。1931 年红一军与蕲春、黄梅地区的红十五军合编为红四军，后发展为红四方面军，徐向前任总指挥，陈昌浩任政治委员。

洪湖湘鄂西根据地。1928 年初，贺龙、周逸群等先后到达湖北洪湖和湘西桑植地区发动农民起义，组成工农革命军。1929 年春，编为红军第四军，开辟了湘鄂西根据地。周逸群回到荆江西岸开展武装斗争，创建洪湖根据地，并将部队于 1930 年 2 月编为红六军。7 月，红四军与红六军在公安会师后，组成红二军团，贺龙任总指挥，周逸群任政治委员。洪湖与湘鄂西两块根据地连成一片。9 月，成立湘鄂西苏维埃政府。

广西左右江根据地。1929 年 12 月，邓小平、张云逸、韦拔群等领导了百色起义，建立红七军和右江工农民主政府，创建了右江革命根据地。1930 年 2 月，邓小平、李明瑞、俞作豫等在左江的龙州地区发动起义，成立红八军和左江工农民主政府，创建了左江革命根据地。不久，红八军遭受挫折失败后，余部转到右江根据地合编于红七军。1930 年 10 月，红七军主力奉调北上，韦拔群等坚持右江地区的斗争。

总之，从 1927 年秋收起义开始到 1930 年，中国共产党建立了大小 15 块农村革命根据地，遍及江西、福建、湖南、湖北、广东、广西、河南、安徽、甘肃、陕西及江苏、四川省的 300 余个县，正式红军已发展为 13 个军 7 万余人，加上地方部队，近 10 万人。

随着红军的扩大和革命根据地的发展，各种非无产阶级思想不断地在红军中反映出来，红军本身的建设也成为亟待解决的问题。早在秋收起义部队向井冈山进军途中，毛泽东和他的战友们就为建设一支完全新型的人民军队采取了一系列有力的措施。1929 年 12 月，在福建上杭县古田镇召开的中国共产党红军第四军第九次代表大会上，对红军创建两年多的建设经验进行了总结。大会通过的《中国共产党红军第四军第九次代表大会决议案》，是中国共产党和红军建设的纲领性文献。决议强调红军是一个执行革命政治任务的武装集团，它必须绝对服从党的领导，全心全意地为着党的纲领、路线和政策而奋斗，树立无产阶级思想，纠正单纯军事观点、极端民主化、流寇思想、盲动主义等错误观念；它要担负起宣传群众、组织群众、武装群众等项任务等。这一决议标志着中国红军无产阶级建军路线的形成。

(四)"工农武装割据"理论

井冈山等农村革命根据的创立和发展,表明中国革命已走上了"工农武装割据"的道路。但在国民党优势兵力的多次"会剿"中,根据地的生活极其艰苦,形势十分严重。在这种情况下,根据地内部一些持右倾观点的人对革命前途缺乏信心,提出了"红旗到底打得多久"的疑问。因此,从理论上来说明这个问题,就成为当时最迫切的任务。为此,毛泽东进行了巨大的理论探讨工作,在革命实践的基础上,于1928年10月到1930年1月,先后写了《中国的红色政权为什么能够存在?》、《井冈山的斗争》、《星星之火,可以燎原》、《反对本本主义》等重要著作,以马列主义的立场、观点、方法分析了中国的实际,论证了中国革命在农村首先胜利的可能性,形成了"工农武装割据"的思想。

毛泽东关于"工农武装割据"的思想主要包括三方面的内容:第一,红色政权能够存在和发展的条件。首先,中国是一个政治、经济发展极不平衡的半殖民半封建大国,这种不平衡性加上帝国主义在中国的分裂剥削政策,造成了各派军阀间的连续不断的战争。这些白色政权的分裂和战争,使反动统治出现了缝隙,从而给红色政权的发生和坚持以可乘之机。其次,国民革命留下的深刻影响,是红色政权能够存在和发展的客观条件。其三,全国革命形势的继续向前发展,决定了红色政权的向前发展。其四,相当力量的正式红军的存在,是红色政权存在和发展的必要条件。其五,共产党组织的有力量和它的政策不错误,是保证红色政权长期存在和发展的重要的主观条件。第二,"工农武装割据"的基本内容就是土地革命、武装斗争、根据地建设这三个方面的有机结合,即在无产阶级领导下,以土地革命为主要内容,以武装斗争为主要形式,以农村革命根据地为主要依托,进行反帝反封建的长期斗争。第三,中国走"工农武装割据"道路的必要性与重要性。首先,半殖民地半封建的中国,内无民主制度,外无民族独立,缺乏进行和平的合法的革命斗争条件,只有用武装的革命反对武装的反革命。"红军、游击队和红色区域的建立和发展,是半殖民地中国在无产阶级领导之下的农民斗争的最高形式,和半殖民地农民斗争发展的必然结果;并且无疑义地是促进全国革命高潮的最重要因素。"其次,"必须这样,才能树立全国革命群众的信仰,如苏联之于全世界然。必须这样,才能给反动统治阶级以甚大的困难,动摇其基础而促进其内部的分解。也必须这样,才能真正地创造红军,成为将来大革命的主要工具。总而言之,必须这样,才能促进革命的高潮”。[①]“所以,‘工农武装割据’的思想,是共产党和割据地方的工农群众必须充分具备的一个重要的思想。”[②]这是后来中国革命所走的建立农村革命根据地,以农村包围城市,最后夺取全国政权这条道路的最初表述。

毛泽东关于“工农武装割据”的思想,具有重要的历史意义。它把马克思、列宁主义关于无产阶级革命的普遍原理创造性地与中国革命的实践结合了起来,找出了中国革命发展的规律,指明了中国革命胜利的航向,成为中国革命新道路理论的重要组成部分。它是对马列主义的杰出贡献,在毛泽东思想的形成和发展史上占有重要地位。

(五)“左”倾盲动错误与中共“六大”

秋收起义爆发后,中共中央于1927年11月在上海召开了临时中央局扩大会议。在当时党的主要负责人瞿秋白主持下,会议通过了《中国现状与共产党的任务的决议案》。这个决议案发展了“八七”会议以来反映在党内的由于对国民党的屠杀政策的仇恨和对陈独秀机会主义的愤怒而滋长起来的“左”倾情绪。共产国际代表罗明纳兹对这次“左”错误的出现负有重要责任。他在8月起草的《中国共产党的政治任务与策略的议决案》中认为,民族资产阶级“已完全走入了反革命的营垒,而成为反革命之最积极的动力之一。中国的“资产阶级民权主义革命,与社会主义革命之间,并没有截然分为两段的界线”。“左”倾盲动错误的主要表现是:第一,在革命性质上,混淆民主革命和社会主义革命的界限,认为中国革命是“无间断的革命”、“必然要彻底解决民权主义任务而急转直下的进于社会主义的任务”。要推翻豪绅地主阶级,就要“同时推翻资产阶级”,甚至认为小资产阶级也“已经不是革命的力量,而是革命的障碍”。第二,在革命形势问题上,否认革命已转入低潮,错误地认为革命形势是“不断高涨”,因而反对退却,主张进攻,命令党员举行毫无胜利希望的城市起义和条件不成熟的农村暴动。第三,在革命道路上,坚持“城市中心论”,认为“城市工人暴动”是“革命胜利的关键”,要努力“使暴动的城市”成为“农民暴动的中心及指导者”。第四,在组织上,实行了惩办主义的手段,对“八七”会义后各地武装起义所遭受的挫折、失败不作具体分析,对周恩来、毛泽东、谭平山、彭公达等人进行错误的纪律制裁。第五,在暴动中,实行了一系列的过“左”政策和“烧”、“杀”政策。这次“左”倾盲动错误使实际工作受到很大损失,一开始就受到了毛泽东和在白区工作的许多同志的

---

① 《毛泽东选集》第1卷,第98、98~99页。

② 《毛泽东选集》第1卷,第50页。

批评和抵制，1928 年初，许多地方已经停止执行。到 1928 年 4 月，在全国范围的实际工作中基本上结束了。

为了总结国民革命时期和近一年来革命斗争的经验教训，正确确定当前中国革命的性质、任务和路线，中国共产党于 1928 年 6 月 18 日至 7 月 11 日在苏联莫斯科召开了第六次代表大会。出席大会的正式代表 84 人，加列席者共有 142 人，大会通过了《政治决议案》、《土地问题决议案》等 15 个决议案和新的党章。大会对一系列存在严重争论的有关中国革命的根本问题作了明确的回答。第一，指出中国仍然是半殖民地半封建社会，现阶段中国革命的性质仍然是资产阶级民主革命，革命的中心任务是“推翻帝国主义及土地革命，力争建立工农兵代表会议（苏维埃）的政权”。提出了中国民主革命的十大纲领。第二，指出当前中国革命的形势是处在两个革命高潮之间的低潮，因此，党的任务不是进攻，而是争取群众，准备武装暴动，而不是立即举行全国性的会议。第三，大会在进一步批判陈独秀右倾机会主义错误的同时，着重批判了“左”倾盲动错误，指出盲动主义、命令主义是当时党内的主要危险倾向。大会选出了中央委员 23 人、候补中央委员 13 人，组成新的中央委员会。随后召开六届一中全会，选举了中央政治局，向忠发、苏兆征、周恩来、项英、瞿秋白、张国焘、蔡和森七人为委员，关向应、李立三、罗登贤等作为候补委员。选举了中央政治局常务委员会，以苏兆征、向忠发、项英、周恩来、蔡和森为常委。7 月 20 日召开的第六届中央政治局第一次会议选举向忠发为中央政治局主席兼中央政治局常委会主席。但他没有起到主要领导人的作用。“六大”后，周恩来先后担任中央组织部长、秘书长、军委书记。李立三先任农民部长，1928 年冬由政治局候补委员补为政治局委员、常委，并担任宣传部长、秘书长。

中共“六大”的路线基本上是正确的，对后来中国革命的发展起了积极的作用，但也存在着缺点和错误。其主要缺点是：对于农村革命根据地的重要性认识不足，特别是在共产党的工作重点由城市转移到农村这个关键性问题上，缺乏必要的认识，仍要求把党的工作重心放在城市；对中国革命的长期性估计不足，认为革命高潮很快就会到来；对中间阶级的两面性和反动势力的内部矛盾缺乏正确的估计，尤其是继续把民族资产阶级看作革命的敌人；片面强调党员成分无产阶级化和“指导机关之工人化”；没有指出“左”倾盲动的错误实质及其社会根源。这些就妨碍了“左”倾错误的彻底纠正，并被后来的“左”倾领导者发展。

在中共“六大”召开期间，共产国际鉴于以往派驻中国的代表屡犯错误和中国白色恐怖严重的情况，决定改变派代表到中国指导革命的办法，采取在莫斯科设中共驻共产国际代表团，协助共产国际指导中国革命的新措施。六大结束后，瞿秋白、张国焘、邓中夏、王若飞等人即作为中共常驻共产国际和赤色职工国际、农民国际的代表,留驻莫斯科,以瞿秋白为代表团负责人。

中共"六大"以后,革命形势胜利发展,全国各地的红色政权逐渐发展起来,共产党在国民党统治区的组织和工作也有相当的恢复。在这种革命力量向前发展的形势下,特别是 1930 年蒋、冯、阎、桂军阀混战爆发和 1929 年资本主义世界爆发空前的经济危机的有利于革命的国际国内形势刺激下,党内的"左"倾思想重新抬头。这年 3 月初,周恩来受中央派遣赴莫斯科汇报工作,李立三成为中共中央工作的实际主持者。1930 年 6 月,李立三主持召开的中共中央政治局会议,通过了《新的革命高潮与一省或几省首先胜利》的决议案,使"左"倾冒险错误统治了党的领导机关。决议否认敌强我弱的形势和革命发展的不平衡性,认为中国新的革命高潮已经逼近到我们的面前了,中国革命一爆发就会"掀起全世界的大革命";否认中国革命的长期性,混淆民主革命和社会主义革命的界限,主张要"没收中国资产阶级的工厂、企业、银行",认为"革命胜利的开始,革命政权建立的开始,就是革命转变的开始";坚持以城市为中心进行革命,认为农村包围城市的道路是一种"极端错误的观念","过去的游击战术","必须根本的改变过来",强令推行中心城市暴动和集中全国红军攻打大城市的计划,提出了"打下长沙,夺取南昌,会师武汉,饮马长江"的冒险口号。李立三"左"倾冒险错误的推行,使革命受到严重挫折,党和革命力量损失达 7.6 万人。这引起广大共产党员和群众的不满与抵制。1930 年 9 月,在瞿秋白、周恩来的主持下,中国共产党在上海召开了六届三中全会,纠正了李立三的"左"倾冒险错误,结束了"左"倾冒险错误在中共中央的统治,李立三作了自我批评,并改正了错误。革命力量也得到了恢复和发展。

(六)红军反"围剿"战争与土地革命

红军和根据地的日益扩大,直接威胁着国民党统治,引起了国民党反动派的恐慌。1930 年中原大战结束后,蒋介石就集中全力来"围剿"红军。"围剿"的重点是居于中央革命根据地的毛泽东、朱德率领的红一方面军。

1930 年 12 月,蒋介石调集 10 万兵力,以江西省主席鲁涤平为总司令,采取"分进合击,长驱直入"的战术,发动了第一次大规模的"围剿"。当时红一方面军主力只有 4 万人,毛泽东根据敌强我弱的形势,领导红军采取了"撒开两手,诱敌深入"的作战方针,将敌主力十八师引入我伏击圈龙冈地区,30 日,一举歼灭敌十八师万余人,活捉师长张辉瓒。龙冈战役后,敌人阵势大乱,我军乘胜追击,又于 1931 年 1 月 3 日在东韶歼灭敌五十师一半,其他各路闻讯溃逃。5 天之内,红军连打了两个胜仗,共歼敌主力 1 个半师 1.3 万人,缴获各种武器 1.2 万余件。第一次"围剿"被粉碎。

1931年4月，蒋介石又调集20万大军，以何应钦为总司令，采取“稳扎稳打，步步为营”的战术，在吉安至建宁800里长的弧形战线上分四路向中央根据地发动了第二次“围剿”。当时红军已有第一次作战的经验，并得到了四个月的休息整顿，信心很足。在毛泽东、朱德的指挥下，红军采取了“集中兵力，先打弱敌，并在运动中各个歼灭敌人”的作战方针，从5月16日至31日，15天内由东固富田向东转战，横扫700余里，直逼福建建宁，连续打了5个胜仗，歼敌3万余人，缴枪2万余支，粉碎了蒋介石的第二次“围剿”。

1931年7月，蒋介石又纠集30万兵力，亲自担任总司令，采取“长驱直入，分进合击”的战术，向中央根据地发动了第三次“围剿”。这次敌人来势凶猛，红军苦战之后尚未得到休息补充，且敌我力量悬殊极大。在此情况下，红军在毛泽东、朱德的指挥下，采取“避敌主力，打其虚弱，乘退追歼”的作战方针，发扬艰苦奋斗、连续作战的精神，牵着敌人的鼻子走，前后3个月，歼敌3万余人，缴枪1.4万余支，粉碎了蒋介石的第三次“围剿”。

与此同时，鄂豫皖、湘鄂西等革命根据地的反“围剿”斗争也相继取得胜利。

红军反“围剿”战争的胜利给国民党统治以沉重打击，巩固和扩大了革命根据地，并且在反“围剿”战争中，逐步形成了一整套适合中国革命战争特点的战略战术原则。这些原则主要是：承认积极防御，着眼于消灭敌人的有生力量；集中兵力，各个歼敌；以外线速决的进攻战为内容的运动战为主要的作战形式。

工农红军的反“围剿”斗争之所以能取得胜利，除了毛泽东正确的战略战术指导外，还有一个根本原因，就是中国共产党领导农民进行了土地革命，使根据地农民分得了土地，获得土地的广大农民从各方面支持革命战争。

土地革命是中国民主革命的基本内容之一，在“八七”会议上，就把土地革命和武装斗争作为中心课题提了出来。在建设根据地的过程中，中国共产党首先发动群众，进行土地革命。工农红军每到一地，先是打土豪，斗恶霸，发动群众，接着是调查摸底，分配土地，并逐渐形成一套进行土地革命的具体政策和做法。

井冈山根据地经过一年多的土地革命实践，于1928年12月制定了《井冈山土地法》，这是我党历史上第一个土地法，对推动井冈山的土地革命起了重要作用。这个土地法规定，没收一切土地归苏维埃政府所有，用三种方法分配之：分配给农民个别耕种；分配给农民共同耕种；由苏维埃政府组织模范农民耕种。三种方法以第一种为主。土地分配后一律禁止买卖。分配土地主要以乡为单位，以人口为标准，男女老幼平均分配。但它也有缺点，如规定没收一切土地，而不是只没收地主土地；土地所有权属于政府，而不是属于农民，农民仅有使用权，禁止土地买卖等。1929年4月，红四军到达兴国，制定和颁布了《兴国土地法》。它根据“六大”的精神，内容上比《井冈山土地法》有一个重要的变更，就是把“没收一切土地”改为“没收公共土地及地主阶级土地”。这是一个原则的更正。7月，在上杭召开的中共闽西“一大”上通过了《土地问题决议案》，提出了“分田时以抽多补少为原则”。1930年2月6日至9日，毛泽东在江西吉安陂头召开红四军前委、赣西特委和红五、红六军军委联席会议（通称“二七会议”），批评了赣西南地区只打土豪、迟迟不分土地的错误倾向，批评了一些地区按耕作能力和劳动力分配土地的做法，强调平分、快分土地是当务之急，决定一要分，二要快，办法是不分男女老幼，按人口平均分配。6月，在长汀县南阳（今属上杭）召开的红四军前委和闽西特委联席会议上，通过了《富农问题决议案》，在“抽多补少”的原则上，又加上“抽肥补瘦”的原则，明确提出限制富农的政策。以后这些经验逐步推广到各个革命根据地。土地革命开始的几年内，各根据地都实行土地公有（归苏维埃政府所有）、农民使用的原则。1930年9月，中共六届三中全会根据共产国际指示，决定实行“没收地主土地归农民”的原则。1931年2月8日，苏区中央局发出《土地问题与反富农策略》的通告，指出土地国有在目前还只是宣传的口号，规定在革命现阶段必须满足农民对土地所有权这唯一的热望，不禁止土地买卖和苏维埃法律允许的土地租佃，明确了土地所有权归农民私有的政策。2月27日，毛泽东根据这一精神以中央革命军事委员会总政治部主任的名义，写信给江西省苏维埃政府，指示各级政府发一布告，“说明过去分好了的田（实行抽多补少、抽肥补瘦了的）即算分定，得田的人，即由他管所分得的田，这田由他私有，别人不得侵犯。”3月，江西省苏维埃政府宣布：土地一经分定，即归农民所有。4月，闽西苏维埃政府在《土地委员扩大会议决议》中作同样规定。其他一些根据地也在中共六届三中全会后，对确立农民土地所有权问题作出相应规定。

在整个土地革命斗争期间，以毛泽东为代表的中国共产党人从实际出发，经过调查研究，逐步形成了依靠贫雇农，团结中农，限制富农，保护中小工商业者，消灭地主阶级，变封建半封建的土地所有制为农民的土地所有制的土地革命路线，从而有力地推动了根据地土地革命的开展。

土地革命的广泛开展，调动了广大农民的革命积极性，对于支援红军战争，巩固根据地，起了重要的作用。

三、第三种政治势力

1927年“七一五”政变后，一部分小资产阶级激进派和民族资产阶级的左翼以及从共产党内游离出来的人，他们既反对国民党新军阀的统治，又不赞成共产党领导的土地革命和武装暴动，期望在国共两党之间寻求“第三条道路”。他们创办刊物，阐明自己的主张，结成党派，形成国共两党之外的第三种势力，或称

“中间势力”。

(一)第三党

在中间政派的改良运动中,影响最大的是邓演达创立的第三党。

1927年11月1日,邓演达、宋庆龄、陈友仁等在莫斯科以“中国国民党临时行动委员会”的名义发表《对中国及世界革命民众宣言》,斥责蒋介石、汪精卫背叛革命,主张召开国民党第三次全国代表大会,以解决中国革命问题。1928年春,原共产党人谭平山、章伯钧等响应这一号召,在上海组织召开了中华革命党成立大会,自称是国共两党之外的新党,人们称之为“第三党”。6月,谭平山起草《中华革命党宣言草案》,称该党“时下所称为第三党”,“是劳动平民阶级的政党”。邓演达被选为中央总负责人(邓未回国前由谭平山代理)。1930年5月,邓演达回国。经与谭平山磋商,邓演达决定将中华革命党易名为“中国国民党临时行动委员会”,并于8月9日在上海召开了10个省区中华革命党负责干部会议。于是代表小资产阶级、民族资产阶级利益和要求的政党——第三党便正式诞生了。会议通过了《我们的政治主张》的纲领,推选邓演达为总干事,出版《革命行动》月刊。该党经过一番整顿以后,一度发展很快,曾建立11个省区和3个市区的地方组织。

《我们的政治主张》提出:进行“平民革命”,推翻南京政府的统治,建立“以工农为中心的平民政权”;对外政策为废除不平等条约,同各弱小民族结成反帝国主义的联盟;经济政策为消除帝国主义和封建残余,建设国家资本主义;土地政策上则主张土地国有,而用耕者有其田为过渡办法。第三党反对蒋介石的独裁统治,反帝反封建,坚持“平民政权”的主张,是有进步意义的,但它否认无产阶级领导权,主张由小资产阶级及其知识分子来领导平民革命从而过渡到社会主义,则是一种唯心主义幻想。

第三党在军事上也积极开展反蒋活动。邓演达利用他在国民党军队中的威望,力图组织反蒋联合战线,对蒋介石震动很大。1931年8月17日,蒋介石将邓演达逮捕,同年11月29日将其秘密杀害于南京。第三党受到很大打击,除一部分投靠蒋介石外,其他人在黄琪翔、章伯钧、彭泽民等领导下,继续坚持斗争。

(二)改组派

改组派是“中国国民党改组同志会”的简称,它是从国民党中分化出来的一个政治派别。

在国民党的宁汉纷争中,原武汉政府的汪精卫、陈公博等人,本以国民党的“正统”自居,准备在宁汉合流后的国民党中央占据要职,却受到其他派系的排挤,成为国民党内许多政派攻击的目标。但他们并不甘心失败,乃聚集上海,打起"改组国民党"的旗号,进行反蒋活动。1928 年 5 至 6 月,陈公博、顾孟余相继创办《革命评论》和《前进》杂志,广泛制造改组国民党的舆论,为改组派的成立作了理论上和组织上的准备。同年冬,陈公博、顾孟余、王乐平、白云梯等在上海集会,宣告以汪精卫为领袖的"中国国民党改组同志会"正式成立,人们简称它为"改组派"。总部负责人均为汪派国民党中央委员,具体工作由王乐平负责。

改组派的基本主张是:主张国民党应是"农工小市民联盟"的党,否认阶级斗争,主张阶级调和;主张国民党一党专政;反对"腐化势力",反对蒋介石独裁;反对"恶化势力",反对中国共产党;"积极反对英日帝国主义","有条件地与苏俄恢复邦交";以孙中山的全部遗教作为改组国民党的标准。改组派的一个总的口号是"恢复十三年改组精神",即以 1924 年国民党第一次代表大会的革命精神改组国民党。他们声称国民党已经"被军阀、官僚、政客、买办、劣绅、土豪所侵蚀、盘踞、盗窃、把持",但国民党内还有像他们那样的"革命"领袖和党员,1924 年改组后三民主义和国民党政纲完全正确,只要由他们去清除党内的"腐""恶"势力,还会出现一个"重新整饬担任革命的中国国民党大本营"。这些言辞迎合了在政治上处于苦闷彷徨状态的一些资产阶级、小资产阶级知识分子、青年学生的心意,得到了他们的拥护,所以改组派发展很快,很快从沪宁等地扩展到全国十多个省市,成员发展到一万余人。

改组派在 1929 年间曾几次进行反蒋斗争和一些军事投机活动。其中影响较大的一次是他们掀起反对蒋介石包办国民党第三次全国代表大会的浪潮,但结果都以失败而告终。1930 年 3 月,蒋介石下令袭击改组派的上海总部,暗杀总部负责人王乐平,各地的基层组织也先后遭到破坏。汪精卫、陈公博、顾孟余等上层分子先后与蒋介石合流,改组派也随之瓦解。

(三)人权派

人权派是国民党外一批无党派的资产阶级知识分子代表人物结合起来的改良派别。

1928 年 10 月,国民党《训政纲领》公布后,开始建立起实质为少数人独裁的国民党一党专政的政治体制。这引起一部分在野的、代表资产阶级知识分子的如胡适等人的不满。他们公开向国民党政府提出保障人权、实行民主政治的要求,发起人权运动,并出版《新月》杂志,故人权派又得名为"新月派"。

首先,人权派提出人权问题。1929 年 4 月,胡适和罗隆基在《新月》第 2 卷第 2 期和第 5 期上,发表了《人权与约法》和《论人权》,揭露国民党的训政没有"保障人权",提出"快快制定约法,以保障人权",呼吁发动一个"人权运动"以"争回人权”，企图按照欧美国家的榜样来改良中国政治。其次，人权派反对暴力革命，主张用改良的办法，建立资产阶级的共和国。1929 年 12 月，胡适写了《我们走哪条路》一文，发表在《新月》第 2 卷第 10 号上(此号实际推迟出版)。该文认为，中国的主要问题是要打倒贫穷、疾病、愚昧、贪污和扰乱这“五个大仇敌”(也称“五鬼”)，在这五个大仇敌中，帝国主义和封建势力都“不在内”，因而他们反对“有主义的革命”、“用暴力推翻暴力的革命”，主张用“渐进的、一步一步的作自觉的改革”的办法，“建立一个治安的、普遍繁荣的、文明的、现代的统一国家”。再次，人权派主张从根本上解决共产党的问题。他们反对共产党领导的武装斗争，反对工农运动的崛起，“希望国民党剿共及早成功”。但他们反对军事剿共，认为军事的胜利，只是“头痛医头，脚痛医脚”；“最根本最敏捷最聪明”的策略是“以思想代替思想”的方法。只要做到两条：“解放思想，重自由不重‘统一’”；“改革政治，以民治代替‘党治’”，共产党就不剿自灭了。①

总之，人权派反对革命，主张改良，把攻击的矛头指向共产党，对国民党政府只是要求作不触及根本制度的“改革”。但这种温和的改良，也为蒋介石的独裁统治所不许。1929 年 10 月，南京教育部根据国民党中央、国民政府和行政院的层层训令，行文警告胡适。1930 年 11 月，罗隆基一度被捕，其他成员也遭到国民党当局的迫害。“九一八”事变后，胡适逐步由争人权转到说王权，站在蒋介石一边。罗隆基等主张抗日，逐步向共产党领导的民族革命阵营靠拢。人权派作为一个中间政派已不存在。

(四)乡村建设派

中国共产党领导的土地革命，彻底摧毁了农村革命根据地内的封建剥削制度，对国民党统治已产生了深刻的震动。为了抵制共产党领导的土地革命，维护封建地主所有制，南京国民政府制定和推行了所谓“复兴农村”的计划。一部分文化知识界人士也在浙江、江苏、河南、河北、山东等地开展农村改良运动。其中影响较大的是以梁漱溟为代表的乡村建设派。

1928 年，梁漱溟首先在广东提出“乡治”主张。1929 年 1 月，梁漱溟在北平主编了《村治月刊》。同年冬又到河南，在省政府主席韩复榘的支持下办起了河南村治学院，发起“乡村建设运动”。1930 年底，韩复榘由河南省主席调任山东省主席。梁漱溟即于 1931 年 6 月在山东邹平创办了“乡村建设研究院”，出版《乡村建设》刊物，而后又组织中国乡村建设学会。先在邹平、菏泽设实验区，后在 13 个县内大规模展开了乡村建设运动。

① 《论中国的共产——为共产问题忠告国民党》，载《新日》第 3 卷第 10 期，1930 年 12 月。

梁漱溟认为，中国社会是一个“伦理本位”、“职业分立”的社会。这个社会只有“职业之分途，而无阶级之分野”，人与人之间只有“情谊关系”、“义务关系”，而没有根本利害冲突。因此，“中国没有革命的对象，只有建设的对象”。[①] 中国的问题不是对谁革命，而是“文化失调问题”。认为西方列强入侵引起了农村经济的破产，打破了儒家文化的影响，从而导致整个社会秩序的紊乱。他说解决中国问题的惟一出路是搞“乡村建设”，即依靠“乡村自治”组织，来建立“乡村文明”。梁漱溟在实验县和实验区，进行以“乡村学校”为核心的“政教富卫”合一的乡村建设。他取消县以下的原有行政机构，建立“乡村学校”，以校董会为乡政府，校长为乡长，实行政教合一；通过“乡村学校”，对有家室财产的人实行军训，建立乡村自卫武装；通过“乡村学校”，建立农业技术改进会，改良农具，推广优良种子，建立信用、棉花运销等合作社，以形成农村“社会化的经济结构”。

梁漱溟的乡村建设运动在实验区内取得了若干改良农业生产技术的成效。但他企图用乡村建设运动取代中国共产党领导的土地革命，一再声称：“要想消除和代替共产党的农民运动，必须另有一种农民运动起来替代才可以。”[②]然而他拒绝解决农民的土地问题，避开土地所有制来研究解决中国农村问题，结果只能落得“号称乡村运动而乡村不动”的可悲结局。

（五）中国托派

中国托派是指从中国共产党内分化出的信奉托洛茨基主义的政治团体和派别。中国托派组织的出现是在 1928 年至 1930 年期间，其主要成员是由苏联遣送回国的留学生中一部分托洛茨基分子和被中国共产党开除党籍的陈独秀等人。托洛茨基认为斯大林应对中国大革命的失败负责。这一看法得到陈独秀的认同。这是陈独秀参加中国托派的原因之一。1929 年春，当陈独秀、彭述之看到托洛茨基论述中国革命的文件时，引起思想上的共鸣，开始接受托派关于中国革命的理论和策略，并在中共党内组织“左派反对派”。由于他们之间互不服气，勾心斗角，互争托派正统，先后建立起了“我们的话”、“无产者社”、“十月社”、“战斗社”四个托派小组织。在托洛茨基一再要求和亲自干预下，1931 年 5 月初，托派四个组织在上海召开“统一大会”，选举了统一的中央领导机关，陈独秀任总书记，定名托派组织的全称是“中国共产党—列宁主义左翼反对派”，简称“中国共产党左派反对派”，并决定出版中央机关刊物《火花》。

中国托派并没有独立的思想理论体系，所谓中国托派的理论基本上是托洛

① 《梁漱溟集·乡村建设理论》，群言出版社 1993 年版。
② 《梁漱溟集·乡村建设理论》，群言出版社 1993 年版。

茨基对中国某些观点的转述。他们认为国民革命的失败是由于接受共产国际提议实行国共合作而造成的。他们把1927年国民革命的失败说成是资产阶级取得了胜利，封建势力已是“残余之残余”，中国已是资本主义社会，资产阶级民主革命已经过去，共产党现时惟一可以做的是搞国民会议运动，必须在资本主义充分发展之后，方可再进行无产阶级革命。因此否认中国进行资产阶级民主革命的必要性，实际是取消反帝反封建革命。在这种取消主义思想指导下，他们攻击中国共产党领导的工农武装割据运动，是“官僚的冒险政策”，是“机会主义的军事投机”，“在革命运动上将没有一点意义，没有一点前途”。

中国的托派是一个既反对共产党又反对国民党的政治派别。托派中央成立不久，即遭国民党的破坏，大部分中央委员被捕。1932年10月，陈独秀、彭述之被捕入狱后，中国的托派受到严重的打击，作为一个政治派别已不成阵势，日趋衰微。

四、日本侵华与中国抗日民主运动的兴起

(一)日本侵华过程及具体政策的变化

1.“九一八”事变

日本军国主义发动以中国为对象的侵略战争，其筹谋由来已久。1890年12月6日，内阁首相山县有朋发表施政演说，宣称：“盖国家独立自卫之道，本有二途。第一曰守护主权线，第二曰保卫利益线。其中所谓主权线，国家之疆域也。所谓利益线，曰与主权线之安危密切有关之区域也。……欲维持一国独立，惟独守主权线，决非充分，亦必然保护其利益线。”公然将邻国领土视为本国利益线，毫不掩饰地表达了对外扩张的企图。“二线说”的提出，标志着日本针对东亚大陆的极富侵略色彩的“大陆政策”已初步形成。

1927年6月21日，日本在东京召开“东方会议”，讨论中国的局势，以进一步确定侵华政策。会议由内阁首相田中义一主持，与会的有外务省、关东军、陆军省、参谋部、海军省、军令部等各方面官员，会议历时10天。7月7日，由田中宣示了八条《对华政策纲要》，作为会议的公开决议，虽然其用词尽量带上温和的色彩，但仍强调要“采取适当措施”，“断然自卫”在满蒙地区的“特殊地位”，并要支持满蒙一带的依附日本的“有力者”作为傀儡等，清楚地表明了日本企图分割满蒙、扩张在华权益的侵略方针。

除上述公开的决议外，田中义一在会后起草了一份奏折，即臭名昭著的《田中奏折》，极力鼓吹“惟欲征服支那，必先征服满蒙；如欲征服世界，必先征服支

那”。两年后,《田中奏折》被在中国南京出版的《时事月报》杂志揭露,立即引起西方各国的重视,日本方面虽然矢口否认,但其后的一系列侵华行动在事实上证明了先独占中国东北、内蒙古进而侵占全中国的既定扩张国策。

鉴于中国东北地区丰富的自然资源和重要的战略位置,日本自幕府末期和明治以来,一直都处心积虑地想吞并这一地区,以打开占领全中国的突破口。20世纪初,日本曾发动三次“满蒙分离运动”,但没有成功。因此,武力侵占便提上了日本政府的日程。1928年9月,日本政府制定了《对华政策要点》,表示了对中国东北的特殊关注;1929年7月,关东军作战主任参谋石原莞尔奉命起草《关东军占领满蒙计划》;1930年9月,关东军完成了《关于满蒙占领地统治的研究》;翌年春,又制定了《处理满蒙问题方案》,强调“在非常情况下,关东军应有自行决定颠覆张学良政府,占领满蒙之决心”。1931年7月,在参谋部新任作战部长建川美次的主持下,由陆军省军事科长永田铁山、人事科长冈村宁茨等组成“五科长会议”,炮制出《解决满洲问题方策大纲》,明确规定了有关侵略中国东北的方针、步骤和措施,并决定将采取军事行动。这一秘密文件,实际上是日本武力侵占中国东北的行动纲领。9月6日,日本政友会头目森恪公开发表题为《紧迫的满蒙对策》的文章,声称:“日本消耗20亿的国家经费,以10万同胞鲜血,好容易才把俄国的势力,从日本之生命线和满洲人故乡的满洲驱逐出去;并以和平的开发政策,取代武力的封锁政策,在满洲各地进行经济建设。”9日,他又在名古屋市的演说中胡说:“满蒙并非中国的领土,满洲作为清朝始祖即爱新觉罗氏的发祥地,是满洲的领土。”

“万宝山事件”和“中村事件”成为日本向中国进行挑衅以获取动用武力的所谓“口实”。1931年5月,日本长春领事田代重德督导的朝鲜农民团在长春北郊的万宝山租地,为将旱田改为稻田,竟强行在中国农民的田亩上开掘引水沟渠,危害中国农民土地。7月2日,当万宝山农民起来填平水渠时,遭日本警察镇压,中国农民多人受伤。日本驻长春领事馆捏造耸人听闻的消息,声称朝鲜农民死伤累累,中国将驱逐所有朝鲜侨民,引发了朝鲜国内大规模的排华事件。9月,日军参谋本部军官中村大尉和三名随员非法潜入大兴安岭地区进行间谍活动而被中国驻军抓获处死。关东军认为这是军事干涉东北的最好借口,公开叫嚣武力解决。9月18日,关东军炸毁沈阳城内城柳条湖附近的一段铁路,谎称是东北军所为,诬陷东北军进攻日军守备队。当夜,本庄繁按预定计划下令惩罚中国军队,占领东三省。

9月18日夜,日军突袭东北军北大营,震惊中外的“九一八”事变爆发了。由于东北当局执行蒋介石的不抵抗政策,致使日本关东军在18日至25日短短一周的时间内,就占领辽宁、吉林两省的30座城市,完全或部分控制了12条铁路线,取得了武力占领东北的第一阶段的胜利。尽管在事变爆发之初,日本出于策略和国际反应的考虑,决定了“不扩大”的方针,但在事实上,日本军部和关东军并不想轻易放弃筹谋已久的武力行动。除向东北继续增兵外,日本陆军部还于9月23日内定了“关于军事占领地的范围”,将实施武力的范围扩及哈尔滨和延边地区,变本加厉地扩大侵略战争。在北线,日军于11月中旬占领了齐齐哈尔,1932年2月5日,占领哈尔滨;在南线,日军于1932年1月3日几乎兵不血刃地占领了锦州,打开了向华北扩张的大门,并迅速占领了山海关外的全部辽西地区。这样,历时4个月零18天,东北三省及一个特区全部沦陷于日军的铁蹄之下。

2.炮制伪满洲国

仅仅在中国的东北采取单纯的武力行动,并非日本军国主义的直接目的,它所追求的最终目标是如何在这一地区实行殖民统治。早在“九一八”事变前,日本就提出了种种设想,其中主要有以下三种:一是扶持卖国集团,成立亲日政权;二是建立脱离中国本土的“独立国”,即扶植傀儡政权;三是吞并中国东北,划入日本的版图。从事变后的第二天起,即9月19日至22日的几天内,关东军反复研究了这一问题,最后确定了“满洲问题解决方案”,决定建立由日本支持,领土包括东北三省及蒙古,以宣统皇帝为元首的新政权,并对未来的傀儡政权的权力结构作了初步的设想。这一方案是日本帝国主义统治中国东北的基本方案,也是后来建立的伪满洲国的一个草图。

虽然日本想尽快建立傀儡政权,但迫于国际视听和正在激烈进行的战事,它首先采取了一种过渡性的做法。首先,拼凑伪省政权,制造东北民众脱离中国的“民意”以惑视听。1931年9月28日,在日军的支持下,吉林省代理主席满人熙洽声明同南京国民政府脱离关系,宣布“独立”;12月15日,伪辽宁省政府成立,由臧式毅出任伪省长;1932年初,张景惠在哈尔滨发表“独立宣言”,公开叛国。其次,建立“自治指导部”。该机关于1931年11月10日在沈阳成立,其任务是监督和指导县行政,拼凑县级政权等,成为日本攫取县市政权的主要工具和制造满洲国的重要宣传机构。

当时机基本成熟后,日本便抬出了清朝废帝溥仪,于1931年11月13日将其秘密由天津运至营口藏匿。11月21日,国联大会决定组织调查团赴中国东北进行调查,日本政府为造成既成事实,对付调查团,抢先建立伪满洲国。1932年2月16日,关东军在沈阳召开“建国会议”,合并三省的伪政权,组成以张景惠为委员长的伪东北行政委员会。25日,正式定名为“满洲国”,年号“大同”,元首称执政。3月1日发表《建国宣言》。溥仪于1932年3月9日在长春粉墨登场,出任执政,张景惠任伪参议府议长,郑孝胥任伪国务总理。

1932年3月10日，日本强迫溥仪签订密约，将伪满洲国政治、财政、路权等置于日人的控制之下。9月15日，日本正式承认伪满洲国，同日，强迫其签订《日"满"议定书》。通过这一条约，日本完全控制了东北，逐步把它经营成为发动大规模侵华战争的重要基地。1934年3月1日，伪满洲国政体改君主立宪制，溥仪坐上皇帝宝座。

3."一·二八"事变

日本没有等到武力侵占中国东北的炮声完全消失，又在中国最大的城市和经济中心上海制造了"一·二八"事变。其动机如下：第一，日本轻而易举地占领了东北，致使其侵略野心进一步膨胀；第二，"九一八"事变后，上海的反日运动日益高涨，日本企图凭借强硬行动来压制中国人民的爱国运动；第三，企图在上海建立桥头堡，威胁南京，逼迫国民政府承认东北的既成事实；第四，作为南进的战略性步骤，同时试探英、美的忍耐限度。

1932年1月18日，受川岛芳子指使的五名日本和尚在路经江湾马玉山路时，遭到日人收买的三友实业社工人突袭，其中1人不治身亡，两人轻伤，此即为"五和尚事件"。日本遂以此为借口，向中国提出最后通牒，提出要中国道歉、惩凶、赔偿、取缔抗日运动和解散抗日团体等五项无理要求，并向上海增兵。1月27日下午3时，上海市政府在最后通牒规定的时限内接受日方提出的全部要求。但日本海军陆战队仍按预定计划在28日夜向闸北的中国驻军发起猛烈进攻。"一·二八"事变就此爆发。面对日军的进犯，第十九路军进行了顽强的反抗，南京国民政府后又调张治中率第五军加入抗战，中国官兵坚持抵抗一个多月，取得重大成果，迫使日军三易主帅，数度增兵，死伤3184人。经英美等国"调停"，中日双方进行谈判，5月5日与日本签订了《上海停战协定》，中方丢失了在上海及周围地区的驻兵权，并向日本赔偿"损失"。这实际上是承认了日本在淞沪地区的特殊地位。对日本而言，该协定的签署，使日本打开了通向中国首都南京的大门，并部分地达到了转移国际视线、掩护伪满洲国成立的目的。

4.华北事变

华北五省（河北、山西、察哈尔、绥远、山东）在日本的侵华战略中占有重要地位。因此，日本占领东北后，便将侵略的矛头指向这一地区。不过，由于受财力、兵力及国际舆论的限制，日本对华北的侵略采取了与占领东北不同的策略。首先，以武力侵占热河、察哈尔及长城一线，威压华北。1933年1月3日，日军占领山海关；3月4日，进占承德，热河沦陷；5月，占领长城东段地区；5月31日，逼迫国民政府签订屈辱的《塘沽协定》，默认日本占领东三省和热河的合法性，承认冀东为"非武装区"，华北门户由此洞开。1935年5月，日本借口中国方面破坏《塘沽协定》，以武力相要挟，逼迫何应钦同意《何梅协定》；6月27日，签订《秦土协定》,掠夺了中国冀、察两省的大部主权。在达到上述目的后,日本又得寸进尺,积极策划华北五省自治。1935 年 9 月,日本华北驻屯司令官多田骏发表声明,提出华北五省组织"联合自治"。10 月,日本内阁正式通过《鼓励华北自主案》。10 月 13 日,关东军在大连开会,具体策动华北五省"自治"。10 月下旬,日本唆使汉奸流氓,在冀东香河县举行暴动,攻占县城,成立县政临时维持会。11 月,又策动汉奸殷汝耕在河北通县成立冀东防共自治委员会,宣称冀东 25 县脱离中央,并派土肥原到保定、济南、太原等地活动,策动阎锡山、韩复榘搞华北五省自治。

国民政府对日本的侵略活动采取了妥协敷衍的政策,既不愿意华北政权脱离中央,又慑于日本的淫威而不敢拒绝,最后,决定在北平设立带有相当独立性的冀察政务委员会,由宋哲元任委员长。

由于日本的步步入侵,华北局势极为混乱,国民政府和日本的势力犬牙交错,关系相当紧张。不过,日本对这一地区的政权具有相当大的影响力和控制力,并运用这种条件在华北进行经济掠夺,为以后的全面侵华准备了条件。而对于国民政府来说,如果不想把华北拱手让与日本,那也就无路可退了。

(二)中国共产党对民族危机的反应

日本帝国主义制造"九一八"事变,发动侵华战争,给中国人民带来了巨大的灾难。面对日本帝国主义的入侵和国民党的不抵抗政策,中国共产党代表中华民族和中国人民的利益,在遭受国民党反革命军事"围剿"的艰苦条件下,首先主张武装抵抗侵略,号召全国人民坚决抗日,把日本侵略者驱逐出中国。

1931 年 9 月 20 日,中共中央发表了《中国共产党为日本帝国主义强暴占领东三省事件宣言》,号召"全中国工农劳苦民众……一致动员武装起来,给日本强盗与一切帝国主义以严重的回答"。22 日,中共中央作出《关于日本帝国主义强占满洲事件的决议》,并通电全国,批判了国民党的投降行为,提出党在这次事变中的中心任务是:"加紧地组织领导发展群众的反帝国主义运动,大胆地警醒民众的民族自觉,而引导他们到坚决无情的革命斗争中来。"号召组织东北游击战争,给日本帝国主义以直接的打击。9 月 30 日,中共中央发表《中国共产党为日本帝国主义强占东三省第二次宣言》,再次号召"全中共的民众……只有充分准备民众自己的力量,自动的组织起来,实行罢工、罢课、罢市,示威游行,群众大会,武装工农学生,以扩大与巩固我们自己的力量。只有依靠工农兵、学生以及一切劳苦群众自己的力量,才能打倒帝国主义"。淞沪抗战爆发后,中华苏维埃共和国临时中央政府主席毛泽东于 1932 年 4 月 15 日发布《对日战争宣言》,指出要以民族革命战争驱逐日帝国主义出中国,反对帝国主义瓜分中国,彻底争得中华民族真正的独立与解放。

除发表各种抗日的通电外,中国共产党还在东北领导了东北抗日斗争。"九一八"事变后,在东北兴起为数众多的义勇军,到 1931 年夏,人数达到 50 余万。较著名的领导人有黑龙江省的马占山、苏炳文,吉林省的李杜、王德林、冯占梅,辽宁省的黄显声、唐聚五、邓铁梅等。1932 年秋,东北义勇军占领过不少城市,甚至两度攻入沈阳。东北义勇军失败后,中国共产党领导的东北抗日游击战争逐渐居于东北抗日的主力地位。1932 年底至次年 1 月,先后被日军各个击破。根据中共中央组织东北游击战争的指示,中共满洲省委从 1932 年至 1933 年间先后建立起磐石、东满、珠河、密山、宁安、汤源、饶河等抗日游击队,同时还努力团结、改造各种义勇军残部。1934 年冬,逐步将抗日游击队改编为东北人民革命军。1936 年 1 月,中共满洲省委根据中共中央关于建立抗日民族统一战线的指示,在黑龙江汤源召开会议,决定以人民革命军为基础,联合其他抗日部队,改组建制为东北抗日联军。抗日联军下辖 7 个军,不久又发展为 11 个军。1937 年初,抗日联军又被整编为第一、二、三路军,由杨靖宇、周保中、赵尚志分别任总指挥,全军总数 4 万余人。抗日联军在极为困难的条件下,不断袭击敌人据点,破坏铁路交通,焚烧仓库,炸毁机场,坚持抗日武装斗争。

在淞沪抗战中,中国共产党在上海的地下党组织,通过工会、学生会和上海各界抗日团体,积极支援第十九路军,动员各界群众组织义勇军、情报队、救护队、担架队等,直接参加了上海的抗战工作。

(三)国统区的抗日民主救亡运动

"九一八"事变后,中日民族矛盾成为中国国内的主要矛盾,国内的政治形势和阶级关系发生了新的变化,抗日救国成为全国各阶层人民的迫切要求。国统区人民迅速掀起了轰轰烈烈的抗日民主运动。

"九一八"事变后,全国各地大中城市的学生立即行动起来,站在抗日救亡的前列。上海、北平、南京、天津、杭州、太原、长沙、西安、开封、广州、武汉、南昌等地的大中学生纷纷走上街头,游行集会,发表抗日通电,进行抗日宣传,要求国民政府停止内战,一致对外,出兵抗日。9 月 25 日以后,全国各地学生会集南京请愿,学生救亡运动发展到一个新的阶段。9 月 28 日,中央大学 7000 余学生请愿未果,殴打了国民政府外交部长王正廷。29 日,上海复旦、光华、同济等校 7000 余学生赴京请愿,蒋介石亲见并予以安抚。至 11 月 25 日,赴京请愿学生达 2 万多人,他们发起"送蒋北上抗日运动"。12 月 5 日,北京大学示威团在南京街头举行示威,遭军警包围,被打伤 30 多人,逮捕 185 人。12 月 15 日,北平学生示威团殴打了蔡元培、陈铭枢。17 日,各地学生 3 万多人举行联合大游行,在珍珠桥遭到大批国民党军警的血腥镇压,死 30 多人,伤 100 多人,被捕 100 多人,此即为“珍珠桥惨案”。

工人阶级表现出了高度的爱国热忱和坚定的斗争性,在抗日救亡运动中发挥了重要的作用。1931 年 9 月 21 日和 9 月 24 日,上海 3.5 万名码头工人先后举行反日大罢工,拒绝为日本船只装卸货物,23 家日资纱厂的中国工人也举行同盟罢工;10 月初,上海 80 多万工人组织抗日救国联合会,各工厂工人纷纷成立抗日义勇军;10 月中旬,北平工界抗日救国会成立。其他各地的工人也以各种各样的形式开展了抗日爱国活动。

工商业者以对日经济绝交的形式展开抗日活动,查封日货,拒用日钞,致使当年日本对华输出减少了 63.8%,打击了日本帝国主义的经济实力。除此之外,工商各界还捐献了大批的钱物,支持东北及上海的抗日武装。民族资产阶级的代表人物及报刊,也纷纷发表言论,要求抗日,抨击国民党的不抵抗主义和对内政策。罗隆基发表《沈阳事件》一文,王造时发表《救亡两大政策》的小册子,马相伯也发表《为日祸敬告国人》书,要求取消一党专政,顺乎民意,“立息内争”,一致抗日。

在民族危机日益严重的情况下,全国各界抗日救亡运动逐渐发展成为抗日民主运动,将民主与救亡两大主题结合在一起。1931 年 12 月,熊希龄、马相伯、章炳麟、沈君儒等 60 余人组成中华民国国难救济会,要求“立时解除党禁,进行制宪”,保障人民的集会结社等自由。此后,北平、上海、天津等地陆续成立了一批要求民主宪政的团体,形成为中国的第一次宪政运动。然而,这次宪政运动在国民党的压制下,如昙花一现,无果而终。

中国人民的抗日民主运动,虽然遭到国民党政府的残酷镇压,但是由于民族危机的加深,于 1933 年重新活跃起来。其主要表现是社会各界继续抨击国民党的内外政策,要求国民党改变“剿共”政策,停止内战,一致抗日。1933 年,王造时发表《安内必先攘外——为政府进一忠告》一文,反对蒋介石的“攘外必先安内”的政策,呼吁“只有决心抗日,只有积极抗日,才是惟一的出路,才是惟一安内的办法”。丁文江也发表文章说:假如我是蒋介石,“我要立刻与共产党商量休战,休战的惟一条件是在抗日期内彼此不互相攻击”①。由此可以看出,资产阶级对蒋介石的反动国策愈益不满,要求民主团结的呼声愈来愈高。1934 年 4 月 20 日,宋庆龄、何香凝、李杜等 1779 人响应共产党的号召,以中国民族武装自卫委员会筹备会名义,发表《中国人民对日作战的基本纲领》。纲领指出:中国人民根据痛苦的实际经验,“已经深刻的觉悟到:要想依靠国民党和国民党政府来抗

① 丁文江:《假如我是蒋介石》,载《独立评论》第 35 号,1933 年 1 月 15 日。

日救国,已经是完全没有希望的事了","中国人民只有自己起来救自己","而惟一自救 救国的方法,就是大家起来武装驱逐日本帝国主义"。

除舆论方面的呼声外,抗日民主人士组织起来,在实际行动上展开抗日民主运动。1932 年 12 月,中国民权保障同盟在上海成立,宋庆龄任主席,其宗旨是营救一切爱国的革命政治犯,争取人民的言论、集会、结社等自由。但是,同盟的活动因国民党的镇压而被迫停止。1933 年 3 月,民权保障同盟和上海 20 多个进步团体一起组织国民御侮自救会,要求政府立刻派全国军队开赴东北、华北,收复失地,并立刻武装全国民众,保障民权,扩大抵制日货运动。

1935 年,华北的沦亡迫在眉睫。北平的青年学生痛于时局之恶劣,在中共北平临时工委的领导下,于 12 月 9 日举行了声势浩大的示威游行。次日,北平学生举行总罢课。12 月 16 日,爱国学生冲破军警的阻拦,再次集会,反对冀察政务委员会的成立。

北平学生的英勇斗争,得到了全国各地学生的响应和支持。天津、上海、武汉、广州等地的学生先后举行示威和游行。中国工人阶级也迅速行动起来。12 月 18 日,中华全国总工会致书全国工人,号召工人声援北平学生的爱国运动。各地爱国人士、爱国团体也纷纷发表通电和宣言,成立抗日救国会,出版救亡刊物。至此,北平学生的爱国行动发展成为全国性的爱国运动,抗日救亡的呼声响遍了全国。

"一二·九"运动打击了国民党政府的对日妥协投降政策,打击了日本帝国主义侵吞华北的计划,有力地宣传了"停止内战,一致对外"的主张,进一步推动了全国抗日民主运动的开展,标志着新的民族革命高潮的到来。"一二·九"运动中的先进青年,后来沿着中国共产党指引的道路,深入到农村、工厂和革命部队中去,走上了与工农群众相结合的道路。其中许多人成为中国革命事业中的骨干。

(四)国民党军队的局部抵抗

在对日问题上,国民党军队中不乏具有爱国热情的进步官兵。日本帝国主义在"九一八"事变后对中国的一系列侵略行径,警醒了他们的民族自尊心和爱国心,投入到抗日第一线。1931 年 11 月,黑龙江省政府代理主席、军队总指挥马占山率部在嫩江桥抗战,成为风云一时的抗日英雄。同年 12 月,被蒋介石派到江西进攻红军的国民党第二十六路军 1.7 万多人,在赵博生、董振堂的带领下起义,参加红军。"一·二八"事变爆发后,蔡廷锴、蒋光鼐率第十九路军奋起反抗,张治中统率的第五军也加入抗战的行列,坚持一个多月,给日军以沉重打击。1933 年初的长城抗战中,在蒋介石督战下,何柱国部在山海关、商震部在冷口、宋哲元部在喜峰口和罗文峪拼死肉搏,王以哲、关麟征部在古北口英勇抗敌,历时近三个月,给骄横一时的日军以沉重打击,在全中国乃至全世界人民中产生了积极的影响。

同年5月26日,爱国将领冯玉祥在张家口发出通电,宣告成立察哈尔民众抗日同盟军,自任总司令。6月15日,同盟军在张家口召开第一次军民代表大会,通过了《关于民众抗日同盟军决议案》等爱国文件,会后,冯玉祥任命方振武、吉鸿昌分任前敌总司令和北路前敌总指挥。同盟军得到共产党人的大力帮助,也得到群众的广泛支持,队伍很快由数千人发展到10万余人。同盟军誓以武力收复失地,6月下旬至7月初,分三路迎击日伪军,连克康保、宝昌、沽源三城;7月上旬猛攻多伦,吉鸿昌身先士卒,袒臂冲锋,血战五天后于12日收复多伦,并乘势追击,将日伪军全部赶出察哈尔全境。但冯玉祥因抗日不见容于国民政府,多伦之战正酣时,国民政府以冯玉祥割据察哈尔,不听命于中央为由,调动15万军队入察,准备进攻同盟军。8月,冯玉祥被迫去职。9月,方振武被迫流亡国外,吉鸿昌则被国民党捕杀。

10月,国民党第十九路军将领蔡廷锴、陈铭枢、蒋光鼐走上了抗日反蒋的道路,同红军签订了反日反蒋的初步协定,11月20日,在福建成立了中华共和国人民革命政府,举行中国人民临时代表大会,发表《人民权力宣言》,同蒋介石集团公开决裂。1934年1月,在蒋军的进攻下,中华共和国人民革命政府仅存53天后失败。

五、"九一八"事变后南京国民政府的内政外交

(一)国民党的对日妥协政策

"九一八"事变后,南京国民政府被置于内外交困之中。首先,它和日本的关系在事实上已完全成为一种公开的对立关系;其次,国内各种反蒋力量割据一方,国内真正的统一和国民党内部的团结还远远没有形成,尤其是中国共产党领导的工农苏维埃政权成为蒋介石的心腹大患。这种复杂的环境构成了"九一八"事变后蒋介石政府制定对日方针的基本背景。

面对日本帝国主义、中国共产党领导的人民革命和国民党内的反蒋势力,国民党必须选择其中的一个作为主要的对手,而对其他两者采取妥协政策。然而不幸的是,蒋介石将中国共产党作为了他首先要解决的问题,而对日益深入的日本的侵略采取了妥协退让的政策。在"九一八"事变前的1931年7月23日,当万宝山事件发生后,蒋介石发表《告全国同胞书》,第一次提及"攘外应先安内"的

反动方针，30 日，又将其改为“攘外必先安内”。这一政策的实质是反共第一。

“九一八”事变前夕，8 月 16 日，蒋介石电令时驻北京的张学良对于日军的挑衅，“不予抵抗，力避冲突”。9 月 12 日，蒋介石约张学良到石家庄，告诉张学良日军即将在东北发动攻势，并严令：“凡遇到日军进攻，一律不准抵抗。”事变发生后，蒋于 9 月 21 日由“剿共”前线返回南京，决定成立“特种外交委员会”，以逆来顺受的态度等待所谓国际公理的判决。22 日，蒋介石发表政策性演说。他说：“此刻必须上下一致，先以公理对强权，以和平对野蛮，忍痛含愤，暂取逆来顺受态度，以待国际公理之判断。”次日，国民政府严令全国军队，对日避免冲突。在蒋介石政府的不抵抗命令下，东北军不战而溃，致使日本轻而易举地占领东三省。

1932 年 1 月 11 日，“一·二八”事变前夕，蒋介石提出了“不绝交、不宣战、不讲和、不订约”的“四不”方针，这仍然是出于贯彻“攘外必先安内”的需要。淞沪抗战爆发后，蒋介石虽然命令第五军前往上海援助第十九路军作战，但同时命令作战部队阻止战事扩大，并命令其他“各军将士非得军政部命令而自由行动者，虽意出爱国，亦须受抗命处分”，以求得继续维持中日之间不战不和的局面。1932 年 5 月 5 日，国民政府最终还是违背了“不订约”的方针，同日本签订了屈辱的《上海停战协定》，而不敢追究日本的侵略罪责，并丧失了在上海地区的驻兵权。上海停战协定签订后，蒋介石正式宣布将“攘外必先安内”作为国民党处理内外关系的基本准则。“攘外必先安内”是“不抵抗主义”的进一步发展。它的两个基本点是：对内扑灭共产党，对外实行不抵抗政策。蒋介石一再宣称：第一是“剿匪来安内”，第二“才是抗日来攘外”，还一再强调“安内是攘外的前提”。

《上海停战协定》并没有换来中日间的“和平”。1932 年春，日军大举进攻长城各口和滦东一带。在大片国土沦丧、平津危急的形势下，蒋介石仍然坚持“攘外必先安内”的反动政策。长城战事吃紧之时，蒋介石正督师进攻各地红军。他声称：“外寇不足虑，内匪实为心腹之患。”[①]为集中力量“围剿”红军，国民政府不断与日本方面讨论停战事宜，于 1932 年 5 月 31 日同日本签订了丧权辱国的《塘沽协定》，同意日本提出的中国军队撤退、划冀东为“非武装区”等无理要求。华北门户为之洞开。1933 年，蒋介石在抗日的言辞下一再强调军令政令的统一，将抗日的远期目标和自己的独裁统治巧妙地结合起来，其最终目的仍然是要求全国军民以及党派统一在他的“攘外必先安内”的政策之下，首先集中力量消灭共产党。1933 年 5 月察哈尔民众抗日同盟军成立后，蒋介石污蔑冯玉祥“擅立

① 台湾《蒋委员长告各将领先清内匪再言抗日电》(1933 年 4 月 6 日)，载《中华民国重要史料初编——对日抗战时期》绪编(3)，第 35 页。

军政名义”,“妨碍统一政令”,并组织15万人的兵力扼杀了同盟军。1933年底,蒋介石又自任“讨逆军总司令”,进攻福建人民政府,摧毁了这一新生的抗日民主政权。同时,他还对中国共产党领导的革命根据地发动更大规模的军事“围剿”,逼迫红军开始长征。蒋介石“安内”的进展,实际上是对中国抗日民族大业的破坏和摧残。

1935年6月,国民政府面对日本策动的“华北自治运动”,仍然采取了妥协退让的政策下令免宋哲元察哈尔主席之职,并令新任察省主席妥协,秦德纯于27日和日方代表土肥原贤二签订了《秦土协定》,规定二十九军撤离察北军,使日军实际上控制了察北地区。日方还于5月29日向何应钦提出国民党党部撤出平津等要求。6月9日,何应钦以口头形式答应日方要求。日方要求何应钦以书面形式答复,何拖至7月6日以个人名义复函。蒋介石政府于6月10日正式颁布“敦睦邻邦令”,禁止中国人民反日言论、组织抗日团体,报刊上面也不允许出现“抗日”字样,只能以“抗×”表示。

总之,蒋介石政府在“攘外必先安内”反动国策的指导下,对日本的侵略挑衅一次又一次地妥协、退让,不仅使日本不断地加深对华侵略,还遭到了全国人民的抨击与唾骂。

(二)国民党独裁统治的加强

蒋介石一直对法西斯主义情有独钟,并企图在中国建立起个人独裁政权。“九一八”事变后,面对日益动荡的国内局势,蒋介石集团大力推行法西斯主义,强化反动的国家机器,加强对人民的统治和镇压。

首先,加强反动的军事力量。军队是统治的强力支柱。正是因为这一点,蒋介石始终抓住军权不放。“九一八”事变后,为适应蒋介石“加紧剿共”的反革命政策,国民党四届二中全会决定恢复在1928年撤销的军事委员会,作为全国最高军事机关,由蒋介石担任委员长兼参谋总长,统率全国陆海空军,总揽军令、军政事项。1932年6月,国民政府军事委员会统编了48个军96个师,建立了一支由蒋介石直接指挥的庞大的反革命军队,并通过聘请德国军事顾问、补充和更新武器装备等方法,来加强这支武装。1933年7月,在江西庐山开办军官训练团,蒋介石自任团长,对师以上高级军官进行“精神训练”,其目的是强化军队对蒋介石的忠诚,使军队绝对服从蒋介石的指挥。另外,国民政府还建立保安队来加强地方武装力量。1932年,军事委员会颁行《剿匪区内各省民团整纪条例》,统一了地方“民团”的名称、编制和指挥系统,并多次举办“民团训练班”。到1934年,鄂、豫、湘、赣、皖、苏、浙、闽八省民团达1700万人。

其次,建立严密而庞大的特务体系。蒋介石为镇压革命运动,加强对内部的控制，监视和反对异己力量，建立了党、军两大系统特务组织。在国民党内，早在1928年春天，陈立夫、陈果夫兄弟就将浙江革命同志会扩组为中央俱乐部，在蒋介石的领导下，形成了以二陈为中心的CC系集团。1932年以陈立夫、陈果夫为中心成立“国民党忠实同志会”，蒋介石任会长，其外围组织遍布各省市。而陈果夫控制的中央组织部“党务调查科”专门从事特务活动，后逐渐扩大，1935年改称党务调查处，抗战爆发后，定名为“国民党中央调查统计局”，简称“中统”。在军事方面，1932年蒋介石指使贺衷寒、戴笠、康泽等人以黄埔系军人为核心成立“中华民族复兴社”，以蒋为社长。其核心组织和外围组织分别为“力行社”和“革命青年同志会”、“革命军人同志会”。复兴社的活动范围最初主要是国民党的军事系统，后来扩展到其他方面，复兴社设有特务处和别动队，专门从事特务活动。1938年8月，这个特务系统发展为“军事委员会调查统计局”，简称“军统”。这些特务组织渗入到社会的各个层面，在全国造成特务的恐怖统治。

再次，推行保甲制度，逐步建立了基层统治网。为加强对人民的控制和对革命的镇压，蒋介石政府制定了《暂行反革命治罪法》、《危害民国紧急治罪法》等法律，并于1932年颁布了《鄂豫皖三省剿匪总司令部施行保甲训令》及《剿匪区内各县编查保甲户口条例》，开始在革命根据地周围建立保甲制度，1934年更把这一制度推行到全国各地。保甲的编组，以户为单位，十户为甲，十甲为保，设保长、甲长，依照所谓“管、教、养、卫”的原则进行活动。

（三）南京国民政府的财政经济政策与国家垄断资本的形成

为了巩固统治、发展经济，南京国民政府推出了一系列财政、经济变革政策：

发起关税自主，提高进口税率，裁撤厘金。1927年7月20日，南京国民政府宣称：自9月1日起，在江苏、安徽、福建、广东、广西等省实行关税自主，并裁撤厘金，后迫于列强的压力，被迫缓期。1928年6月以后，南京国民政府发动“改订新约”运动，关税自主是此次运动的主要内容之一。列强在与中国达成的新约中承认中国的关税自主权。1928年12月7日，南京国民政府公布《海口进口税则》，打破了过去均一税则和值百抽五的固定税率，把进口税率分为7类，税率从7.5%～27.5%各不相同。到1936年，平均进口税率达31.2%，最高税率达80%。关税收入大大增加，1927年为107089330海关金单位，1936年达到1310667955海关金单位。其他重要赋税还有：盐税，1927年为119638000元，1931年颁布《盐法》，统一盐税，提高税率，1936年为217811000元；统税，从1928年起对卷烟、棉纱、火柴、水泥、麦粉进行统一征税，1932年，河南、山东、安徽3省的熏烟和啤酒纳入统税，1935年又有酒精并入，1927年收入为4102000元，1936年为161579000元；等等。

建立以“四行二局”为中心的金融体系。1928 年 11 月，国民政府用 2000 万元金融公债作为资本，在上海成立中央银行，负责经理国库、铸造及发行钞票，发行兑换券、募集及经理公债等特权。国民政府又于 1928 年 10 月 26 日和 11 月 16 日分别公布《中国银行条例》和《交通银行条例》，规定中国银行为“特许国际汇兑银行”，总资本 2500 万元；交通银行“特许为发展全国实业之银行”，总资本 1000 万元。1933 年 4 月 1 日，又在汉口建立了鄂、豫、皖、赣四省农民银行，原资本 1000 万元，1935 年改组称为中国农民银行，总部迁南京。四行之外，国民政府于 1929 年 3 月 15 日在上海设立邮政储金汇业局，于 1934 年 10 月 1 日成立中央信托局。此后，国民政府以“四行二局”为中心，逐步控制了当时的“小四行”、“南三行”等二流银行，在全国建立了一个垄断金融网。到 1936 年，四行的资产总额和各项存款已占全国银行的 59%，所发行的兑换券和纯利分别占全国的 78%和 44%。

统一币制。民国之后，国内货币制度混乱，货币种类繁多。1914 年，北京国民政府曾铸造银元(俗称袁大头)以为国币，但未能从根本上解决币制混乱问题。1933 年 2 月，南京国民政府决定实施“废两改元”，废除银两，改行银元，使银元成为统一流通的本位币，但辅币、纸币仍不统一。1935 年 11 月 3 日，南京国民政府财政部宣布实行法币政策，自 11 月 4 日起，以中央、中国、交通三大银行(1936 年又加上中国农民银行)所发行的纸币定为法币，以后一切公私款项的收付均以法币交易；其他银行的钞票准以流通，但应逐渐收回，不得增发；取缔白银流通，实行白银国有、各公私机关及个人持有银本位币、生银者可到银行兑换法币；确定法币外汇本汇制，法币无含金量，其价值依外汇率表示。

建立国家资本工业。工矿业方面，国民政府在 1928 年、1931 年和 1935 年先后设立了全国建设委员会、全国经济委员会和资源委员会(1931 年“九一八”事变后成立国防设计委员会，1935 年 4 月改组为资源委员会)，通过没收、接办、自建、增资、合股等办法，在工矿业中占据了垄断地位。垄断资本在全国工矿业中所占比重至 1936 年达到了 15%。从商业方面看，孔家的“祥记商行”、宋家的“中国棉业公司”、“华南米业公司”等，在某些领域也形成了全国性的垄断。

国民政府实施的一系列财政、经济政策，一方面使国民政府确立了对全国经济的支配地位，形成了由四大家族把持的国家垄断资本，成为维护国民党反动政权的重要经济基础；另一方面，它一举改变了长期混乱的财政与经济状况，加强了国民政府的经济实力，促使中国经济在抗战前十年中得到了快速发展。

工业方面。南京国民政府成立后，接收了北京国民政府的一些企业，没收了一些军阀、官僚投资的企业甚至包括一些商办企业，如江南制造局、金陵机器局等。1935 年，国民政府开展了“工业建设”运动。以资源委员会、建设委员会、实业部等组织建设了一批厂矿企业，主要集中在重工业和有色金属部门，如中央钢铁厂、茶陵铁矿、江西钨铁厂、彭县铜矿、阳新大冶铜矿、中央机器制造厂、中央电工器材厂、中央无线电制造厂、中央电瓷制器厂及高坑煤矿等10个大型企业。1936年又兴办湘潭锰矿、天河煤矿、四川油矿、灵乡铁矿等11个大型企业。1936年，永利硫酸五厂南京浦口建成，年产红三角牌硫酸亚18700吨，硫酸11500吨，硝酸1520吨，成为远东当时最大的制酸厂。民营企业也有快速发展。1927年，全国民营纱厂73家，1931年为84家，1937年超过百家，形成以上海为中心的棉纺织业。1927年全国有7家水泥厂，1937年增加到9家。1930年水泥产量比1927年增长17%。从1927年至1937年，全国工业总产值以年8.4%的速度递增。1936年，全国工业总产值达到122.79亿元，比1927年增加83.2%。

交通运输方面：1928年3月，国民党"三大"决定"以中央建设经费之半，兴筑铁路"。到1935年下半年，全国共建铁路1763公里；1936年到1937年7月的一年半时间里，共建成铁路2030公里；中国东北之外的铁路数达到11700公里。公路建设发展也很快。1927年全国共有公路28967公里。到1937年7月，全国公路网已基本构成，计有干线21条，支线15条，总里程达10.95万公里。航空建设开始起步。中国航空公司、欧亚航空公司、西南航空公司分别于1929年5月、1931年2月和1933年成立，到1936年，上述三个航空公司共有飞机28架，开辟航线15316公里。水路运输方面，1928年，交通部注册轮船有1294艘，计28174吨；到1937年，注册轮船增至4391艘，计801964吨。

农业方面。十年间，农业生产基本上在起伏不定中呈持续发展的形态。1935～1936年，是民国时期农业生产的高峰年。

1927年至1936年的十年间，中国经济增长率呈较高水平，年均为8.4%。在1936年全国工农业生产总值306.12亿元，工矿业产值为106.89亿元，和1920年的56.52亿元相比，增长89%。而近代工业的产值为33.19亿元，占工农业总产值的10.8%，资本主义的发展水平与1920年占总产值的5%相比增长了1倍。1936年，中国产业资本共计82.1亿元，其中本国资本17.76亿元，占21.6%，和1920年的3.03亿元相比，上升近5倍。

（四）思想专制的加强

国民党蒋介石集团，除了加强军事、政治和特务力量之外，还在思想文化领域大力宣传封建主义和法西斯主义，并对革命的、进步的文化展开了"围剿"。

首先，以中国传统的封建思想攻击共产主义，叫嚣共产主义不适合中国的国情，并在全国掀起尊孔复古的逆流。1928年4月19日，国民政府明令恢复孔孟旧道德。23日,蒋介石亲到曲阜朝圣。1932年5月,蒋介石大讲明代王阳明"知行合一"、"致良知"的心学,并从儒家经典《大学》《中庸》中搬出"诚"的概念,以此解释孙中山的"知难行易"学说,宣传其"力行哲学"或"诚的哲学"。他污蔑共产党"毁弃""民族固有伦理、道德、精神、文化",大肆鼓吹"四书"、"五经"是"永久不变的道理",其实质是为其反共提供借口和理论支持。

其次,贩卖法西斯主义。1931年5月,蒋介石在国民会议上公开推崇法西斯主义,认为共产主义的阶级斗争与西方国家的民治主义都无补于中国,只有法西斯主义才能建立"最有效能的统治权"。其意图是为了增强他个人的统治效能。当时国民党的一些报刊充满了"实行国民党的法西斯化"、"只有铁血的法西斯蒂才能救中国"之类的叫嚣。蒋介石的亲信党徒狂热地鼓吹"一个党、一个主义、一个领袖"。

除利用宣传机器进行上述反动思想的宣传外,蒋介石政府还在实际行动上竭力推行封建主义和法西斯主义。1933年7月,蒋介石在庐山开办军官训练团。8月,又开办党政人员训练班。鼓吹"智、信、仁、勇、严"及"四维八德",企图以法西斯主义和封建主义"挽救国魂","创造国家的新生命"。1934年2月,又发起"新生活运动",强迫人民遵守所谓"礼仪廉耻"的封建道德。同年,国民党CC派还发起"文化建设运动";3月,成立"中国文化建设协会",宣传封建的买办思想和法西斯主义。

国民党反动派在宣传反动思想的同时,还在国统区对革命文化进行了大规模的"文化围剿"。其主要手段:一是剥夺革命文化的出版自由。1930年蒋介石政府炮制了《出版法》,1934年颁布《图书杂志审查办法》,对宣传共产主义、批评国民党及其反动政策、要求民主和抗日的出版物,一律严予禁止。二是查禁进步书刊。1935年,蒋介石密令实行"邮电检查规则",以种种罪名查禁进步书刊。从1929年到1935年,社会科学和文艺书刊被查禁扣押的达千余种。1935年,密定《取缔反动文艺书籍一览》,查禁文艺书籍364种;1936年8月,又制定《取缔社会科学反动书刊一览》,查禁社科书籍676种。三是袭击捣毁进步文化机构,暗杀进步文化人士。1931年2月,制造上海龙华事件,暗杀左联进步作家柔石等人;1934年11月暗杀进步报人史量才,并将鲁迅列入暗杀的名单。

六、革命根据地的发展,王明"左"倾错误及纠正

(一)红军和革命根据地的发展

1927年至1930年间,是农村革命根据地与红军普遍建立和快速发展的时

期。1931 年后，随着王明“左”倾错误在中国共产党内的推行以及国民党对革命根据地军事“围剿”的加强，红军和根据地的发展遇到严重障碍，但是，这并不等于说是红军和根据地的发展就此停止。实际上，一方面由于王明“左”倾错误具有革命和冒险的两面性，同时它在党的各项工作特别是在各根据地的推行需要一个过程；另一方面由于第四次反“围剿”的胜利，因而红军和革命根据地仍然取得了相当大的发展。

1932 年 7 月，蒋介石调动约 30 万军队首先发动对鄂豫皖苏区的“围剿”，红四方面军 4.5 万多名指战员迎头痛击，给敌人以相当大的打击。但是，由于张国焘的错误指挥，这次反“围剿”没能取得胜利，红四方面军主力被迫放弃鄂豫皖苏区。留下的部队先后组成红二十五军和红二十八军，由吴焕先、徐海东等率领，继续坚持斗争。与此同时，蒋介石另以十余万兵力发动了对湘鄂西苏区的进攻，将红三军排挤出该根据地。1933 年 2 月，蒋介石发动对中央苏区的第四次“围剿”。毛泽东已于 1932 年 10 月宁都会议后被撤销红一方面军总政治委员职务。红一方面军在周恩来和朱德的领导下，采用运动战的正确战术，在黄陂歼敌近两个师，后又在草台岗歼敌近一个师，基本上粉碎了敌人的第四次“围剿”。两战共歼敌三个师，俘敌 1 万余人，缴枪 1 万余支。这次胜利，使中央苏区的地域扩大到湘、赣、闽、粤四省，红一方面军发展到 10 万人左右，赤卫队发展到 20 万人左右，达到中央苏区的全盛时期。

在中央红军粉碎敌人第四次“围剿”的同时，红四方面军进入川陕边界，开辟了以通江、南江、巴中为中心的川陕苏区。1933 年 2 月 7 日，川陕苏维埃政府在通江成立，随后粉碎了敌人的三路围攻和六路围攻，分别歼敌 1 万余人和 2 万余人。至 10 月，川陕苏区发展到东西 500 余里、南北 400 余里、总面积 4.2 万平方公里、人口 500 余万的广大区域。红四方面军发展到 8 万余人。这是川陕苏区的全盛时期。

红三军退出湘鄂西根据地后，转战于湘鄂川边区，开辟了湘鄂川黔根据地。1934 年 11 月，建立了以任弼时为书记的湘鄂川黔临时省委和以贺龙为司令员的湘鄂川黔省军区。

1933 年，全国红军发展到 30 万人，根据地达到 15 处，分布于全国 14 个省，达到第二次国内革命战争时期的最高峰。

此外，根据地的发展还表现在以下几个方面：

第一，建立了中华苏维埃共和国政权。1931 年 11 月 7 日至 20 日，在江西的瑞金召开了中华苏维埃第一次全国代表大会，通过了《中华苏维埃共和国宪法》，制定了一系列的法令政策，选举了毛泽东等 63 人组成的中央执行委员会，宣告了中华苏维埃共和国临时中央政府的成立。11 月 27 日，中央执行委员会举行第一次会议，选举毛泽东为中央执行委员会主席，项英、张国焘为副主席。尽管在当时的历史条件下，建立苏维埃共和国加剧了国共对立，对已经到来的民族危机没有起到积极作用，但它毕竟是中国共产党建立全国政权的一次尝试，在中国共产党历史上占有重要地位。

第二，苏区土地革命的深入和新民主主义经济的产生。从 1933 年 2 月开始，在大约一年的时间里，中央苏区开展了查田运动。查田运动的阶级路线是："以工人为领导，依靠贫农，联合中农，去消灭富农，消灭地主。"在查田运动的具体实施过程中，由于临时中央力图在运动中全面贯彻其"左"倾土地政策，运动中发生了严重侵扰中农利益、消灭富农经济的错误。后为纠正错误，临时中央政府批准毛泽东起草的《怎样分析农村阶级》和由他主持制定的《关于土地斗争中一些问题的决定》。在经济建设方面，中央苏区首先发展农业生产，实行耕种互助，组织劳动互助社、耕田队等，兴修水利，开垦荒地。在很短的时间内，苏区的农业生产迅速恢复和发展起来。根据不完全统计，中央苏区 1933 年的农业收获量比上年增加了 15%，闽浙赣苏区增加了 20%。在大力发展农业的同时，苏维埃政府还努力发展工业、商业和财政金融业。苏区的工商业，由国营企业、合作企业、私人企业组成。中央苏区还成立了对外贸易机关，加强对输入输出的管理。金融方面，各苏区废除了封建性的高利贷，建立了工农银行，并于 1932 年初正式成立了中华苏维埃共和国国家银行。

各苏区经过土地革命的深入开展，废除了封建土地所有制，动摇了封建主义的经济基础，而其他各项经济政策的制定和实施，表明新民主主义经济已经在革命根据地产生。虽然它还很薄弱，但却代表着中国经济的发展方向。

第三，文化教育事业的发展。苏区政府文化教育方面的中心任务是厉行全部的义务教育，发展广泛的社会教育，努力扫除文盲，造就大批领导干部。中央苏区的小学教育最为发达，6 至 14 岁的儿童进入列宁小学，14 岁以上的儿童进入义务劳动学校。在社会教育方面，16 至 45 岁的中青年进入夜校（补习学校），年纪更大一些的则编入识字班。1933 年，中央苏区 2932 个乡中，有小学 3052 所，学生 89710 人；有夜校 6462 所，识字组 32388 个，组员 15.5 万人。中央苏区还建立了苏维埃大学、马克思共产主义大学、红军大学、中央列宁师范学校和其他各种专门技术学校，培养了大批优秀干部。苏区还发行各种报纸、杂志。1934 年，仅中央苏区就有报刊 34 种。

（二）王明"左"倾教条主义和第五次反"围剿"的失利

1930 年 9 月，中国共产党召开六届三中全会，结束了李立三"左"倾冒险错误在党中央的统治。但是，由于没有从思想上进行彻底的清算，"八七"会议以来的“左”倾错误和“左”倾政策仍然在党内留有极大的残余。因此，时隔不久，王明便于1930年10月至11月间写成《两条路线——拥护国际路线，反对立三路线》的小册子，提出了一系列比李立三的冒险主义还要“左”的错误观点。其内容如下：王明批评李立三“根本否认殖民地半殖民地有相当的畸形的资本主义发展的事实”，也就是指责李立三对中国资本主义的发展程度估计不足；批评李立三承认“第三派”或“中间营垒”的存在，认为中国革命的动力只有工农和下层小资产阶级，其他一切阶级、阶层“都已转入反动的营垒”，因此没有“第三派”和“中国营垒”的存在。他把资产阶级、上层小资产阶级同帝国主义、封建主义并列，看作是革命对象，宣称：现在阶段的中国资产阶级民主革命，只有在坚决进行反对资产阶级的斗争中，才能得到胜利。王明还提出要宣传社会主义、无产阶级专政和土地国有，在经济上、政策上“打击和抑制一切剥削者”。他强调全国革命高潮已经到来，要求在全国范围内实行进攻路线，批判李立三在“左”的词句下，取消了中国革命运动的新高潮，“否认了一省或几省首先胜利的可能”，抨击李立三不懂“和平割据观念”、“保守观念”等右倾观点的真正来源、内容和意义。他坚持城市中心论的观点，认为“新的高潮最可靠的标志是工人罢工斗争的高潮”，准备总同盟罢工以至武装起义是共产党最主要的任务。此外，王明还批评三中全会对“立三路线”没有加以揭破和打击，是“调和主义”，在组织上要求“以能积极拥护和执行国际路线的斗争干部”，“来改造和充实各级领导机关”，在全党展开“两条路线的斗争”。《两条路线》小册子所体现的内容，实际上成为王明“左”倾冒险主义的纲领。

1931年1月7日，中国共产党在上海召开扩大的六届四中全会，参加会议的有中央委员和候补中央委员22人，列席会议的15人。这次全会以批判三中全会的“调和主义”为主题，强调反对所谓的“右倾”，并决定充实、改造党的各级领导机关。瞿秋白、周恩来事实上成为会议的主要批判对象。在共产国际代表米夫的支持下，原来不是中央委员，又不了解中国国情，缺乏实际工作经验和实际革命斗争锻炼的王明不但被补选为中央委员，而且成为中央政治局委员，取得了在中共中央的领导地位。王明的错误观点也被写进了决议。从此，王明“左”倾教条主义开始了对中国共产党长达四年之久的统治。

四中全会以后，以王明为首的“左”倾教条主义得以在党的各级机关和根据地推行。1931年5月，中共中央发出《目前政治形势及党的紧急任务》的决定，提出在大城市和红军工作中的“积极进攻”的方针，强令上海、南京、北平等地的党组织发动“三罢”斗争，举行游行集会和示威，以纪念“五卅”运动。这个决议表明“左”倾教条主义已在实际工作中得到贯彻。因为王明“左”倾教条主义具有完备的理论形态，同时又有共产国际的支持，所以，它对中国革命所造成的危害更大。

王明“左”倾教条主义在实际执行过程中的主要表现有以下几个方面：首先，在组织上，他们大搞宗派主义，一面提拔重用“左”倾教条主义思想的同志到中央领导岗位，一面无情打击一切不赞成他们错误做法的同志，还系统地向白区和各根据地派遣干部，如派夏曦到湘鄂西，派张国焘、陈昌浩到鄂豫皖，派曾洪易去赣东北，派中央代表团去中央苏区，开展所谓反右倾斗争和改造各级党的领导。其次，在白区，他们不顾敌我力量对比悬殊，采取“全线进攻”的冒险主义政策，拒绝实行必要的退却和防御，无条件地号召和组织政治罢工、同盟罢工、罢课、罢市甚至武装暴动等。他们看不到日本侵略引起的中国社会阶级关系的新变化，否认以民族资产阶级为主体的中间势力的抗日要求，否认国民党内部在抗日问题上的分化，实行关门主义，排斥中间力量，搞下层统一战线。其结果致使白区的革命力量受到极大的损失，临时中央政治局也被迫于1933年1月由上海迁入中央苏区的瑞金。再次，在根据地排斥正确路线，实行“残酷斗争，无情打击”。1931年11月，赣南会议将毛泽东的正确主张指责为“狭隘的经验论”、“富农路线”和“极严重的右倾机会主义”，对拥护毛泽东正确主张的党和红军干部进行排斥和打击，从1933年2月起在福建展开反对所谓“罗明路线”的斗争，指责中共福建省委“形成了以罗明同志为首的机会主义路线”，并宣布撤销罗明的省委代理书记职务。3月，在江西开展反对“江西罗明路线”(打击邓小平、毛泽覃、谢唯俊、古柏等)的斗争。与此同时，在根据推行“左”倾政策，如在经济上推行“地主不分田，富农分坏田”的土地政策和消灭富农经济、打击中小工商业的经济政策；忽视苏区的经济建设，片面强调动员全部财力、物力同敌人拼消耗。在军事上强调进攻中心城市，不注意地方武装的建设，否定正确的军民关系、军政关系和官兵关系，把红军的三项任务缩小为单纯的作战。还有，打击知识分子，不要统一战线。

王明“左”倾教条主义错误在中央苏区和其他革命根据地的推行，直接导致了红军第五次反“围剿”的失利。1933年9月，蒋介石对革命根据地发动了空前规模的第五次“围剿”，企图以“步步为营，节节进剿”的战法，消耗红军主力，最后达到和红军主力决战，消灭红军的目的。面对蒋军的进攻，博古和李德实行冒险主义的进攻战略，采取“御敌于国门之外”的错误战法，致使红军连续作战近两月，不仅没能在敌占区和敌我交界区打败敌人，反而因辗转于敌人的主力和堡垒之间，使自己陷于被动地位。福建事变发生后，“左”倾错误领导者既不敢实行深入敌后的进攻战略，又没有尽可能地争取同盟者的援助，而是把中间派看成是“最危险的敌人”，拒绝援助福建人民政府，因而没能借机转换战略态势。1934年1月，中共临时中央在瑞金召开六届五中全会。博古主持会议并作了《目前的形势与党的任务》的报告。会议改选了中央政治局，设立中央书记处，由博古、张闻天、周恩来、项英组成，博古负总责。这次会议把以王明为代表的“左”倾冒险机会主义发展到了顶点，盲目地认为第五次反“围剿”的胜利“将实现一省或数省的苏维埃革命首先胜利，并奠定苏维埃革命在全中国胜利的强固基础”。然而，当敌人重新组织兵力向中央苏区进攻时，“左”倾冒险主义的领导者却由进攻中的冒险主义一变而为防御中的保守主义。4月，调集9个师的兵力进行广昌保卫战，结果红军伤亡5500余人，广昌失守。其后，红军又六路分兵，全线防御，继续实行所谓“短促突击”，结果造成更大的损失。在与敌人相持数月之后，红军完全处于被动局面，已无可能在内线打破敌人的围攻，只剩下长征一条路了。

(三)遵义会议和长征胜利

面对广昌失守后严峻的形势，中共中央在1934年5月作出决定，准备将红军主力撤离中央根据地。为筹划战略转移事宜，成立了由博古、李德和周恩来组成的“三人团”。为了调动和牵制敌人，减轻敌军队对中央根据地的压力，7月，寻淮洲、粟裕等领导的红七军团改组为北上抗日先遣队，受命从瑞金出发；11月在赣东北与方志敏领导的红十军会合，组成红十军团，继续北上。12月，遭遇敌军堵截，寻淮洲在作战中牺牲。翌年1月，方志敏不幸被捕，8月在南昌就义。1934年8月，任弼时奉中共中央命令率领红六军团从湘鄂苏区突围西征；10月，在黔东与贺龙、关向应领导的红二军团会合，一起开创了湘鄂川黔根据地。同年11月，鄂豫皖的红二十五军在程子华、吴焕先、徐海东等领导下以北上抗日第二先遣队的名义也奉命突围西征，翌年9月到达陕北延川永平(今永坪)，与刘志丹等领导的红二十六军会合，组成十五军团。以上三支部队的远征有力地配合了中央红军的长征。

1934年10月10日晚，红一方面军连同中央机关8.6万余人从福建的长汀、宁化和江西的瑞金等地出发，向红二、六军团所在地湘西进军，开始长征。长征开始后，“左”倾教条主义领导人又犯了退却中的逃跑主义错误，使红军蒙受巨大损失。从长征开始到11月30日，红军虽然突破了四道封锁线，渡过了湘江，但付出了惨重的代价，人员锐减至3万余人，并始终处于被动挨打的局面。在党和红军生死存亡的紧急关头，毛泽东建议放弃和红二、六军团会合的计划，改向敌人力量薄弱的贵州进军。中共中央负责人先于12月12日在通道举行紧急会议，后又于12月18日在贵州黎平再次开会，多数同志赞同毛泽东提出的转向建议。会后，红军经贵州腹地向黔北挺进，于1935年1月7日占领遵义。

为了总结经验教训，纠正错误的军事路线，改换错误的领导者，挽救危机中的红军和革命事业，1935年1月15日至17日，中共中央在遵义召开了政治局扩大会议。会议通过了《中央关于反对敌人五次“围剿”的总结的决议》，明确指出红军第五次反“围剿”的失败及退出苏区后遭到的损失主要是由于博古和李德在军事指挥上犯了一系列错误,肯定了毛泽东等人的正确的军事路线。遵义会议改组了中央领导机构,选举毛泽东为政治局常委,取消"三人团,决定仍由最高军事首长朱德、周恩来为军事指挥者,而周恩来是党内委托的对于指挥军事下最后决心的负责者"。会后,2月5日,中央政治局常委分工,根据毛泽东的提议决定由张闻天代替博古在中央负总的责任;决定以毛泽东为周恩来在军事指挥上的帮助者。3月4日,成立由毛泽东、周恩来、王稼祥组成的三人军事指挥小组。因形势紧急,会议没有全面讨论政治问题,也没有深刻探讨造成军事失利的政治原因,但是,它却解决了当时最迫切的军事问题,又在组织上结束了"左"倾教条主义在中共中央的统治,确立了以毛泽东为代表的新的领导集体,挽救了党和红军,成为中国共产党历史上生死攸关的转折点,为中国革命开辟了走向胜利的航道。

遵义会议后,中央红军在新的中央领导的指挥下,采取机动灵活的运动战方针,四渡赤水,巧渡金沙江,强渡大渡河,飞夺泸定桥,翻雪山,过草地,于1935年6月18日在四川的懋功和于4月离开川陕根据地而先期到达的红四方面军会合,共同北上。之后,又粉碎了张国焘分裂党和红军的阴谋。10月19日,中央红军到达陕北吴起镇,11月初与十五军团会师。11月7日,中共中央机关到达瓦窑堡,后于1936年6月底移驻延安。1936年7月,于上年11月由湖南桑植出发长征的红二、六军团到达甘孜与红四方面军会合。其后,二、六军团奉命改称红二方面军,以贺龙为总指挥,任弼时为政委。10月,红二、四方面军到达甘肃会宁,与红一方面军会师。伟大的长征胜利结束。

三军会师后,10月下旬,红四方面军之九军、三十军及红一方面军第五军团西渡黄河,后组成西路军,共2万余人。11月10日,成立西路军军政委员会,陈昌浩为主席兼政委,徐向前为副主席兼政治委员。12月,西路军遭重大损失,队伍减员至1.5万人,但继续西进。至1937年3月完全失败,少数人在李先念的带领下突围至新疆,后经中央营救回到陕北。

(四)南方三年游击战争

中央红军主力长征后,中央苏区成立了以项英为书记的中共中央分局,同时成立以陈毅为主任的中华苏维埃共和国中央政府办事处,成立以项英兼司令员和政委的中央根据地军区,继续领导留在南方各根据地的红军和游击队坚持斗争。

国民党军队进入苏区后,对革命群众实行了残酷的镇压政策,不仅大批地屠杀人民,掠夺人民的财产,还对红军和游击队实行了严密的封锁政策。但是,敌人的血腥镇压没有吓倒革命军民。在项英、陈毅等人和各级党组织的领导下,南方八省的赣粤边、闽粤边、赣东北、闽西、闽北、闽东、闽南、浙南、湘南、湘赣边、湘鄂赣边、鄂豫皖边、豫南桐柏山和广东的琼崖等14个地区的游击战争逐渐展开。南方根据地军民进行的艰苦卓绝的游击战争，保存和发展了革命力量。抗日战争爆发后，这些地区的红军部队合编为新四军，奔赴抗日战场。

七、抗日民族统一战线的初步形成

(一)中国共产党抗日民族统一战线策略方针的形成

中国共产党提出的抗日民族统一战线政策是有一个曲折的发展过程的，基本上经历了反蒋抗日、逼蒋抗日和联蒋抗日三个阶段。

1931年1月，通过中共六届四中全会，以王明、博古为首的“左”倾教条主义者掌握了中共中央领导权。他们脱离中国实际，照搬共产国际的方针、政策，在“九一八”事变后采取了关门主义的错误的政策。如按苏联民族利己主义意图通过了共产国际所提出的口号，说“九一八”事变是“反苏战争的序幕”，提出反对一切帝国主义，不提保卫中国而强调“保卫苏联”。尽管事变发生后，中国共产党连续发表通电，提出了“以民族革命战争，驱逐日本帝国主义出中国”的口号，但它当时所主张的民族革命战争，是以推翻国民党统治为前提的，认为“不推翻国民党统治，就不能实行真正的民族革命战争”；同时，它还把中间力量看作是最危险的势力，排斥其他的爱国团体和爱国人士，如把马占山指斥为“帝国主义最狡猾的奸细”，说蔡廷锴“狡猾不亚于蒋介石”。这种“一切打倒，否认联合”的结果，必然使共产党所倡导的民族革命战争，成为仅剩下工人罢工、学生罢课的孤家寡人的“左”倾运动，对推动全国抗日运动的发展显然是不利的。

1933年1月2日，日军攻占山海关，全国震惊。1月17日，中共驻共产国际代表团以中华苏维埃共和国中央执行委员会主席毛泽东，副主席项英、张国焘和中国工农红军革命军事委员会主席朱德的名义发布宣言，宣布：“在下列条件之下，中国工农红军准备与任何武装部队订立作战协定，来反对日本帝国主义的侵略。(一)立即停止进攻苏维埃区域；(二)立即保证民众的民主权利(集会、结社、言论、罢工、出版之自由等)；(三)立即武装民众，创立武装的义勇军，以保卫中国及争取中国的独立统一与领土的完整。”1月26日，中共驻共产国际代表团又以中共中央的名义发出《中央给满洲各级党部及全体党员的信——论满洲的状况和我们的任务》，提出要“尽可能地造成全民族的(计算到特殊的环境)反帝统一战线来聚集和联合一切可能的，虽然是不可动摇的力量，共同的与共同敌人——日本帝国主义及其走狗斗争”。指示还提出“或能实行上层的统一战线”。但是，

"左"倾领导者只将它用作策略性口号,认为宣言"揭破了国民党的红军捣乱后方"的谎言,剥夺了国民党"抗日必先剿共"的政治资本,甚至断言任何国民党军队都不可能据此同红军订立抗日协定,只有在已成为日本殖民地的东北的"特殊环境下",才应采取全民族抗日统一战线的方针。

在这一政策影响下,中国共产党继续犯了些极"左"错误。如冯玉祥的抗日同盟军,虽是中共地方党组织促成的,但中共中央却不信任冯玉祥,攻击他"借着这抗日的招牌,欺骗士兵民众,掩盖他勾引日本帝国主义进攻察哈尔、绥远,以便帝国主义准备反苏战争的阴谋"。当蒋介石派兵逼迫冯玉祥时,中共却不给冯玉祥以应有的帮助,抗日同盟军被迫解散。另外,在"福建事变"时,虽然中共中央与李济深等人签订了《反日反蒋初步协定》,但博古等人仍然坚持中间力量是最危险的敌人的主张,说福建人民政府是空喊革命口号,用新方法不定期欺骗民众,甚至诬之为"帝国主义走狗"。当蒋介石进攻十九路军时,他们不仅坐视不救,任其失败,还嘲骂十九路军将士"一闻枪声",即"鸡飞狗散","丧魂落魄"。

1933 年 4 月 20 日,由中国共产党起草、宋庆龄等 1779 人签名,联合发表了《中国人民对日作战的基本纲领》,提出:一、全体陆海空军总动员对日作战;二、全体人民总动员;三、全体人民总武装;四、立即设法解决抗日经费;五、成立工农兵学商代表选举出来的全中国武装自卫委员会,作为全国人民武装抗日的总领导机关;六、联合日本帝国主义的一切敌人,共同打倒日帝。这个纲领明确以日本为主要敌人,要联合全国一切反日力量去打倒它,不再以推翻国民党为抗日的先决条件。这是中共政策上的一大转变。但是,由于长征的开始,这一纲领于 9 月才得以在报刊上发表,没有能够形成实际活动。

1935 年 1 月,中共中央召开遵义会议,在着重解决军事问题的同时,也强调了一切从中国革命实际出发的实事求是的精神,总结了"福建事变"的教训,触及了某些"左"倾关门主义的错误。6 月 10 日,临时中央在《关于最近华北事变与党的紧急任务》的指示中,指出要开展反日武装运动,必须克服"左"倾狭隘路线与关门主义。10 月,中共中央更明确提出统一战线要"上下层统一并用"。

1935 年 7 月至 8 月,共产国际第七次代表大会在莫斯科召开,制定了世界反法西斯统一战线的新战略。这推动了中国共产党在统一战线政策上的战略转变。8 月 1 日,中国共产党驻共产国际代表团起草了《为抗日救国告全体同胞书》,即《八一宣言》,10 月 1 日正式以中华苏维埃共和国中央政府和中国共产党中央委员会的名义在法国巴黎的《救国报》上发表。宣言阐明我国已处在"抗日则生,不抗日则死"的生死关头,要求各党各派各军本着"兄弟阋于墙外御其侮"的精神停止内战,一致抗日。值得注意的是,它把地主和资产阶级都包括在统一战线之内,只有蒋介石除外。

《八一宣言》公布时，红军还在长征途中。红军长征到达陕北后，中共中央于11月13日发表《为日本帝国主义吞并华北及蒋介石出卖华北出卖中国宣言》。宣言指出："在亡国灭种的紧急关头，我们的出路，只有坚决地武装起来，开展反对日本帝国主义侵略的民族革命战争，与打倒卖国贼蒋介石国民党的革命战争。"在获悉共产国际"七大"和《八一宣言》的内容后，又于11月28日，以中华苏维埃共和国苏维埃政府和红军军事委员会的名义发表《抗日救国宣言》，提出抗日救国十大纲领，提出"不论任何政治派别、任何武装部队、任何社会团体、任何个人类别，只要他们愿意抗日反蒋者，我们不但愿意同他们订立抗日反蒋的作战协定，而且愿意更进一步同他们组织抗日联军与国防政府"。12月17日至25日，在瓦窑堡召开中共中央政治局扩大会议。25日，会议通过了《关于目前政治形势与党的任务决议》，规定了党的策略路线是"发动、团结与组织全中国全民族一切革命力量去反对当前主要的敌人——日本帝国主义与卖国贼头子蒋介石"，并指出应以国防政府、抗日联军为抗日统一战线的组织形式，执行抗日救国十大纲领。会议还决定将"苏维埃共和国"改称为"苏维埃人民共和国"。以后，又陆续调整了土地政策、工商业政策等等。余下的只是蒋介石还没有被包括在中共的抗日统一战线之内。

瓦窑堡会议是共产党政治路线真正转变的起点，它是遵义会议的继续和发展，为迎接抗日新高潮的到来作了理论上和政治上的准备。

"一二·九"运动以后，全国掀起了抗日救亡的新高潮，国内的阶级关系发生了重大变化。从1935年冬开始，国民党先后在上海、南京、莫斯科秘密同中国共产党人接触。1936年2月，中共秘密党员董健吾受宋庆龄派遣，带着南京方面表示要同中国共产党合作抗日的秘密信件到达瓦窑堡，向中央递交密信。4月25日，中共中央发表《为创立全国各党各派的抗日人民阵线宣言》，首次公开把国民党列为抗日民族统一战线的对象。5月5日，发表《停战议和一致抗日通电》，表示愿意和南京政府停战，共商抗日大计，不再称蒋介石为卖国贼，而称其为蒋介石氏，实际上公开宣布党的反蒋抗日政策开向逼蒋抗日政策转变。6月20日，中共中央致书国民党五届二中全会，正式提议立即停止内战，合作御侮救亡，并宣布"随时都准备同贵党任何组织、任何中央委员、任何军政领袖进行关于合作救国的谈判"。8月25日，中国共产党再次致书国民党，开始称国民党为"贵党"，称蒋介石为"蒋委员长"，对国民党在第五次全国代表大会上的进步作了初步的肯定，提出了两党重新合作、共同救国的建议。9月1日，中共中央向全党发出《关于逼蒋抗日问题的指示》，指出：目前中国人民的主要敌人是日本帝国主义，把蒋介石与日本帝国主义同等看待是错误的，"抗日反蒋"的口号也是不适当的。我们的总方针应是"逼蒋抗日"，同时不放弃与各派反蒋军阀的联合，我们愈能组织南京以外各派军阀走向抗日，就愈能实现逼蒋抗日的方针。由“反蒋抗日”改为“逼蒋抗日”，是中国共产党政策的重要转变。

西安事变爆发时，中国共产党在处理本党和蒋介石与日本的关系上更加成熟，不仅促成了西安事变的和平解决，而且从此和蒋介石政府开始了一系列的谈判，由“逼蒋抗日”转变为“联蒋抗日”，最终实现了第二次国共合作，建立了抗日民族统一战线。

(二)华北事变后国民党对日本与中共政策的变化

1935年华北事变以来，日本独占中国的野心和在华利益的急剧膨胀，直接侵犯了南京政府的根本利益，使南京政府同日本的矛盾愈益尖锐。同时，随着民族危机的进一步加深，“抗日御辱，救亡图存”已成为全民族一致的要求和呼声。日本侵华势力的扩张也严重损害了英美的在华利益，迫使英美将原来对日本侵略的消极态度逐渐变为公开的谴责和反对。英美态度的变化，对国民政府的对日政策产生了很大影响。在此形势下，国民政府的对日政策发生了新的变化，由原来的屈辱退让而变得逐渐强硬起来。

1935年11月，国民党召开了第五次全国代表大会，蒋介石于19日在会上所作的外交报告中，虽然以忍耐的态度声称“和平未到完全绝望之时，决不放弃和平；牺牲未到最后关头，亦决不轻言牺牲”，但也明确提出了对外关系中的“限度”，即“以不侵犯主权为限度，谋各友邦之政治协调；以互惠平等之原则，谋各友邦之经济合作，否则，即当听命于党国下最后之决心”；“和平有和平之限度，牺牲有牺牲之决心，以抱定最后牺牲之决心，而为和平最大之努力”。大会通过的宣言也表示：“如国家已至非牺牲不可之时，自必决然牺牲。”这次会议是南京政府对日政策发生变化的重要信号。

1936年7月，国民党召开五届二中全会，决定成立国防会议，同时蒋介石对五全大会确定的外交方针作了更明确、更强硬的解释：“怎样才算是非放弃和平不可的最低限度，怎样才算是最后关头？”“中央对外交所抱的最低限度，就是保持领土、主权的完整，任何国家要来侵扰我们领土、主权，我们绝对不能容忍，我们绝对不订立任何侵害我们领土、主权的协定，并绝对不容忍任何侵害我们领土、主权的事实。”另外，蒋介石还划定了“最后关头”的两条界限：一条是，“假如有人强迫我们签订承认伪国等损害领土主权协定的时候，就是我们不能容忍的时候，就是我们最后牺牲的时候”；另一条是，“从去年十一月全国代表大会以后，我们如遇有领土主权再被人侵害，如果用尽政治外交方法而仍不能排除这个侵害，就是要危害到我们国家民族之根本的生存，这就是我们不能容忍的时候”。在这里，蒋介石虽然没有提出收复东三省和热河，但表示了不承认伪满洲国以及以后不再任凭日本侵害中国领土主权的决心。

1935 年 12 月到 1937 年初，南京国民政府在同日本进行的调整邦交的谈判中，坚持了比较积极和坚定的立场，不仅拒绝了日方的无理要求，而且还提出了五条关于调整邦交的希望条款，其中包括取消塘沽、上海两个停战协定，取消冀东伪政权和停止走私等，宣告了广田内阁企图以“三原则”为中心逼迫中国屈服政策的破产。这标志着南京政府的对日政策正在发生根本的转变。

国民党政府政策地又一变化，是着手改善中苏关系，同时“打通共产党的关系”。1935 年夏，蒋介石在陈立夫的陪同下，接见苏联驻华大使鲍格莫洛夫，提到：中苏之间发生了一连串误会，特别是他对中国共产党的态度问题。他说他正着手改善同中共的关系，准备同中共讨论抗日问题，但他又强调，中共可以合法存在，但不能拥有自己的军队。10 月，蒋介石再次接见苏联驻华大使鲍格莫洛夫，表示希望改善中苏关系，并暗示想同苏缔结“有实质性的协定”。年底，蒋派陈立夫、张冲秘密赴苏。他们了解到苏方对国共关系问题十分关注，但又不想在中国的国共两党关系中充当调解人。蒋希望通过苏联的关系达到与中共接触的途径便中断，即派正回国述职的驻苏大使馆首席武官邓文仪迅速回莫斯科与中共驻共产国际代表团进行接触。在苏联政府和共产国际的帮助下，邓文仪会见了中共驻共产国际代表团负责人王明，他向王明提出了三项条件：(一)取消中国苏维埃政府，其所有领导人和工作人员参加南京政府；(二)改编中国红军为国民革命军，因为同日军作战必须有统一的指挥；(三)国共两党恢复 1924—1927 年存在的合作形式或任何其他形式。邓文仪与王明进行了多次讨论，最后，王明认为，无论是共产党还是国民党，中央都在国内，双方领导人也都在国内，谈判以在国内进行为好。不久，中共代表团指定潘汉年为联系人，与邓文仪会见，并派潘汉年回国，与国民党代表继续谈判。与此同时，蒋介石令陈立夫、曾养甫在国内也在另辟蹊径试图打通共产党的关系。经辗转介绍，陈立夫、曾养甫同共产党人周小舟及与当时还不是共产党员、但与中共北平市委有联系的吕振羽在南京多次交换看法。1936 年 2 月，中共北方局负责人之一的王世英离开天津，经西安来到山西前线，当面向毛泽东、周恩来汇报了与南京方面接触的情况，毛、周均表示了极大的兴趣，并对王世英作了关于与国民党谈判的指示。6 月，周小舟到南京，双方经过交换意见，形成了共同的“谈话记录草案”，确认“为求得民族之生存，须立即实现民族之联合战线，共同抗日”。7 月，曾养甫还同从苏联回国的潘汉年接谈。在同一时期，国民党又通过宋庆龄，在上海找到了以牧师身份活动的董健吾。2 月 27 日，董健吾带着国民党要求谈判的信息秘密抵达陕北瓦窑堡，同博古见面。博古即将情况电告张闻天、毛泽东等人，毛回电表示：“弟等十分欢迎南京当局觉悟与明智的表示，为联合全国力量抗日救国，弟等愿与南京当局开始具体实际之谈判。"并向南京当局提出了五项要求:停止一切内战,全国武装不分红白,一致抗日;组织国防政府与抗日联军;允许全国主力红军迅速集中河北,首先抵御日寇迈进;释放政治犯,容许人民政治自由;内政与经济上实行初步与必要的改革。

(三)西安事变与抗日民族统一战线的初步形成

南京国民政府对日政策的转变,并不意味着它已放弃了"攘外必先安内"的反动政策。1936年10月,蒋介石亲赴西安,逼迫张学良、杨虎城率部"剿共";随即又到洛阳作"剿共"的军事准备。12月4日,蒋介石飞到西安,逼迫张学良、杨虎城进攻红军,如不服从命令,他就将东北军调到福建,十七路军调到安徽,由中央军进驻陕甘两省"剿共"。但是,张、杨既不愿与红军再开战端,也不愿离开西北被蒋介石改编。张学良多次劝说蒋介石改变内战政策,但均无效。12月7日,张学良痛哭陈词,而蒋介石无动于衷,并表示其"剿共"政策至死不变。张学良在12月10日、11日两次向蒋介石进谏,被蒋介石斥为"犯上作乱"。12月12日,东北军在临潼华清池扣留了蒋介石;西北军控制西安全城,扣押了陈诚等军政大员十余人。当日,张、杨通电全国,陈述事变动机完全出于抗日救国,对蒋本人保其安全,促其反省,并提出了改组南京政府,容纳各党各派共同负责救国,停止一切内战,立即释放上海被捕的爱国将领,开放民众爱国运动,保障人民政治自由,遵行孙总理遗嘱,立即召开救国会议等八项主张。震惊中外的西安事变爆发了。

西安事变爆发后,国内外各种势力都从各自的利益出发,对事变作出了不同的反应。日本竭力挑拨南京和西安的关系,声明不能坐视南京同西安妥协,企图挑起中国大规模的内战,以便趁火打劫。日本还支持在德国"养病"的汪精卫回国,组织亲日政府。英、美担心蒋介石被杀会影响到它们的在华利益,因而主张蒋和张、杨妥协,反对南京政府讨伐张、杨。苏联坚决支持中国抗日,并希望事变能早日和平解决,但对事变的性质作了错误的估计,认为张、杨此举与亲日派有密切关系,是日本在中国的新阴谋。在国内,以何应钦为代表的一派力主"讨伐",想借机置蒋于死地,以便取而代之。16日,国民党中央政治会议推何为"讨逆军总司令",率大批军队开赴潼关,并派数十架飞机飞临西安上空准备轰炸,大规模内战有一触即发之势。而与蒋有密切关系的宋子文、宋美龄等人,坚决反对"讨伐",坚持营救蒋介石。国民党的地方军事领袖人物,多数表示不支持张、杨,但主张以政治手段解决;少数人表示支持张、杨。对于中间阶级而言,大多数谴责张、杨,但同意张、杨的抗日主张,同时要求恢复蒋的自由。

中国共产党对事变本身以及解决的办法有一个认识的过程。12月12日,中共中央书记处致电北方局，提出“号召人民及救亡领袖要求南京明令罢免蒋介石，并交人民审判”。12月13日，在中共中央政治局会议上，毛泽东指出：为了争取群众，我们对西安事变不轻易发言。我们不是正面反蒋，而是具体指出蒋介石的个人错误，不把反蒋抗日并列。12月15日，红军将领联名发表《关于西安事变致国民党政府电》，表示支持张、杨的主张，反对亲日派借机“讨伐”张、杨，发动大规模内战，要求国民党当局“罢免蒋氏，交付国人裁判”。此后，中共中央根据对事变后形势的进一步观察，考虑到蒋介石被扣问题事实上成为南京与西安对立的焦点，考虑到国民党阵营中出现的“拥蒋”势头等情况，为促成事变和平解决，改变了12月15日红军将领联名通电中提出的对蒋介石的处理意见，于18日致电国民党明确指出：“如贵党能实现上项全国人民的迫切要求，不但国家民族从此得救，即蒋氏的完全自由当亦不成问题。”19日，中共中央发出《关于西安事变及我们任务的指示》，指出了事变的两种前途：一种是爆发大规模内战；另一种是停止内战，一致抗日。为实现第二种前途，共产党的基本方针是：(1)反对新的内战，主张南京与西安在团结抗日的基础上和平解决；(2)用一切方法联合南京左派，争取中派，反对亲日派，以达到推动南京走向进一步抗日的立场，揭露日寇及亲日派利用拥蒋口号，发动内战的阴谋；(3)同情西安方面的发动，给张、杨以积极的实际的援助，使之彻底实现西安发动的抗日主张；(4)切实准备“讨伐军”进攻时的防御战，给其以沉重的打击，促其反省，促成全国性抗日统一战线的建立与全国性抗日战争的发动。在提出正确主张的同时，中共应张、杨的邀请，由周恩来率代表团于17日到达西安，为事变的和平解决做了卓有成效的工作。

12月22日，南京方面正式派宋子文、宋美龄等到西安谈判。从23日起，张学良、杨虎城代表西安方面与宋氏兄妹谈判，周恩来作为中共中央全权代表参加谈判。24日达成协议。协议的主要内容是：(1)改组国民党与国民政府，驱逐亲日派，容纳抗日分子；(2)释放上海爱国领袖，释放一切政治犯，保证人民的自由权利；(3)停止“剿共”政策，联合红军抗日；(4)召集各党、各派、各界、各军的救国会议，决定抗日救亡方针；(5)与同情中国抗日的国家建立合作关系；(6)其他救国的具体办法。蒋介石要求不以签字形式而以人格担保答应履行后被释放。西安事变遂告和平解决。

西安事变的和平解决，成为扭转时局的关键，从此内战基本结束，为国共两党的重新合作建立了必要的前提。

西安事变和平解决后，国民党终于放弃了“攘外必先安内”的反动政策，走上了联共抗日的道路。1937年1月，国民政府命令撤销西北“剿匪”总司令部，调集于西北的“剿共”军队开始陆续外调，长达十年的国共内战基本停止。同年2月，国民党召开五届三中全会，通过了一个《关于根绝赤祸之决议案》，其中虽充满了污蔑中共、诋毁革命的论调，但以曲折的语言，承认了停止内战、“和平统一”、联共抗日的政策。国民党就日本问题第一次正式表示：“如果让步超过忍耐之限度，只有出于抗战之一途。”这表明国民党在实际上接受了中国共产党关于合作抗日的正确主张。中国共产党向国民党五届三中全会提出了五项要求和四项保证，并以此为中心同国民党展开了一系列的谈判，这标志着中国共产党完成了由“逼蒋抗日”向“联蒋抗日”的战略转换。抗日民族统一战线由此初步形成。

1937 年 1 月，国民政府外交部长张群与日本驻南京总领事谈话时，阐明了中国政府的最低立场，明确表示，日本如果继续损害中国主权之完整，则中国抗战决不可避免；4 月，新任外交部长王宠惠公开抨击日本的“经济提携”政策；6 月，又对日军越界进入苏州提出强烈抗议。至此，中国政府已公开与日本抗争。在停止内战、对日抗争的同时，国民党开始全面展开国防建设，并拟定抗战的战略构想，为可以预见的中日战争作准备。

【导　读】

1.《毛泽东选集》第 1 卷，人民出版社 1991 年版，可参阅以下文章：(1)《中国的红色政权为什么能够存在？》，(2)《井冈山的斗争》，(3)《关于纠正党内的错误思想》，(4)《星星之火，可以燎原》，(5)《论反对日本帝国主义的策略》，(6)《中国革命战争的战略问题》，(7)《为争取千百万群众进入抗日民族统一战线而斗争》，(8)《我们的经济政策》。

2. 中央档案馆选编：《中共中央文件选集》，中共中央党校出版社 1983 年版。本文集选编了 1921 年至 1949 年的中央文件和中央负责人的报告、文章以及反映党的方针政策的党报。本文集史料性强，刊印资料全面、准确，参考价值大。

3. 军事科学院军事历史研究部：《中国抗日战争史》上卷，解放军出版社 1991 年版。该卷的时间跨度是 1931 年 9 月 18 日“九一八”事变至 1937 年 6 月卢沟桥事变爆发前。全书共分 2 编，第 1 编：东北沦陷；第 2 编：救亡高潮。内容涉及此期内日本对华侵略过程、原因手段以及中国内部各党派、各团体对日本的不同政策和态度，论述详尽，史料翔实。它和本书的后两卷一起，成为目前大陆上规模最大、内容最丰富的抗日战争史专著。

4. 吴相湘：《第二次中日战争史》上册，台北综合月刊社 1973 年版。本书采用编年和纪事本末体裁，以日本侵华和中国的抵抗为中心，从民国初年的中日关系开始，一直叙述到全面抗战时期汪伪政府的成立，是研究抗战史的重要参考著作。

5. 日本防卫厅战史室编纂,天津市政协编译委员会译校:《日本军国主义侵华资料长编》,四川人民出版社 1987 年版。本书分上、中、下三卷,原名《大本营陆军部》,详细记载了日本军国主义从明治建军到 1945 年战败投降 70 余年的兴亡历程。书中所引资料许多是第一次公诸于世的官方绝密文书,揭露了多起当年讳莫如深的重大历史事件的内幕,有重要的史料价值,是研究日本军事、政治以及日本近现代史不可缺少的珍贵史籍。但是,由于编著者的立场、观点受当时历史条件的局限,此书仍有较大的片面性。

6. 胡绳主编:《中国共产党的七十年》,中共党史出版社 1991 年版。该书吸收了学术界的新成果,创新性较强,实事求是地讲述了中共 70 年的历史,可读、可信、可取。

7.〔日〕井上清:《日本军国主义》,商务印书馆 1985 年版。

8. 徐勇:《政府之梦——日本侵华战略》,广西师范大学出版社 1993 年版。

9. 解学诗:《历史的毒瘤——伪满政权的兴亡》,广西师范大学出版社 1993 年版。

10. 张魁堂:《挽救危亡的史诗——西安事变》,广西师范大学出版社 1994 年版。

11. 余子道:《抵抗与妥协的两重奏——一·二八淞沪抗战》,广西师范大学出版社 1994 年版。

12. 彦奇、张同新主编:《中国国民党史纲》,黑龙江人民出版社 1991 年版。

13.〔日〕关宽治、岛田俊彦:《满洲事变》,上海译文出版社 1983 年版。

14. 侯保重:《遵义会议——决定中国历史命运的三天》,上海人民出版社 1995 年版。

15. 彭明主编:《中国现代史资料选辑》第 3、4 册,中国人民大学出版社 1988 年版。

16. 王桧林主编:《中国现代史》,北京师范大学出版社 1991 年版。

17. 中共中央党史研究室第一研究部编著:《红军长征史》,辽宁人民出版社 1996 年。

18. 阎景堂主编:《南方三年游击战争史》,解放军出版社 1997 年。

19.《中国工农红军第一方面军战史》、《中国工农红军第二方面军战史》、《中国工农红军第四方面军战史》、《中国工农红军第二十五军战史》,解放军出版社 1989～1993 年版。

20. 余伯流:《中央苏区经济史》,江西人民出版社 1995 年版。

21. 中国人民解放军军事科学院军事历史部编著:《中国工农红军长征史》,山西人民出版社 1996 年版。

22. 王健英:《中国红军发展史》,广东人民出版社2000年版。
23. 余伯流、凌步机:《中央苏区史》,江西人民出版社2001年版。

【思考与讨论】

1. 简述从宁汉合流到东北"易帜"的过程,试评东北"易帜"。
2. 试述国民党政权初期的内外政策及其阶级实质。
3. 试述南昌起义、"八七"会议、秋收起义、广州起义的伟大意义。
4. 中国革命是怎样走上"工农武装割据"的道路的?试述毛泽东关于"工农武装割据"的理论。
5. 试述国民党新军阀混战的原因、经过和战争结局对中国的影响。
6. 简述中国共产党第六次全国代表大会的历史功绩。
7. 简述第三党、改组派、人权派和中国托派的政治主张。
8. 简述工农红军粉碎国民党反革命"围剿"的原因。
9. 试析中国共产党内"左"倾错误的思想及一再出现的原因。
10. 试述土地革命的意义和中国共产党的土地路线和政策。
11. 日本军国主义是如何形成的?
12. 简述王明"左"倾教条主义的思想表现及其对革命的危害。
13. 试论蒋介石的"攘外必先安内"的反动国策。
14. 国民党是怎样加强法西斯统治的?
15. 国民党官僚资本是怎样形成的?
16. 试评述关于农村土地问题的各种主张。
17. 剖析《上海停战协定》和《塘沽协定》。
18. 论遵义会议及其在中国革命史上的地位。
19. 红军长征是怎样取得胜利的,它的伟大历史意义是什么?
20. 略述华北事变和"一二·九"运动。
21. 中国抗日民主统一战线的策略方针是怎样形成的?
22. 华北事变后,国民政府的对日政策有什么变化,其原因是什么?
23. 试述西安事变及其和平解决的经过和意义。
24. 为什么说五届三中全会表明第二次国共合作的初步形成?
25. 为什么说中国不能走城市武装起义的道路?
26. 探索中国革命新道路的哲学依据及其现实意义是什么?
27. 怎样认识全面抗战爆发前夕国民政府对日政策的转变?

第四章 中华民族全民族的抗日战争

本章叙述从1937年“七七”事变到1945年8月日本宣布无条件投降，全民族艰苦抗战直至取得最后胜利的历程。其主要内容为：(1)日本帝国主义发动全面侵华战争，中华民族觉醒，抗日民族统一战线最终形成；(2)中国共产党的全面抗战路线、方针、政策及敌后根据地的发展壮大；(3)国民党正面战场的抗战及国民党的统治日趋腐败；(4)中间集团的抗战主张与抗日民主宪政运动；(5)抗日战争与世界反法西斯战争会合，并成为抗击法西斯势力的主战场之一。

这一时期可分为四个阶段：

从1937年“七七”事变到1938年10月广州、武汉失守，是抗日战争的战略防御阶段。“七七”事变开始了日本帝国主义妄图变中国为其独占殖民地的全面侵华战争，中国驻军奋起抵抗，揭开了中国全民族抗战的序幕。在中国共产党的倡导下，以国共合作为基础的抗日民族统一战线正式建立。国民党正面战场是抗战初期的主战场，先后同日本进行了四次大规模的会战，粉碎了日军三个月灭亡中国的战略企图，掩护了敌后战场的展开。八路军和新四军在积极配合正面战场作战的同时，将其主力深入敌后，开辟了广阔的敌后战场。中国各族人民以各种方式积极参加抗日斗争，掀起了全民族抗战的新高潮。

从1938年11月至1941年11月太平洋战争爆发前，是抗日战争相持阶段前期。相持阶段到来后，日本调整了对华政策，即由过去的“速战速决”、“武力征服”改为“以战养战”、“以华治华”的政策；对国民党正面战场采取“政治诱降为主、军事打击”为辅的方针，把军事进攻的重点转向敌后战场。在日本诱降和英美劝降下，汪精卫集团叛国投敌，在南京建立伪政权。蒋介石集团动摇妥协，由抗战初期的比较积极抗日转向消极抗日，积极反共。中国共产党坚持团结抗战、反对妥协投降，敌后战场成为抗日的重要战场。同时，中国共产党总结中国革命正反两方面的经验教训，进一步丰富和完备了新民主主义革命的理论。

从1941年12月太平洋战争爆发至1943年底，是抗日战争相持阶段后期。太平洋战争爆发后，世界反法西斯阵营正式形成，中国的抗日战场与欧洲战场连成一体，并成为世界反法西斯战争的重要战场。正面战场除在国内对日作战外，还远征缅甸与盟军协同作战，为世界反法西斯战争作出了重要贡献。国民党统治日趋腐朽，国统区出现全面危机。为了战胜困难，坚持持久抗战，中共中央制定了十大政策，其中整风和大生产运动是两个中心环节，分别在精神和物质方面发挥了重大作用。1943年敌后根据地开始恢复。

从1944年初至1945年8月，是局部反攻和抗日战争胜利结束时期。盟军在太平洋战场转入反攻。正面战场在豫湘桂战役中大溃败，但中国远征军配合盟军转入了反攻。国民党在美国的扶持下坚持反共反人民的政策，预伏了内战的危机。敌后战场在1944年和1945年春夏转入反攻作战，并于美国在日本本土投下原子弹和苏联出兵中国东北后举行大反攻。日本帝国主义在垂死挣扎后，于8月15日宣布无条件投降。中国共产党提出成立民主联合政府的主张，并得到广泛响应。民主运动蓬勃发展，民主宪政运动与联合政府运动会合。

一、抗日战争爆发与第二次国共合作

(一)“七七”事变与“八一三”事变

日本帝国主义发动全面侵华战争是早有预谋、有计划、有准备的。1936年2月，日本组成了由“强制派”军人控制的广田弘毅内阁，其内阁完全唯军部之命是从，全面推行战争政策，整个国家体制完全纳入了对外侵略扩张和对内法西斯专政的轨道。5月18日，广田内阁宣布陆海军大臣由现役军人担任。至此，由军部掌握国家大权的法西斯政权正式确立。8月7日，广田内阁召开“五相会议”，通过了《国策基准》，确定了日本的根本国策，“在于外交和国防互相配合，一方面确保帝国在东亚大陆的地位，另一方面向南方海洋发展”。对中国的基本方针“在于希求满洲国的健全发展，日满国防的巩固，消除北方苏联的威胁，同时防范英、美，具体实现日、满、华三国的紧密合作”。① 根据这一《国策基准》，又提出了“南攻南洋群岛，北攻西伯利亚”、“中间突破”、“先打中国”的对外侵略扩张的外交政策。《国策基准》实际上确定了以苏、美、英为对手，南北齐头并进的对外扩张，夺取亚太地区霸权的方针，它使日本向侵略战争的道路上又迈进了一步。

为了实现侵略战争计划，日本大力发展重工业，推行经济军事化，疯狂地扩军备战，结果导致政府财政危机，人民生活日益恶化，社会动荡不安，工人罢工和农民暴动事件逐日上升。这种对政府的不满在统治集团内部也有反映。1937年1月，广田内阁辞职。6月初，经过几度内阁危机后，近卫文麿内阁受命组阁，

① 《日本帝国主义对外侵略史料选编》，上海人民出版社1975年版，第134页。

近卫上台后继续强化战争体制。同时，日本陆军参谋本部制定了1937年对华作战计划，准备以14个师团的兵力，占领华北、华中、华南地区，妄图一举灭亡中国。到1937年上半年，北平已处于日军的三面包围之中。同时，日军还不断地进行军事演习，特别是6月之后，驻丰台的日军几乎每天夜间都在卢沟桥一带进行挑衅性的军事活动，一场大规模的侵华战争一触即发。

7月7日19点30分，驻扎丰台的日军第一联队第八中队擅自在卢沟桥中国守军驻地的回龙庙——大瓦窑之间进行以卢沟桥为假设攻击目标的军事演习。夜11时许，日本驻北平特务机关长松井太久郎电话通知中国冀察当局，诡称日军在卢沟桥演习时失踪士兵一名，并要求进入宛平城搜查。正当冀察政务委员会与日军交涉之际，日军竟向卢沟桥发动进攻，炮轰宛平县城。中国守军第二十九军二一九团官兵奋起还击，三次从日军手中夺回卢沟桥，日军大队长一木清直被击毙，歼敌100余人，中华民族长达八年的抗日民族解放战争从此开始。

日军遭到中国军队的打击后，为争取时间，增加援兵，诡称对事变采取“不扩大”方针，可以“局部解决”。中国政府令冀察当局派代表与日军谈判，以谋求“和平解决”。7月9日双方停止射击；日军撤至丰台，中国驻军撤至永定河西岸；宛平由冀北保安队接防等三项口头协议。但是日本的本意在于争取时间集结援兵，根本不准备撤军，而是加紧准备扩大侵略战争，部署新的进攻。7月11日，日本内阁会议决定立即增兵华北。12日，日本新任中国驻屯军司令香月清司抵达天津。7月14日，日军向冀察政务委员会提出取缔排日运动、排日团体和民众抗日运动、中国军队撤出北平等7项要求。宋哲元忍痛让步，力图平息事端，但日军不断向华北增兵。随即将关东军的两个旅团、驻朝鲜的一个师团、国内的三个师团和18个飞行中队飞机编成航空兵团派往华北，华北日军即增至10万人。26日晨，日军在飞机和装甲车的配合下，占领了平津间要地廊坊，致使平津间铁路交通中断。下午，日本“中国驻屯军”司令官香月清司向宋哲元发出最后通牒：要求驻卢沟桥和八宝山附近的三十七师，于27日正午前撤至长辛店；北平城内和西苑的三十七师于28日前撤至永定河右岸，以后继续移至保定地区，否则将采取行动，以武力攻占北平。27日晚，宋哲元拒绝了日本的最后通牒，并向全国各界发出了“自卫守土”通电，命令二十九军全体将士奋起应战。28日，日本“中国驻屯军”在香月清司指挥下，从东、南、北三面向中国二十九军军部所在地南苑发起猛攻，中国守军奋起抵抗，伤亡2000余人，二十九军副军长佟麟阁、一三二师师长赵登禹以身殉国。中国军队被迫退出阵地。28日晚，宋哲元奉命将部队撤往保定。29日，北平失陷。30日，天津失守。

“七七”事变并不是偶然事件和局部冲突，也不是什么少数军人的行动，而是日本大陆政策的必然结果，是日本政府、财阀、政党的共同意志，是日本帝国主义发动全面侵华战争的开始。"七七"抗战虽然失败了，但中国守军奋起抵抗、喋血沙场的壮举，拉开了中国全民族抗战的帷幕，在中华民族反对外来侵略的历史上，写下了光辉的一页。从此，中国进入了争取民族解放和民族独立的全国团结抗战的新时期。

"七七"事变爆发后，各界反响强烈。7月8日，中共中央发布《中国共产党为日军进攻卢沟桥通电》，疾呼："平津危急！华北危急！中华民族危急！只有全民族实行抗战，才是我们的出路！"7月9日，红军将领毛泽东、朱德等致电蒋介石，要求"实行全国总动员，保卫平津，保卫华北，规复失地"，表示红军将士愿在蒋委员长领导之下，"为国效命，与敌周旋，以达保土卫国之目的"。同时，红军将领还致电宋哲元，表示"誓为贵军后盾"。7月13日，在延安召开的共产党员和工作人员会议上，毛泽东勉励大家"完成一切必要的准备，随时出动，到抗日前线"。7月23日，中共中央又发表了《为日本帝国主义进攻华北第二次宣言》，号召所有中华民族的儿女们："紧急动员起来，拼着我们民族的生命去求得我们民族的最后胜利！"表明了中国共产党为挽救民族危亡、抵抗日本侵略的决心和信心。

卢沟桥事变发生后，南京国民政府提出了"不屈服，不扩大"和"不求战，必应战"的方针；同时又在军事上进行部署，准备应战。蒋介石多次电令宋哲元指挥二十九军就地抵抗，"固守勿退"，"坚持到底"，"以备事态扩大"。同时密令中央军孙连仲、庞炳勋、高桂滋、万福麟等率所部立即向保定、石家庄一线集结，支援二十九军。另一方面，急欲谋求卢沟桥事件作为地方事件早日和平解决。蒋介石责令宋哲元"在不丧失领土主权原则下与日本谈判，求得事态的局部解决"。同时，还把希望寄托在列强的干涉上，认为"在华北有权利之各国，必不能坐视不理"①。为此，蒋介石采取了一系列谋求和平的行动。但事与愿违。7月17日，蒋介石在庐山发表谈话，阐述了"只是应战，而不是求战"的抗战方针，对日本的侵略采取了比较强硬的态度。他认为卢沟桥事变已到了退让的"最后关头"，"再没有妥协的机会，如果放弃尺寸土地与主权，便是中华民族的千古罪人"；表示"如果战端一开，就是地无分南北，年无分老幼，无论何人，皆有守土抗战之责任，皆应抱定牺牲一切之决心"。蒋介石提出了解决卢沟桥事变的四个条件：(1)任何解决不得侵害中国主权领土之完整；(2)冀察行政组织不容任何不合法之改变；(3)中央所派地方官吏不能任人要求撤换；(4)第二十九军现在所驻地区不能受任何约束。蒋介石的谈话，确定了准备抗战的方针。平津失守后，蒋介石于8月2日发表谈话，称"平津失陷为战争开始，为奇耻大辱，绝无与敌谈和余地"。8

① 《蒋介石致宋哲元的手令》，1937年7月9日。

月 8 日，他又发表《告抗战全体将士书》，表示现在既然和平绝望，只有抗战到底。

“七七”事变发生后，全国各族、各界、各军、各爱国党派和群众团体，海外华侨都积极行动起来，纷纷发表通电，举行集会，要求政府实行抗战，掀起了抗日救亡的热潮。他们派出代表到前线慰劳二十九军全体将士，组织宣传队、募捐团等进行广泛的抗日救亡活动。战地工人、农民踊跃出工、出粮支援二十九军。各地报刊也大量发表文章，谴责日本帝国主义的侵略暴行，要求南京国民政府组织民众，领导抗战。卢沟桥的炮声，把全国各界人民推上了抗日救亡的战场。

日本在向华北调集重兵的同时，也在积极准备出兵上海，伺机把战争由华北扩大到华中。7 月 12 日，日海军军令部秘密制定了对华作战方案，确定了第一阶段配合陆军进行华北会战、第二阶段在陆军配合下进行上海作战的计划。7 月 16 日，日本驻上海第三舰队司令长官谷川清中将得知军令部的上述意见后，向东京提出了《对华作战用兵的意见》，认为：欲置中国于死地，以控制上海、南京最为重要，因此，应派五个师的兵力，进行京沪会战，攻占南京、上海。7 月 27 日，日本海军省和军令部达成了《关于处理时局及准备的协议要点》，要求海军应做好对华全面战争准备。7 月 28 日，长江沿岸各地的日侨奉令撤退。

8 月 9 日 18 时 30 分前后，驻上海日本海军陆战队中尉大山勇夫和司机斋藤与藏二人，驾车强行冲入虹桥中国军用机场警戒线内进行挑衅，与中国保安队卫兵发生冲突，大山勇夫竟开枪打死保安队员时景哲，中国守军被迫开枪还击，日官兵二人当场被击毙，是为“虹桥机场事件”。日方立即以此事件为借口，一面提出撤退上海保安队、拆除所有防御工事、向日方道歉和处罚当事者等无理要求；一面向上海调动 2 个师团的兵力，并将 32 艘军舰聚集到吴淞江面，还频频出动飞机进行侦察。8 月 13 日午后 4 时，驻上海日本海军陆战队司令长官大川内少将下令向中国军队发动全线进攻。京沪警备司令官张治中下令中国军队立即坚决还击，“八一三”事变爆发。淞沪会战从此开始。

日本进攻上海，进一步危及到美英帝国主义和蒋介石集团的利益，日本同蒋介石集团以及同英美的矛盾也更加尖锐起来。为阶级和民族利益计，8 月 14 日，南京国民政府发表了《自卫抗战声明书》，宣告“中国之领土主权，已横受日本之侵略”，“中国决不放弃领土之任何部分，遇有侵略，惟有实行天赋之自卫权以应之”。这个声明与“九一八”事变以来的不抵抗政策相比，无疑是前进了一步，是有利于抗战的。

(二)抗日民族统一战线的正式建立

日本帝国主义加紧发动全面侵华战争，给中华民族提出了迅速建立以国共合作为基础的抗日民族统一战线的迫切要求。中国共产党为尽快实现这一目标，进行了不懈的努力，而国民党为实现国共两党的再度合作也花费了一定的精力，做了一定的工作。

西安事变的和平解决为国共两党再度合作提供了前提，国民党五届三中全会基本上确定了"停止内战，国共合作"的原则，表明国共第二次合作初步形成。国民党五届三中全会之后，中共代表周恩来、秦邦宪、叶剑英等同国民党代表蒋介石、顾祝同、宋子文等，先后在西安、杭州、庐山和南京等地进行了六次高级会谈。谈判争议的焦点集中在红军改编、陕甘宁边区等问题上。在"七七"事变爆发前分别于 1937 年 2 月下旬、3 月中旬和 6 月中旬举行的三次谈判中，中共代表坚持致国民党五届三中全会电所提五项要求、四项保证的原则立场，并在一些重大问题上作出了必要的让步。而国民党方面虽然表示同意国共合作，但却提出了一些使中共无法接受的条件，企图以成立国民革命同盟会、向红军和陕甘宁边区派遣主要官员等办法，取消中共在组织上的独立性，控制红军和陕甘宁边区，致使谈判无进展。

"七七"事变爆发后，中共中央发出通电，呼吁"全中国同胞、政府与军队团结起来，筑成民族统一战线的坚固长城，抵抗日寇的侵掠"。"国共两党亲密合作，抵抗日寇的新进攻"，并决定由周恩来率领代表团二上庐山与国民党进行谈判。7 月 15 日，中共代表团在庐山向国民党递交了《中国共产党为公布国共合作宣言》，并约定由国民党中央通讯社发表。《宣言》提出了"发动全民族抗战、实行民权政治、改善人民生活"等三项政治主张，承诺为实现孙中山的"三民主义"而奋斗；停止推翻国民党政权的暴动政策及以暴力没收地主土地的政策；取消苏维埃政府，改称特区政府；取消红军名义及番号，改编为国民革命军等具体建议。《宣言》再次显示了中国共产党以民族利益为重、促成全民族抗战的诚意。7 月 17 日，中共代表团以此宣言为基础，同国民党代表举行第四次谈判。在谈判中，由于蒋介石不愿意承认中国共产党的平等地位，坚持按他的一套改编红军，并企图通过改编，逼朱德、毛泽东"出洋"，致使谈判未有结果。

7 月底平津失陷，8 月中旬上海又起战端，中国军队被迫在华北和华中两面作战。在中华民族生死存亡的严重关头，蒋介石不得不慎重考虑国共合作问题。8 月 9 日，中共中央应邀派周恩来、朱德、叶剑英赴南京参加最高国防会议，并同国民党举行第五次谈判。8 月 13 日上海战起。8 月 14 日，南京国民政府发表自卫抗战声明书，抗日战争遂全面爆发。蒋介石欲急调红军到前线抗战，遂放弃了一些不合理的要求，表现出较多的团结合作的愿望，接受了中共关于军事方面的条件。中共在坚持对红军的领导和实行独立自主的原则下，也作了某些让步。在国共双方的共同努力下，8 月 18 日，双方就陕甘宁边区人事、红军改编和设立总指挥部以及在若干城市设办事处、出版《新华日报》等问题达成协议。8 月 22

日，南京国民政府军事委员会正式发布红军改编的命令，将西北主力红军改编为国民革命军第八路军，设总指挥部，委任朱德、彭德怀为正、副总指挥。8月25日，中国共产党中央革命军事委员会主席毛泽东，副主席朱德、周恩来发布命令，将中国工农红军改名为“国民革命军第八路军”，朱德、彭德怀分任总指挥、副总指挥，叶剑英、左权分任参谋长、副参谋长，任弼时、邓小平为政治部正、副主任。下辖一一五、一二〇、一二九三个师，分别由原红一方面军、红二方面军、红四方面军为主编成，以林彪、贺龙、刘伯承为师长。全军为4.6万余人。同一天，朱德、彭德怀等通电就职。8月底，八路军即开赴山西前线，抗敌御侮。9月11日，南京国民政府军事委员会按照抗战的战斗序列，又将八路军改称为“国民革命军第十八集团军”，以八路军总指挥部为十八集团军总司令部，朱德、彭德怀分任总司令、副总司令。稍后，南方红军游击队改编为新四军。

红军的改编既是中国共产党真诚与国民党合作、团结御侮的表现，也是国民党最终以民族利益为重、由“剿共”转向抗日的具体体现。国共两党首先在军事上达成联合行动的协议，无疑会促进国共两党的进一步合作。

9月中下旬，国共两党代表在南京，就发表宣言和边区政府等问题举行最后一轮会谈。9月22日，国民党中央通讯社发表了延搁已久的《中国共产党为公布国共合作宣言》。次日，蒋介石在庐山公开发表《对中国共产党宣言的谈话》，《谈话》虽然对中共仍有所指责，但却认为，“此次中国共产党发表之宣言，即为民族意识胜过一切之例证”，表示愿“接纳”全国各党派共同御侮，事实上承认了中国共产党在全国的合法地位。共产党宣言和蒋介石谈话的发表，宣布了国共两党第二次合作的实现，标志着以国共两党合作为中心，中国各族人民、各民主党派、各阶层爱国人士以及海外华侨的抗日民族统一战线的正式形成。

国共合作的实现，抗日民族统一战线的正式形成，既是中国共产党顺应历史潮流采取正确政策的结果，也是与国民党政策的转变分不开的。它受到了全国人民、各民主党派、爱国民主人士以及海外侨胞的热烈欢迎和拥护，具有重大的历史意义。它推动了全民族抗战局面的形成，推动了全民族的团结与进步，开始了中国近代以来空前规模的民族革命战争。同时，赢得了国际舆论的赞扬和钦佩，最大限度地孤立和打击了日本侵略者。“历史的车轮将经过这个统一战线，把中国革命带到一个崭新的阶段上去。”“这将给予中国革命以广大的深刻的影响，将对于打倒日本帝国主义发生决定的作用。”①

抗日民族统一战线是在中日民族矛盾上升为主要矛盾、国内阶级矛盾仍然存在的条件下形成的。因此，它和第一次国共合作的革命统一战线相比，具有显

---

① 《毛泽东选集》第2卷，第364页。

著的特点：

第一，广泛的民族性和极大的复杂性。第一次国内革命战争时期的统一战线，是国内各革命阶级反帝反封建的政治联盟，参加这个联盟的有工人、农民、城市小资产阶级和民族资产阶级，直接打击的对象是北洋军阀。抗日战争是反对异族入侵的民族解放战争，抗日民族统一战线是民族革命的政治联盟。参加这个联盟的不仅有上述阶级，还包括除汉奸和大地主大资产阶级投降派以外的一切政治力量，特别是以蒋介石集团为代表的英美派大地主大资产阶级。抗日民族统一战线的广泛性，增加了抗日阵营的力量，但也带来了统一战线内部的复杂性。这种复杂性集中表现为国共两党两条不同的抗战指导路线之间的矛盾和斗争。

第二，没有固定的组织形式和双方共同遵守的纲领。第一次国共合作采取共产党员以个人资格加入国民党的党内合作方式，经过改组后的国民党是各个革命阶级的阶级联盟和统一战线的组织形式，新三民主义是国共两党共同遵守的纲领和两党合作的政治基础。第二次国共合作采取的是党外合作的形式，既没有达成一个国共双方共同承认和共同遵守的纲领，也没有形成固定的统一战线的组织形式，始终处于一种极不完善的遇事协商的局面。这就决定了第二次国共合作实际上只是在抗日问题上的某种军事上的合作，从而增加了抗日民族统一战线内部斗争的复杂性。

第三，国共双方各有自己的武装和政权。第一次国共合作时，国民党在广东建立了有共产党人参加的广东革命政权，但不巩固，其军队也是在共产党人的参与帮助下建立和改编的，中国共产党不仅没有政权和军队，对组织军队的重要性也缺乏必要的认识。第二次国共合作时，国民党掌握着全国的政权，拥有庞大的军队。中国共产党领导着局部地区的政权，拥有一定数量的军队。所以，在国内形成了两个相互对立的军队和政权并存的局面。这就告诉我们，第二次国共合作是非常复杂的，会经常出现摩擦和武装冲突。

第四，处于既有利又极其复杂的国际环境。第一次国共合作时期，正处于资本主义世界相对稳定的时期，各帝国主义国家联合起来绞杀中国革命，破坏和分裂革命统一战线，使革命遭到失败。抗日战争时期正处在资本主义世界分裂战争、世界各国人民反法西斯运动高涨时期，中国的抗日民族统一战线是国际反法西斯统一战线的重要组成部分，得到了广泛的国际支持和同情。这种国际环境对中国人民的抗日斗争是有利的。但是，当时国际方面存在一种重视国民党、轻视共产党的倾向，特别是英、美等国在较长时间内奉行纵容日本的绥靖政策，在一定程度上助长了蒋介石集团的对日妥协倾向。这对中国人民的抗战又是不利的。

抗日民族统一战线的上述特点，决定了在抗日民族统一战线内部存在着复杂的矛盾和尖锐的斗争。这就要求中国共产党在统一战线中必须保持独立自主的原则，保持自己在思想上、政治上、组织上的独立性，既要利用积极因素，又要同消极因素进行斗争。

二、抗日战争时期的国民党正面战场

(一)抗战初期的正面战场

1. 南京国民政府的战略方针与军事部署

战争初期，日本统治集团中"对华一击论"占据上风，以为可凭借其强大的军事力量，利用国民党政府的软弱动摇，在很短时间内达到降服中国的目的。面对日本帝国主义"速战速决"的战略企图，1937 年 8 月 7 日，南京国民政府召开最高国防会议，研讨和确定抗战大计，会议通过了以"持久消耗战"为中国抗战的最高战略方针，即军事上采取持久战略，"以空间换时间"，逐次消耗敌人，以转变敌我优劣态势，争取最后胜利。1938 年 3 月，何应钦在南京国民政府召开的临时全国代表大会上作军事报告，他明确指出："敌之最高战略为速战速决，而我之最高战略为持久消耗。"[①]此后，南京国民政府按照"持久消耗战略"进行了长达八年的抗日战争。

南京国民政府制定的"持久消耗战略"符合敌我力量对比的现状，是有利于中国的长期抗战的。但是，南京国民政府却把这种持久消耗战略只分为两个时期，经过第一期抗战后，就是转守为攻、转败为胜的时期，中间缺少一个关键的战略相持阶段；争取持久战的目的，主要不是通过自己的积极作战改变敌优我劣的状况，达到最后战胜敌人的目的，而是寄希望于拖延时日，等待国际形势的变化，依靠国际力量形成对敌优势，取得最后胜利；实现持久战的途径主要是靠内线持久的阵地防御战。这种受制于敌和被动挨打的内线防御战，虽然能给敌人造成一定的消耗，但却不能有效地打击敌人同时又保存自己。所以，要想实现敌消我长、转变敌我力量的对比是比较困难的。

南京国民政府在制定战略方针的同时，也加紧了军事部署与建立战时体制。1937 年 8 月 12 日，国民党中常会决议设立国防最高会议为战时最高决策机构，其职权是决定国防大政、国防经费、国家总动员及其他重要事项，蒋介石为该会议主席。16 日，该会议常委会决议蒋介石为陆海空军大元帅，统率陆海空军。

① 何应钦：《何上将抗战期间军事报告》，(台湾)文星书店 1962 年版，第 107 页。

1939年1月29日，国民党五届五中全会又将国防最高会议改组为国防最高委员会，统一党政军的指挥，并代行中央政治委员会职权，委员长为蒋介石。根据对日防御作战的需要，1937年8月20日，军事委员会又将全国划分为五个战区：第一战区辖平汉、津浦两铁路线，由蒋介石兼任司令长官；第二战区辖晋、察、绥，由阎锡山任司令长官；第三战区辖苏、浙，由冯玉祥任司令长官；第四战区辖闽、粤，由何应钦任司令长官；第五战区辖鲁，先由蒋介石、继由李宗仁任司令长官。并指出："主战场之正面在第一战区，主战场之侧背在第二战区。"[①]南京沦陷后，为适应作战需要，南京国民政府又重新调整了军事指挥机构和部署，决定军委会直接隶属于国民政府，统率陆海空军，指挥各战区作战。军委会下设军令部、军政部、军训部、政治部等各机构。将全国划分为八个战区，规定了各战区作战区域。另外，还设立了武汉卫戍司令部、西安行营、福建绥靖公署等。

上述军事机构的设置和作战区域的划分，有利于战时的统一指挥和作战需要，对抗击日本侵略军起到了一定的作用。

2. 国民党临时全国代表大会与《抗战建国纲领》

南京国民政府为了检讨和总结抗战以来的工作，确立今后的任务与行动方针，于1938年3月29日至4月1日，在武昌召开了临时全国代表大会。大会通过了关于党务、政治、军事、经济、教育等一系列决议案；制定了《抗战建国纲领》；发表了宣言；选举蒋介石为国民党总裁，汪精卫为副总裁；决定成立三民主义青年团；设立国民参政会为抗战时期的最高民意机关。

大会的中心议题是"抗战建国"。大会宣言指出：此次"抗战之目的，在于抵御日本帝国主义之侵略，以救国家民族之垂亡；同时于抗战之中，加紧工作，以完成建国之任务"。但同时又希望日本"幡然变计，放弃其侵略主义"，谋求同日本侵略者实现"合于正义之和平"。这些表明了南京国民政府对抗战的态度。

大会通过的《抗战建国纲领》，是这次会议制定的纲领性文件，是国民党抗战时期的政治纲领。纲领提出"抗战建国"的总口号，并称"抗战必胜，建国必成"；规定抗战建国要以"三民主义暨总理遗教"为"最高准绳"，全国抗战力量要在国民党及蒋介石的"领导之下"。外交上，要"联合一切反对日本帝国主义侵略之势力，制止日本侵略"，"否认及取消……一切伪政治组织"。军事上，"加紧军队之政治训练"，使之"一致为国效命"，"指导及援助各地武装人民，在各战区司令长官指挥之下，与正式军队配合作战"，"在敌人后方发动普遍的游击战"。政治上，"组织国民参政机关，团结全国力量"，"改善各级政治机构"，"加速完成地方自治条件"，"增高行政效率，以适合战时需要"。经济上，进行以"军事为中心"的"经

① 中国第二历史档案馆：《抗日战争的正面战场》（上），江苏古籍出版社1987年版，第12页。

济建设”,“注意改善人民生活”,“奖励海外人民投资,扩大战时生产”,“发展农村经济”。民众运动方面,“发动全国民众,组织农、工、商、学各职业团体”,“于不违反三民主义最高原则及法令范围内,对于言论、出版、集会、结社予以合法之充分保障”,等等。

大会决定国民党设总裁、副总裁各一人,并选举蒋介石为总裁。决定在中央执行委员会之下,设立调查统计局(即中统),扩大特务机构。大会决定设三民主义青年团,以集中全国“优秀”青年国民。7月9日,三民主义青年团在武昌成立,由蒋介石任团长,陈诚为书记长。

国民党临时全国代表大会所确定的抗战方针和政策,反映了全国人民抗日的基本要求和愿望,是有利于抗战的。大会所通过的《抗战建国纲领》是国民党自西安事变被迫转变“攘外必先安内”的误国政策,走向全国抗日以来所制定的一个比较好的纲领,其指导思想基本上是要抗日的。《纲领》接受了中国共产党的一些建议,吸收了中共《抗日救国十大纲领》的某些精神,采纳了人民群众的一些合理要求,在政治、改革、开放民主等方面,也作出了一定的让步。因此,对推动和指导全国抗战有积极作用。

但是,由于阶级的局限,国民党的转变是不彻底的和有限的。在大敌当前、亡国灭种的危急关头,既想利用人民抗战,又害怕人民的力量在抗战中发展壮大起来危及其统治,所以在政治、军事、外交、经济等总体方面进行统制;既不能不对人民的合理要求作出某些让步,又想建立一党专政的国家制度,拒绝建立统一战线的组织和建立国防政府等民主改革的要求,从而使抗战的胜利成为政府和军队的胜利,达到维护其独裁统治的目的。因此,《抗战建国纲领》是一个具有两面性的纲领。

3. 抗战初期的正面战场

抗战初期,国民党正面战场是抗击日军进攻的主要战场。国民党表现了一定的抗日积极性,广大爱国官兵出于民族义愤和爱国热忱,对日军的进攻进行了英勇顽强的抵抗,先后进行了忻口、淞沪、南京、徐州、武汉等重大战役,并取得台儿庄战役的胜利,大量地消耗了敌人的军事力量和经济力量,粉碎了日本帝国主义“三个月灭亡中国”的计划。

(1)忻口会战。忻口位于太原以北,居忻县、崞县、定襄三县之交,东托五台山,西倚云中山,地势险要,是太原北面的最后一道门户,自古以来为战略要地。

1937年7月底,日军占领平津后,即分兵沿平绥、平汉、津浦三线进犯,以夺取山西为作战重点,华北局势危如累卵。8月上旬,沿平绥路西进的日军一部攻击南口,中国守军凭险死守,浴血奋战,敌我双方均伤亡惨重。8月25日,南口失守,27日,张家口沦陷。之后,日军兵分数路向晋北推进,防守晋北重镇大同的守军不战而退，9 月 13 日，大同沦于敌手。

大同沦陷后，日军进攻的矛头直指太原，14 万日军兵分北、东两路，合击太原。为了确保太原，军委会组织 16 万人的兵力，由第二战区副司令长官卫立煌任前敌总指挥，组织忻口会战。另以副司令长官黄绍竑在正太路要隘娘子关指挥防御作战。10 月 13 日，北路日军在战车、大炮和飞机的配合下，向忻口发动了猛烈进攻，卫立煌指挥左、中、右三翼兵团，凭借险要地形和坚固的防御工事顽强抵抗，反复冲杀，与日军激战半月，阵地失而复得，双方伤亡均极惨重，第九军军长郝梦龄、第五十四师师长刘家骐和独立第五旅旅长郑廷珍以身殉国。在八路军和当地群众的支援与配合下，忻口战役坚持了近一个月，使日军不能迅速逼近太原。此后，沿平汉路南下的日军于 10 月 10 日占领石家庄后，迅即沿正太路西进，10 月 26 日突破娘子关，由正太路直下寿阳、榆次。忻口腹背受敌，中国守军被迫于 11 月 2 日后撤。忻口战役，中方伤亡 6 万余人，日本伤亡 2 万余人。日军占领忻口后，使太原处于日军的直接攻击之下，11 月 6 日，日军从东、西、北三面向太原发起猛攻，中国守军虽顽强抵抗，终难挽回败局。11 月 8 日，太原沦陷。此后，华北战场的正规战争基本结束。

忻口会战是抗战初期华北战场最壮烈的一战，也是国共两党军队合作抗日配合较好的战役。它歼灭了日军滕田旅团长以下两万余人，挫伤了日军进攻的锐气，推迟了太原失陷的时间，使中国军队能够比较顺利地向晋南撤退，为战略相持创造了一定的条件。

沿平汉路南下的日军于 9 月 24 日攻陷河北省省会保定，于 10 月 10 日攻克石家庄。为侧应晋北战役，日军分兵一部西攻娘子关。余部继续南下，于 11 月 5 日攻下安阳后兵临黄河。

沿津浦路南下的日军，于 9 月 24 日夺取沧县，于 10 月 5 日攻下德县，进入山东境内。守卫山东的韩复榘部对日军进攻意存观望，行动迟缓，错失战机。11 月 5 日，日军继续南进，韩复榘部竟不作抵抗，高塘、禹城、乐陵、济阳相继失守。12 月 23 日，日军强渡黄河，切断胶济路。27 日，济南陷落。至 12 月底，山东大部被日军控制。1938 年 1 月，蒋介石诱捕韩复榘并将其处死。

(2)淞沪会战。淞沪地区位于长江下游黄浦、吴淞两江汇合处，扼长江门户。而上海又是通往国外和内地的枢纽、守卫首都南京的门户，无论在政治、经济和军事上都具有重要的战略地位。日方认为：为灭亡中国，必须控制上海、南京。日军参谋部在给天皇的上奏中也进一步表白，侵占上海的目的是使中国“丧失经济中心的机能”[1]。“八一三”事变后，日本下达了编组上海派遣军的命令，以松

---

① 〔日〕防卫厅防卫研究所战史室：《中国事变陆军作战史》(1)，朝云新闻社 1983 年增印，第 284 页。

井石根为司令官，先后调集陆海空军与特种兵部队 20 多万人，动用舰船 130 余艘，飞机 400 余架，坦克 300 余辆，企图以优势兵力占领上海，消灭中国军队的主力，达到“速战速决”的目的。为了力保淞沪要地，巩固首都南京，南京国民政府先后调集了 73 个师约 70 万人，海军舰艇约 40 艘，飞机 250 架，先由冯玉祥任司令长官，9 月 21 日后蒋介石自兼司令官，组织淞沪会战。

从 8 月 13 日至 8 月 22 日为战争第一阶段，主要在上海市区反击作战。中国军队在挫败日军的挑衅后，主动组织进攻，准备一举歼灭在沪日海军陆战队。以驻守京沪线的张治中部攻击虹口和杨树浦；驻守沪杭铁路的张发奎部强袭浦东，警备杭州湾北岸，防止日军由海上登陆。中国军队广大官兵不畏强敌，浴血奋战，第三十六师第二一五团第二营 300 余官兵与敌展开白刃格斗，最后全部壮烈牺牲。由于中国军队的英勇奋战，迫使日军放弃了某些占领地，退至虹口、杨树浦一隅。同时，年轻的中国空军毅然迎战，击落敌机 45 架，日鹿屋航空队长石井义江剖腹自杀。在中国军队的攻势下，日军拼死抵抗，固守待援，中国军队的进攻受阻，战争陷入胶着状态。

从 8 月 23 日至 10 月 25 日为战争第二阶段，主要在淞沪地区进行防御作战。此阶段，日军沿长江口各处陆续登陆，由防守改为进攻。中国守军在对岸组成三条防线，节节抵抗。8 月 23 日，日军三个师团向浏河、罗店、宝山等地进犯，战事中心移到罗店至月浦一线，敌我双方在被称为“血肉磨坊”的罗店展开了激烈的争夺战，鏖战 20 余日，双方屡进屡退，中国军队在敌人重炮、飞机的反复攻击下，整营整连地牺牲，终因伤亡过重，罗店被敌占领。8 月 31 日，日军猛攻吴淞后，分兵进攻宝山和闸北。9 月 4 日至 7 日，守卫宝山的 500 名官兵，在营长姚子青的指挥下，浴血奋战，多次打退日军的进攻，最后多数壮烈殉城。9 月中旬，日军陆续向上海增援，战争不断升级。中国军队也陆续增援，并不断调整部署。9 月 21 日之后，蒋介石亲自兼任第三战区司令长官，以张发奎、朱绍良、陈诚任右、中、左三路指挥官，与日军展开更大规模的激战。9 月 30 日，日军发动全线攻击，中国军队奋起抵抗，伤亡甚重。10 月下旬，据守苏州河北岸四行仓库的谢晋元等八百壮士孤军奋战四昼夜，杀敌数以百计，后突破敌人重重包围，退入英租界。10 月 25 日，大场陷入敌手。之后，中国军队撤至苏州河南岸，设防御敌。

大场失陷，淞沪会战进入第三阶段。由于中国军民的英勇抗战，歼灭了大量日军，迫使日方改变原定的作战计划，将主战场移至上海方面。10 月底，日本向上海增调了九个师团，编组了华中派遣军，取代上海派遣军进行淞沪作战。11 月 5 日，日军三个师从杭州湾北岸登陆，从西线迂回包抄上海。中国守军腹背受敌，不得不全线撤退。11 月 12 日，日军占领上海。淞沪会战结束。

淞沪会战，中国军队在上海和全国人民的支援下，奋战三个月，毙伤日军4万余人，击落敌机60余架，打乱了日军的战略部署，粉碎了日本侵略者“三个月灭亡中国”的狂妄计划，对于全国抗战的兴起，起了推动和鼓舞作用，为上海和沿江、沿海工业、高校的内迁、保存经济实力、掩护全国转入战时体制赢得了时间。同时，也提高了中国的国际地位，改变了国际社会对中国抗战力量的过低估计，博得了国际社会的高度赞扬。

(3)南京保卫战。1937年11月17日，日本设置了代表天皇的战争最高指挥机构——大本营，这是日本继续扩大侵华战争的重大措施。11月24日，日本大本营召开第一次御前会议，对侵华战争进行新的部署，陆军参谋总长在上奏计划中提出利用在上海周围的胜利，不失时机地果敢追击，进攻南京。此时，日军乘淞沪会战中国军队撤退之机，以八个师的兵力，水陆并进，进逼南京，企图占领中国的政治中心，迫使南京国民政府屈服。

当日军进逼南京之时，南京国民政府对固守南京也进行了部署，11月20日，决定迁都重庆。11月26日，国民政府主席林森率领一批官员到达重庆。但实际上，当时政府大部分机关迁到了武汉，武汉在失守前一度成为实际上的临时首都。24日，蒋介石组建了南京卫戍司令部，任命唐生智为司令长官，罗卓英、刘兴为副司令长官，把可以调得动的兵力全部调来防守南京，计有10余万人。

12月1日，日本大本营下达了攻占南京的命令。敌华中方面军即分路向南京逼进，决定夺取南京守军的既设阵地，准备攻城。12月5日，日军已到达南京外围阵地附近；12月7日，向南京发起总攻；12月10日，逼近南京城下，向雨花台、通济门、光化门和紫金山等地同时进攻，中国军队屡战不利，伤亡重大。12月12日，雨花台及各重要据点相继失守，中国守军仓皇撤退，12月13日，南京失陷。

日军占领南京后，在华中方面军司令长官松井石根、上海派遣军司令朝香宫鸠彦王、第六师团长谷寿夫的唆使下，开始了长达六周之久的血腥大屠杀。疯狂成性的日军采取“无人不可杀，无地不可杀，无术不可杀”的残忍手段，所到之处，烧杀淫掠，无恶不作。据1946年远东国际军事法庭慎重统计，中国军民被集体射杀、烧死、活埋及投入长江灭迹者19万余人，被零星屠杀、经慈善机构收尸掩埋者15万余人，总计中国军民被残杀35万人之多。在日军占领南京后的一个月，就发生了2万起左右的强奸事件。全市房屋1/3被焚烧，劫走珍贵图书文献3000余卡车。公私财产损失达2.46亿美元。整个南京城到处残垣断壁，尸骨纵横，以“六代豪华”著称的南京顿成人间地狱。日军在南京灭绝人性的丑恶表演，连他们的盟友德国驻南京使馆的代表在给其政府的报告中也说：日军是“兽类的集团”[①]。

(4)徐州会战。日军占领南京后，为打通津浦路，连贯南北战场，进而切断陇海路，威胁平汉路，进窥武汉，先后集中了8个师团、5个旅团、约24万人的兵力，从南北两端沿津浦路夹击徐州。

徐州地当津浦、陇海两大铁路的交接点，西通豫陕、连接平汉。在战略上，它是保卫大后方的屏障，前进的据点。徐州安危，关系全局。为了保卫徐州，南京国民政府先后调集了60万军队，由第五战区司令长官李宗仁指挥，组织徐州会战。

12月中旬，南线日军渡江北犯，于1938年2月中旬，被中国军队阻于淮河南岸。板垣师团在青岛登陆后沿胶济路西进，直插鲁南重镇临沂，计划与津浦路北段矶谷师团在台儿庄会师，然后合攻徐州。3月10日至18日，中国守军第五十九军张自忠部和第四十军庞炳勋部协同作战，在临沂阻敌，歼敌3000余人，粉碎了日军会师台儿庄的计划，为尔后台儿庄歼敌奠定了基础。3月14日，矶谷师团一部进攻滕县，一二二师师长王铭章率部与敌血战三昼夜，该师官兵几乎全部殉城，滕县失守。21日，矶谷师团占领峄县后，直扑徐州门户——台儿庄。李宗仁命令孙连仲部三个师扼守台儿庄正面阵地，汤恩伯部担任运河南岸防守。3月23日，日军在航空火力配合下，向台儿庄反复强攻，台儿庄被敌占领4/5。中国守军第三十一师池峰城部坚守不退，敌我双方逐巷逐屋反复进行争夺，战况异常激烈。4月6日，汤恩伯部在外线包围了日军，城内守军也开始全线攻击，内外夹击，日军全线崩溃，除少数日军逃往峄县外，其余全部被歼。

台儿庄战役历时近一个月，中国军队采用阵地战的坚守和后援部队运动战的侧背突击相结合的战略方针，一举摧毁日军第五、第十两个精锐师团，毙伤敌军“当在二万以上”[②]，并缴获大量战利品，取得抗战以来正面战场抗战的第一次重大胜利，鼓舞了前方将士的抗日斗志，振奋了全民族抗战的信心。台儿庄战役是中国军队把阵地战、运动战和游击战有机地结合起来进行战役的典范，它标志着国民党的军事已由消极防御向积极防御的某些转变。但此役未能改变正面战场溃败的局势。

日军在台儿庄受挫后，调集了约30万兵力分六路向徐州推进，企图歼灭中国守军主力。从当时双方的军事实力来看，时非决战之时，地非决战之地，为保存有生力量，避免在不利条件下无把握的决战，中国军队在徐州附近地区进行了激烈的抵抗后，南京国民政府军事委员会于5月15日决定放弃徐州，命令中国

① 张效林译:《远东国际军事法庭判决书》，群众出版社1986年版，第485页。

② 《李宗仁回忆录》下册，广西人民出版社1988年版，第736页。日军公布死伤数字为11984人。

军队向西南方向突围。5 月 18 日，中国军队各部突破敌军重围。19 日，徐州失守。6 月 9 日，为了阻滞日军前进，蒋介石等下令炸开郑州东北花园口黄河大堤。决堤的洪水虽破坏了日军的作战计划，但给广大人民造成了极大的灾难，豫、皖、苏三省 3000 万平方公里的田园尽成泽国，89 万人被淹死，1200 万人流离失所。

徐州会战以中国军队的撤退而告终，但这一撤退是防守后的撤退，它使日军围歼中国军队主力的计划全部落空，使日军挫伤中国军民抗战意志的目标未能实现。而中国军队的防御作战和主动转移却达到了预期的目的，在战略上符合持久消耗战的作战原则，并为部署武汉会战赢得了宝贵的时间。

(5)武汉会战。武汉地处江汉平原，是平汉、粤汉铁路的交会点，素有"九省通衢"之称，为华中之战略要地。南京国民政府部分机构由南京暂迁武汉后，该地实际上已成为当时中国抗战的政治、军事、经济和文化中心，战略位置十分重要，故而成为日方觊觎的目标，敌我双方争夺的要地。

日方认为，通过武汉作战，"可以做到以武力解决中国事件的大半"，"只要占领汉口、广州，就能统治中国"。[①] 为此，日方先后调集了 12 个师团，120 余艘舰艇，500 架飞机，共 35 万人的兵力，分五路会攻武汉。为最大限度地消耗敌人，1938 年 7 月 11 日，南京国民政府军事委员会下达武汉会战作战方针：国军以各一部守备华南海岸以及华北与华东现阵地，并积极发展游击战，妨害长江下游敌之航运，牵制消耗敌人；另以有力一部支援马当与湖口要塞，迫敌在鄱阳湖以东展开，妨碍敌溯江向九江集中。国军主力集中武汉外围，利用鄱阳湖、大别山地障及长江南岸丘陵、湖沼等施行战略持久战，特别注意保持重点与外翼，争取行动之自由，预期与敌人的主力作战四至六个月，予敌以最大之消耗，粉碎其继续进攻之能力。其兵力部署为长江北岸由第五战区指挥，担任江北、大别山东麓一线防御；新成立的第九战区担任长江南岸作战任务。同时，调集了 14 个集团军 47 个军 129 个师，飞机 200 余架，舰艇 30 余艘，总兵力约 110 万人，由蒋介石亲任总指挥，在江、淮、湖、汉之间的广阔战线上，与日军进行了一场空前规模的大会战。

1938 年 6 月 12 日，敌军攻占安庆，拉开了武汉会战的序幕。至 6 月底 7 月初，敌又相继攻占了潜山、马当、湖口等战略要地。7 月中旬，日军以一部兵力向大别山麓进犯，直趋信阳，切断平汉路，迂回武汉之北，而将其主力部署于长江两岸，同时夹江西进，合围武汉。防守长江南岸的第九战区部队，为阻止敌人西进和南犯，在南浔路、鄱阳湖等处设防，并防守九江及瑞(昌)武(宁)公路，控制瑞

① 〔日〕防卫厅防卫研究所战史室：《中国事变陆军作战》(2)，朝云新闻社 1983 年增印，第 86 页。

昌、阳新一线，逐次抵抗，消耗敌人；防守长江北岸的第五战区部队利用丘陵、湖泊有利地形，在大别山南、北麓与敌激战。双方部队在纵横千里的战场上进行大小战斗数百次。在战役战斗中，不仅有节节抵抗的阵地消耗战，也有主动围歼敌人的进攻战。10月下旬，武汉已处在敌军的三面包围之中。10月25日，蒋介石下令撤离武汉。江北及鄂北守军转移到平汉路以西的随县、枣阳地区，江南守军进入湖南北部。历时四个月之久的武汉会战宣告结束。

武汉会战是中国现代军事史上第一次在最广阔的地域上使用了最庞大的兵力的协同作战，是抗战初期国共两党关系比较融洽、全国人民协力参加的一次全民族抗战。武汉会战虽然在具体指挥中犯有种种错误，使日军最终占领了武汉，但是，它使日本几乎是倾其全国的军事主力以摧毁中国军队主力的计划彻底破产，使日本迫使中国屈服的企图化为泡影。中国坚守歼敌为上、守土在次的作战原则，虽然失去了武汉，但毙伤敌4万人，大大消耗了日军的有生力量，使日军的战略进攻被迫停止，达到了消耗敌军、掩护战略撤退、粉碎日军攻势能力的目标。

武汉会战期间，日本为策应武汉的攻势和切断中国海上的对外联系，抽调一部分兵力进攻广州。10月12日，日海军陆战队在广东大亚湾登陆，中国守军在广州附近仓促抵抗，10月21日，广州失陷。

从"七七"事变到广州、武汉失守的15个多月里，祖国的半壁河山虽沦于敌手，但由于国民党广大爱国官兵英勇顽强的抵抗，日军伤亡近45余万人，物资消耗达100多亿日元，其"速战速决"灭亡中国的狂妄计划宣告彻底破产。直至1944年豫湘桂战役，日军再也没有发动大规模的进攻。中日军队一直在湘、鄂、赣、豫四省拉锯对峙。以武汉会战为标志，日军在线略上的主动进攻被迫停止，抗日战争进入相持阶段。

(二)相持阶段到来后国民党政策重点的转变与正面战场的作战

1. 国民党政策重点的转变

相持阶段到来后，由于日本迅速灭亡中国的战略企图未能实现，陷入旷日持久的战争困境中不能自拔，军事、经济等方面都面临极大困难，兵力日益分散。特别是八路军、新四军在敌后开展广泛的游击战争，给予日军以沉重打击，严重消耗了日本的有生力量，这就迫使其"重新检讨对华政策"，以应付持久的战争。日本在坚持灭亡中国的基本国策的前提下，开始调整对华政策，即由过去的"速战速决"、"武力征服"的政策，改为"以战养战"、"以华制华"的政策，对国民党正面战场停止了战略性进攻，以"政治诱降为主，军事打击"为辅，而逐渐把军事进攻的重点转向解放区战场。

1938年11月3日，日本近卫内阁发表第二次对华声明，提出所谓"日满华三国合作”、“建设东亚新秩序”的国策，改变了1938年1月16日第一次对华声明中“不以国民政府为对手，而期望真能与帝国合作的中国新政权的建立与发展”的方针，声称“如果国民政府抛弃以前的一贯政策，更换人事组织，取得新生的成果，参加新秩序的建设，我方并不予以拒绝”，以此引诱南京国民政府对日妥协，分化瓦解国民党营垒，参加“大东亚新秩序”的建设。声明的发表标志着日本对华政策的调整。上述声明改变了不承认国民政府的方针，但仍要求国民政府“更换人事组织”，仍坚持把蒋介石下野作为议和的先决条件。1939年9月，日本在南京设立中国派遣军总司令部，以西尾寿造为总司令，板垣征四郎为总参谋长，统一指挥除关东军、台湾军队以外的所有在华军队。

日本侵华政策的变化，引起中国抗日营垒的严重分化。在日本诱降下，汪精卫集团公开叛国投敌。自抗战以来，汪精卫多次发表文章和谈话，积极主张对日妥协，并网罗亲日分子周佛海、陶希圣、高宗武等人组织“低调俱乐部”，积极开展所谓“和平运动”。近卫第二次对华声明发表后，汪精卫认为“和平”时机已到，于11月7日派高宗武、梅思平到上海与日本陆军省军务课长影佐祯昭、参谋本部支那课课长今井武夫在上海虹口的重光堂进行秘密会谈。11月20日，双方签订了《日华协议记录》。协议规定：中日签订“防共协定”，承认“满洲国”，中日经济提携等。协议还就成立伪中央政权和汪精卫出逃问题作出安排。12月18日，汪精卫与陈璧君、曾仲鸣等人潜离重庆，飞抵昆明，与周佛海、陶希圣等会合；次日，逃往河内。陈公博、林柏生等人也同时逃出重庆。22日，日本政府按照预定计划，发表第三次近卫对华声明，提出所谓“善邻友好”、“共同防共”、“经济提携”三原则。29日，汪精卫在河内发表“致中央党部蒋总裁暨中央执监委员诸同志”的“艳电”，响应近卫声明。电文声称：“兆铭经熟虑之后，以为国民政府即以此为根据，与日本政府交换诚意，以期恢复和平。”“艳电”成为汪精卫集团公开叛国投敌的宣言。1940年3月30日，在日本扶植下，汪精卫在南京成立了伪政权。

汪精卫是国民党副总裁、中央政治会议主席、国防最高会议副主席和国民参政会议长，其公开叛国投敌，在国内外引起重大反响。蒋介石曾派外交部长王宠惠到河内劝助，被拒绝；又派特务去暗杀，却误杀了他的秘书。全国人民以及海外华侨纷纷要求将汪精卫逮捕归案，以正国法。在国内外舆论的压力下，1939年1月1日，国民党中央常务委员会决议永远开除汪精卫党籍，并撤销其一切职务。6月8日，南京国民政府才对汪精卫下通缉令。1940年3月，汪伪集团在南京组建伪中华民国国民政府，汪自任代理主席兼行政院长，陈公博、温宗尧、梁鸿志和王揖唐分别出任立法、司法、监察和考试院长。

日本在占领武汉以后不久，对蒋介石的态度也作了从反蒋到拉蒋的重要调整。1939年2月，华北日军特务机关喜多诚一所拟的“和平计划”，公开声言“尊崇蒋介石上将的地位”而给予“崇高位置”。3月初，日本新任首相平沼在国会演说中，正式提出：“蒋介石将军与其领导之政府，假使能重新考虑其反日态度，与日本共同合作，谋东亚新秩序之建立，则日本准备与之作中止敌对行为之谈判。”

在日本军事打击与政治诱降以及英美的劝降下，蒋介石集团也十分动摇，既抗日又妥协的两面性更为明显，其政策重点由对外抗日转向对内反共。1939年1月召开的国民党五届五中全会集中反映了其政策重点的转变。

国民党五届五中全会的中心议题，是抗日问题和国共关系问题。关于抗日问题，全会虽然仍旧标榜“抗战到底”，但蒋介石在会上却表示抗战到底的“底”，就是“回复‘七七’事变以前原状”，就是企图以承认日本占领东北和华北政权特殊化的既成事实为代价，换取同日本的妥协。关于国共关系问题，会议确定了“溶共、防共、限共”的方针，秘密通过了《防止异党活动办法》，设立了防共委员会。五届五中全会决定的方针、政策，表明国民党反动性的一面在上升。但是，由于日蒋之间的矛盾无法解决，国民党不敢公开破裂国共合作，仍留在抗日民族统一战线内部。既抗日又有妥协的打算、既反共又不敢彻底决裂，是五届五中全会后国民党两面政策的基本特征。

五届五中全会后，国民党陆续颁发了《限制异党活动办法》、《异党问题处理办法》、《沦陷区防范共党活动办法草案》等一系列反共法规。此后，全国各地反共摩擦事件不断发生。1939年4月至11月，国民党顽固派先后制造了博山、深县、平江、鄂东和确山惨案等多次反共摩擦事件，有1600余名共产党军政人员被杀害。

从1939年冬到1940年春，国民党顽固派的反共摩擦事件发展成为第一次反共高潮。在山西，阎锡山部进攻共产党领导的山西新军，摧毁抗日民主政权，杀害大批共产党员和进步分子。在陕甘宁边区，朱绍良部袭击、占领陕甘宁边区属地宁县、镇原等五座县城，并集中力量准备进攻延安。在华北，石友三部攻击冀南、冀鲁豫八路军，朱怀冰部进攻八路军总部所在地太行山。中国共产党领导根据地军民采取自卫原则，分别击败了顽固派的军事进攻。随后，中国共产党以大局为重，派出代表与阎锡山、卫立煌进行谈判，达成了划定驻区、分区抗战的协议。至此，国民党顽固派的军事进攻被打退。

第一次反共高潮被打退后，国民党顽固派反共活动的重点由华北转到华中，进攻矛头由八路军转向新四军。1940年7月，国民党向共产党提出“中央提示案”，要求削减八路军、新四军人数的4/5，并全部集中到冀察及鲁北、晋北。1940年10月19日，蒋介石指使何应钦、白崇禧以南京国民政府军事委员会正、副参谋总长的名义，发出致朱德总司令、彭德怀副总司令和叶挺军长、项英副军长的"皓电",强令在长江南北和黄河以南坚持抗战的新四军、八路军在一个月内全部开赴黄河以北。11月9日,中共以朱、彭、叶、项名义发出复何的"佳电",对"皓电"进行了有力的驳斥,表示坚决拒绝国民党要八路军新四军限期撤到黄河以北的命令。但是,为顾全团结抗战的大局,佳电表示同意将皖南新四军部队移到长江以北。12月8日,国民党政府又以何、白名义发出"齐电",强令黄河以南的八路军、新四军撤至黄河以北。蒋介石一面于12月9日发布要新四军限期北移的手令,一面密令顾祝同"至限期(本年十二月三十一日止)该军仍不遵令北渡,应立即将其解决"。1941年1月4日晚,新四军军部及所属部队9000余人从泾县云岭出发,次日在茂林地区遭顾祝同所属上官云相等部的包围。6日,突遭国民党8万余人的包围袭击,新四军被迫抗击,奋战七昼夜,终因寡不敌众,弹尽粮绝,除2000余人突围外,大部分人壮烈牺牲或被俘。军长叶挺被扣押,副军长项英、参谋长周子昆、政治部主任袁国平皆遇害。17日,蒋介石反诬新四军为"叛军",宣布取消其番号,并声称将叶挺交军法审判。第二次反共高潮达到顶点。中国共产党对此进行了针锋相对的斗争。20日,中共中央军事委员会发布重建新四军军部的命令,任命陈毅为新四军代理军长,张云逸为副军长,刘少奇为政治委员。22日,中共中央军委发言人发表谈话,提出停止挑衅、取消1月17日反动命令、惩办祸首等12条解决皖南事变的办法。25日,新四军新军部在苏北盐城建立;统编7个师1个独立旅,粉碎了国民党反动派消灭新四军的妄想。周恩来等也在重庆与国民党当局进行了面对面的斗争。广大民主人士、海外爱国侨胞和国际舆论也谴责了制造皖南事变的活动。在中国共产党的坚决还击和国内外正义舆论的压力下,蒋介石在政治上陷于孤立。3月6日,在二届一次国民参政会上,蒋介石表示皖南事变"不牵涉党派政治",保证以后"决无剿共军事"。至此,国民党顽固派发动的第二次反共高潮被打退。

2. 正面战场的持续抵抗

武汉、广州沦陷后,南京国民政府为检讨抗战以来的作战得失,确定相持阶段到来后的战略方针和军事部署,1938年11月25~28日,由蒋介石主持召开了南岳军事会议。会议重申继续实施持久作战的战略方针,指出:从卢沟桥事变到武汉撤军、岳阳失陷为抗战第一期,此后为第二期。第二期抗战要"政治重于军事,民众重于士兵,精神重于物质,游击战术重于正规战"。会议决定分三期整训全国军队,在兵力使用上,准备以1/3进行敌后游击战争,1/3用于正面战场防御,1/3调至后方整训补充。根据战场形势的新变化,重新调整了战区,规定了各战区所辖范围和兵力,简化了指挥层次,取消兵团、军团两级,以军为基本战略单位。会后,军委会根据会议精神制定了《第二期作战指导方针》:"连续发动有限度之攻势与反击,以牵制消耗敌人,策应敌后之游击部队,加强敌后方之控制与扰袭，化敌人后方为前方，迫敌局促于点线，阻止其全面统治与物资掠夺，粉碎其以华治华、以战养战之企图，同时，抽出部队轮流整训，强化战力，准备总反攻。”这种部署无疑有一定的客观依据，但也充分反映出国民党消极防守、保存实力的意图。

根据南岳军事会议的基本精神，国民党军队在敌后开展一定规模游击战的同时，正面战场对日军的进攻继续进行抵抗，在相持阶段前期共组织了九次大规模战役。

南昌会战。1939 年 3 月初，日军集中四个师团的兵力，向南昌进攻，中国第九战区和第三战区部队在外围与市区同日军激战，3 月 27 日，南昌失陷。4 月下旬，中国军队在罗卓英的指挥下反攻南昌，一度进至城郊，但日军全力死守。二十九军军长陈安宝在战斗中殉国。5 月 9 日，中国守军奉命停止反攻，退回原阵地，与日军形成对峙。中方伤亡失踪者达 8000 余人。

随枣会战。为拱卫武汉，1939 年 5 月初，日军三个多师团在空军配合下，发动随(县)枣(阳)战役，企图捕捉和歼灭中国第五战区主力。第五战区部队在司令长官李宗仁指挥下，实施攻势防御，与日军展开激战，敌先后占领枣阳、新野、唐河、南阳等地。5 月中旬，中国军队开始反攻，予敌重创。至 5 月下旬，毙伤日军 1.3 万余人，基本恢复了已失阵地，达到了牵制和消耗敌军的目的。

第一次长沙会战。1939 年 9 月中旬，日军调集 10 万兵力分三路进攻长沙。中国先后出动 30 多个师、约 40 万人与敌激战。9 月 30 日，日军因遭重大打击而撤兵。10 月 2 日，中国军队猛烈反攻。14 日，各路日军全部退至原来阵地与中国军队对峙。第一次长沙会战结束。此次会战，中日双方都投入了大量兵力，进行了战略相持阶段到来后第一次大规模的较量。日军承认此次会战颇有“决战之势”。在中国军队的逐次抵抗下，日军伤亡达 3 万余人，中国军队也伤亡 4 万余人。

1939 年的冬季攻势。1939 年 11 月，中国各战区部队按统一部署发动了冬季攻势。自 11 月下旬至 1940 年 3 月底，各部陆续向日军发动攻击。这是进入相持阶段以来，正面战场所采取的惟一的一次全面性攻势行动。为此，国民党投入 1/2 以上的兵力，攻击地区遍及绥、晋、豫、鄂、湘、赣、皖、浙等广大地区，重点置于豫南、晋北及皖南。整个攻势作战共毙伤日军万余人，国民党军队伤亡 5 万人以上。“冬季攻势”对坚持抗战、打击日军起了一定的积极作用。但是，由于各部配合不力，消极避战，保存实力，“冬季攻势”未能达到预期的作战目的。至 1940 年 4 月，正面战场又恢复了原有态势。

桂南会战。与冬季攻势的同时，日军发动了桂南战役，以攻占南宁断绝中国西南补给线为作战目的。1939 年 11 月，日军从钦州湾登陆，11 月 24 日攻占南宁,12月4日攻陷战略要地昆仑关。18日,中国军队以杜聿明部第五军为主力开始了收复南宁的反攻。激战至31日,中国军队终于收复昆仑关,全歼守敌日军第五师团第二十一旅团,乘胜进逼南宁。此后,中日双方在桂南持续作战。到1940年10月底,中国军队收复南宁,日军退出桂南。

1940年5月初至下旬,日军以六个师团的兵力,从鄂北西进,发动枣(阳)宜(昌)会战。5月8日,敌攻占枣阳,企图进一步夺取汉水流域重镇襄樊,中国军队第三十三集团军总司令张自忠,亲率五个师渡汉水,在大洪山以北与来犯之敌激战。5月16日,中国军队攻克枣阳,张自忠在作战中壮烈殉国。次日,枣阳又被敌攻陷。中国军队在宜昌周围进行了猛烈抵抗。6月12日,宜昌被敌攻陷。

1941年1月25日,日军发现第五战区主力在河南遂平、项城一带活动,遂抽调主力发动豫南战役。双方在豫南平汉路沿线地区数交手。2月6日,日军撤退,伤亡9000余人。

3月15日,日军为解决赣北中国军队对南昌的威胁,以两个师团的兵力南北夹攻,从3月15日开始合击中国军队于上高地区。4月8日,中国军队失而复得上高,又克安义外围各要点。日军死伤1.5万余人。

在晋南山区活动的第一战区卫立煌部18万人,以中条山为游击根据地,固守黄河北岸,对华北日军构成侧翼威胁。日军曾发动多次围攻均告失利。1941年5月7日,华北日军以10万余兵力,从中条山东、北、西三侧发动围攻,全线突入国民党军阵地。14日,日军打通中条山区并控制了黄河北岸渡力。28日,中条山战役结束。中国军队伤亡达4.2万余人,被俘3.5万余人。

总之,抗日战争进入相持阶段后,正面战场的作战还是比较频繁的。在战役中,中日双方都"以攻为守",进行有限的作战,在作战态势上也互有进退,表现了战略相持阶段的基本特征。中国军队对日军的有限攻势,钳制住了日本的主力,基本上保住了西南、西北大后方省区和东南一部分地区,在客观上也配合了敌后解放区战场的坚持和发展。

(三)太平洋战争爆发后的正面战场

1. 中国政府对日宣战及中国战区成立

1940年之后,由于日本积极推行"南进"政策,使日、美之间的矛盾日益激化。但是双方都不愿直接发生战争,从1941年4月开始,日、美之间就维持太平洋的现状、中国问题等进行谈判。日、美谈判期间,德国突然大举进攻苏联,国际形势发生重大变化。7月初,日本政府决定加紧向南方扩展,为此目的,不惜对英、美开战。7月底,英、美立即冻结了日本在两国的资产。接着,美国又宣布禁止除棉花、粮食以外的一切物资对日本出口。11月26日,美日谈判破裂。日本与英、美关系进一步恶化。

1941 年 12 月 7 日,日本命令海军偷袭美国在太平洋的主要海军基地珍珠港,击伤击沉美舰 20 余艘,击毁美机 300 余架,发动了太平洋战争。紧接着日本又袭击了英国在太平洋的战略基地新加坡。战争范围很快蔓延到东起夏威夷、西至马来半岛的太平洋海面。同时,日本又袭击了关岛、威克岛、马来亚、香港、泰国以及菲律宾群岛,席卷南洋。

太平洋战争的爆发,扩大了世界反法西斯阵营,欧、亚、美许多国家纷纷对日宣战。在日本偷袭珍珠港的当天,蒋介石立即召开中央常务委员特别会议,商讨对策,下午又约见美、英、苏三国驻华大使,表示要竭尽全力与美、英、苏及其他诸友邦协同作战,以促成日本及其同盟轴心国家之完全崩溃,同时建议中、英、美、澳、荷、加及新西兰各友邦成立军事同盟,并推美国为领导,指挥共同作战之军队,联盟各国不对日单独媾和。已经与日本交战数年之久的南京国民政府终于于 1941 年 12 月 9 日正式对日宣战。中国的抗日战争与世界各国人民的反法西斯斗争会合起来了。1942 年 1 月 1 日,以美、英、苏、中为首的 26 国在华盛顿签署共同反法西斯战争的《联合国家共同宣言》,标志着国际反法西斯统一战线的正式形成。

1941 年 12 月 22 日至翌年 1 月 14 日,美、英两国首脑在华盛顿举行会议,协商在全球范围内进行反法西斯战争的战略问题,同时也对东方战场作了调整与安排。1941 年 12 月 31 日,罗斯福致电蒋介石,建议成立中国战区统帅部,由蒋负责指挥这一地区之联合国军队作战,所辖地区包括越南、泰国及将来可能成同盟国所控制之区域。1942 年 1 月 5 日,蒋介石接受美国总统罗斯福的提议,出任中国战区(包括越南、泰国等)最高司令。1 月 22 日,罗斯福任命在华供职多年的史迪威担任中国战区参谋长兼中美印战区的美军指挥官。3 月,史迪威来华即赴缅指挥作战。通过中国战区成立等实际活动,中国同全世界反法西斯国家和人民的联系密切起来,中国长期以来单独抗击日本侵略的局面终于结束了。

2. 相持阶段后期正面战场的作战

太平洋战争爆发后,南京国民政府为了配合英、美积极打击日军,命令各战区全面发起攻势,以牵制日军,策应友军作战。1941 年 12月初,日军为牵制中国军队向广东方面转移,纠集 7 万余人的兵力第三次进攻长沙。中国第九战区根据前两次长沙会战的经验,制定了彻底破坏道路,在中间地带空室清野,设置纵深的伏击地区,诱敌深入,将敌围而歼之的后退决战方针。12 月 24 日,日军各主力部队强渡新墙河,发起攻势。中国第九战区部队按照预定方案,诱敌深入。31 日,日军进入中国军队预定的决战地区,中国军队奉命于 1942 年 1 月 1

日开始反攻,双方展开激战,给日军较大杀伤。至1月4日,长沙城仍未被攻破,日军以飞机掩护,全线猛攻,中国守军顽强抵抗,敌军伤亡惨重,不得进展。5日拂晓,中国守军开始由南向北的三路追击和由北向南的四路堵截,以期将敌军围歼于汨罗江以南、捞刀河以北地区。敌军在中国军队追击堵截之下,仓皇撤退。1月15日,日军退至新墙河以北,恢复原态势。日军死亡达5.69万人。第三次长沙会战以中国军队的最后胜利而告终。

4月18日,从太平洋上的航空母舰起飞的美军飞机首次轰炸东京、神户、名古屋等地,完成任务后飞到中国浙江境内的机场降落,引起日本恐慌。由于日本本土受到猛烈空袭,朝野震惊。日本大本营命令侵华日军进行浙赣战役,破坏中国沿海机构。5月15日,日军第十三军、第十一军东西对进直扑浙赣地区。6月7日,日军占领衢县,彻底破坏了机场。7月1日,两路日军在横峰会合后,打通浙赣线。两个月后回撤,中国收复失地。此役中方伤亡4万余人,日军伤亡3万余人,敌第十五师团长酒井直次中将丧命。

1943年11月下旬,日军兵分五路围攻常德。从24日至12月3日,双方在常德攻守战中相峙十天,由于增援的部队无法渡过沅江,中国守军被迫撤离常德。七天后,中国军队全面反攻,9日收复常德。10日,日军全线撤退。中美空军出动261架次,有力地支援了地面部队的作战。至1944年1月初,恢复原态势。此役日军损失2万余人,中国军队伤亡5万余人,有许国璋、孙明瑾、彭士量三位师长阵亡。

太平洋战争爆发后,滇缅公路是中国接受外援物资补给的惟一国际通道,中国政府对于出兵防守缅甸抱有积极的态度。当时的缅甸是英国的殖民地。1941年2月,中国派高级军事代表团赴缅、印等地考察,曾与英国讨论联合保卫缅甸问题。同年12月26日,中英双方在重庆召开军事会议,签订了《共同防御滇缅公路协定》。1942年1月,日军以重兵集结泰境,谋攻缅甸。中国政府为保卫滇缅公路的畅通,履行在中英共同防御滇缅路协定和华盛顿公约中所承担的义务,在百万日军侵入国内的困难情况下,动员了3个精锐军,共计10万人,由罗卓英、杜聿明任正、副司令长官,组成远征军,陆续入缅与英军并肩战斗,抗击日军。

1942年3月,中国远征军第五军二〇〇师戴安澜部在同古与日军激战,日军死伤5000余人。4月,孙立人率远征军第六十六军三十八师驰援仁安羌,经两昼夜激战,歼灭日军1200余人,克复仁安羌,解救了被围英军7000余人及美国传教士、记者500余人。中国远征军以不到1000人的兵力,击退数倍于己的敌人,解救近10倍于己的友军,创造了军事史上的奇迹,受到中外人士的赞誉和敬佩。

由于气候、地形等条件的限制,加以盟军内部指挥不一致,在日寇猛攻下,中国远征军连遭失败，第二〇〇师师长戴安澜在战斗中殉职，远征军不得不于5月初大部分退回国内，在缅甸西北部的两个师则进入印度。在后撤中，远征军伤亡惨重，入缅作战约10万人，8月集结时仅4万人，装备也大部丢失。5万余远征健儿牺牲在异国的土地上。

中国远征军英勇战斗，血洒异域，十分壮烈。然数月血战，终未能集中兵力进行会战，达到收复仰光、保全滇缅路的战略目的。究其原因，是由于英方未忠实履行协定，致使远征军不可能与英军共同拟定作战计划，设防御敌。再加上仓促应战，指挥紊乱，致使作战始终陷于被动地位。尽管远征军英勇奋战，终难挽回败局。

(四)抗日战争后期的正面战场

1. 豫湘桂战役

豫湘桂战役(日本大本营称之为“1号作战”)，是1944年中国战场的主要战役。该战役自1943年秋天酝酿，1944年4月中旬发动，一直延续到1945年初始告结束。

1944年春天，世界反法西斯战争取得了重大胜利。在欧洲战场上，苏军完全掌握了战略主动权，希特勒正面临总崩溃的前夜；在太平洋战场上，日军步步失利。美军占领了太平洋许多岛屿，切断了日本与南洋的海上交通线，使在东南亚一带作战的50万日军陷入孤立无援的境地。日军为打通华北与武汉地区的联络路线，贯通华北与华中各战场，急需打通由中国东北直到越南的“大陆交通线”，以挽救东南亚一带的日军。同时对南京国民政府给予再一次打击，以便诱降政策的继续施行。因此，从1944年4月开始，发动了豫湘桂战役。

为打通平汉路，1944年4月18日，日军约15万人在冈村宁次的指挥下，从河南中牟一带渡过黄泛区，向豫中进攻。22日，日军相继袭占郑州、新郑、广武、洧川等地。豫北之敌也连陷广武、密县等地。30日，敌攻许昌，蒋介石下令死守，守城部队与敌血战后，不支溃退。5月1日，许昌失守。5月8日，南北日军会师西平，平汉路南段被日军打通。敌陷许昌后，即迅速西犯，直逼洛阳。5月18日，日军开始进攻洛阳城，中国守军以迫击炮和机枪猛烈反击，终因敌我实力悬殊，25日，中国守军撤出洛阳。豫中战役遂告结束。此次战役，国民党军队丢失城市38座，损失兵员20余万。

日军在向豫中大举进攻的同时，开始准备对湖南的进攻，企图击溃中国驻湘中军队，贯通粤汉路。5月27日，日军纠集8个师团共10万人的兵力分三路向长沙进犯，一举突破岳阳以南中国守军第一道防线。中国第九战区各部利用既设阵地，节节阻敌，终未能挡住日军攻势。长沙于6月19日失守。接着，日军又南下进逼衡阳。从6月27日至8月4日,日军三次对衡阳发起攻击,中国守军凭借坚固的城坊工事,与日军血战近50天,双方均伤亡惨重。在会战的关键时刻,第十军军长方先觉在伤兵满营而又得不到增援的情况下,为保全残部,绝望地举起白旗。8月8日,衡阳沦陷。中方伤亡约3万人,被俘1.33万人;日军伤亡2.92万人。长衡会战宣告结束。

为打通湘桂铁路,连接与越南的铁路交通,日军占领衡阳后,又纠集了11万余兵力,向桂林、柳州进犯。10月中旬,日军突破桂柳外围阵地。11月7日,日军在大炮、飞机、坦克支援下,由西、北、东三面向桂林进犯,中国守军与日军展开激烈巷战,逐次抵抗,终未能阻止日军的攻势。11月10日,桂林失守。在桂林战斗正激烈进行之时,日军一部开始向柳城进犯。11月9日,日军由三面向柳洲发起进攻,中国守军经激烈抵抗后,11月10日奉命弃守柳洲,向西转移。柳州沦陷。11月24日,柳洲之敌南下进攻南宁,守军弃城逃走。

日军陷柳洲后,继续西犯。12月2日,占领贵州重镇独山,进逼四川。重庆为之震动,急调军队增援,迫敌于12月4日自独山撤退。在此期间,驻越南的一部分日军乘势北上,与由南宁南下的一部分日军于12月10日会合于绥渌。至此,中越交通线被打通。广西省内重大战斗,暂告结束。

豫湘桂战役,历时8个月,是日军在侵华战争期间发动的规模最大的战役,也是国民党抗战以来的第二次大溃败。在八个月的对日作战中,国民党军队损失近50万人,丢失大小城市146座,失去了7个空军基地和36个飞机场,丧失国土20余万平方公里,使6000万同胞沦于日军铁蹄之下。

这次战役,日军向前推进2000公里,侵犯了河南、湖南、广西等省的广大地区,形式上虽然完成了打通大陆交通线的作战计划,但没有达到摧毁美军空军基地和压迫中国政府投降的目的,且付出了重大代价,损失惨重,战线拉得更长,兵力更加分散,占领区守备力量更为薄弱,战略态势更为不利。这就使得敌后军民的大反攻处于某种有利的形势。所以,从战略意义上来讲,日本并不是完全成功的。

2. 中国驻印军、中国远征军配合盟军反攻作战

1944年中国正面战场总的战略态势是"东守西攻"。在豫湘桂战役溃败之时,中国驻印军、中国远征军在缅北、滇西反攻作战中却取得了重大胜利。

1943年下半年,盟军准备由缅北进行反攻,打通中印公路。为配合盟军作战,1943年10月下旬,退入印度的中国驻印军由缅北野人山区向新背洋、于邦一线前进。11月6日,攻克于邦日军前沿阵地,日军固守于邦核心阵地进行顽抗。双方展开激战,中国驻印军在美空军支援下,歼敌一个大队。12月28日,攻占于邦。之后,直指缅北军事重镇孟关。日军在孟关及其外围据点构筑了坚

固的防御阵地,企图作持久抵抗,阻止中国驻印军前进。1944 年 2 月 18 日,中国驻印军兵分左、右两路纵队,向孟关攻击前进。3 月 15 日,攻克孟关,敌两个团主力被歼。之后,中国驻印军继续攻击前进,与日军进行多次激战,先后攻克高沙坎、沙土渣、杰布山、孟拱等地。经过两个月的激战,于 8 月 3 日又攻克了战略要地密支那。日守城指挥官水上源藏自杀。至此,缅北地区基本上被盟军所控制。

1944 年 10 月,中国驻印军向八莫推进,11 月 15 日攻占八莫,击毙敌守城司令。1945 年 1 月,中国驻印军又先后攻占南坎、芒友,与滇西中国军队胜利会师。之后,中国驻印军又攻占腊戍、猛岩、细包等地,3 月 30 日与英军第三十六师会师于乔梅。至此,中国驻印军胜利完成了反攻缅北、打通中印公路的作战任务。随后,中国驻印军各部队相继奉调回国。

为配合中国驻印军在缅北的作战,退入滇西的中国远征军也由滇西出动,于 1944 年 5 月发起滇西反攻作战。5 月中旬,中国远征军各部渡过怒江,尔后攻击前进。中日双方拼死相争,各有进退。8 月 15 日,中国远征军向腾冲发起总攻,战至 21 日,将城垣之日军大部歼灭。远征军先后攻入城内,与日军展开激战,寸土尺地,反复争夺。至 9 月 14 日,城内日军全部被歼,日军代理团长及部分官兵绝望自杀。10 月 25 日,中国远征军向龙陵发动统一攻击,11 月 6 日,克复龙陵,日军大部被歼。11 月 20 日,攻克芒市;12 月 1 日,占遮放。1945 年 1 月 19 日又收复畹町。27 日,中国远征军与中国驻印军在芒友会师。28 日,中、美两军高级将领在畹町举行会师典礼。至此,滇西反攻作战胜利结束。

中国驻印军和滇西远征军缅北、滇西反攻,从 1943 年 10 月至 1945 年 3 月,前后历时 17 个月。在复杂的地理、气候条件下,克服各种困难,挺进 2400 余公里,收复缅北大小城镇 50 余座,解放缅甸领土 8 万余平方公里,收复滇西失地 8.3 万平方公里,毙伤日军 4.8 万余人。中国驻印军和中国远征军也付出了伤亡 6.7 万人的代价。缅北、滇西反攻的胜利为中国的抗日战争和世界反法西斯战争作出了重要的贡献,在中华民族反抗外族入侵的历史上写下了光辉的一页。

中国驻印军和远征军缅北、滇西反攻胜利之时,中国军队也开始了收复广西的反攻作战。经与日军反复较量,于 1945 年 8 月,将柳桂地区全部收复。

3. 中国国民党第六次全国代表大会

在抗日战争即将胜利之时,国民党为了坚持一党专政,拒绝成立联合政府,于 1945 年 5 月 5 日至 21 日,在重庆召开了第六次全国代表大会,通过了《政纲政策》和若干决议,发表了宣言,推举蒋介石连任总裁,选举了中央执监委员会。

大会的主旨就是坚持国民党一党专政,拒绝联合政府。多年以来,国民党多次许诺“还政于民”,但又多次借故不予兑现。迫于全国人民的压力,在大会通过的《国民大会召集日期案》中宣布:1945年11月12日召开国民大会,通过宪法,实施宪政,还政于民。但是,国民大会的代表仍是在抗战前由国民党中央指定和包办"选举"出来的,根本不具备代表全国人民的合法资格;拟提交国民大会通过的宪法,仍是国民党在1936年5月公布的《五五宪草》,其根本特征和核心内容是维护国民党一党专政,坚持独裁统治。所以,国民党准备实施的这种宪政,只不过是给其一党专政的独裁政府披上合法的外衣而已,其目的是用这种手段来拒绝成立联合政府,继续坚持其一党专政。

大会的另一主旨,是加强反共力量,准备内战。大会通过的《对中共问题之议决案》中指责"中共仍坚持其武装割据","奉中央之军令政令",声称"在不妨碍抗战、危害国家之范围内,一切问题可以商谈解决"。在对内公布的《本党同志对中共问题上工作方针》中,则恶毒攻击中国共产党坚持"武装割据",借以"破坏抗战","企图颠覆政府,危害国家"等等,提出要"整肃军政,加强力量",准备进行反共内战。5月18日,蒋介石在大会讲话中宣称:"今天的中心工作,在于消灭共产党!日本是我们国外的敌人,中共是我们国内的敌人!只有消灭中共,才能达成我们的任务。"在大会闭幕后的两天即5月23日,蒋介石就调集了10个师的兵力进攻苏浙地区的新四军。7月,又令胡宗南向陕甘宁边区进攻。局部内战,已在试探中实施。

国民党"六大"是坚持独裁、准备内战的大会,它与中共"七大"形成了鲜明的对比,它代表着黑暗的中国之命运。

三、抗日战争时期的敌后战场

(一)抗战初期中国共产党军事战略的转变与敌后根据地的开辟

1. 洛川会议确定敌后战场的基本战略方针

抗战全面爆发后,战局急剧变化,中国共产党为制定适应抗战形势的总纲领和具体的战略方针,1937年8月22日至25日,中共中央在陕北洛川冯家村召开了中央政治局扩大会议。

会议首先分析了中日战争敌强我弱的形势,明确指出抗日战争的艰苦性和持久性,正式确定了全面的全民族的抗战路线和持久战的战略总方针。

会议由张闻天主持。毛泽东作关于军事问题和国共两党关系问题的报告。关于军事问题,报告首先提出红军的基本任务是创建根据地,牵制和消灭敌人,配合友军作战,保存和扩大部队,争取共产党对民族革命的领导权。基本的战略方针是"独立自主的山地游击战"或"基本的是游击战,但不放松有利条件下的运动战”。依据红军担负的战略任务和必须执行的战略方针，明确提出红军必须实行战略转变，即由国内革命战争的正规战向抗日民族解放战争的游击战转变；把国内革命战争集中使用的正规军，转变为抗日战争分散使用的游击军，把国内革命战争的运动战，转变为抗日战争的游击战。中国共产党军事战略的转变，是客观形势的需要。这一转变在现象上虽然表现为一个倒退的转变，但是，在本质上却是洞察中日战争全局而作出的英明战略决策。这一军事战略转变不仅关系着中国共产党和红军的前途，而且极大地关系着整个抗日战争的坚持、发展和胜利，关系着中华民族解放的命运。

关于国共两党的关系问题，报告指出：在统一战线中，中国共产党必须坚持独立自主的原则，一方面要巩固、扩大统一战线，另一方面又要对国民党保持高度的阶级警惕性。

会议通过了《关于目前形势与党的任务的决定》，指出：卢沟桥抗战，已成为中国全国性抗战的起点，中国的政治形势已进入抗战的新阶段，在这一阶段的中心任务是动员一切力量争取抗战的胜利。而争取抗战胜利的关键，在使抗战发展为全面的全民族的抗战。

会议制定了《抗日救国十大纲领》，其要点是：打倒日本帝国主义；全国军事的总动员；全国人民的总动员；改革政治机构；抗日的外交政策；实行战时的财政经济政策；改良人民生活；抗日的教育政策；肃清汉奸卖国贼亲日派，巩固后方；抗日的民族团结。这个纲领全面概括了中国共产党在抗日战争时期的基本政治主张，是中国共产党全面抗战路线的具体化。

洛川会议是在历史的转折关头中国共产党召开的一次重要会议。会议正确地分析了抗战爆发后的形势变化，及时提出了改变军事战略方针，规定了党的战略任务和基本政策，确立了一条主张放手发动群众，实行全国人民总动员、全国军队总动员的全面抗战路线，指明了争取抗战胜利的前途，具有重大的历史意义。

1938 年 5 月，毛泽东发表了《论持久战》的著名讲演，阐述了持久战的战略方针。早在 1935 年 12 月，毛泽东在陕北瓦窑堡活动分子会议上就指出：“要打倒敌人必须准备持久战。”9 月 15 日，朱德发表《实行对日抗战》一文，指出：中国的抗战“将是一个持久的艰苦的抗战”。抗日战争爆发后，中共中央向国民党政府提出《确立全国抗战之战略计划及作战原则案》，提出持久战的对日战略方针及积极防御的作战原则。《论持久战》全面分析了中日双方互相矛盾着的四个基本特点，即敌强我弱，敌退步我进步，敌小我大，敌寡助我多助。这四个特点决定了中日战争的进程和结局。第一个特点，决定了日本帝国主义在中国有一定时期和一定程度的横行，因而中国的抗日战争是持久战，而不是速决战。后三个特点,决定了日本不可能在中国横行到底,最后必然失败,中国将经过持久抗战,取得最后胜利。因此,“抗日战争是持久战,最后胜利是中国的”[①]。基于这种分析,毛泽东科学地预见了抗日战争将经过战略防御、战略相持、战略反攻三个发展阶段,而战略相持阶段是中国抗战最困难的阶段,是战争转变的枢纽,是中国将变为独立国、还是沦为殖民地的决定性阶段。中国能否胜利,取决于全民族在这个阶段的努力程度。毛泽东还阐发了“兵民是胜利之本”[②]、“战争的伟力之最深厚的根源,存在于民众之中”[③]的人民战争的抗战路线,规定了抗战的作战方针和作战形式,论述了抗日游击战的战略地位。在同月发表的《抗日游击战争的战略问题》中,毛泽东根据中日战争的实际状况,第一次将游击战争从辅助正规战的地位上升到战略高度去认识。这两部著作是毛泽东运用辩证唯物主义和历史唯物主义解决抗日战争问题的典范,是指导八路军、新四军战胜日本帝国主义的理论武器,它丰富和发展了马克思主义的军事科学。即使是国民党方面的蒋介石、白崇禧等人也十分欣赏这两部著作。白崇禧把其精神归纳为“积小胜为大胜,以空间换时间”两句话,由国民政府军委会通令全国,作为抗日战争的战略指导思想。

2. 敌后根据地的开辟

根据国共两党协议,1937 年 8 月 25 日中共中央军委发布命令,将中国工农红军改编为国民革命军第八路军,朱德任总指挥,彭德怀为副总指挥。洛川会议后,八路军遵照中共中央制定的在敌后开展独立自主游击战的战略方针,东渡黄河,开赴山西抗日前线,投入神圣的抗日民族解放战争。八路军在华北的战略展开,大体上经历了三个阶段:太原失守以前,八路军主要是以游击战和游击运动战直接在战役上配合友军作战,以少部兵力进行发动群众和组织群众武装的工作;太原失守以后,八路军各师在晋察冀、晋东南、晋西北和晋西南开展独立自主的山地游击战,实现了在山区的战略展开;1938 年 4 月以后,八路军实行大幅度分兵,向河北、豫北平原、山东、冀热边和绥远等华北广大敌后区域发展游击战争,开辟了广大的敌后战场。

1937 年 9 月中旬,八路军一一五师为了打击日军的疯狂气焰,配合友军防御作战,其主力决定利用平型关一带险要地形伏击敌人。9 月 25 日,当日军进入我伏击圈时,八路军突然发起猛攻,将敌包围分割,经过一天激战,歼敌 1000 余人,击毁汽车百余辆,缴获大量武器和军用品,取得了平型关战斗的胜利。

---

① 《毛泽东选集》第 2 卷,第 515 页。

② 《毛泽东选集》第 2 卷,第 477 页。

③ 《毛泽东选集》第 2 卷,第 511 页。

平型关战斗结束后，八路军又配合了友军的忻口会战。在察南、晋北和冀西地区，一一五师和一二〇师收复十余座城镇。10 月 19 日，一二九师夜袭阳明堡机场，毁敌机 24 架，歼敌百余人，使进攻忻口之敌失去了空军的援助。娘子关危急时，八路军主力驰援，于 10 月 22 日至 11 月初胜利地进行了长生口、七亘村等战斗，歼敌 2000 余人。当国民党军从太原撤退时，八路军仍在进行战斗。

太原失陷之后，华北地区以国民党为主体的正规战争宣告结束，以共产党为主体的游击战争进入主要地位。八路军三大主力向四个战略区展开，建立晋察冀、晋西北、晋东南、晋西南四个战略区，开展山地游击战，敌后战场粗具规模。

晋察冀与晋西南抗日根据地。晋察冀是当时建立的第一块敌后抗日根据地。平型关战役后，八路军一一五师主力于 1937 年 10 月南下，聂荣臻率该师 3000 余人，深入到恒山山脉南部的晋察冀三省边界开展游击战争，开辟了以五台山为中心的晋察冀根据地。11 月 7 日，成立了以牟平、五台为中心的晋察冀军区，聂荣臻为司令员兼政治委员。为加强对边区的统一领导，1938 年 1 月 10 日至 15 日，在冀西阜平召开晋察冀边区军政民代表大会，选举成立了敌后第一个抗日民主政权——晋察冀边区临时行政委员会①，宋劭文为主任委员。这是敌后共产党领导建立的第一个统一战线性质的抗日民主政权。至此，晋察冀根据地基本形成。与此同时，一一五师师部率三四三旅创建了以吕梁山脉为依托的晋西南根据地。

晋绥抗日根据地。1938 年 2 月，一二〇师在贺龙、关向应率领下，进入晋西北管涔山脉地区，开辟了晋西北根据地。同年 8 月，李井泉率领一二〇师一部组成大青山支队挺进绥远，创建了大青山根据地。之后，大青山根据地与晋西北根据地连成一片，形成晋绥根据地。

晋冀鲁豫抗日根据地。1937 年 11 月，一二九师在刘伯承、徐向前的率领下进入太行太岳山区，开展游击战争，先后开辟了太行、太岳根据地。1938 年 4 月，八路军粉碎日寇对晋东南的九路围攻，歼敌 4000 余人。从 4 月下旬开始，一二九师分兵进入冀中、冀南等平原地区，抗日游击战争在平原地区广泛开展起来。4 月，一一五师建立了冀中军区；6 月，建立了冀中游击区，广泛开展平原游击战争。5 月，一二九师一部进入冀南；8 月成立冀南行政主任公署，建立了冀南根据地。1939 年初，一一五师一部进入冀鲁豫平原，建立了冀鲁豫根据地。至此，中共形成了以太行地区为中心，包括太行、太岳、冀南、冀鲁豫等根据地的晋冀鲁豫根据地。

---

① 初称“临时行政委员会”，1938 年 1 月下旬，先后得到阎锡山和国民政府军事委员会及行政院的正式批准，去掉“临时”字样。

山东抗日根据地。1937 年 10 月至 1938 年 3 月，中共山东省委先后在天福山、徂徕山、牟平、清河发动武装起义，建立了抗日武装。1938 年底，编为八路军山东纵队，以张经武为指挥，黎玉为政治委员，江华为政治部主任，约 2.5 万人，在当地开展游击战争，建立了山东抗日根据地。1939 年 3 月，罗荣桓率领一一五师主力进入鲁西，与山东纵队会合，山东根据地得到进一步巩固和发展.

华中根据地。9 月 28 日，蒋介石任命叶挺为国民革命军新编第四军军长。1937 年 10 月 12 日，国民党江西省主席熊式辉转发蒋介石 10 月 6 日电令：南方红军游击队，统交国民革命军新编第四军军长叶挺编遣调用。11 月 12 日，经中共中央同意，叶挺开始在武汉正式组建军部。12 月 25 日，新四军军部在汉口成立。1938 年 1 月迁南昌。新四军以叶挺为军长，项英为副军长，张云逸为参谋长，袁国平为政治部主任。全军共 10300 余人，编为 4 个支队，一至四支队司令员分别是陈毅、张鼎丞、张云逸、高敬亭。1938 年 3～4 月，新四军各支队开始向皖南、皖中集中。军部由南昌迁岩寺，8 月移泾县云岭。新四军深入华中敌后，创建抗日根据地。6～7 月，陈毅、张鼎臣率一、二支队到苏南，到年底初步建立了以茅山为中心的苏南根据地。7 月初，第三支队开进皖南前线。10 月，四支队一部克无为、庐江等地；11 月，支队一部进至淮南铁路以东展开游击战争，和新编的新四军江北游击纵队配合，打开了皖中地区的抗战局面。10 月，彭雪枫率新四军游击支队进入豫东地区，初步打开了豫东抗战的局面，为以后豫皖苏根据地的发展奠定了基础。

从抗日战争爆发到 1938 年 10 月，敌后抗日根据地军民对敌作战 1600 余次，歼灭俘敌 5.4 万余人，牵制日军 40 多万人。在国民党丢弃的广大国土上，建立了 200 余万平方公里的根据地，人口 5000 万，八路军发展到 15.6 万人，新四军发展到 2.5 万人，敌后解放区战场给中国抗战带来了生机。敌后游击战争不仅配合国民党军队在正面战场上的作战，直接给予日本侵略者以有力打击，而且迫使日军将原先用于进攻的大量兵力转用于防守其占领区，从而对停止日军的战略进攻，稳定全国战局，使抗战由战略防御阶段转入战略相持阶段，起了重要作用。

3. 中国共产党六届六中全会

全国抗战爆发后，党的队伍得到迅速发展。1938 年 3 月 15 日，中共中央作出《关于大量发展党员的决议》，指出：为了担负起扩大与巩固抗日民族统一战线以彻底战胜日本帝国主义的神圣任务，大量的十百倍的发展党员，成为党目前迫切与严重的任务。到 1938 年底，共产党员人数已从全国抗战开始的 4 万多发展到 50 余万。

在抗日民族统一战线建立之前，中国共产党内存在的主要错误倾向是关门主义。抗战爆发以后，国民党已经抗日，因此这一倾向逐渐消失，代之而起的却是右倾思想。主要表现在，对国民党的反共阴谋丧失警惕；在统一战线工作中，对国民党的无原则迁就；在共产党参加国民党政权问题上的右倾主张；过分相信国民党，倾向于把国民党统治区内的一切党的活动公开化；有些人对国民党特务在根据地进行的破坏活动也不敢进行坚决斗争，等等。中国共产党对于内部出现的右倾错误倾向，一开始就注意克服并防止其蔓延。

洛川会议上，就提出过红军改编成国民革命军之后要坚持独立自主和党的集中领导的原则。以后，中共中央与军委又连续发出了一系列指示和决定。11月，在延安党的活动分子会议上，毛泽东作了《上海太原失陷以后抗日战争的形势和任务》报告，再次强调国民党是片面抗战，而共产党则主张全面抗战，必须反对阶级投降主义和民族投降主义，从而发动全国一切抗日力量，在扩大和巩固统一战线的同时坚持独立自主的原则，才能动员千百万群众进入民族统一战线打倒日本帝国主义。此后，刘少奇、周恩来等根据战局的变化，更具体地提出了正面战场溃退以后在敌后独立自主地发动群众、扩大抗日武装及建立敌后根据地的各种方针和政策。

中国共产党内反对右倾错误的斗争，取得了很大成效。但1937年11月下旬，王明、康生受共产国际派遣从莫斯科回到延安。王明回国后，由王稼祥接任中共驻共产国际代表。共产国际和斯大林认为，鉴于国共两党的力量对比，中国抗战要依靠以蒋介石为首的国民党。中国共产党应根据“一切服从统一战线”、“一切经过统一战线”的原则，争取与国民党共同负责，共同领导。据此，王明回国后否定洛川会议制定的正确抗战路线，提出了一系列的右倾错误观点。他的右倾错误观点的主要表现是：政治上，过分强调统一战线中的联合，影响独立自主原则的贯彻；在军事上，对党领导的游击战争的作用认识不足，不重视开展敌后根据地的斗争；在组织上，不尊重、不服从以毛泽东为核心的中央领导。他在武汉负责长江局工作期间，贯彻推行自己的错误主张，使抗战工作受到一定损失。由于王明打着共产国际的旗号，所以在党内产生了极坏的影响。

毛泽东、张闻天等中央领导人为顾全中央的团结统一，没有立即对王明提出批评，而是决定派任弼时去莫斯科，向共产国际说明情况。1938年4月14日，任弼时代表中共中央向共产国际提交《中国抗日战争的形势与中国共产党工作与任务》的书面报告大纲；5月17日，他在共产国际会议上对大纲作了口头说明和补充。共产国际主席团在经认真讨论后，通过决议确认中国共产党的政治路线是正确的。1938年6月，中共中央决定王稼祥回国，由任弼时接替其工作。7月初，王稼祥回国前，季米特洛夫接见他和任弼时明确表示，在中共中央内部应支持毛泽东的领导地位，王明缺乏实际工作经验，不应争当领袖。

为了总结全国抗战以来的经验教训，确定中国共产党在抗战新阶段的基本方针和任务，统一全党认识，1938 年 9 月 29 日至 11 月 6 日，中国共产党中央在延安召开了扩大的六届六中全会，会议由张闻天主持并致开幕词，王稼祥传达了共产国际的指示，毛泽东在会上作了《论新阶段》的政治报告和会议总结，张闻天作了《关于抗日民族统一战线与党的组织问题》的报告。会议重申了统一战线中独立自主原则的重要性，批判了王明的右倾投降主义，指出了“一切经过统一战线”的口号及轻视游击战争的错误。会议就新形势下统一战线和战争战略问题进行了充分的讨论，最后通过了六中全会的政治决议案，批准了以毛泽东为代表的中央政治局在这一时期的政治路线和具体工作，决定撤销长江局，设立南方局(周恩来为书记，董必武为副书记)和中原局(刘少奇为书记)，东南分局改为东南局(项英仍为书记)。中共中央北方局的组织领导作了调整，由杨尚昆任书记。张闻天在会上向毛泽东提出“让位”，推举毛泽东为党中央总书记，毛泽东没有同意。会后，张闻天主动将工作转移给毛泽东，此后一切重大问题都由毛泽东作出决断。中国共产党六届六中全会强调马克思主义和中国革命实践相结合，阐明了党在抗日战争时期的基本政策和策略，进一步统一了全党的思想和步调，进一步确定了毛泽东在全党的领导地位，基本上克服了王明为代表的右倾错误，保证了党的正确路线的贯彻执行，为坚持持久战和争取抗战的胜利作了思想上组织上的准备。

(二)敌后战场成为抗日战争的重要战场与新民主主义科学体系的形成

1. 中国共产党坚持团结抗战的斗争

抗日战争进入相持阶段后，日本加紧对南京国民政府诱降，极力破坏国共合作，破坏中国抗战，还企图利用英、美的“远东慕尼黑”活动，以早日解决中国事变。国民党的投降分裂倒退活动成为时局最大的危险。

1939 年 6 月 7 日，中共中央及时向党内发出《关于反对投降危险的指示》，指出：“目前最大的危险就是国民党投降的可能，新的慕尼黑的可能”，“党应当用全力来进行反对投降分子、反共分子的斗争”。6 月 30 日，毛泽东发表《反对投降活动》一文，号召全国一切爱国党派，一切爱国同胞，“必须认识当前形势中投降是主要危险，反共即准备投降这一个主要的特点，用一切努力去反对投降和分裂”。7 月 7 日，中共中央发表《为抗战两周年纪念对时局的宣言》，提出“坚持抗战到底——反对中途妥协”、“巩固国内团结——反对内部分裂”、“力求全国进步——反对向后倒退”三大政治口号，作为全国同胞的行动纲领。

对国民党蒋介石集团，中国共产党一方面坚持团结抗战，坚持国共合作，帮助和推动国民党进步，使国民党留在抗日阵营内；另一方面，对它的投降、分裂、倒退的活动，进行针锋相对的斗争，以便通过斗争，求得团结。对国民党军队向根据地的进攻，各根据地军民则根据“人不犯我，我不犯人；人若犯我，我必犯人”的原则，站在自卫立场上坚决予以回击。陕甘宁边区给予进犯的国民党军以严厉打击，并驱逐了绥德分区五个县的国民党官吏，使陕甘宁边区与晋绥边区连成一片。在山西，八路军沉重地打击了阎锡山部队，在中央派代表调停下，迫使阎锡山接受了与八路军划分防区的协议。在太行山，一举消灭执迷不悟的朱怀冰部三个师。至 1940 年 4 月初，国民党的军事进攻均被粉碎，至此，国民党发动的第一次反共高潮被打退。

为了进一步正确开展对国民党顽固派的斗争，巩固和扩大抗日民族统一战线，毛泽东在 1940 年间，先后写了《目前抗日统一战线中的策略问题》、《放手发展抗日力量，抵抗反共顽固派的进攻》、《论政策》等重要文件，提出了中国共产党抗日民族统一战线的策略方针和各项基本政策。

第一，又联合又斗争，以斗争求团结是党的抗日民族统一战线政策的根本指导原则。抗日民族统一战线的巩固和扩大，是争取抗战胜利的基本条件。中国共产党的统一战线的又联合又斗争的总政策，既记取了大革命时期“一切联合，否认斗争”的教训，又接受了十年内战时期“一切斗争，否认联合”的教训，是中国共产党统一战线思想的重大发展。实行这个总政策，使党在极端复杂的环境中，能够始终清醒地全面地看问题，胜利地驾驭整个局势的发展。

第二，发展进步势力，争取中间势力，孤立顽固势力，是统一战线的策略总方针。

发展进步势力，就是发展无产阶级、农民阶级和城市小资产阶级的力量，扩大八路军、新四军及其他人民武装力量，广泛地创立抗日根据地，在全国发展共产党组织，这是统一战线策略总方针的中心环节，这是统一战线工作的立脚点。

争取中间势力，就是争取中等资产阶级、开明士绅和地方实力派。他们是动摇于进步势力与顽固势力之间的一部分，在中国有很大的力量，往往可以成为共产党同顽固派斗争决定胜负的因素。争取中间势力，是统一战线工作中极重要的任务。而争取中间势力的条件是：我们有充足的力量；尊重他们的利益；必须对顽固派作坚决的斗争，并能一步步地取得胜利。共产党应当而且可以争取中间势力合作，使之成为反对日本帝国主义侵略的同盟者。

孤立顽固势力，主要是孤立英美派大地主大资产阶级，目的是坚持团结抗日。孤立顽固势力，共产党必须运用革命的两面政策，一方面要同他们的反共投降罪行作坚决的斗争；另一方面，则尽可能地争取他们留在抗日统一战线里面，时间越长久越好。因为，这时的斗争，不是为了推翻国民党政权，而是为了使他们投降不了、反共不成，只能合作抗日。

同顽固派作斗争，必须坚持有理、有利、有节的原则。有理，即自卫的原则，始终保持斗争的防御性，从而赢得广大群众的同情和赞助；有利，即胜利的原则，使这种斗争取得成效，并利用矛盾，争取多数，打击少数最反动的顽固派，保持斗争的局部性；有节，即休战的原则，掌握时机，分寸适度，适可而止，保持斗争的暂时性。

第三，制定和重申了各方面的具体政策。关于政权组织，提出必须坚决贯彻"三三制"（即共产党员、党外进步人士、中间派各占三分之一），切忌包办一切，只破坏大地主大资产阶级的专政，并不代之以共产党的一党专政。关于人民权利，提出一切不反对抗日的地主、资本家同工人、农民有同等的人权、财权、选举权，以及言论、集会、结社、思想、信仰的自由权。关于劳动政策，提出在改善工人生活的同时，工人必须遵守劳动纪律，必须使资本家有利可图等等。

党的抗日民族统一战线的策略方针，正确处理了民族斗争和阶级斗争的关系，体现了马克思主义原则性与策略灵活性的高度统一，是中国共产党对马克思主义策略思想的发展，对反对国民党的反共投降活动，巩固和发展抗日民族统一战线起了重要作用。

2. 敌后战场成为抗日战争的重要战场

中国共产党在反投降、反分裂、反倒退危险的同时，仍顽强地坚持敌后抗战，开辟了广大的敌后战场，解放区军民成为抗战的中流砥柱，这使日本帝国主义深感不安。日军将敌后根据地尤其是华北作为日、伪军进攻的主要对象。1938 年 9 月，日本华中派遣军提出对所有占领区"彻底进行治安肃正"，强化伪政权。11 月，日本大本营又提出"确保占领地区"，"扑灭残余的抗日势力"。在华北"进行大规模的扫荡作战"。为实现这一战略意图，日本大本营先后向华北增调了 15 个师团、9 个旅团、1 个骑兵集团和 1 个航空部队的庞大兵力。从 1938 年 11 月至 1940 年底，日本华北方面军出动千人以上的大规模"扫荡"109 次，使用兵力 50 万人以上。

面对日军的大举进攻，敌后解放区军民贯彻"基本是游击战，但不放松有利条件下的运动战"的战略方针和中共六届六中全会确立的"巩固华北，发展华中"的战略部署，同日伪军展开了英勇顽强的斗争，粉碎了日军对根据地的多次围攻和反复"扫荡"，巩固了敌后根据地。

在华北军民的作战中，各抗日根据地军民同日寇进行了浴血奋战。在晋察冀边区，1939 年 4 月下旬，贺龙指挥一二〇师主力在河间县齐会村歼敌 700 余人，首次取得平原歼灭战的胜利。10 月至 12 月，晋察冀军民奋战 43 天，粉碎了日军 2 万人对北岳飞的大扫荡，毙伤敌军 3600 余人，其中黄土岭战，击毙日军旅团长阿部规秀。在晋冀鲁豫边区，1939 年下半年，一二九师等部粉碎了日军 5 万余人的扫荡。1941 年 7 月，原山东的鲁西区与晋冀豫区合并划入本区，此后改称晋冀鲁豫边区。在晋绥地区，1940 年 6 月，一二〇师主力粉碎了日军 2 万多人对晋西北地区的大“扫荡”，歼敌 4000 余人。同时，大青山根据地也取得反扫荡的胜利。在山东，到 1940 年底，全省已有 70 余县建立了抗日政权。八路军于 1940 年 8 月至 12 月发动的“百团大战”，堪称中国人民抗战史上的壮举。这次以破坏正太路为重点的大规模的交通破袭战，先后投入 104 个团，约 40 万兵力，动用民工 20 多万，在绵延 5000 里长的战线上，向日伪军大小据点同时出击。战斗经过了交通线总破袭、对敌伪据点实行攻坚和反“扫荡”等阶段。总计进行大、小战斗 1824 次，歼灭日伪军 46300 多人，攻克敌伪据点 2993 个，破坏铁路 474 余公里，公路 1500 公里，车站、桥梁、隧道等建筑物 260 余处，一度收复县城四五十座，使正太铁路运行中断一个月之久，敌人在华北的能源基地——井陉煤矿停产，使其损失达 1 亿日元之多。百团大战是抗战以来华北抗日军民对敌人发动的规模最大的进攻战，对抗日战争的整个战局产生了重大影响，在中华民族抵御外侮的历史上写下了光辉的篇章。

在华中，新四军进一步向敌后挺进，同日军展开英勇斗争。1939 年 2 月，周恩来受中共中央委托到达新四军军部，与新四军领导人商定了活动方针：向北发展，向东作战，巩固现在阵地。4 月 21 日，中共中央发出《关于发展华中武装力量的指示》，要求大力发展华中的游击战争。到 1940 年底，新四军在两年多的敌后抗日游击战中，展开于南京、上海、武汉、徐州、开封外围，直接威胁敌人的统治中心地区；对日作战 2700 次，毙伤俘敌 5.5 万人，缴获了大批武器、装备；建立了皖东、豫皖苏、皖东北、苏北等抗日根据地，扩大了苏南、皖中根据地，新四军主力部队发展到近 9 万人，地方武装和不脱产的地方武装数十万人。

在华南，中共广东地方组织领导成立惠（阳）宝（安）人民抗日游击总队和东（莞）宝（安）惠（阳）边人民抗日游击大队。游击队后发展为广东人民抗日游击队东江纵队，曾生任司令员，尹林平任政治委员。1938 年 12 月，琼崖红军游击队改编为广东省民众抗日自卫团第十四区独立队。到 1940 年底，部队发展到 2500 人。以后部队改称广东琼崖抗日游击队独立纵队（简称琼崖总队），冯白驹任司令员兼政委。

在东北，抗联部队在白山黑水之间展开游击战争，积极地配合了全国的抗战。抗联在艰难的环境下坚持斗争，部队屡遭挫折，到 1940 年冬，仅剩下不足 2000 人。2 月 23 日，杨靖宇在濛江西南保安村三道威子壮烈殉国。残忍的敌人割下他的头颅，剖开他的腹部，发现他的肠胃里净是枯草、树皮和棉絮，没有一粒粮食。1942 年 2 月，东北抗日名将赵尚志在率抗联小分队袭击鹤立（今鹤岗）梧桐河伪警察所时，受伤被俘，英勇就义。

由于敌后军民的浴血奋战，到 1940 年抗战三周年时，在敌后先后建立了 16

块抗日根据地,人口近1亿,八路军、新四军发展到50万人,民兵发展到200万人,共产党员发展到80万人,形成人民革命力量在敌后发展的第一个高潮。1940年,敌后军民抗击了58%以上的侵华日军和几乎全部伪军,总数在70万人以上。三年作战中,共毙伤俘日伪军40万人,收复县城150座。既巩固了华北解放区,发展了华中解放区,又开辟了华南解放区。中国共产党领导的抗日力量成为坚持抗战争取胜利的中坚力量,敌后战场成为抗日的重要战场。

3. 中国共产党的新民主主义革命理论

国民党顽固派在发动军事反共的同时,在政治思想上也加紧进行反共舆论宣传。他们开动一切宣传机器,大肆宣扬"一个主义"、"一个政党"、"一个领袖"的法西斯论调;宣扬共产主义不适合中国国情,共产党在中国没有存在的必要;诬蔑"陕甘宁边区是封建割据"等,企图取消中国共产党,取消抗日根据地。

为了回击国民党顽固派及其追随者在思想上、政治上的进攻,引导中国革命继续向前发展,毛泽东在科学总结中国革命经验的基础上,从1939年10月至1940年1月,先后发表了《〈共产党人〉发刊词》、《中国革命和中国共产党》、《新民主主义论》等重要的理论著作,系统地阐明了中国共产党关于新民主主义革命的理论、路线和纲领。

第一,科学地论述了关于中国革命转变的理论。毛泽东在深刻分析半殖民地半封建中国社会性质和基本矛盾的基础上,得出了中国革命必须分为两步走的科学论断。第一步是民主革命,第二步是社会主义革命,这是两个性质不同的革命过程,只有完成了前一个革命过程,才有可能去完成后一个革命过程。民主主义革命是社会主义革命的必要准备,社会主义革命是民主主义革命的必然趋势。想要在这两个革命中间横插一个资产阶级专政的阶段,也是"走不通"的。只有认清民主主义革命和社会主义革命的区别,同时又认清两者的关系,才能正确地领导中国革命。毛泽东关于中国革命转变理论的论述,有力地驳斥了国民党顽固派宣扬的"一次革命"论的谬论,打破了民族资产阶级企图实现建立资产阶级共和国的幻想。

第二,全面论述了新民主主义革命的总路线,具体制定了新民主主义革命的政治、经济和文化纲领。毛泽东在《中国革命和中国共产党》一文中,第一次把中国共产党的新民主主义革命总路线概括为:在无产阶级领导之下的人民大众的反帝反封建的革命。依据这条总路线所包含的内容,毛泽东在《新民主主义论》中又具体制定了中国新民主主义革命的政治、经济和文化纲领。

政治纲领:建立无产阶级领导的,以工农联盟为基础的,几个革命阶级联合专政的新民主主义共和国。这个共和国的政权,实行民主集中制的人民代表大会制度。

经济纲领：没收操纵国计民生的大银行、大工业、大商业归新民主主义的国家所有，使之成为社会主义的国营经济和整个国民经济的领导力量；没收地主的土地，分配给无地或少地的农民，在此基础上发展具有社会主义因素的合作经济；允许那些不操纵国计民生的私人资本主义经济的存在和发展。

文化纲领：发展无产阶级领导的人民大众的反帝反封建的文化，即以共产主义思想为指导的民族的、科学的、大众的、新民主主义的文化。

毛泽东在论述政治、经济、文化三大纲领的基础上，又概括地指出："新民主主义的政治、新民主主义的经济和新民主主义的文化相结合，这就是新民主主义共和国"，"这就是我们要造成的新中国"。

第三，提出了统一战线、武装斗争和党的建设是中国革命的三大法宝。毛泽东在《〈共产党人〉发刊词》中深刻地分析了中国革命的特点，总结了中国共产党成立以来的历史经验，指出：统一战线、武装斗争和党的建设，是中国共产党在中国革命中战胜敌人的三个主要法宝。"统一战线和武装斗争，是战胜敌人的两个基本武器。统一战线，是实行武装斗争的统一战线。而党的组织，则是掌握统一战线和武装斗争这两个武器以实行对敌冲锋陷阵的英勇战士。这就是三者的相互关系。""正确地理解了这三个问题及其相互关系，就等于正确地领导了全部中国革命。"

毛泽东的上述多篇论著，全面阐明了中国共产党对于中国革命和新中国建设的基本见解，打退了国民党顽固派在政治思想上向中国共产党发动的进攻，促进了全党的思想统一和解放区政策的统一，促进了抗日战争和中国革命的胜利发展，丰富和完备了新民主主义革命的理论、路线和纲领，标志着新民主主义科学体系的形成，也标志着毛泽东思想的进一步发展和达到成熟。

(三)敌后根据地克服严重困难的斗争

1. 日寇对敌后根据地的扫荡

日本为了实现"南进"计划，力图使中国成为进行太平洋战争的兵站基地，于1941年春天，把过去在华北推行的"治安肃正运动"进一步扩展为"治安强化运动"，把单纯的军事占领扩大为军事、政治、经济、文化思想诸领域的全面殖民统治。

为加强对华北的统治，日本将华北划为三种地区：治安区(即敌占区)、准治安区(即游击区)、非治安区(即根据地)。对三种地区分别采用相应的政策。对治安区，以"清乡"为主，强化敌伪政权，推行保甲制度，实施物资统制，肃清内部抗日活动，割断同抗日根据地的联系，以巩固军事占领。对准治安区，以"蚕食"为主，实行怀柔与恐怖政策并用的方针，创造无人区，防范八路军深入活动。对非治安区，以“扫荡”为主，实行“三光”政策，企图扼杀敌后抗日根据地军民的生存条件。

从1941年至1942年，日本集中了侵华兵力的63％～75％五次推行“治安强化运动”，对敌后根据地进行持续的大“扫荡”。在这两年中，对华北根据地的“扫荡”，千人以上至万人的达132次，其中万人以上7万人以下的27次，较前两年增加了2/3；使用的兵力达83万人次，较前两年增加了1倍。“扫荡”的时间也延长了，有的竟达三个月之久。“扫荡”时，敌人实行所谓“分进合击”、“铁壁合围”、“捕捉奇袭”等多种办法和残暴的烧光、杀光、抢光的“三光”政策，使根据地军民活动困难，财产损失严重，牺牲重大。

日本在华北推行“治安强化运动”的同时，在华中由日伪政府推行“清乡运动”，妄图通过“清乡运动”，强化伪政权，消灭新四军的生存条件，减轻日本在占领区的军备力量，榨取财富。

2. 敌后军民克服困难的方针政策

1941年和1942年，由于日军的疯狂“扫荡”、国民党顽固派的包围封锁以及自然灾害的侵袭，解放区处于极端困难的时期。这一时期，人民军队的数量和根据地的面积都下降了。1942年和1940年相比，八路军由40万人减少到30.3万人，新四军由13万人减少到11万人，干部牺牲很多。根据地面积缩小1/6，人口由1亿下降到5000万。财政经济状况和军民生活处于交困状态。

为了战胜严重的困难，坚持抗战，中共中央先后重申和制定了一系列切合时宜的政策，包括对敌斗争、精兵简政、统一领导、拥政爱民、发展生产、整顿三风、审查干部、时事教育、“三三制”政权和减租减息。

政权建设。1940年3月，中共中央发出《抗日根据地的政权问题》的指示，指出抗日根据地的政权是几个革命阶级联合起来对于汉奸和反动派的民主专政。在人员组成上实行“三三制”，即共产党员占1/3，非党的左派进步分子占1/3，中间派占1/3。按照“三三制”原则，各根据地先后通过民主选举建立起临时参议会和政权机关。1941年11月，陕甘宁边区第二届参议会召开第一次会议，会议选出的9名常驻议员中有3名共产党员。会议选出的边区政府18名委员中，有共产党员7名，略超过1/3。共产党员徐特立当申请退出，以党外人士白文焕递补。开明绅士李鼎铭被选为陕宁边区政府副主席。

整风运动。1942年前后，中国共产党在以延安为中心的全党范围内，开展了一场深入的马克思主义教育运动，这就是著名的延安整风运动。1935年1月召开的遵义会议，使党的领导地位转移到马克思列宁主义的正确轨道上来。然而，党内长期存在着的“左”倾、右倾错误，特别是以教条主义为主要特征的王明“左”倾错误，还没有来得及从思想上系统地彻底清算，党内对这种错误的思想根源还缺乏深刻认识，党的高级干部中对党的历史上的一些重要问题的认识还不完全一致，党内的“三股歪风”即主观主义、宗派主义和党八股还较为突出。同时，抗战以来党组织的发展壮大，使大量新党员、新干部加入党的队伍，他们常常把一些非无产阶级思想带进党内，成了党内各种错误倾向滋长的温床。因此，在党内进行一次普遍的马克思主义的教育运动是十分必要的。毛泽东思想的形成与毛泽东发表的理论著作，为整风运动作了思想和理论上的准备。

整风运动经历了三个阶段：第一阶段，从 1940 年年底至 1942 年 2 月，是全党整风的准备阶段。这一阶段的重点是党的高级干部学习马列主义理论，提高思想认识水平。1940 年 12 月 25 日，毛泽东为中共中央写了《论政策》的党内指示，要求全党警惕重犯“一切联合，否认斗争”的右倾错误和“一切斗争，否认联合”的左倾错误。1941 年 5 月，毛泽东在延安高级干部会议上作了《改造我们的学习》的著名报告，论述了马克思列宁主义同中国革命实践相结合的原则，批判了主观主义学风，号召全党注重调查研究，树立理论和实际相统一的马克思主义作风，为开展整风运动作了思想动员。同年 7～8 月间，党中央先后作出《关于增强党性的决定》、《关于调查研究的决定》，号召全党开展调查研究，坚持实事求是的原则，从思想、政治、组织上克服各种不良倾向和作风。1941 年 9 月 10 日，中共中央政治局召开扩大会议，主要讨论党的历史上特别是土地革命战争后期，即 1931 年 9 月开始的领导路线问题，加深了对土地革命战争后期“左”倾冒险主义领导错误的认识。9 月 26 日，中央成立学习研究组，毛泽东任组长，王稼祥任副组长，各地也成立高级学习组，学习马克思列宁主义理论，总结党的历史经验教训，从政治路线上分清是非，统一认识。第二阶段，从 1942 年 2 月至 1943 年 10 月，是全党普遍整风阶段，着重组织党员干部学习马列主义，清理错误的思想方法和作风。1942 年 2 月 1 日，毛泽东在中共中央党校举行的开学典礼上作了《整顿党的作风》的报告，提出整风运动的内容是：反对主观主义以整顿学风，反对宗派主义以整顿党风，反对党八股以整顿文风。整顿“三风”，就是要在全党树立一切从实际出发，理论联系实际，实事求是的马克思主义作风。2 月 8 日，毛泽东又作了《反对党八股》的报告。这两个报告深刻地阐明了整风运动的任务和方针，标志着全党整风运动的开始。4 月 3 日，中共中央宣传部作出《关于在延安讨论中央决定及毛泽东同志整顿三风报告的决定》，对整风运动的目的、要求、方法和步骤作出明确的规定。整风运动采取的方针是“惩前毖后，治病救人”，即“团结——批评——团结”的方针，从团结的愿望出发，经过批评教育和必要的思想斗争，弄清思想，分清是非，在新的基础上达到新的团结。第三阶段，从 1943 年 10 月至 1945 年 4 月，为总结历史经验阶段。这一阶段，全党高级干部对党的历史进行了讨论和总结。1944 年 3 月初，周恩来到中央党校作《关于党的“六大"的研究》的报告,回答干部学习中争论的一些重要问题。4月和5月,毛泽东分别在中共中央西北局高级干部会议上和中央党校作了"学习问题和时局问题"的报告(即著名的《学习和时局》一文),对党的历史中涉及的一些重要问题作了结论。在深入讨论的基础上,1945年4月20日,党的六届七中全会通过了《关于若干历史问题的决议》,对党内若干重大历史问题作了正式结论。这个决议的通过标志着整风运动结束。

刘少奇1943年1月12日向政治局提议成立书记处处理中央的日常工作。他还建议"中央书记处设一个主席,两个书记,书记是主席的助手"。1943年3月20日,中共中央召开政治局会议,通过了《关于中央机构调整及精简的决定》,决定调整中央机构,推定毛泽东为中央政治局主席;决定书记处由毛泽东、刘少奇、任弼时组成,根据政治局决定的方针处理日常工作,毛泽东为书记处主席,并规定书记处"会议中所讨论的问题,主席有最后决定之权"。1943年7月4日,刘少奇为纪念党的22周年而写的《清算党内的孟什维主义思想》一文提出:"一切干部,一切党员,应该用心研究二十二年来中国党的历史经验,应该用心研究与学习毛泽东同志关于中国革命的及其他方面的学说,应该用毛泽东同志的思想来武装自己,并以毛泽东同志的思想体系去清算党内的孟什维主义思想。"1943年7月5日,王稼祥同志为纪念党的22周年而作的《中国共产党与中国民族解放的道路》一文(载1943年7月8日《解放日报》),第一次提出毛泽东思想这个概念。他说:"中国民族解放整个过程中——过去现在与未来——的正确道路就是毛泽东同志的思想,就是毛泽东同志在其著作与实践中所指出的道路。毛泽东思想就是中国的马克思列宁主义,中国的布尔什维主义,中国的共产主义。"毛泽东思想概念的提出,是整风运动的重要成果。

延安整风运动是一次全党范围的马克思主义的思想教育运动,也是破除党内把马克思主义教条化、把共产国际决议和苏联经验神圣化错误倾向的伟大思想解放运动。它为克服抗战中的严重困难创造了精神方面的有利条件,也为全党树立了实事求是、理论联系实际、批评与自我批评的优良作风,是党的建设史上的伟大创举,为夺取抗战胜利和民主革命的胜利,奠定了重要的思想政治基础。

大生产运动。为了战胜严重的财政经济困难,从1941年开始在各根据地先后开展了大生产运动。陕甘宁边区的部队、机关、学校首先行动起来,以后又普及到工农群众中去。1940年到1942年,全边区开垦荒地180万亩,增产粮食47万担。1943年,生产粮食184万担,除消费外,尚有结余。其他根据地也都因地制宜地进行了大生产运动。大生产运动的开展为战胜日本帝国主义提供了物质上的保证。

中国共产党十大政策的贯彻执行和解放区军民的艰苦奋斗，使根据地军民渡过了难关，解放区重新获得巩固和发展。到1943年底，解放区人口又上升到8000多万，军队发展到47万，党员发展到90余万，为敌后战场发动局部反攻和全面反攻奠定了基础。

3. 敌后根据地军民的反"扫荡"斗争

1941年至1942年，日本法西斯集中兵力，妄图消灭我敌后抗日根据地。这一时期，敌我之间的"扫荡"和反"扫荡"、"清乡"和反"清乡"、"蚕食"和反"蚕食"的斗争达到了最高峰。中国共产党领导敌后军民进行了反"扫荡"斗争。

1941年11月，中共中央军委发出《关于抗日根据地军事建设的指示》，规定我军对敌斗争的方针是更广泛地开展群众性的人民游击战争。为此，各抗日根据地实行主力兵团地方化，抽调大批精干人员到县、区，加强人民武装建设，发展和完善主力军、地方军、群众武装三位一体的人民战争军事体制。

在敌人对根据地"扫荡"和"清乡"时，敌后军民掌握敌情，空室清野，以地方武装牵制、杀伤敌人，主力部队转移外线，待机而动，并使用地道地、地雷战、麻雀战、交通破袭战打击敌人。当敌人转为分区清剿时，我集中主力对其薄弱部分加以攻击，速战速决；当敌人被迫撤退时，我追击敌人，恢复和发展根据地。在游击区，抗日军民按照"敌进我进"的方针，采用军事斗争与群众运动相结合的办法，拔据点，打炮楼，"挤"走敌人，粉碎敌人的"蚕食"。在敌占区，我派出武装工作队，锄掉死心塌地的汉奸，摧毁伪政权，争取伪组织、伪军成员反正，把公开的同隐蔽的、军事的同政治的斗争结合起来，打击敌人，使敌人的后方不得安宁。在极其严酷的环境中，冀中军民经过两个多月的斗争，作战270余次，毙伤日伪军1万多人，华北各抗日根据地军民连续作战，并派出武工队到敌占区开展斗争，粉碎了日伪"扫荡"和"治安强化运动"。

在华中，日寇于1941年7月，出动日伪军1.7万余人，扫荡我苏北盐阜根据地，企图消灭新四军军部与第三师主力。我军及时跳出敌合击圈，在外线对敌进行反包围。同时，苏中根据地军民主动出击，配合苏北反"扫荡"，使已攻占盐城、阜宁之敌被迫南撤，我苏北主力分九路追击。此次战役历时34天，作战135次，毙伤俘敌伪军3800余人，缴获大批武器装备，取得重大胜利。1941年日军11万人，伪军15万人，1942年日军增至29万人，伪军16万人，向华中各抗日根据地反复"扫荡"、"清乡"。在这同时，国民党第五战区、第三战区还向我淮南、淮北、鄂豫边区进犯。我华中根据地军民在敌伪顽夹击下，艰苦战斗，不仅保卫了根据地，还开辟了新的战略区，新四军由1941年初的9万多人发展到年底的13.5万人，根据地面积(包括游击区)由年初的17万多平方公里增加到18万多平方公里。

在华南,1941 年,我广东人民抗日游击总队东江根据地已发展为两处,并不断打退敌人的轮番进攻。太平洋战争爆发后,日军侵占香港。东江游击队深入敌后,经过三个月出生入死的斗争,营救了爱国民主人士何香凝、邹韬奋、柳亚子、茅盾以及国民政府驻港代表陈策等各界同胞、国际友人数千人脱险,经大鹏湾等地转移到大后方。

1941 年至 1942 年,八路军、新四军和其他敌后抗日武装总计与敌作战 4.2 万多次,毙伤俘敌伪军 33.1 万余人。在这最艰苦的阶段,共产党和抗日根据地军民虽然受到很大损失,但站稳了脚跟。此后,敌后抗日根据地转入巩固和恢复,部分地区并有了发展,人口又上升到 8000 余万,军队达 47 万,民兵达 200 万。敌后军民的反"扫荡"斗争,牵制、消灭了大量日军,成为坚持中国长期抗战最重要的因素,也是对世界反法西斯战争的极大支持。

敌后军民在对敌斗争中,涌现了无数可歌可泣的英雄事迹。1941 年 9 月 25 日,河北易县狼牙山地区,八路军战士马宝玉、胡德林、胡福才、宋学义、葛振林为掩护机关和群众转移,把敌人引到悬崖绝壁,在打完最后一粒子弹后,毅然砸枪跳崖,3 人牺牲,2 人被树枝挂住脱险,人们称之为"狼牙山五壮士"。1942 年 5 月 25 日,八路军副参谋长左权,在八路军总部遭敌人合围指挥突围时,不幸中弹殉国。平山县妇女戎冠秀,在反"扫荡"斗争中,不畏艰险,救护伤病员,被誉为"子弟兵的母亲"。他们代表了中华儿女不畏强暴、反对侵略的民族精神。

(四)争取人民抗战的最后胜利

1. 敌后战场的局部反攻

在世界反法西斯战争胜利发展的形势下,解放区军民为牵制日军的行动,配合友军和盟军作战,从 1944 年开始了局部反攻。

在 1944 年的局部反攻中,战斗在华北敌后的八路军取得了重大战果。八路军山东部队歼灭日伪军 5.88 万人,争取伪军反正 1.1 万人,收复县城 9 座,解放国土 4 万余平方公里,人口 930 余万,根据地比 1943 年扩大了 1.5 倍。晋察冀部队共歼灭日伪军 4.5 万余人,解放人口 758 万,收复了广大地区。晋冀鲁豫部队共歼灭日伪军 7.6 万人,收复县城 11 座,收复国土 6 万余平方公里,解放人口 500 余万。晋绥部队收复据点 106 处,解放村庄 3100 余个,人口 40 余万,根据地得到了恢复和发展。

在华北敌后战场展开局部反攻的同时,华中的新四军以及华南战场的抗日武装力量也广泛地向敌人出击,进行了积极的反攻。1944 年,华中新四军共作战 6500 多次,歼灭日、伪军 5 万余人,收复失地 7400 多平方公里,解放人口 160 余万。华南东江纵队由数千人扩大为万人以上的游击兵团,威逼广州市郊,出没于香港九龙附近。琼崖纵队主动向日、伪军出击，在琼山、文昌、澄迈等县建立了根据地。

据不完全统计，在1944年局部反攻中，敌后战场对日伪军作战2万多次，歼灭日伪军近20万，攻克县城20多座，收复国土8万多平方公里，解放人口1700余万。至1944年底，敌后根据地人口已达9150万人，部队发展到近78万人，民兵增加到170万人，为进行全面大反攻奠定了坚实的基础。

在1944年局部反攻的基础上，1945年春夏，敌后战场继续加强攻势作战，开始了大反攻。在春季和夏季的攻势作战中，敌后军民歼灭日伪军16万余人，攻克县城61座，扩大解放区24万多平方公里。到1945年春，全国已有18个解放区，总面积95万平方公里，人口9550余万，八路军、新四军及其他人民军队发展到191万，民兵220万人。8月9日，在苏联出兵东北的同时，毛泽东发表《对日寇的最后一战》，号召中国人民的一切抗日力量应举行全国规模的反攻。8月10日和11日，延安总部连续发布七道受降和进军的命令，命令各地人民军队积极举行进攻，迫使敌伪无条件投降。毛泽东的号召和延安总部的命令下达后，各解放区迅速发起大反攻。山东部队进军济南、青岛和徐州。晋察冀部队进逼平津，攻占张家口、秦皇岛等重要城市。晋冀鲁豫部队进攻边区内主要交通线之敌。晋西北部队进逼太原，攻入归绥。冀热辽部队由北宁路和渤海湾向东北进军。同时，新四军及华南各抗日游击队也向敌伪发起了大反攻。从8月9日至9月2日，八路军和新四军共歼灭日伪军57900余人，攻克和收复县城139座、据点740多个，破坏和切断了平汉、津浦、正太、同蒲、平绥（东段）、北宁等铁路线，使各大解放区基本上连成一片。

据统计，八年抗战中，八路军、新四军及华南抗日纵队共作战125100多次，歼灭日伪军171万多人，其中日军52万多人，缴获各种枪支694000多支，各种炮1850余门，人民军队扩大到130多万，民兵发展到260多万。敌后战场是中国全民族抗战的中流砥柱，是世界反法西斯战争的重要组成部分，为中国抗日战争和世界反法西斯战争的胜利，作出了不可磨灭的贡献。抗日敌后根据地是民族战争条件下的农村包围城市，为中国新民主主义革命胜利奠定了基础。

2. 中国共产党第七次全国代表大会

在世界反法西斯战争和中国抗日战争即将取得最后胜利的前夜，在两种中国之命运的斗争日益尖锐的重要关头，为了团结全党和全国人民，彻底打败日本侵略者，争取抗日战争的胜利成为人民的胜利，中国共产党于1945年4月23日至6月11日，在延安召开了第七次全国代表大会。此前，1944年5月21日至1945年4月20日，中共中央在延安召开扩大的六届七中全会，通过了《关于若干历史问题的决议》。决议阐述了历次“左”倾错误的表现、危害及根源，高度评价了毛泽东运用马列主义基本原理解决中国革命问题的杰出贡献，肯定了确立毛泽东在全党的领导地位的重大意义。六届七中全会为“七大”的召开创造了条件。出席“七大”的代表有547人，候补代表208人，代表着全党121万党员。这是中国共产党历史上一次空前的盛会。大会听取并讨论了毛泽东《论联合政府》的政治报告、朱德《论解放区战场》的军事报告、刘少奇《关于修改党章的报告》。周恩来、彭德怀、陈云等作了重要发言。

毛泽东在《论联合政府》的政治报告中，深刻分析了国内外形势，总结了二十多年来中国共产党领导新民主主义革命的经验特别是抗日战争时期国共两党两条抗战路线斗争的经验，指出中国面临着两种命运、两个前途的斗争，提出了全党和全国人民的任务，就是“用全力去争取光明的前途和光明的命运，反对另外一种黑暗的前途”。为实现这一伟大的任务，毛泽东代表中央委员会提出了一条马克思列宁主义的政治路线，即“放手发动群众，壮大人民力量，在我党的领导下，打败日本侵略者，解放全国人民，建立一个新民主主义的中国”。这条政治路线的奋斗目标是建立新民主主义的中国。建立新民主主义中国的根本途径是放手发动群众，壮大人民力量，根本保证是加强中国共产党的领导。只有加强党的领导，才能完成大会所提出的伟大而艰巨的任务。政治报告对新民主主义纲领作了全面具体的说明。强调要允许资本主义在新民主主义社会中得到比较大的发展，这是对新民主主义理论的重大发展。报告把党在长期奋斗中形成的优良传统和作风概括为三大作风，即理论和实践相结合的作风，和人民群众紧密联系在一起的作风，自我批评的作风。毛泽东在政治报告中还首次明确提出要以生产力标准来评判一个政党的历史作用，他说：“中国一切政党的政策及其实践在中国人民中所表现的作用的好坏、大小，归根到底，看它对于中国人民的生产力的发展是否有帮助及其帮助之大小，看它是束缚生产力的，还是解放生产力的。”报告对党领导中国革命的三项基本经验即武装斗争、统一战线、党的建设问题进行了系统的总结。

朱德在《论解放区战场》的军事报告中，回顾了人民军队和根据地人民进行民族抗战的光辉历程，总结了人民军队进行人民战争和军队建设的经验，并从整个战局发展变化的形势出发，规定了从抗日游击战争向正规战争的战略转变和迎接抗日反攻阶段到来的方针任务。

大会听取了刘少奇《关于修改党章的报告》，通过了新的党章。新党章一个最大的特点就是确定以毛泽东思想作为全党的指导思想，还强调了群众路线是党的根本政治路线和组织路线，规定了健全民主集中制的组织原则。

大会经过充分的酝酿和讨论，选举产生了由44名中央委员和33名候补中央委员组成的第七届中央委员会。6月19日，中共七届一中全会选举了中央领导机构。选举毛泽东、朱德、刘少奇、周恩来、任弼时、陈云、康生、高岗、彭真、董必武、林伯渠、张闻天、彭德怀为中央政治局委员；毛泽东、朱德、刘少奇、周恩来、任弼时为中央书记处书记。毛泽东当选为中央委员会主席兼中央政治局、中央书记处主席。

中国共产党第七次全国代表大会，是中国共产党成立以来最重要的一次代表大会。经过这次大会，使全党在毛泽东思想的旗帜下，在思想上、政治上和组织上达到空前的统一和团结，为争取抗日战争的最后胜利和夺取新民主主义革命在全国的胜利，提供了可靠的保证。

四、中间集团的抗日主张与抗日民主宪政运动

(一)国民参政会的设立与抗日民主运动的兴起

抗战开始之后，中间政派、各界爱国人士主张坚决抗战，反对妥协、投降；要求实行全民抗战，希望国民党政府积极动员全国群众，共赴神圣之民族战争；主张动员群众，发展民众运动，认为民众是政府的基础，是抗战的主体，是一切抗战力量的根本源泉；而要动员民众，支持抗战达到最后胜利，必须实行民主政治，召集临时的民意机关，给民众以救国的言论、出版、集会、结社以及武装保卫国家的自由。随着抗日民主运动的不断发展，国民党为了作些民主的表示，根据国民党临时全国代表大会的决议，1938 年 4 月公布了《国民参政会组织条例》。

《国民参政会组织条例》规定："国民政府在抗战期间，为集思广益，团结全国力量起见，特设国民参政会。"其职能只有听取国民党政府施政报告及询问建议之权，它的决议对国民党政府没有任何约束力。可见，国民参政会不是各党派统一战线的组织形式，不是真正的民意机关，也不是一个决策机关，而只是一个建议、咨询性质的机关。条例规定参政员总额 200 名，其中国民党员 88 人，共产党员 7 人，中国青年党员 7 人，国家社会党员 7 人，社会民主党员 1 人，中华民族解放行动委员会会员 1 人，其余为无党派人士。后来，参政员总名额增至 360 人。设立这样一个有中国共产党人和各党派及各界人士参加的政治机构是过去所没有的，这是一个进步。它给了各党派和各界人士一个公开发表政见的场所，是有利于抗日和民主的。

1938 年 7 月，第一届国民参政会在汉口召开，出席代表共 136 人。大会收到了 125 项提案，确立了"抗战到底，争取国家民族之最后胜利"的国策，通过了《拥护国民政府实施抗战建国纲领案》、《拥护政府长期抗战国策案》、《改善各级

行政机构案》、《切实保障人民权利案》等多项提案。大会发表了宣言，表示国难当头，要动员一切物力、人力，为自卫而长期抗战，各党各派要“舍小异而趋大同，翊赞统一，共同救国”。

国民参政会的召开，表示我国政治生活向着民主制度的一个进步，表示我国各党派、各民族、各阶层、各地域的团结统一的一个进展。但是到底如何坚持抗战、如何改善政治机构以及如何保障人民的民主自由权利和各党派的合法地位等问题，国民党是不会真正解决的。

抗战初期，国民党实行了一些比较开明的政策，对人民的抗日运动虽有许多限制，但也允许有较多的自由，抗日民主运动一度蓬勃兴起。起初运动的中心在上海。南京失守后，武汉成了抗日民主运动的中心。民众抗日救亡团体大量涌现，武汉曾发展到200多个，这些抗日救亡团体具有广泛的群众性，开始以青年学生、知识分子为主，以后便很快扩展到工人、店员、商人、职员和农民中去，范围也从武汉扩展到其他各大城市。这些团体，运用出版报刊和通俗读物、街头宣传等各种方式，在城乡进行广泛的抗日救亡宣传，动员组织群众，以各种方式支援抗战。

文艺界的抗日救亡运动也迅速发展起来。1937年7月28日，上海文艺界救亡救国会成立。1938年3月在汉口成立了中华全国文艺界抗敌协会（简称“文协”）。“文协”成立后，做了大量的抗日宣传工作，先后在全国各大城市设立分会，形成了全国作家通讯网。号召作家深入农村和前线，组织作家战地访问团、抗敌文艺工作团到前线，还创作了大量的抗日救亡作品，宣传抗日。“文协”是五四运动以来中国共产党在文艺界团结面最广泛的统一战线组织。1938年4月，国民政府军事委员会政治部第三厅成立后，在周恩来、郭沫若的领导下，组织各方面的力量参加抗日救亡活动，把抗日民主运动进一步推向高潮，对全民族抗战的发展起了重要作用。

（二）民主宪政运动的兴起与中国民主政团同盟的成立

抗日战争进入相持阶段之后，国民党实行消极抗日、积极反共的政策，人民群众和各民主党派在抗战初期争取到的少数民主权利亦被取消。各界人士对此极为不满。1939年9月，在一届四次国民参政会上，陈绍禹、左舜生、张君劢、章伯钧等七位参政员，提出结束党治、实行宪政、保障抗日党派的合法地位及改革现时行政机构等七个关于宪政的提案，并通过了《关于请政府定期召集国民大会制定宪法实行宪政案》。这一行动在国统区引起了重大反响，在各界人士中形成了颇具规模的第一次宪政运动热潮，迫使蒋介石在国民党五届六中全会上作出1940年11月12日召开国民大会、“实行宪政”的允诺。

宪政问题当时是全国人民的迫切要求，是全国注目的大事。1939 年 10 月 11 日，由张澜、沈钧儒等参政员发起，在重庆召开了四次宪政座谈会，并决定成立了宪政促进会，督促政府早日实行宪政。成都、桂林、上海等地也先后成立了宪政座谈会和宪政促进会，各界代表人物也纷纷发表关于宪政的言论。宪政问题一时成为全国各界关心的重大问题。而国民党顽固派对轰轰烈烈的宪政运动十分恐惧，于是采取高压和限制的办法，使宪政运动草草收场。1940 年 9 月，国民党宣布：因交通不便，召开国民大会有困难，其召集日期另行决定。热闹一时的宪政运动就此收场。

1939 年 10 月，国民参政会中的中间党派和无党派人士沈钧儒、邹韬奋、章乃器、黄炎培、梁漱溟、张澜等人为了“探讨国是政策，以求意见之统一，促成行动之团结”，发起组织了“统一建国同志会”，标志着中间党派民主力量的初步结合。皖南事变后，国民党顽固派在对共产党实行政治压迫和军事进攻的同时，对各中间党派和民主人士也施行高压政策。中间党派为了加强团结合作，调解国共冲突，谋求自身的生存与发展，决定以统一建国同志会为基础，改组为中国民主政团同盟。1941 年 3 月 19 日，中国民主政团同盟在重庆秘密召开成立大会，通过了纲领和简章，选举了中央领导机构。黄炎培任中央常委会主席，左舜生任总书记，章伯钧任组织部长，罗隆基任宣传部长。9 月 18 日，在香港创办《光明报》，作为该同盟的机关报。10 月 10 日，该报发表中国民主政团同盟成立宣言和对时局主张纲领，强调加强团结，抗战到底，反对妥协，实践民生，结束党治，革新内政。11 月 16 日，新任同盟主席张澜及其他领导人，邀请国共两党代表和国民参政会中部分民主人士，在重庆举行茶会，公开宣布了中国民主政团同盟的成立。后来随着形势的发展和民盟内部的分化，1944 年 9 月 19 日，取消“政团”二字，改称中国民主同盟，许多无党派的民主人士参加了这个组织。

中国民主政团同盟，基本上是由三党（国家社会党、青年党、第三党）、三派（救国会、中华职业教育社、乡村建设派）组成的。各党派既入盟，又保持各自的独立性。它是一个代表民族资产阶级、上层小资产阶级及其知识分子的松散的政治联盟，是一个最具有代表性的中间性的政党。中国民主政团同盟的成立，是中间政治势力发展中的一件大事。它反映了皖南事变后国内阶级关系的新变化和国民党顽固派日益孤立的趋势，对于中国的抗日民主运动是一个新的推动和发展。

（三）民主宪政运动与联合政府运动会合

1943 年 9 月后，各民主党派和民主人士在重庆、成都、昆明等地组织各种讨论时事的政治性团体，利用报刊和集会，讨论宪政，抨击国民党专制独裁，呼吁从速准备实行宪政。9 月 18 日，第三届第二次国民参政会召开的当天，中国民主政团同盟张澜发表《中国需要真正的民主政治》一文，指出准备实施宪政，必须具备“立即宣布人民依法享有言论出版集会结社居住身体之自由”，“立即承认国民党外各党派之合法存在与活动”等条件。过去一些争取民主宪政的团体，从 1943 年底开始，又一次活跃起来，掀起了第二次民主宪政运动。

1943 年 11 月 12 日，国民参政会成立了宪政实施协进会，黄炎培被推为三名召集人之一。1944 年元旦，黄炎培等人创办《宪政》月刊，宣传实现民主政治。此后，各界人士纷纷发表文章和举行座谈会，批评《五五宪草》，呼吁开放党禁，实施宪政，保障人权，改革庶政。各地报刊也不断发表评论，主张开放政权，实行宪政，改弦更张，挽救危局。2 月，张澜等在成都发起组织民主宪政促进会，提出实行约法、尊重人民自由、刷新政治、革除弊端等主张。3 月 12 日，周恩来在延安发表了《关于宪政与团结问题》的演讲，提出“保障人民的民主自由、开放党禁和实行地方自治”等实施宪政的三项必要前提，表示愿意同全国人民各党各派一致呼吁，争取其实现。周恩来的演讲进一步促进了民主宪政运动的发展。1944 年 3 月 1 日，中共中央发出《关于宪政问题》的指示，决定参加宪政运动，以吸收一切民主分子于党的周围，达到战胜日本帝国主义与建立民主国家的目的。

1944 年 4 月，重庆各民主党派负责人联合举行文化界招待会，要求国民党实行言论、思想、学术自由，要求进行民主改革。5 月，中国民主同盟发表《对目前时局的看法与主张》，要求结束训政，给人民以自由。重庆、成都、昆明、桂林等地也先后组织起民主宪政实施协进会、民主宪政促进会、民主宪政座谈会、宪政研究会等，并多次开会座谈宪政问题。在各解放区也先后成立了各界宪政促进会。昆明、成都、桂林等地的大学生，也以各种方式要求政治民主，抨击国民党一党专政。宪政问题成为当时的潮流。

“联合政府”主张的提出是民主宪政运动发展的直接结果。1944 年 9 月 15 日，林伯渠在三届三次国民参政会上提出，希望国民党立即结束一党统治的局面，由国民政府召集各党派、各界人士的代表，召开国是会议，组织各抗日党派联合政府。在此之前，1944 年 8 月 17 日，毛泽东在董必武致周恩来电报中批示，“应与张、左商各党派联合政府”①。8 月 18 日，周恩来致电董必武等人，提出“向全国提议并向国民党要求召集各党派及各团体代表会议，改组政府”②。因此，中国共产党在 1944 年 8 月已提出成立包括国民党在内的“民主联合政府”的主

---

① 《毛泽东年谱》中，人民出版社、中央文献出版社 1993 年版，第 536 页。电文中的“张、左”，指中国民主政团同盟主席张澜和秘书长左舜生。

② 《周恩来年谱》，中央文献出版社 1998 年版，第 593 页。

张。10 月 10 日，周恩来在延安发表《如何解决?》的演讲，进一步阐明了中国共产党关于成立民主联合政府主张的具体内容和步骤。周恩来的演讲，把民主宪政运动集中到建立民主联合政府的目标上来了。同日，中国民主同盟发表《对抗战最后阶段的政治主张》，提出了“立即结束一党专政，建立各党派之联合政府，实行民主政治”等十项主张，正式响应中共关于成立联合政府的号召。其他各党派和民主人士也发表宣言、文章和谈话，拥护中国共产党建立联合政府的主张。上述事实说明，民主宪政运动已与中国共产党成立民主联合政府的主张紧密地会合在一起了。

五、抗日战争的伟大胜利

(一)光辉的胜利与宝贵的经验

在德国法西斯无条件投降之时，日本也面临财源枯竭、政局动荡、无力应付旷日持久的战争的局面。但是，日本一伙法西斯分子仍然进行垂死挣扎，负隅顽抗，继续叫嚣不惜一切代价在“本土决战”。

1945 年 7 月 17 日至 8 月 2 日，苏、英、美三国首脑斯大林、杜鲁门、邱吉尔在波茨坦会晤。会议讨论了结束对日作战的条件和战后处置日本的方针，通过了《波茨坦公告》。由于苏联政府当时还未对日宣战，所议没有签字。7 月 26 日，公告以美、英、中三国共同宣言的形式发表(中国虽未参加会议，但公告发表前已征得中国同意)，要求日本无条件投降。7 月 28 日，日本首相铃木贯太郎发表声明，拒绝接受《波茨坦公告》。苏联对日作战后，正式在公告上签字，所以公告是四大盟国对日的共同宣言。8 月 6 日和 9 日，美国空军在日本广岛、长崎各投下一枚原子弹，两地死伤 20 多万人。8 月 8 日，苏联政府对日宣战。苏联陆海空军 150 余万人，在华西列夫斯基的指挥下在中国东北的东、北、西部边境和朝鲜半岛北部、库页岛南部地区总长 4000 公里的战线上，对日本关东军发起总攻。8 月 30 日，关东军被全部解除武装，毙俘日军 67.7 万人。

8 月 9 日，毛泽东发表《对日寇的最后一战》，号召全国一切抗日力量，举行全国规模的反攻。8 月 10 日至 11 日，延安总部朱德总司令向各解放区军队连发七道命令：向一切敌占交通要道积极进攻，迫使日伪军投降。在中国军民和苏美盟军共同反攻下，日本统治集团日暮途穷。8 月 14 日，日本天皇裕仁召开最高战争指导会议，决定接受《波茨坦公告》，无条件投降。8 月 15 日，裕仁以广播《停战诏书》的形式正式宣布接受《波茨坦公告》，宣布日本无条件投降。日本宣布投降后，中、美、苏、英四国同意任命麦克阿瑟为盟军最高统帅，并负责占领日本本土。9月2日,在东京湾美舰"密苏里"号上举行日本投降签字仪式。日本外相重光葵、参谋总长梅津美治郎在投降书上签字。10月25日,台湾地区的受降仪式在台北举行,台湾重新回到祖国怀抱。同日,美国总统杜鲁门发表广播演说,宣布9月3日为世界反法西斯战争胜利日。中国战区,蒋介石指派何应钦为代表,接受日本投降。9月9日,日本派遣军总司令官冈村宁次在投降书上签字。中国人民经过八年的艰苦奋战,终于赢得了抗日战争的最后胜利。

抗日战争是近百年来中国人民反对外侮的历史上第一次取得完全胜利的民族解放战争。抗日战争的胜利为中国革命和世界被压迫民族的反侵略战争提供了宝贵的经验。

第一,要取得革命的彻底胜利,必须有代表无产阶级和广大人民群众根本利益的先进政党的领导。中国人民在近百年反对外侮的斗争中,屡遭失败,其根本原因在于没有先进的无产阶级政党的领导。这次长达八年的抗日战争之所以能够取得最后胜利,关键的一环是因为中国共产党始终坚持把马克思列宁主义与中国革命具体实践相结合,正确地处理了民族矛盾与阶级矛盾的关系,适时地提出了能够使广大群众所接受的纲领和口号,把千百万群众团结在自己的周围,促成了全民族的团结与进步,极大地鼓舞了人民群众争取解放的革命斗志,提高了中华民族自立于世界民族之林的自信心。中国共产党根据本国的国情,还适时地提出了一整套符合国情的政治战略和军事策略,指明了争取抗战胜利的道路,使具有绝对优势的日本侵略军在中国人民面前一败涂地。中国共产党及其领导下的抗日武装,是全民族抗战的中流砥柱。

第二,联合一切可以联合的力量,组成最广泛的民族统一战线,才能战胜外敌的入侵。抗日战争爆发之后,中日民族矛盾上升为主要矛盾,中国共产党代表全国人民的利益和愿望,促成了第二次国共合作,建立了以国共两党为基础的、包括全国各族人民、各民主党派、各人民团体、社会各阶层爱国人士以及海外侨胞在内的广泛的抗日民族统一战线。在抗日民族统一战线中,中国共产党坚持"发展进步势力,争取中间势力,孤立顽固势力"的策略总方针,坚持同顽固派作斗争时"有理、有利、有节"的策略原则。既坚持和发展了抗日民族统一战线,不至于使抗日民族统一战线破裂,又成功地坚持了对抗日战争的领导权。在抗日民族统一战线的旗帜下,在捍卫祖国独立和民族解放的神圣事业中,涌现出无数彪炳史册的非凡壮举,显示出中华民族同仇敌忾、众志成城的巨大威力。如果没有这种全民族团结御侮的统一战线组织和全国人民艰苦奋斗、自强不息的爱国精神,抗日战争是难以取得胜利的。抗日民族统一战线的建立,是处在进步时代的中华民族觉醒的最集中的体现,它是中华民族不可战胜的保证,它对于打倒日本帝国主义发挥了决定性的作用。

第三，必须放手发动群众，壮大人民力量，实行人民战争。近百年来，中国一直处在帝国主义列强的瓜分掠夺之下，政治、经济、军事都十分落后，而中国面对的敌人是日本法西斯强国，中国要想依靠正规的战争方式取得抗日战争的胜利是不可能的。中国共产党根据中国的国情和面对的强敌，适时地提出了进行持久的以游击战为主的全民族的全面的人民战争。依据这一原则，中国共产党深入敌后，创立根据地，放手发动群众，组织、武装群众，实行人民战争。兵民结合，男女老少，全民皆兵，采取地道战、地雷战等人民游击战争的战略战术，逐步改变了敌我力量的对比，使日本帝国主义妄图灭亡中国的阴谋无法得逞。中国共产党领导的人民战争成为抗击日本法西斯的主要力量。中国抗日战争的胜利，是殖民地半殖民地的弱国依靠人民战争战胜帝国主义强国的范例，对于推动世界范围内的殖民地和附属国人民争取国家独立和民族解放斗争，具有深远的影响，提供了丰富的经验。

第四，无产阶级政党必须不断加强自身的建设，必须立足于自力更生的基点上。在抗日战争中，党中央十分重视党的建设。为了提高全党的马列主义水平，修正错误，保持党的优良传统和作风，党中央不断提醒全党，要加强自身的建设。中国共产党还利用作战间隙，成功地开展了全党的整风运动。通过整风，使全党在马列主义、毛泽东思想的基础上达到了空前的团结，从而保证了党的路线、方针、政策的贯彻执行，为夺取抗日战争的胜利打下了思想基础。中国共产党不仅加强自身的建设，还始终立足于自力更生的基点上，既依靠自己的力量解决问题，又不放弃外援。为解决财政困难，中国共产党坚持自力更生的方针，领导解放区军民开展大生产运动，“自己动手，丰衣足食”，克服了物质的严重困难。正是由于中国共产党在抗日战争最困难的时期，抓住了解决困难的两个重要环节——加强党的建设和自力更生，才得以使根据地军民渡过了抗战中最严重的困难时期，使中国人民最终摆脱了帝国主义的奴役和压迫。

(二)抗日战争在中国民主革命进程中的历史地位

抗日战争是近代中华民族反侵略战争由失败到胜利的转折点，是中华民族由衰落到重新振兴的转折点。1840年鸦片战争以来，各殖民主义、帝国主义不断入侵中国，瓜分领土，侵犯主权，屠杀人民，掠取财物，无恶不作。中国近代史是一部中国人民受尽凌辱、侵略的历史，也是一部中国人民同帝国主义进行英勇斗争的历史。饱受帝国主义奴役之苦的中国人民从外族入侵中国的那一天起，就开始进行着英勇顽强、持续不断的反侵略斗争，众多的反侵略勇士、民族英雄血洒疆场。但是，中华民族不仅未能摆脱外敌的入侵，自立于世界民族之林，反而屡遭失败，中国一步步地沦为半殖民地半封建社会。抗日战争的伟大胜利，开创了历史的新纪元，打开了中国人民反帝斗争的新局面，是近百年来中国人民反抗帝国主义侵略第一次取得完全胜利的民族解放战争，洗雪了鸦片战争以来的民族耻辱，铲除了帝国主义的在华势力。从此结束了中国人民在反侵略战争中屡战屡败的历史，第一次以重要的同盟者的身份参加世界反法西斯战争，赢得了应有的国际地位，成为26国宣言的四大领衔签字国之一，成为联合国51个创始成员国[①]和联合国五个常任理事国之一。中国抗日战争的胜利，使中国人民打开了一个全新的局面，开辟出了大踏步前进的道路，成为中华民族由失败到胜利、由衰落到重新振起的伟大转折点。

抗日战争是中华民族空前觉醒的时期，推进了中国革命的进程。日本帝国主义对中国大规模的入侵，严重地威胁着中华民族的独立和生存，中华民族同日本帝国主义之间的矛盾变得特别尖锐和突出。在生死存亡的紧要关头，中华民族从睡梦中清醒过来，凝聚成为最大的力量，把一切炎黄子孙、中华儿女，不分阶级、党派、民族、地域，不分宗教信仰，不分男女老幼，都凝聚在中华民族这个大家庭中。他们有钱的出钱，有力的出力，同心协力，以各种方式投入抗日救亡的洪流中，以血肉之躯为抗日战争作出了重大贡献。交战数年之久的、代表中国两大对抗势力的政党——国共两党也从十年内战的旋涡中走了出来，不计前嫌，重新合作，联合抗日，显示了处在进步时代的中华民族的觉醒和伟大的凝聚力；显示了中华民族凝聚力的抗日民族统一战线，在急风暴雨的冲击下，岿然不动，使中国渡过了反抗日本帝国主义侵略的最困难时期。中华民族空前觉醒和团结的伟大力量，推进了中国民主革命的进程，为以后的中国大前进作了准备，也为中华民族新的统一作了准备。

抗日战争为中国新民主主义革命的胜利创造了有利的条件。抗日战争引发了国内各派政治势力的极大变化，是国共两党势力消长的关键时期。在这一关键时期，国民党的政治地位开始由高峰下落，整个国民党政权在大多数人们心目中声名狼藉，信誉扫地。国民党为南京政权的覆灭和在大陆的败亡准备了条件。中国共产党则由小到大，由弱到强，飞跃发展，从幼年的党发展成为完全成熟的、拥有121万党员的全国性大党，在人民群众中的威信空前提高。经过延安整风和中共“七大”，全党达到空前的统一和团结，并且形成了以毛泽东为首的坚强的领导核心。解放区面积发展到100万平方公里，人口达1亿，人民军队发展到120多万人，民兵260万，共产党实际上已经对国民党占有潜在的优势。经过八

① 1945年4月25日至6月26日，来自50个国家的代表参加了在美国旧金山举行的联合国国际组织会议，起草《联合国宪章》。6月26日，50个国家代表签署。后来，波兰签署了宪章，成为联合国51个创始成员国之一。

年抗战，大大增强了新的革命因素，中国人民在政治上、思想上、组织上达到了新的高度。政治、军事力量的消长，决定了中国历史的发展前途，为夺取新民主主义革命在全国的迅速胜利创造了有利的条件。

解放区政权为新中国创立了“雏形”。抗战爆发后，中国共产党领导人民群众深入敌后开展广泛的游击战争，创立了19块抗日根据地。为加强和巩固根据地政权，又制定了相应的方针政策。这些根据地是中国新民主主义的民族解放和社会解放事业发展的战略基地，也是中国人民的伟大希望所在。它不仅是全国抗日的模范，也是全国民主的模范。抗日根据地的政治、经济、文化建设为新中国的建设提供了宝贵的经验，是新中国建设的“雏形”。当战后形势又一次表明中国不可能走资本主义道路的时候，中国人民在中国共产党的领导下，选择了经过新民主主义走向社会主义的光明大道。

(三)中国抗日战争在世界反法西斯战争中的地位和作用

中国的抗日战争是在第一次世界大战后复杂的国内外环境中发生的，它不仅是一场民族解放战争，也是世界反法西斯战争的重要组成部分。在世界人民的反法西斯战争中，中国战场开辟最早，持续时间最长。从1931年“九一八”事变起，中国就打响了反法西斯战争的第一枪，拉开了反法西斯战争的序幕。1937年“七七”事变开始了全民族的抗日战争，开辟了反法西斯战争的第一个战场。从1937年7月到1939年9月，是中国人民孤军奋战的时期。中国抗战爆发后，英、法、美等国出于自身的利益，在一个较长的时期内，打着“中立”和“不干涉”的旗号，对日本采取了绥靖主义立场。从1939年9月到1941年6月，英、法、苏三国先后对德宣战，并开始支持中国抗战，但在东方，中国仍是惟一抗击日本法西斯的国家。1941年12月太平洋战争爆发，英、美对日宣战，大战临近结束时，苏联也对日宣战，但在亚洲大陆上中国战场仍是主要战场，坚持抗击着第二号法西斯强国——日本，直到第二次世界大战取得完全胜利。中国是世界上惟一一个发动最早并长期坚持反法西斯战争的国家，中国的抗日战争是世界反法西斯战争的重要组成部分。

中国的持久抗战，牵制和消耗了日军的主力，对世界反法西斯战争的进程和结局发生着重大影响。在亚太战场的对日作战中，中国牵制和消耗的日军最多，是抗击日本帝国主义的主力军。“七七”事变后，日本将其24个师团中的21个师团投入中国战场，超过其陆军总兵力的87%；1938年将其34个师团中的32个师团投入中国战场，占其陆军总数的94%强。1941年太平洋战争爆发后，日军在中国的陆军数量也占多数。1941年12月，中国抗击日军35个师团，占138万人，占日本陆军总人数的65%。到1943年12月，由于南洋各国抗战的发展，日本在南洋的兵力由1941年12月的10个师团增加到23个师团。但中国仍抗击着日军39个师团，约128万人，占日军师团总数的55%。1945年日本投降时，在中国大陆(不含东北)及台湾的陆海军队共1288248人，超过它在太平洋诸岛及东南亚陆海军队的总数。历史事实充分表明，在整个第二次世界大战期间，日本陆军主力始终深陷中国战场，从而打乱了日本的世界战略体系。八年抗战，中国军队对日军进行大会战22次，重要战役200余次，大小战斗近20万次，参战兵力最多时近500万人，另外还有民兵200多万。由于中国军民的英勇奋战，日军在中国战场伤亡150余万。战争结束时，中国接受投降日军128万多人。而中国人民为世界反法西斯战争的胜利也作出了难以估量的巨大牺牲。据近几年调查研究的不完全统计，八年抗战，中国军民伤亡总数达3500万人以上；直接财产损失1000余亿美元，间接财产损失达5000亿美元。[①] 除苏联外，世界上任何一个反法西斯国家也未曾付出如此巨大的代价。中国人民对进步人类最终赢得战争的胜利作出了不可磨灭的贡献。

中国的抗日战争打破了日本"北进"苏联的企图，支援了苏军的对德作战。"北进"苏联是日本国策的一部分。由于中国战场始终牵制着大量日军，其计划一直未能实现。1941年6月，苏德战争爆发后，德国要求日本履行盟约，希望日本向苏联背后开刀，以造成德、日东西夹击苏联之势。日本政界认为这是发动对苏战争千载难逢的最好机会，而军界却认为，日本在中国使用兵力过多，对苏开战办不到。日本大本营只好放弃了对苏开战的计划。日军为保住中国这块"总兵战基地"的地位，1942年将其在华兵力的76%用于进攻敌后根据地，华北战局尤为残酷。这一时期，中国战场战火连天，中国军民浴血挥戈，以自己的热血和头颅挡住了日本闯入西伯利亚的去路，使苏联获得了巩固的东部后方。1941年之后，苏联又把战区的某些重要工业迁到国家东部地区，并立即投入生产，同时向东部疏散人口1000多万。日本虽然一直虎视苏联，但由于其在中国战场的重大消耗，失去了进攻苏联的能力，因而始终未能对苏开战。即使在苏军最困难的情况下，苏联也未受两面作战的威胁，从而得以从远东西调兵力，顶住德军的战略攻势，稳定了战局。从全局来看，中国虽未派大兵团去援助苏联对德作战，但在客观上却保卫和援救了苏联。

中国的抗日战争牵制了日本的主力，延缓了太平洋战争爆发的时间，援助了英、美对日作战。日本的既定国策是"南北并进"，既准备同苏联打，又准备同美国打。陆军以苏联为目标，海军以美国为目标。1940年6月，日本看到德、荷在欧战中败亡，英国受到严重削弱，而美国尚未进行全面备战的情况，以为这是它

---

① 1991年11月2日《人民日报》。

在太平洋地区进行扩张的绝好机会，便急不可待地正式宣布了“大东亚共荣圈”的计划，要把太平洋及东南亚国家“统一在一个独立范围内”。但是，由于日本陆军主力无法从中国脱身，致使日军“南进”发动太平洋战争的时间大约推迟了一年半，并使日本在最终发动战争时兵力不足，不能全力以赴。这就为英、美等反法西斯国家赢得了部署同德、意、日军队作战的时间，并减轻了日军对他们的打击。对此，美国总统罗斯福也承认：“中国的壮丽的防御战”是太平洋战争延缓爆发的一个因素。日本偷袭珍珠港成功后，日本海军认为应乘胜继续采取攻势，提出了“西攻锡兰，东打澳大利亚”的计划。日本陆军虽然也野心勃勃，但因日本陆军主力已深陷中国泥潭中而无力自拔，遂不敢赞成海军的计划，并强烈要求加强中国战线。日本为求巩固中国作战线，不得不在太平洋停下进攻的脚步，使海军提出的作战计划无力实施，从而为美、英军反攻作战保留了必要的基地。同时，中国还派出远征军出兵缅甸，与盟军协同作战，为东南亚人民的解放事业贡献了自己的力量。中国还为盟军提供了大量的战略物资和重要基地，直接支援与配合了其他盟国的反法西斯斗争。从 1942 年 4 月起，中国先后为盟国提供昆明、成都、桂林、衡阳、衢州等地机场，以轰炸日军目标。中国还给美国提供了 7.4785 亿美元的桐油、锡矿和钨矿产品；给英国提供了 1.148 亿英镑的农、矿产品。

总之，中国的抗日战争对世界反法西斯战争作出的贡献是重大的，在世界反法西斯战争的历史上占有重要的地位。1942 年春天，罗斯福给他的儿子说：“假如没有中国，假如中国被打垮了，你想一想有多少师团的日本兵可以因此调到其他方面来作战？他们可以马上打下澳洲，打下印度——他们可以毫不费力地把这些地方打下来。他们并且可以一直冲向中东”，“日本可以和德国配合起来，举行一个大规模的反攻，在近东会师，把俄国完全隔离起来，割掉埃及，斩断通过地中海的一切交通线”①。1945 年 1 月 6 日，罗斯福在致国会的国情咨文中说：美国忘不了中国人民在七年多的时间里怎样顶住了日本人的野蛮进攻和在亚洲大陆广大地区牵制住大量的敌军。1951 年 9 月 2 日，斯大林在给毛泽东的复电中也盛赞中国人民“在消灭日本帝国主义者的事业中起了巨大的作用。中国人民及其解放军的斗争，大大便利了击溃日本侵略力量的事业”②。可见，中国人民在反法西斯战争中作出的巨大贡献是有目共睹的。

当然，世界人民的反法西斯战争也有力地支援了中国人民的抗战，对此，中国人民是永远不会忘怀的。

---

① 〔美〕伊利奥·罗斯福：《罗斯福见闻秘录》，新群出版社 1950 年版，第 49 页。

② 1951 年 9 月 3 日《人民日报》。

【导 读】

1.《毛泽东选集》第2卷:参阅《反对日本进攻的方针、办法和前途》、《上海太原失陷以后抗日战争的形势和任务》、《论持久战》、《中国革命和中国共产党》、《新民主主义论》、《〈共产党人〉发刊词》、《新民主主义的宪政》、《目前抗日统一战线中的策略问题》、《论政策》。

2.《周恩来选集》上卷,人民出版社1980年版。参阅《中共中央为公布国共合作宣言》、《论中国的法西斯主义——新专制主义》。

3.《中共党史参考资料》第8册,人民出版社1979年版。参阅《抗日救国十大纲领》、《中国国民党抗战建国纲领》、蒋介石:《中国之命运》。

4. 郭德宏主编:《抗日战争史研究述评》,中共党史出版社1995年版。该书主要总结了近十几年来抗日战争史研究的状况。分总论、日本侵华研究、中国共产党与敌后战场、中国国民党与正面战场、民主党派与群众抗战、中外关系、台湾及国外关于抗日战争史的研究等几大部分。它给广大研究者提供了史学界对一些重大问题的研究信息和查找资料的线索以及对同一问题的不同见解和争论,有助于研究者更深入地进行研究和探讨。

5. 军事科学院军事历史研究部:《中国抗日战争史》(上、中、下三册),解放军出版社1991～1994年版。

6. 王秀鑫、郭德宏主编:《中华民族抗日战争史》,中共党史出版社1995年版。

7. 王振德:《第二次世界大战中的中国战场》,社会科学文献出版社1991年版。

8. 温贤美、李良志、裴匡一:《抗战时期的国共关系》,北京出版社1997年版。

9. 日本防卫厅战史室编纂,天津市政协编译委员会译校:《日本军国主义侵华资料长编》,四川人民出版社1987年版。

10. 中国第二历史档案馆编:《抗日战争正面战场》,江苏古籍出版社1987年版。

11. 孟广涵主编:《抗战时期国共合作纪实》,重庆出版社1992年版。

12.《日本帝国主义对外侵略史料选编》,上海人民出版社1975年版。

13. 何理:《抗日战争史》,上海人民出版社1985年版。

14. 支绍曾、罗焕章:《中华民族的抗日战争》,军事科学出版社1987年版。

15. 王辅:《日军侵华战争》,辽宁人民出版社1990年版。

16. 张廷贵:《中共抗日部队发展史略》,解放军出版社1990年版。

17. 马清武、童志强:《新四军发展史》,山西人民出版社 1997 年版。

18. 徐康明:《中国远征军战史》,军事科学出版社 1995 年版。

19. 牛军:《从延安走向世界——中国共产党对外关系的起源》,福建人民出版社 1992 年版。

20. 刘大年:《抗日战争时代》,中央文献出版社 1996 年版。

21. 李蓉等:《抗日战争时期中共领导的沦陷区人民的抗日斗争》,中共党史出版社 2001 年版。

【思考与讨论】

1. 谈谈抗日民族统一战线的正式形成及其重大意义。
2. 抗日战争中国共两党两条不同的抗战路线的分歧何在?为什么说两条路线是中国抗战的关键所在?
3. 为什么中国的抗战是持久战?中共进行持久战的战略和战术原则是什么?
4. 中国共产党新民主主义革命理论的主要内容是什么?
5. 抗日战争进入相持阶段后,日本帝国主义侵华政策有什么变化?
6. 日本帝国主义是怎样在沦陷区实行殖民统治的?
7. 中共在抗日战争中坚持团结抗战反对分裂妥协的主张是什么?
8. 试析中间势力在抗日战争中的主张、地位和作用。
9. 论敌后战场在抗日战争中的作用。
10. 如何看待正面战场在抗日战争中的作用?
11. 论中国战场在世界反法西斯战争中的作用和地位。
12. 试述在抗日战争中国民党政权日趋腐朽的原因和表现。
13. 试评太平洋战争爆发后美国的对华政策。
14. 简述抗战后期两种中国命运的斗争。
15. 论抗日战争胜利的伟大意义和基本经验。
16. 比较两次中日战争。
17. 比较两次国共合作。
18. 论宪政运动及抗战中民主化进程的发展。
19. 抗日战争从何时开始?
20. 如何正确看待正面战场?
21. 中国的抗日战争是谁领导的?
22. 抗日战争有无战略反攻阶段?

国民党在大陆的失败与中国新民主主义革命的胜利

1945年8月抗日战争胜利后至1949年10月1日新中国成立，是解放战争时期，或称第三次国内革命战争时期。

这一时期的历史可分为四个阶段：

1945年8月抗战胜利后至1946年6月全面内战爆发前，是抗日战争向国内战争过渡的阶段。和与战是斗争焦点，政治斗争是主要形式（重庆谈判和政治协商会议），同时有局部的武装冲突。国民党、共产党、民主党派围绕“建什么国”的问题进行斗争。

1946年7月全面内战爆发后至1947年6月，是人民解放战争的战略防御阶段。国民党反动派在美国的支持下发动全面内战，召开了“制宪国大”，同美国签订不平等的《中美商约》。人民解放军粉碎了国民党的全面进攻和重点进攻。同时，国统区人民的抗议美军暴行，“反饥饿，反内战，反迫害”的正义斗争迅速发展，形成了反蒋的第二条战线，蒋介石政府在政治上空前孤立。

1947年7月至1948年8月，人民解放战争转入战略进攻阶段。1947年下半年，人民解放军由战略防御转入战略进攻，解放战争的政治经济形势发生了根本转折。国民党政府实行“戡乱总动员”，召开“行宪国大”，进行“政府改组”，但不能扭转总崩溃的颓势。以民革的诞生和民盟一届三中全会为标志，中间路线实现转折。1948年“五一”劳动节时，各民主党派领导人响应中共中央的召开新政治协商会议的号召并陆续进入解放区。

1948年9月至1949年10月，是人民解放战争的战略决战和最后胜利阶段。1948年9月至1949年1月，人民解放军进行了辽沈、淮海、平津三大战役。1949年3月，中共中央召开七届二中全会。4月，发起渡江战役，并开始大进军。10月1日，新中国成立。

一、抗日战争向国内战争的过渡

(一)抗日战争胜利后的国际国内形势

世界反法西斯战争的胜利,极大地改变了国际形势。社会主义的苏联进一步巩固,国际威望有了很大提高;东欧、亚洲相继建立了一批人民民主国家;殖民地半殖民地的民族解放运动风起云涌;资本主义国家的工人运动和民主运动日益发展;国际帝国主义的力量受到严重削弱,德、意、日被彻底打败,英、法等国被大大削弱。总的看来,整个世界形势是朝着和平与民主的方向发展的。

但是,战后的世界仍然存在着复杂的斗争。美国在第二次世界大战中大发战争横财,实力急剧膨胀,崛起为世界头号强国,战后依仗其强大的军事和经济实力,到处侵略扩张,企图建立由美国主宰的世界秩序。1945 年 10 月 23 日,美国总统杜鲁门在国会讲演中声称:“美国的战斗力现在比历史上任何的时候都强大,比世界上任何时候都强大,比世界上任何国家都强大”,负有“领导世界”的重大责任。而苏联的强盛及其在世界范围内的影响对美国称霸世界的计划构成了很大威胁。因此,美、苏对立成为战后世界的基本格局。美国积极支持各国反动势力同苏联对抗,成为战后国际关系的一个突出特点。但在中国,美、苏从各自利益出发在某种程度上似乎找到了共同点。在美国的全球战略中,在亚洲首先把侵略矛头指向中国,妄图将中国变成它的附庸和称霸世界的战略基地。美国看到,如果采用大规模军事干涉来帮助国民党消灭共产党,势必遭到中国人民、美国人民和苏联的强烈反对,以致深陷泥潭而不能自拔。因此,美国在对华政策上,企图通过扶持蒋介石集团,建立一个统一的亲美政府来达到自己的战略目的。苏联领导人过高地估计国民党的力量,过低地估计中国人民的革命力量,基于自己的战略利益的考虑,在抗战胜利后支持蒋介石集团统一中国,要求中共交出军队参加蒋介石政府。1945 年 8 月 14 日,苏联同国民党政府签订了《中苏友好同盟条约》,以及《关于大连之协定》、《关于旅顺口之协定》、《关于中国长春铁路之协定》,并就关于外蒙古独立问题进行换文。这些条约、协定和换文,严重损害了中国的主权和民族利益。在这些条约协定签订的同时,苏联领导人声明:“苏联政府同意给予中国以道义上与军需品及其他物资之援助,此项援助当完全供给中国中央政府即国民政府。”美、苏对华政策,严重影响着中国政局。

在国内,抗战胜利后阶级力量的对比发生了重大变化。通过抗战,国民党保存并扩充了一支 500 多万人的庞大的军队,其中正规军约 200 万人。这支军队由于得到美国的援助并收缴了 100 多万日军的武器,在武器装备上得到很大的加强。国民党政府控制着全国人口、领土面积、城市的各3/4左右。通过接收敌伪财产,四大家族官僚资本空前膨胀,骤增至200亿美元之多。所有这些加上美国的援助,构成了国民党发动内战的军事经济基础。维护国家垄断资本及建立于其上的专制统治,使它又不致在强大的人民民主潮流中覆灭,是国民党制定政策的主要出发点。但为准备内战赢得时间,国民党提出了"和平建国"、"国家统一,政治民主"的口号。其实质是逼迫或引诱中共交出军队和解放区政权,实行"军令政令统一",同时继续玩弄召开"国大"、"还政于民"的把戏,使其披上合法和民主的外衣。蒋介石一再声称实行宪政与各党派协商要有先决条件,即国民政府的"法统"不致紊乱,"根本大法"不容变更,政府"基础"不容动摇,"军令政令"必须统一。

抗战胜利后,中国人民在中国共产党的领导下,经过八年抗战的锻炼,觉悟程度和组织程度有了很大提高。中国共产党已拥有121万党员,建立了各占全国面积和人口1/4的19个解放区,并且领导着120余万人的军队和260万人的民兵。中国共产党已成为决定中国前途命运的举足轻重的力量。中国共产党提出了通过民主联合政府的途径,建立一个独立、自由、民主、统一和富强的新中国的主张。1945年8月25日,中共中央发表《对目前时局的宣言》,全面阐明了争取和平民主、反对内战独裁的方针,提出了和平、民主、团结的三大口号,指出了新时期中国人民的任务,即"巩固国内团结,保证国内和平,实现民主,改善民生,以便在和平民主团结的基础上,实现全国的统一,建立独立自主与富强的新中国"。这个宣言符合战后中国形势的需要,得到了全国各阶层人民的拥护,成为新时期的目标。

战后国内形势为民族资产阶级、上层小资产阶级这一中间势力提供了活动舞台,各民主党派空前活跃。他们积极整顿组织,发表政见,一些新的政党也相继建立。在8月15日日本宣布投降的当天,中国民主同盟发表了《在抗战胜利声中的紧急呼吁》,提出了"民主统一,和平建国"的口号和实现这一目标的十项主张。10月1日至12日,在重庆召开了临时全国代表大会(第一次全国代表大会),制定了建立"中国型的民主"方案。它认为英、美和苏联的制度各有优缺点,要"拿苏联的经济民主来充实英美的政治民主","创造一种中国型的民主"。12月,全国各界救国联合会改名为中国人民救国会。1945年至1946年间,民联、民建、民进、民促、"九三"学社先后宣告成立,纷纷发出结束一党专政、成立联合政府、反对内战、反对独裁的呼吁。

国内外形势表明,随着抗日战争的结束,中国国内的主要矛盾已由中华民族同日本帝国主义的矛盾转变为以中国共产党为代表的人民大众同以美国支持的蒋介石集团为代表的大地主大资产阶级的矛盾。其政治表现就是建什么国的斗争，是恢复和巩固大地主大资产阶级专政的国家，还是建立无产阶级领导的新民主主义国家，或是建立资产阶级共和国。斗争的焦点是要不要和如何废止国民党一党专政与蒋介石个人独裁，成立民主联合政府。

在这样的国际国内条件下，战后的中国开始了由抗日战争向国内战争的转变。

（二）重庆谈判和政治协商会议

抗战胜利后，蒋介石于1945年8月14日、20日、23日连发三电邀请中共中央主席毛泽东赴重庆面商"国家大计"。8月23日，中共中央政治局召开扩大会议，讨论同国民党进行谈判的问题。会议认为，由于中国人民需要和平，苏、美、英不赞成中国内战，及国民党需要医好自己的创伤，因此，蒋介石消灭共产党的方针虽不会改变，但可能采取暂时的和平。同国民进行谈判，争取通过和平的途径实现中国的社会政治改革是必要的，也是可能的。今后对待国民党的方针是"蒋反我亦反，蒋停我亦停"，以斗争求团结，做到有理、有利、有节。会议决定，先派周恩来前往重庆，随后毛泽东再去谈判。24日，毛泽东复电表示同意。在毛泽东去重庆谈判期间，由刘少奇代理中共中央主席职务，增选陈云、彭真为书记处候补书记，毛泽东为中共中央军委主席，朱德、刘少奇、周恩来、彭德怀为副主席。由于形势发展，8月25日，中央政治局决定：毛泽东、周恩来、王若飞立即赴重庆同国民党进行谈判。28日，毛泽东偕周恩来、王若飞，在国民党代表张治中、美国大使赫尔利的陪同下，由延安赴重庆，开始了战后国共两党的谈判。

重庆谈判是多种因素促成的。对国民党而言，意在政治上争取主动，应付人民反对内战、要求和平的压力，如果毛泽东拒绝赴重庆，还可把内战责任强加于共产党身上，同时利用谈判拖延时间，为发动内战作全面准备；对共产党而言，则要利用一切时机，尽最大努力争取和平民主，寻求避免战争，实现和平统一的道路，同时打破将内战责任推给中共的企图；在国统区的人民，特别是中间势力，对什么是民主、和平认识不一致，对蒋介石抱有幻想。另外，国共双方分别受到美苏的压力和影响，美国希望"将共产党人以一种类似西欧共产党所占的地位，纳入一个宪政政体的政治和军事范围之内，敌对两党将共同参加一个以蒋介石为首的，经过改组的联合政府"；苏联致电中共，强调中共必须走"和平发展"之路，要毛泽东赴渝寻求维持国内和平的途径。

毛泽东抵渝后，同蒋介石有过几次面谈。具体谈判由国共双方代表进行，国民党方面有王世杰、张群、张治中、邵力子；共产党方面有周恩来、王若飞，谈判初期双方分歧很大。经过43天的商谈，终于在10月10日由双方代表签署了《政府与中共代表会谈纪要》（即《双十协定》）。列入纪要的有12个问题，有的达成了协议以“一致认为”、“双方同意”表述；未达成共识者以“中共方面提出”、“政府方面表示”来表述，即双方各自表述了自己的意见，同意以后继续商谈或提交政治协商会议解决。这次谈判的主要成果，一是确定了和平建国的基本方针和途径，即双方“必须共同努力，以和平、民主、团结、统一为基础，并在蒋主席领导之下，长期合作，坚决避免内战，建设独立、自由和富强的新中国，彻底实行三民主义”。双方认为：“政治民主化、军队国家化及党派平等合法，为达到和平建国必由之途径。”二是确认国民党应“迅速结束训政，实施宪政，并应先采取必要步骤，由国民政府召开政治协商会议”，协商国是。此次谈判中争论最多的是解放区的军队和政权问题，尽管中共作出重大让步，但由于国民党坚持“你交出军队我给你民主”，而未能达成一致。

谈判期间，毛泽东等同各民主党派、社会各界人士频频接触，扩大了中共在国统区的影响，推动了国统区和平民主运动的发展。

10月11日，毛泽东返回延安。周恩来、王若飞留在重庆继续和国民党代表商谈召开政治协商会议等问题。这次谈判，是战后国共两党政治上的首次交锋。对重庆谈判的意义，毛泽东指出：“谈判的结果，国民党承认了和平团结的方针。这样很好。国民党再发动内战，他们就在全国和全世界面前输了理，我们就更有理由采取自卫战争，粉碎他们的进攻。”①

重庆谈判前后，国民党三次大举进攻解放区，但均被击退。在军事进攻受挫、国统区反内战运动高涨、国际舆论也一再呼吁中国实行和平民主的情况下，国民党深感发动内战的时机还不成熟。同时，国共武装冲突在重庆谈判后日渐加剧，表明抗战后期以来美国政府所奉行的扶蒋反共政策没有达到预期目的，故被迫作出调整。11月26日，美国扶蒋反共的代表人物、驻华大使赫尔利迫于压力辞职。27日，美国政府宣布接受赫尔利的辞职，任命马歇尔作为总统特使赴华“调处”国共争端。1946年1月5日，国共双方初步达成了《关于停止国内军事冲突办法的协议》。1月7日，成立了由马歇尔、周恩来、张群(后为张治中)组成的三人小组，会商解决军事冲突及有关事项。1月10日，在马歇尔的参与下，张群、周恩来正式签署了《关于停止国内军事冲突、恢复交通的命令和声明》；同时签署了《建立军事调处执行部的协议》，成立了在三人小组领导下的北平军事调处执行部，执行部三委员由政府、中共、美国各一个担任，三人为郑介民、叶剑英、罗伯逊。同日，蒋介石、毛泽东向各自的部队下达于1月13日午夜生效的停战令。政治斗争、和谈继续暂居于主导地位，于是有政治协商会议的召开。

根据《双十协定》规定，1946年1月10日至31日，在重庆召开了由各方代

① 毛泽东：《关于重庆谈判》(1945年10月17日)，载《毛泽东选集》第4卷，第1159页。

表参加的政治协商会议。出席会议的代表共38人,包括左、中、右三个方面,其中国民党代表8人,共产党代表7人,民主同盟代表9人,青年党代表5人,社会贤达9人。会议由国民党政府召集,商定事项则提请国民政府实施。在主张和平、反对内战,主张民主、反对国民党一党专政等问题上,中共同以民盟为代表的中间势力有许多共同点。会议期间,中共与民盟密切配合,在一些重大问题上采取了共同行动。会议围绕着改组国民政府、施政纲领、军事问题、国民大会、宪法草案等五个问题,进行了尖锐、复杂、激烈的斗争。

关于改组政府问题。国民党主张“扩大”而不是“改组”政府。具体意见是:扩大国府委员名额,以便由其他党派或无党派人士充任,但国民党要具有“特定的多数”;国府委员由主席提出经国民党中央执行委员会通过;国府委员会属于政治指导机关,没有决策权和用人权;国府主席有紧急处置之权。共产党主张:政府必须改组,承认国民党是第一大党,但国民党在政府中的人数不能超过1/3;国府委员人选不能由国民党中央通过;国府委员会应成为拥有用人权等实际权力的最高国务机关;政府改组要有共同纲领。会议最后通过《政府组织案》。其中规定:国府委员会为政府之最高国务机关,有权议决立法原则、施政方针、财政计划及预算,有权任免各部长官及任用立法委员等;国府委员名额为40人,国民党占一半;重要议案须经2/3以上委员通过。

关于军队问题。国民党坚持先军队国家化再政治民主化的反动方针;青年党提出的方案强调“军队国家化为政治民主化的先决条件”,贯彻了国民党的意图;共产党主张军队国家化与政治民主化二者要“平行前进,归于一途”,军队国家化要使军队成为人民的军队;民盟则主张“全国所有军队应即脱离任何党派关系,而归属于国家”。会议通过的协议通过了“军队属于国家”、“军党分立”、“军民分治”、“以政治军”等原则规定,但没有解决实际问题。

关于施政纲领。通过了以共产党提出的《和平建国纲领草案》为基础的《和平建国纲领》。纲领确定建设统一、自由、民主的新中国,保持国家的和平发展。

关于国民大会。国民党坚持1936年选出的国大代表仍然有效,另外“合理增加”名额,其增加的名额中将近一半为国民党指定。这种意见遭到中共、民盟和进步的无党派代表的强烈反对。最后达成的协议规定,国大代表名额为2050名,其中新增党派及社会贤达代表700名;宪法之通过须经出席代表的3/4同意。这就基本上打破了国民党控制国民大会的企图。

关于宪法草案。国民党坚持1936年制定的《五五宪草》仍然有效,多数代表强烈反对,主张对它作原则性的修改。经过争论,制定了对《五五宪草》的修改原则:“立法院为国家最高立法机关”,由选民直接选举产生,“其职权相当于各民主国家之议会”;“行政院为国家最高行政机关”,“行政院对立法院负责”;“省为地方自治之最高单位”,省长民选等。同时还达成协议,规定政协五方面各推五人,另请会外专家十人组织宪草审议委员会,负责制定《五五宪草》修正案。这就规定了国会制、内阁制、省自治制的政治制度,否定了国民党的一党专政和蒋介石的个人独裁。

政治协商会议是中国民主运动史上特殊的一幕。政协所通过的五项协议在当时条件下是有利于和平民主团结的。虽然很快就被国民党反动派破坏了,但会议所表现的协商精神和确定的政治路线,在人民中留下了深刻的印象,产生了很大的影响。

(三)大规模内战前的局部武装冲突

战场上的斗争是与谈判桌上的较量互相配合的。在重庆谈判期间和之后,国共双方在战场上发生了多次武装冲突。蒋介石为了以军事行动向中共施加压力,迫使中共代表在谈判桌上屈服,于是就在会谈之外策划内战升级。中国共产党进行了针锋相对的斗争。

重庆谈判期间,国民党第二战区阎锡山部13个师即侵入晋东南的上党地区,国民党其他各路部队也纷纷向解放区进犯。蒋介石、何应钦分别于1945年8月29日、9月17日密令各战区重印蒋介石在1933年编写的《剿匪手本》。《双十协定》刚签订,10月13日蒋介石颁发了进攻解放区的密令,要求各部遵照其《剿匪手本》,“督励所属,努力进剿,迅速达成任务”。1945年10月中旬,国民党第十二战区傅作义部沿平绥路东犯,企图夺取张家口;十一战区李品仙部自徐州沿津浦路北犯;第一战区胡宗南部、十一战区孙连仲部分别沿同蒲、正太路和平汉路北犯。据统计,自日本投降至10月17日两个月内,国民党即侵占了解放区城市30座。中国共产党根据“有来犯者,只要好打,我党必定站在自卫立场上坚决彻底干净全部消灭之”的精神,对国民党的进犯给予了坚决反击。

为了保卫解放区,配合重庆谈判,晋冀鲁豫军区在刘伯承、邓小平的指挥下,调动主力3万余人,在5万民兵的配合下,展开自卫反击,即上党战役。这次战役从9月10日至10月12日,历时一个月,歼敌3万余人,击毙敌第七集团军副总司令彭毓斌,俘敌将领27名,使阎锡山损失了当时总兵力的1/3,给予国民党以沉重打击。这一战役的胜利加强了中国共产党在重庆谈判中的地位,对《双十协定》的达成起了重要作用。

10月18日至12月14日,晋绥、晋察冀军区部队5.3万余人在贺龙、聂荣臻的指挥下奋起反击傅作义部的东犯,取得了平绥战役的胜利,解放了丰镇、集宁等8个县城,打死、打伤和俘敌1.2万余人。10月24日至11月2日,刘伯承、邓小平继续指挥晋冀鲁豫人民军队主力6万余人,在10万民兵配合下,将北犯的国民党军 3 个军全部包围在邯郸、磁县地区，歼敌 3 万余人，其中十一战区副司令长官高树勋率部万余人起义，副司令长官兼四十军军长马法五以下 1.7 万余人被迫放下武器。山东野战军在华中野战军的配合之下，为阻止国民党军队沿津浦北逃，于 10 月 18 日至 1946 年 1 月 13 日发起津浦路徐（州）济（南）段战役，歼敌 5 万余人。晋察鲁豫军区大岳纵队等部，为阻止胡宗南部沿同蒲路北上，于 10 月 26 日至 1946 年 1 月 13 日举行同蒲路南段作战，歼敌 8000 余人。经过这些战役，保卫了华北和其他解放区，掩护了人民军队在东北的战略展开，阻滞了国民党军队向华北等解放区的推进，而且在政治上给蒋介石以沉重打击，对以后迫使国民党签订停战协定起了重要作用。

经过这些作战，人民革命力量得到进一步的发展壮大。到 1946 年 1 月，解放区已拥有 239.1 万平方公里土地，1.49 亿人口，506 座城市。

在内战危机日益紧迫的形势下，国统区人民掀起了反内战运动，昆明最为激烈。但遭国民党的镇压，最终酿成昆明"一二·一"惨案，从而迅速将全国反内战运动推向高潮。

（四）国民党部署内战和中共准备自卫战争

同各党派一起共商国是，召开政治协商会议，原非国民党政府之本意，国民党统治集团不能容忍，也难以承受真正的民主革命，所以，政协决议签订后，便蓄意破坏停战协定和政协协议。国民党特务制造了一系列反民主暴行，"沧白堂事件"、"校场口惨案"就是明显的实例。同时，还煽动不明真相的人进行反苏、反共活动，指使暴徒捣毁北平军事调处执行部，捣毁共产党在重庆主办的《新华日报》营业部和民盟机关的《民主报》营业部，封闭共产党在北平主办的《解放报》及其他多家报刊、通讯社。更为严重的是，国民党把矛头直接指向政协协议本身。在 1946 年 3 月 1 日至 17 日召开的国民党六届二中全会上，蒋介石在谈到政协协议时，说要"就其荦荦大端，妥筹补救"。在其支持下，其他反动分子公开叫嚣政协决议的通过"等于党国自杀"，"决不能把统治权交给多党政府"。这次全会通过了《对政协报告之决议案》，提出了五条宪草修改原则，推翻了政协通过的民主宪政原则。这次全会还决定把各党派推选的国府委员拿到国民党中常会去选任，推翻了政协关于改组政府问题的协议。4 月 1 日，在由国民党包办、中共拒绝出席的国民参政会上，蒋介石公然说："政治协商会议在本质上不是制宪会议"，如它"果真成了这样一个会议"，那是"决不能承认的"。国民党统治集团不能容忍欧美资产主义国家所实行的民主制度。

国民党在美国支持下积极抢夺胜利果实与部署内战。从 1945 年 9 月到 1946 年 9 月，美国用飞机和军舰自西南后方运送国民党军队约 54 万人到华南、华东、东北、华北各地。在这期间,美国政府为国民党政府装备了45个师,训练了15万多名各类军事人员,命100多万日军将武器交由国民党政府接收,还给予国民党政府大量的经济和军事援助。仅1946年上半年,美援物资总值达13.3亿美元。1946年3月,美国正式组成为数达2000人的美国顾问团。国民党依靠美国的支持和帮助,加紧布置内战,在关外大打,在关内不断制造冲突。

从1946年1月到6月,全国的基本状况是"关内小打,关外大打"。在东北,国民党实行"武力接收"政策,以"接收主权"为借口扩大东北的内战。在1946年1月签订停战协定时,国民党就坚持东北不包括在停战的范围之内,以便控制东北,然后把战火烧向关内。后虽勉强同意东北停战,但又乘苏联从中国东北撤军之际,进驻沈阳,并在5月下旬侵占长春,控制了松花江以南的大部分地区。杜聿明部还从锦州西攻热河,直达赤峰、承德,企图切断华北解放区同东北解放区的联结。在关内,国民党军向我解放区共进攻4300多次,占领我城市40多座和村镇2570余处,累计使用兵力277万。

对于1946年1月达成的停战协定和政协协议,中国共产党是决心严格遵守和履行的。政协会议刚结束,中共中央于2月1日向党内发出《关于目前形势与任务的指示》,提出了中国正走上"和平民主建设的新阶段"的估计。指示认为:政协会议成功后,"中国革命的主要斗争形式,目前已由武装斗争转变到非武装的群众的与议会的斗争,国内问题由政治方式来解决。党的全部工作,必须适应这一新形势"。指示同时指出:"中国民主化的道路依然是曲折的、长期的",党必须注意"阵地的保持与继续取得","练兵、减租与生产是目前解放区三件中心工作",而"我党对于新的斗争形式与组织形式,采用得愈迅速愈熟练,便愈能夺取主动权"。党中央保持着清醒的头脑,一面带领人民为争取中国走上和平民主的发展道路而努力,一面不放松自己战争的准备,尤其是在掌握人民武装和保存解放区这两个基本问题上坚持了正确立场。

中国共产党在力争和平的同时,没有放弃人民的武装和对蒋介石发动内战的警惕性。在1946年上半年,中共领导解放区军民,加紧自卫战争的准备。(1)建立东北军事政治根据地。1945年8月29日,中共中央、中央军委指示晋察冀中央局等,要求他们就近迅速派干部和部队进入东北。根据这一指示,冀热辽军区司令员李运昌率部挺进东北。9月15日,中共中央决定建立以彭真、陈云、程子华、林枫、伍修权为委员,彭真为书记的东北局。9月19日,刘少奇与在重庆的毛泽东、周恩来磋商后,为中共中央起草并发出《目前任务和战略部署》的指示,提出了"向北发展,向南防御"的战略方针。根据这一方针,在抗战结束后,先后派遣了包括彭真、陈云、林彪、高岗、张闻天、李富春等中央委员在内的2万干部及10万余人的部队进驻东北,不久建立了东满、北满、西满根据地,四平战役后又建立了以通化、临江为中心的南满根据地。1945年底，东北人民军队总兵力发展到27万人。到1946年8月，成立了东北各省、市行政联合办事处行政委员会，为之后统一的东北人民政府的建立奠定了基础。(2)各解放区开展减租减息和土改运动。根据中共中央指示，1946年初，各解放区普遍开展了群众性的减租减息运动。有些解放区还开展了反奸、清算运动，清算日伪时期汉奸对人民的压迫和剥削。在此基础上，1946年5月4日，中共中央发出了《关于土地问题的指示》，通称《五四指示》，及时地把抗日战争时期的减租减息政策改变为没收地主土地、分配给农民的政策。根据这一指示，各解放区迅速开展土改运动。到1947年2月，全解放区已有2/3的地区解决了土地问题。土改运动大大巩固了解放区，支援了自卫战争。(3)放手发动群众，发展生产。1945年12月25日，中共中央发出指示，强调减租和生产两大任务能否完成，将决定解放区军事政治斗争的胜负，各地不可疏忽。1946年初，各解放区动员群众开展了生产运动，以增加粮食和日用品，同时整理财政，从而改善了人民生活，保证了军队的物质需要，为自卫战争作好了物质上的准备。(4)扩大和整编部队，开展练兵运动。到1946年6月，中共领导的军队共组成了27个野战纵队及6个野战旅，新建了野战军体制，同时还调整和加强了各战略区的领导。此时，全军共127万余人，其中野战军61万余人，地方军66万余人。1946年5月1日，中共中央发出《关于练兵的指示》，要求造成练兵热潮，以练攻城、守城、夜战三大军事战术和政治上提高战胜敌军、保卫解放区的决心和信心为主要内容。通过练兵运动，不但提高了部队的军政素质，而且调整了后勤与军需工作，加强了军工生产，开始建立炮兵和工兵。

上述各项工作的进行，为粉碎国民党的军事进攻、夺取自卫战争的胜利作了充分准备。

二、粉碎国民党军队的战略进攻和反蒋第二条战线形成

(一)解放区粉碎国民党的全面进攻和重点进攻

1946年6月26日，蒋介石悍然撕毁停战协定和政协协议，出动约22万兵力，大举围攻中原解放区，全面内战由此爆发。接着，国民党军队又大举进攻华东、晋冀鲁豫、晋察冀、晋绥、东北以及海南岛等解放区。蒋介石用于进攻各解放区的兵力总计193个旅、160万人，占其正规军总数的80%。蒋介石公开宣称，只须三到六个月，他就可取得胜利。其气焰十分嚣张，不可一世。

当时，国共双方实力悬殊，人民解放军的装备仍是“小米加步枪”，解放区还

处于被分割状态，大部分地区的封建势力还未肃清，后方还不巩固。人民解放军能否战胜国民党军的进攻，国内外甚至解放区不少人都抱怀疑态度。中国共产党在清醒估计国内外形势的基础上，指出：我们是能够战胜蒋介石的。1946 年 8 月，毛泽东在同美国记者安娜·路易斯·斯特朗的谈话中提出了“一切反动派都是纸老虎”的著名论断，实际上概括出了“战略上藐视敌人，战术上重视敌人”的思想，从而使全党全军极大地增强了战胜敌人的信心。中共中央在《以自卫战争粉碎蒋介石的进攻》等一系列指示中，提出了和人民群众亲密合作、争取一切可能争取的人的政治方针，作持久打算、依靠自力更生的经济方针，以歼灭敌人有生力量、不以保守或夺取地方为主要目标和集中优势兵力在运动中各个歼敌的作战方针。这些方针和作战方法，在解放战争中显示了其正确性。

从 1946 年 7 月到 1947 年 6 月，人民解放军处于战略防御阶段，战争主要在解放区内进行。其中，1946 年 7 月至 1947 年 2 月，为解放区战胜国民党全面进攻的时期；1947 年 3 月到 6 月，为解放军粉碎国民党重点进攻的时期。

1946 年 6 月底，中原解放军在李先念、郑位三、王树声等领导下，兵分三路突围。主力由李先念率领，向西越过平汉线，冲破了敌人的包围圈，并相继开辟了陕南和鄂西北两个游击根据地；王树声率领的一部分部队创立了以武当山为中心的鄂西游击根据地；还有一部分由王震率领经数千里转战进入陕甘宁边区；为掩护主力突围，由皮定均率领一部分兵力向东突击，后进入苏皖解放区。中原突围的胜利，宣告了国民党围歼计划的破产。

7 月 13 日至 8 月 27 日，粟裕、谭震林等率领华中解放军苏北部队，在苏中地区七战七捷，歼敌 5.6 万余人，创造了内战开始后首次大量歼敌的记录；随后又北向淮阴、淮安地区进行运动防御作战。山东解放军分别在胶济线西段和东段作战，先后歼敌 1.2 万余人。华中野战军于 12 月 14 至 19 日在宿北沭阳战役中歼敌 3 个整旅 2.4 万人后，撤往山东境内，与山东野战军合组成华东野战军。

为配合中原、华中解放区的作战，刘伯承、邓小平率领的晋冀鲁豫解放军，于 8 月份向陇海路徐州至开封段出击，歼敌 1.6 万余人，切断了该线敌军的联系。9 月 3 日，又在鲁西南之菏泽、定陶、曹县一带，歼敌 1.7 万余人；10 月底，以远距离的奔袭战，歼敌 0.9 万余人于鄄城。与此同时，贺龙率晋绥解放军，聂荣臻率晋察冀解放军，林彪、罗荣桓率东北解放军，也都有力地打击了国民党军队的进攻，歼灭了敌人大量的有生力量。

这样，在战争的头 4 个月，国民党军共占领解放区城市 153 座，而解放军则收复城市 48 座，歼灭敌人有生力量近 30 万人。国民党军在占领解放军主动放弃的城市之后，都得分兵把守，实际上背上了一个沉重的“包袱”，从而使其战线太长与兵力不足的矛盾更加尖锐起来。国民党被这种“占城市”表面的“胜利”冲昏头脑，在占领张家口后，置全国人民的反对于不顾，悍然召开了伪“国民大会”，玩弄“改组政府”的丑剧；同时在军事上仍继续向各解放区展开全面进攻，其主要战场是华东的苏北和山东地区。在此情况下，人民解放军进一步展开了大规模的运动战，继续大量地歼灭敌人的有生力量。

1947 年 1 月，华东野战军举行鲁南战役，在枣庄、峄县歼敌 5 个旅，共 5.3 万余人。2 月，华东解放军在陈毅等率领下，在山东莱芜地区，全歼冒进孤立之敌李仙洲 7 个整旅共 7 万多人，开创了解放战争以来一次歼敌数万人的范例。1946 年 10 月 26 日至 11 月 2 日，东北民主联军在新开岭地区歼敌 0.8 万余人。12 月至 1947 年 4 月，进行了“三下江南，四保临江”的战役，歼敌 5 万余人，从而结束了国民党在东北的进攻。晋冀鲁豫解放军先后在滑县地区、巨野、鱼台及太康等地区歼敌 4.7 万余人。晋绥解放军及晋冀鲁豫解放军太岳部队则在晋西北战役中歼敌 2.2 万余人，使晋西北与吕梁两块根据地连成一片。晋察冀解放军也向平汉线出击，歼敌 9000 余人。这样，经过后 4 个月的作战，人民解放军又歼敌 41 万余人。这期间，国共双方城市得失各为 87 座，国民党军队由战争初期间的得地失人变为净损失 40 余万而无地可得。

总之，从 1946 年 7 月至 1947 年 2 月，经八个月的作战，解放军歼敌 71 万余人，国民党军用于第一线的兵力，已经从 1946 年 10 月的最高点 117 个旅降为 85 个旅，而用于进攻解放区的总兵力已深感不足。由于战线太长，兵力分散，后方空虚，国民党已丧失了全面进攻的能力。

从 1947 年 3 月开始，国民党军将全面进攻改为向陕北、山东两翼的重点进攻。蒋介石认为中国共产党在关内有三个重要根据地，即以延安为政治根据地，以沂蒙山区为军事根据地，以胶东为交通供应根据地。因此，对这三个地区必须“犁庭扫穴，切实攻占”[①]。其计划是：首先，攻占延安，摧毁中共的党、政、军指挥中心；其次，攻占胶东，切断中共由关外到关内的海陆补给线；然后，集中力量攻占沂蒙山区；再转向其他地区。人民解放军继续执行积极防御的作战方针。

在陕北，国民党军队投入胡宗南等部 25 万人的兵力，从 3 月 13 日开始向中共中央和人民解放军总部所在地延安发动突然袭击。陕北的人民军队有西北人民解放军彭德怀、习仲勋所部 6 个旅 2.6 万余人，另有 3 个地方旅和 1 个骑兵师 1.6 万余人，处于绝对劣势。西北解放军在延安以南英勇地进行了七昼夜的阻击战，掩护中共中央机关和人民群众安全转移，而后于 3 月 19 日主动撤出延安，开始了艰苦的陕北转战。29 日，中共中央在枣林沟召开会议，决定以刘少奇、朱

① 蒋介石：《匪情之分析与剿匪作战纲要》(1947 年 5 月 15 日)，载秦孝仪主编《先总统蒋公思想言论总集》第 22 卷，中国国民党中央委员会 1994 年版，第 114 页。

德、董必武及一部分中央委员组成中央工作委员会，到华北进行中央委托的工作；毛泽东、周恩来、任弼时率中央机关和人民解放军总部继续留在陕北，指挥全国各战场的作战。4月1日，中央又决定中央和军委大部分机关工作人员组成由叶剑英、杨尚昆主持的中央后方委员会，转移到晋西北，统筹后方工作。

西北野战军根据陕北群众基础好、地形险要、回旋余地大等有利条件，采取"蘑菇"战术，与敌周旋，在彭德怀的指挥下，遵照中央指示，不断给进犯之敌以有力打击。3月25日、4月14日、5月初，西北野战军在青化砭、羊马河、蟠龙镇三战三捷，歼敌1.4万余人；而后转战西北方向，在沙家店战役中全歼胡宗南部整编第三十六师6000余人，并追歼南逃的刘戡部9000余人。到8月间，国民党军队对陕北的重点进攻被粉碎，西北野战军转入内线反攻。

在山东，3月下旬，国民党陆军总司令顾祝同指挥60个旅45万人的兵力，向山东中部的沂蒙山区发起进攻。华东野战军在陈毅、粟裕等指挥下，根据中央军委指示，诱敌深入，于4月下旬向敌南北两线展开反击，在泰安歼灭敌整编七十二师师部及两个旅共2万余人，打退了敌人的第一次进攻。5月间，在孟良崮战役中全歼美械装备的国民党精锐部队整编七十四师3.2万余人，击毙该师师长张灵甫，由此扭转了华东战局。6月份，华东野战军再次进行反击，迫使敌人于7月中旬从鲁中仓促回撤。至此，国民党军对山东的重点进攻被粉碎。

与此同时，东北、热河、冀东、豫北、晋南野战军也先后转入反攻。从1946年7月至1947年6月，人民解放军经过一年的内线作战，共歼敌112万人，使国民党由430万降至373万，自己的总兵力发展到190多万人。为人民解放军实行由内线作战到外线作战的战略转变提供了有利条件。

在国民党单方面召开"国大"，表明其决心，将内战打到底的新形势下，中国共产党逐步作出以革命战争方式最后解决国内问题的抉择。1946年11月18日，中共中央致电各中央局、中央分局，指出："蒋介石日暮途穷，欲以开'国大'，打延安两项办法，打击我党，加强自己。其实，将适得其反。"蒋介石"在其进攻能力快要枯竭之时，即使用突袭方法，占领延安，亦无损于人民解放战争胜利的大局，挽救不了蒋介石灭亡的前途"。这是中共中央第一次用"人民解放战争"这个概念取代此前一直使用的"自卫战争"的概念。11月21日，中共中央召开会议。毛泽东分析了全国军事形势，指出：过去至今已歼灭国民党军队38个旅。经过半年到一年，消灭他七八十个旅，停止他的进攻，开始反攻，达到两党力量平衡。达到了平衡就很容易超过。还指出："现在是否要提出打倒蒋介石？我们做这个工作而不提这个口号，口号仍然是恢复一月十三日停战协定生效时的双方位置和实现政协决议。"[①]会议根据毛泽东的提议，决定以"打倒蒋介石"来最终解决国内问题。由"自卫战争"到"解放战争"，由"制止内战，恢复国内和平"到"打倒蒋介石"，这是党的战略指导思想的重大转变。

(二)国统区政治经济危机和第二条战线的形成

国民党在军事上连遭挫败的同时，其统治区内政治上、经济上的危机亦日益加深。在中国共产党领导和影响下的人民运动迅速发展起来，形成了第二条战线的斗争高潮。

按照政协协议，国民大会必须在停止内战、修正宪草、结束训政、改组政府之后方能召开。但蒋介石为了取得美援和尽快给其反动统治披上"合法"与"民主"外衣，于1946年7月3日召集国防最高委员会单方面决定于当年11月12日召开国大。中共代表周恩来、董必武等在同国民党代表举行会谈时，对这种破坏政协协议的做法提出抗议，要求召集政协综合小组商讨此事，但遭到国民党方面拒绝。10月11日，正式下令如期召开国大，并要各党派速交国大代表名单。11月12日，又宣布国大延期三天，声称等候共产党参加国大人员名单。11月15日，在南京召开了国民大会，国民党代表占85%，只有依附于国民党的青年党、民主社会党和若干"社会贤达"参加了大会。12月25日，国民大会通过《中华民国宪法》后闭幕。1947年元旦，国民党公布了这个"宪法"，并宣布1947年12月25日起实施。对于这样的"国大"及其通过的"宪法"，中共、民盟及其他民主党派都表示坚决反对。这部"宪法"共14章175条，承袭了资产阶级宪法中一些关于国会制、责任内阁制和保障人民自由、平等权利的一些条款，加进了一些政协宪草协议的词句，比1936年《五五宪草》有所进步。《中华民国宪法》虽然在条文上体现了一定的民主原则，但是它从根本上代表和维护的是大地主、大资产阶级的利益，只能成为国民党一党专政和蒋介石个人独裁的装饰品。并且，由于这部宪法是在国民党撕毁政协协议并积极进行内战，而作为国内主要民主力量的中共和民盟拒绝的情况下产生的，因此只能有名无实。

1947年春，国民党拉着民社党、青年党进行了所谓的"政府改组"。4月17日，蒋介石在国防最高委员会和国民党中央常务委员会联席会议上选任了国民政府委员和五院院长，18日国民党政府将名单公布。4月23日，宣布改组后的政府成立。国民政府主席蒋介石，副主席孙科兼立法院院长，行政院院长张群，司法院院长居正，监察院院长于右任，考试院院长戴传贤。在29名政府委员中，

① 毛泽东：《要胜利就要搞好统一战线》，载《毛泽东文集》第4卷，人民出版社1996年版，第198～199页。

国民党占17名，民、青两党各占4名。国民党宣称这次改组是“划时代之创举”。与此同时，还采取一系列行动，关闭谈判大门，破裂国共关系。1947年1月7日，马歇尔发表离华声明，并于次日返回华盛顿。1月29日，美国驻华使馆宣布美方退出军事三人小组及军事调处执行部。2月21日，国民党政府逼迫北平军事调处执行部中共代表叶剑英及工作人员全部撤离北平。随后，国民党限令中共在重庆、南京、上海的人员于3月5日前全部撤退，并查封《新华日报》。3月7日、8日，中共驻南京、上海、重庆的全部工作人员分别撤回延安。国民党的上述行为，不但没有起到巩固其统治的作用，反而使它陷入政治危机之中。

1946年11月4日，国民党政府外交部长王世杰和美国驻华大使签订了《中美友好通商航海条约》(简称《中美商约》)。该条约共30条，把美国取得的许多特权都用法律形式确定了下来：美国人在中国有经营商务、制造、加工、科学、教育、宗教、慈善事业和购置土地、房屋、产业等权利；美国商品输入中国和由中国运往美国的物品不受任何禁止和限制；美国船舶在中国开放的任何港口、地方都可自由航行。该条约以“平等”、“互惠”的形式掩盖着侵略的实质，是一项新的不平等条约。该条约一经公布，受到各界爱国人士的强烈谴责。

由于美国在中国取得种种特权，美国商品和资本像潮水般地涌入国统区，而四大家族则成为美货倾销的驻华总代理。1946年，仅据中国海关统计，在中国对外贸易总额中，对美的贸易占53.19%。1936年，美国在华投资占各国在华投资总额的8%，到1947年占70%，稍后占80%。抗战胜利后，随着国民党政府对大量敌伪财产的接收，四大家族对国民经济各部门的垄断进一步加强，为了支付内战的巨额军费，代表四大家族官僚资本利益的国民党政府加紧对人民的掠夺，加上美国的经济侵略，国统区的经济陷入了空前严重的危机之中。主要表现在：(1)财政金融的破产。国民党政府财政上入不敷出，通货急剧膨胀。1946年的支出为法币10万亿元，收入为2万亿元；1947年支出为法币43万亿元，收入只有约14万亿元。为了弥补巨额赤字，国民党政府便滥印纸币，以致法币的发行量以几何级数猛增。1947年国民党政府的法币发行量达30多万亿，为1946年法币发行量的10倍，比1945年抗战结束时增加25倍。恶性通货膨胀造成物价飞涨。与1937年6月相比，1947年底法币的发行额增加了23000多倍，物价上涨达到14.5万倍。1937年100元法币能买2头牛，到1947年只能买1/3盒火柴或1只煤球。(2)工商企业大量倒闭。由于美货的大量倾销，加上四大家族官僚资本对市场、原料和资金等的全面垄断，民族工商业日益破产。1946年10月至1947年2月，仅上海、天津、重庆、汉口等20多个城市，就有2.7万多家工商企业倒闭。工厂倒闭引起生产急剧下降。1947年国统区的工业产量比1936年降低了30%，国统区的工商业陷入严重瘫痪状态。(3)农村经济破产。随着内战规模的扩大，国民党政府一面加紧对农民的田赋、捐税和各种摊派的剥削；一面扩大在农村征兵拉夫的数目，造成农村劳动力大量流失。同时，严重的自然灾害又加重了农村经济的破产。由于上述原因，使国统区农业产量大幅度下降，出现了严重的粮荒。1946 年农作物的总产量比 1936 年减少了 8%～12%，1947 年更减少到 33%～40%。由于国统区严重的危机，造成人民生活的日益恶化，终年在死亡线上挣扎。1946 年，各地饿死人数即达 1000 万人；1947 年，各地饥民共达 1 亿人以上。严重的经济危机把国统区的广大人民逼上了绝路，使国统区的反蒋斗争此起彼伏，不断高涨。

国民党在发动全面内战的同时，对国统区的爱国民主运动进行了血腥镇压。1946 年，继 6 月 23 日发生"下关惨案"之后，7 月 11 日和 15 日国民党特务又在昆明制造了骇人听闻的暗杀李公朴、闻一多的血案。李、闻二人都是民盟中央委员，在战后争取和平民主、反对内战独裁的斗争中始终站在前列。一城之内，五天连发两大血案。国民党的卑鄙手段激起了人民的愤怒和民主人士的觉醒。

针对蒋介石的高压政策，全国各阶层人民进行了各种形式的反美反蒋斗争。1946 年 11 月底 12 月初，国民党上海当局禁止黄浦、闸北两区的摊贩营业，并逮捕继续营业的摊贩几百人，激起反抗，参加斗争的有 5000 余人，形成了全市性的反蒋斗争。1946 年 12 月 24 日晚，在北平东单发生了美军强奸中国女大学生的暴行。这一事件触发了一场声势浩大的抗议美军暴行的群众运动，站在最前列的是全国数十个城市的大约 50 万学生，他们响亮地喊出了"美军滚出中国"的口号。1947 年 3 月 8 日，在上海成立了全国学生抗议美军暴行联合总会。1947 年 5 月，正当国民党军对解放区的进攻连遭失败和蒋介石玩弄政府改组的时候，国民党统治区的爱国民主运动，又达到一个新的高潮。5 月 4 日，上海学生首先举行"反饥饿，反内战，反迫害"的示威游行，各地学生纷纷响应。5 月 15 日，全国学联在上海成立。为了对付学生的爱国民主运动，国民党政府于 5 月 18 日颁布了《维护社会秩序临时办法》，禁止 10 人以上的请愿、罢课、罢工和游行示威。但广大学生没有被吓倒，继续坚持斗争，很快在全国掀起高潮。5 月 20 日，南京各高校学生与上海、苏州、杭州等地的学生代表 5000 多人在南京举行联合请愿大游行，向国民党政府提出增加伙食费和全国教育经费等五项要求。当游行队伍行至珠江路口时，遭到预先准备好的国民党军警察、宪兵、特务的围攻、殴打，结果 19 人重伤，轻伤 90 余人，28 人被捕，酿成震惊全国的"五二〇"惨案。同一天，北平和天津数以千计的学生也走上街头游行示威，但都遭残酷镇压。惨案发生后，学生运动规模更加扩大，全国 60 多个大中城市的学生都举行了游行示威或罢课斗争。学生的爱国运动得到了各界人士的同情和支持。

在学生爱国运动的同时，国统区各阶层人民群众都掀起了反对国民党反动统治的斗争。由于粮价暴涨,人民挨饿,城市贫民掀起了广泛的抢米风潮。据不完全统计,1947 年 3 月至 7 月,有 9 个省 38 个城市发生了抢米风潮,参加者有 17 万人之多。在农村,广大农民反抗抓丁、征粮、纳税。到 1947 年 1 月,民变地区遍及全国 17 个省 300 多个县,达 84 万人。同一时期,全国工人罢工总数达 34 次,参加者约 120 万人。

与此同时,台湾地区爆发了"二二八"起义。1947 年 2 月 28 日,台北市人民为反抗国民党政府的暴政,抗议军警枪杀市民,举行大规模游行示威。3 月初,台湾各地人民奋起响应,夺取武器,并攻占台中、嘉义等城市。国民党政府从大陆急派援军进行镇压,在 20 多天中有 3 万多人被屠杀。"二二八"起义虽然失败,但它显示了台湾人民英勇的革命精神,配合了全国人民的斗争。

国统区以学生为主力的爱国民主运动,形成了与人民解放军相配合的反美、反蒋斗争的第二条战线。毛泽东在 1947 年 5 月 30 日为新华社写的评论中指出:"中国境内已有了两条战线。蒋介石进犯军和人民解放军的战争,这是第一条战线。现在又出现了第二条战线,这就是伟大的正义的学生运动和蒋介石反动政府之间的尖锐斗争。"[①]这条战线的形成,标志着新的人民大革命高潮的到来,使蒋介石政府处在全国人民的包围之中。

(三)中间路线的宣传和破产

中间路线或"第三条道路"的内容是资产阶级共和国思想,对这种思想的大力宣传,曾是战后十分引人注目的事情。这种思潮的兴起是随着国共两党谈判的恢复及随之而来的中间党派的活跃而出现的。当时大多数民主党派坚持中间路线,他们主要代表了民族资产阶级和小资产阶级上层的利益。

宣传中间路线最积极的是施复亮。他先后发表了许多文章,阐明了中间派的主张和观点:政治上,主张实行英美式的民主政治,但决不允许它成为少数特权阶级所独占的民主政治,必须把它变成多数平民共治的民主政治,使人民"能行使主人的权力,真正做国家政府的主人";经济上,强调发展资本主义,在发展生产力方面,主张尽量利用资本主义生产方式的各种优点以促进整个国民经济的迅速工业化,在调整生产关系方面借鉴苏联的经济民主;外交上,虽然主张"兼亲美苏",但实际上"对美则可更亲善些,或可说亲美甚于亲苏";军事上,反对内战,希望国共双方彼此不要用武力来消灭对方。这些人既不满意国民党的独裁专制,也不欢迎共产党的阶级斗争,一边劝国民党"抛弃那个偏右的作风",一边又劝共产党"把一些过火的地方与所谓的幼稚病都矫正过来"。他们认为政协的

---

① 《毛泽东选集》第 4 卷,第 1224～1225 页。

路线是一条企图用和平合作的方式来实现政治民主化、军队国家化和经济工业化的政治路线，完全跟中间派所代表的中间阶层的历史任务相符合，而且跟中间派的政治斗争方式和态度相一致。因此，从本质上讲，政协路线就是中间派的政治路线。在他们看来，要恢复中间路线，首先必须呼吁国共以外的一切民主党派组成强大的中间派发挥在政治斗争中的举足轻重的作用，然后分别组织，联合行动，以便早日实现和平民主。

施复亮等人的以建立资产阶级民主共和国为目标的中间路线，在中国是行不通的。随着历史的发展，它所起的作用也发生了变化。当中国共产党力争和平民主、采取孤立蒋介石的方针的时候，它的反对国民党一党专政和蒋介石独裁专制的进步作用是主要的。当中国人民用武力推翻国民党反动统治已成定局之时，它的不利于革命的消极甚至反动的作用，就是主要的了。这样，鼓吹中间路线的人就越来越少了。国民党反动派也因民主党派起了共产党同盟者的作用而向它们开刀，使中间路线失去了活动的天地。

1947 年 5 月 3 日，国民党中央社发表其捏造的文件《中共地下斗争路线纲领》以及某观察家的谈话，诬蔑民盟、民建等民主党派已成了“暴乱工具”。5 月 14 日，国民党政府新闻局长公开发表谈话，认为“民盟与中共曾公开否认宪法及国民大会之合法性”，“与反叛政府之中共”“有密切关系”，这是国民党发出的打击民主党派的信号。5 月 31 日夜，国民党政府在成都重庆实行大搜捕，逮捕了几十名民盟成员。10 月 7 日，在西安杀害了民盟中央常委、西北总支部负责人杜斌丞。10 月 21 日，国民党军警包围并开始监视南京梅园新村民盟总部。10 月 27 日，国民党政府内政部宣布民盟为“非法团体”。11 月 5 日，民盟被迫以主席张澜的名义发表了《中国民主同盟总部解散公告》，宣布自即日起一律停止政治活动，总部负责人辞职，总部解散。这样，存在了七年的民盟被非法解散。

民盟的解散宣告了资产阶级中间路线的破产，说明在半殖民地半封建的中国，所谓“第三条道路”是走不通的。此后，各民主党派重新制定了政治纲领，抛弃了中间路线。而民盟的解散，尽管是民盟史上的一大挫折，但这也正是民盟转变的新起点。

三、解放战争军事政治形势的根本转折

(一)人民解放军转入战略反攻

人民解放军经过一年的内线作战，使全国军事、政治形势发生了重大变化。到 1947 年 7 月，国民党军队的总兵力已由战争开始时的 430 万人下降至 373 万

人，正规军由200万下降到150万，且大多陷入对交通线和重要据点的守备，用于一线作战的机动兵力大大减少；由于接连失败，士气低落，充满厌战和失败情绪；重点进攻的结果，使蒋军的主要军事力量拖在东、西两端，而中间和后方则非常空虚，蒋军在军事上出现了非常不利的哑铃型态势。国统区人民的爱国民主运动的高涨，使其后方动荡不安，国民党统治区的政治、经济危机日益严重。与此相反，人民解放军在战斗中不断壮大，总兵力增至195万人，其中野战军由61万发展到100万人以上，机动作战兵力已超过敌军，军队士气旺盛，装备得到改善，整个解放区军民都充满了胜利的信心。这一变化表明，人民解放军由战略防御转入战略进攻的时机已经到来。

1947年7月21日至23日，中共中央在陕北靖边县小河村召开了前委扩大会议。会议研究部署了全国的战略进攻问题，规定了人民解放军第二年作战的基本任务，即举行全国性的反攻，也就是以主力打到外线去，将战争引向国统区，在外线大量歼敌。同时，以一部分兵力和广大地方部队继续在内线作战，歼灭内线敌人，收复失地。中共中央决定选择中原地区作为战略进攻的突破口，把战略进攻的矛头指向大别山。原因在于，大别山雄峙于国民党首都南京和长江中游重镇武汉之间的鄂、豫、皖三省交界处，具有重要的战略地位，是国民党战略上最敏感而又最薄弱的地区；这里曾是老革命根据地，人民解放军容易在那里立足生根。占据了大别山，就可东慑南京，西逼武汉，南扼长江，瞰制中原。为实现这一战略计划，中共中央和毛泽东作了"三军配合，两翼牵制"的部署，即以晋冀鲁豫野战军主力实施中央突破，渡黄河南进，直趋大别山；以华东野战军主力为左后一军挺进豫皖苏；以晋冀鲁豫野战军太岳兵团为右后一军，由晋南渡黄河挺进豫西。三路大军布成"品"字形阵势，互为犄角，逐鹿中原。同时，西北野战军出击榆林，调引胡宗南部北上；华东野战军内线兵团在胶东发动攻势，将进攻山东的敌人引向胶东，以利前述三军的行动。

按照中共中央的战略部署，1947年6月30日夜，刘伯承、邓小平率领晋冀鲁豫野战军主力12万人自山东东阿张秋镇至濮城临濮集之间300里地段上，一举突破黄河天险，进入鲁西南地区，由此揭开了人民解放战争战略进攻的序幕。随后，刘邓大军组织了鲁西南战役，连续在郓城、定陶、六营集、羊山集等战斗中歼敌共计6万余人，巧妙地调动和迷惑了敌人。接着，根据中共中央指示，决定不与敌军纠缠，下决心不要后方，迅速南下，直插大别山。从8月7日起，刘邓大军突然甩开约30个旅的敌人，跨越陇海路，通过黄泛区，渡过沙河、汝河和淮河，于8月27日胜利到达大别山区。为重建大别山革命根据地，在进入大别山后的几个月中，刘邓大军一面作战歼敌，一面发动群众，摧毁反动政权，到11月下旬，共歼敌3万余人，建立了33个县级民主政权，开辟了鄂豫皖新解放区，完全恢复并扩大了1946年7月被迫撤离的原中原解放区。大别山地区的新局面初步打开。

在刘邓大军千里跃进大别山之际，由陈赓、谢富治率领的晋冀鲁豫野战军太岳兵团，于8月22日在晋南平陆、豫西孟县间强渡黄河，挺进豫西，逼进潼关，然后又向陕南、豫南发展。至11月底，歼敌5万余人，建立了39个县级民主政权，完成了在豫陕鄂边地区的战略展开。

与刘邓大军挺进大别山和太岳兵团进军豫西相配合，由陈毅、粟裕率领的华东野战军主力于8月底进入鲁西南地区，9月9日在沙土集歼灭敌整编第五十七师，俘敌中将师长段霖茂。9月下旬向豫皖苏边区挺进，迅速展开。至11月中旬，解放了洪泽湖以西、平汉路以东、沙河以南、淮河以北广大地区，建立起25个县的民主政权，扩大了豫皖苏解放区。

三路大军相继挺进中原后，中原战局完全改观。他们逐鹿中原，形成"品"字形阵势，驰骋于江、淮、河、汉之间，互为犄角，配合作战。1947年12月30日，三路大军各一部在河南确山地区胜利会师。以刘邓大军强渡黄河、千里跃进大别山为标志，人民解放军从战略防御转为战略进攻，从内线作战转到外线作战，战争已主要转入国民党统治区进行了。

在南线三路大军转入战略进攻的同时，仍在内线作战的人民解放军各部，也相继转入反攻。由彭德怀、贺龙、习仲勋等人率领的西北野战军于1947年8月开始内线反攻，10月收复清涧等三城，进攻榆林，歼敌1万余人；翌年3月又取得宜川战役的胜利，歼敌2.9万人；4月21日收复延安，使西北战场的敌我力量对比发生了变化。由许世友、谭震林率领的华东野战军山东兵团从1947年9月起向胶东之敌发起攻势，至12月底，收复威海卫等十余座县城，歼敌6.3万余人，改变了山东形势；次年3月发动胶济路西段战役，歼敌3.8万人；4月进行胶济路中段战役，歼敌4.6万人；5月发起津浦路中段战役，歼敌6.3万余人。至此，山东地区除济南、青岛等少数城市外均得到解放。苏北兵团进行盐城、李堡战役，在半年中歼敌2.4万余人，收复了苏北解放区大片失地。同时，聂荣臻率领的晋察冀野战军于1947年9月上旬、10月19日至22日、11月6日至12日，连续进行了大清河北、清风店、石家庄战役，解放了战略要地石家庄，歼敌6万余人（石家庄战役歼守敌2万余人）。徐向前率领的晋冀鲁豫解放军于1947年底解放了整个晋南三角地区，随后又解放了热河、山西大部地区，使晋察冀和晋冀鲁豫解放军连成了一片。由林彪、罗荣桓率领的东北民主联军继1947年的夏季攻势后，于9月14日发起秋季攻势，歼敌6.9万人；于12月15日至1948年3月15日发动冬季攻势，歼敌15.6万余人，迫使敌军困守于长春、吉林、沈阳、锦州等占东北总面积3%的狭小地区。1948年1月1日，东北民主联军改称东北野战军。

我军在外线和内线各个战场的攻势作战，组成了人民解放军全国规模的战略进攻的总形势，迫使国民党军由进攻转为全面防御。这一根本转变，标志着中国人民的革命战争达到了一个历史的转折点。人民解放军在转入战略进攻的一年，共歼灭国民党军队 152 万人，收复和解放 3700 万人口的 15.6 万平方公里土地和 164 座中、小城市，为进行战略决战创造了有利条件。

在人民解放军转入战略进攻的形势下，1947 年 10 月 10 日，中国人民解放军总部发表了《中国人民解放军宣言》（亦称《双十宣言》）。宣言提出了“打倒蒋介石，解放全中国”的伟大号召，宣布了中国人民解放军的八项基本政策，主要是：成立联合政府，没收官僚资本，实行耕者有其田，各少数民族有平等自治权利，废除一切卖国条约，等等。宣言适应革命形势的需要，提出了彻底解放全中国的总目标，动员与鼓舞了中国人民将革命进行到底的信心与决心。

（二）解放区的土地改革和中共中央“十二月会议”

随着人民解放军的胜利进军，解放区的土地改革出现了新高潮。自 1946 年中国共产党发布《五四指示》后，解放区的土地改革有了很大进展，到 1947 年 2 月，已有 2/3 的地区解决了土地问题。但是仍有约 1/3 的地区尚未实行土改；已经实行土改的地区，有的在没收和分配土地上不够彻底，贫苦农民的土地要求未能得到满足，影响了其积极性的发挥，这与日益深入发展的革命形势不相适应。为了彻底消灭封建剥削制度，充分发动农民群众，中共中央工委于 1947 年 7 月 17 日至 9 月 13 日在河北平山县西柏坡村召开了中国共产党全国土地会议，制定了《中国土地法大纲》，并于 10 月 10 日由中央公布实行。这个大纲是一个彻底反封建的土地革命纲领：第一，明确规定“废除封建性及半封建性剥削的土地制度，实行耕者有其田的土地制度”，“废除一切地主的土地所有权”。这就公开举起了废除封建地主土地所有制的革命旗帜。第二，规定了土地分配的办法，即土地分配以乡或等于乡的行政村为单位，一切土地“按乡村全部人口，不分男女老幼，统一平均分配，在土地数量上抽多补少，质量上抽肥补瘦，使全乡村人民均获得同等的土地，并归各人所有”。第三，明确了土地改革的执行机关是“乡村农民大会及其选出的委员会”，规定可以组织人民法庭来保证贯彻土改的政策法令，维护革命秩序。这样，就把放手发动农民群众自己起来打倒地主、取得土地，同由政府颁布法令、支持群众的斗争结合起来，从而保证了土改运动的彻底进行。

全国土地会议的召开和土地法大纲的颁布，得到了广大农民的热烈拥护，各解放区普遍深入地展开了斗争恶霸地主和没收、分配地主土地的斗争。至 1948

年底，全国解放区约有一亿农民分得了土地。这一胜利，大大激发了农民革命和生产的积极性，巩固了解放区，鼓舞了解放军指战员的士气。大批青壮年农民踊跃报名参军，各地农民将粮食、被服等送上前线，人民解放战争获得了以保证夺取胜利的取之不竭的人力、物力源泉。三年中，晋冀鲁豫解放区参军农民累计达148万人；山东解放区先后有59万青年参军，还有700万民工随军征战。但是从这一大纲的具体执行情况看，也出现了一些“左”的偏差，主要表现在：错划成分，把一些没有封建剥削行为或仅有轻微剥削行为的劳动者划入了地主、富农圈子，以致侵犯了中农利益；侵犯、没收地主、富农的工商业；不给地主、富农以生活出路，采用“扫地出门”的方式乱打乱杀，不必要地处死一些地主富农分子，等等。这些偏差后来被中共中央发现并得到纠正。

结合土地改革，中国共产党从1947年冬开始在农村组织中进行了以“三查”（查阶级、查思想、查作风）、“三整”（整顿组织、整顿思想、整顿作风）为主要内容的整党运动。从1947年冬至1948年秋，人民解放军进行了以“诉苦”（诉旧社会和国民党反动派给予劳动人民之苦）、“三查”（查阶级、查工作、查斗志）为主要内容的新式整军运动。这次整军运动，首先从西北野战军开始，然后推广到各部队。通过整党，纯洁了党的组织，改进了党的作风，密切了党同群众的联系，使全党的政治成熟程度大进了一步。通过整军运动，大大提高了全军指战员的政治军事素质，极其有效地加速了把大批被俘的国民党军队士兵改造为解放军战士的进程。

在以战争和土改的胜利为主要标志的中国人民大革命高潮到来之际，中共中央于1947年12月25日至28日在陕北米脂县杨家沟召开了重要会议，这次会议被称为“十二月会议”。出席会议的有毛泽东、周恩来、任弼时、陆定一、彭德怀、贺龙等19人，会议讨论并通过了毛泽东所作的《目前形势和我们的任务》的报告。

毛泽东的报告，分析了形势，充分估计了人民解放军转入战略进攻的伟大历史转折的深远意义，指明了战胜敌人的政治基础；全面总结了解放战争开始以来的经验，阐明了中国共产党在新形势下夺取全国胜利的军事、经济、政治纲领及各项政策。在军事方面，报告系统地总结了人民军队长期作战的经验，提出了著名的十大军事原则，其核心是打歼灭战，不断歼灭敌人的有生力量。在经济方面，报告阐明了中国共产党在民主革命中的三大经济纲领，即没收封建阶级的土地归农民所有；没收蒋介石、宋子文、孔祥熙、陈立夫的垄断资本归新民主主义的国家所有；保护民族工商业。报告论述了官僚资本的性质，指出：四大家族为代表的资本是垄断资本，这个垄断资本，和国家政权结合在一起，成为国家垄断资本主义。这个垄断资本主义，同外国帝国主义、本国地主阶级和旧式富农密切结合着，成为买办的、封建的国家垄断资本主义。这就是蒋介石反动政权的经济基础。报告指出了保护民族工商业的必要性，即由于中国经济的落后性，广大的上层小资产阶级和中等资产阶级所代表的资本主义经济，即使取得全国革命胜利后，在一个长时期内，还是必须允许它们存在，并且按照国民经济的分工，还需要它们中一切有益于国民经济的部分有一个发展，它们在整个国民经济中，还是不可缺少的一部分。报告进一步阐明了土地制度改革的重要性，提出了"依靠贫农，巩固地联合中农，消灭地主阶级和旧式富农的封建的和半封建的剥削制度的土地改革总路线"。政治方面，重申了现阶段中国共产党的基本政治纲领，即联合工、农、兵、学、商各被压迫阶级、各人民团体、各民主党派、各少数民族、各地华侨和其他爱国分子，组成民族统一战线，打倒蒋介石独裁政府，成立民主联合政府。

这次会议为人民解放战争在全国的胜利，作了政治上、思想上和政策上的充分准备。毛泽东所作的报告成为中国共产党领导全国人民争取全国胜利的行动纲领，是中国共产党历史上的一份重要文献。

(三)国民党政府的"戡乱总动员"与国统区民主运动的深入发展

当人民解放军由战略防御转入战略进攻后，国民党政府为了挽救败局，进行了所谓的"戡乱总动员"和党务"改革"。1947 年 7 月 4 日，国民党政府在第六次国务会议上通过了蒋介石交议的《厉行全国总动员，以戡平共匪叛乱，扫除民主障碍，如期实施宪政，贯彻和平建国方针案》，并于次日颁布了《全国总动员令》。7 月 18 日，国民党政府发布了《动员戡乱完成宪政实施纲要》，提出了"戡乱总动员"的实施细则 18 条。此后又陆续发布了一系列旨在搜刮国统区人民、镇压民主运动的反动法令。国民党各省市参议会及所谓"人民团体"纷纷通电表示拥护"戡乱"，并在各地召开"戡乱建国动员大会"，在国统区掀起了反共反人民的狂浪。

国民党政府进行这一"总动员"的目的有三：一是要其部属提高"自强自立与独立自主的信心"，警惕"覆巢"的危险；二是希望借此来加强控制全国的人力物力财力，用于内战；三是为了打击"第三种势力"。

随着"戡乱令"的发布，国民党政府到处征粮、抓丁、派款，逮捕与屠杀反内战、反饥饿的工人、学生和爱国民主人士。仅 1947 年 10 月，上海、北平、杭州、西安等八市被杀害的爱国人士就达 2100 余人，而全国被列入黑名单的达 6 万人。与"戡乱总动员"相配合，国民党政府又实施了政治、经济、军事相互配合的"总体战"方案。根据这一方案，正规军负责对人民解放军"机动"作战；在地方上"编组保甲，组训民众"，成立"民众自卫队"；在经济上则对解放区实行封锁。为了实行

“总动员”，1947 年 9 月 9 日至 13 日召开了国民党六届四中全会及国民党三青团中央联席会议，决定合并党团组织，以加强力量。通过了《国民党当前组织纲领》、《统一中央党部团部组织案》，将三青团的中央干事、监察一律转为国民党的中央执委、监委，使国民党中央执监委达到 625 人。但这一措施并没解决什么问题。同时，国民党政府在战略上实行所谓分区防御，调整了各大军事指挥机构及兵力部署。国防部长白崇禧坐镇九江，统一指挥华中军事并指导鄂、豫、皖、赣、湘五省政务；1947 年 12 月，裁撤保定、张家口两绥署，设立“华北剿匪总司令部”，傅作义为总司令；1948 年 5 月，又正式撤销北平行辕；1947 年 8 月，撤销东北保安司令长官部，由东北行辕负政治军事全责，陈诚任行辕主任；1948 年 1 月，又任命卫立煌为行辕副主任兼东北“剿匪”总司令。蒋介石想用这些措施挽救危机，但未能达到预期目的。

目睹国民党政府的危机，美国政府于 1947 年 7 月派魏德迈率领使团来华“调查”，以找出加强美援的效能和进一步控制国民党政府的办法，返美后魏德迈提出长篇报告，建议给国民党军事经济援助以促使其“改革”。与此同时，美国还策划了于必要时找其他人代替蒋介石和扶助“第三种势力”在革命阵营内部组织反对派的阴谋。

为显示“改革”的姿态，1948 年 3 月 28 日至 5 月 1 日，又在南京召开了所谓“行宪国大”，标榜要“还政于民”。“行宪国大”实质上是一场闹剧，由国民党各派系争夺“代表资格”、蒋介石强化总统权力及李宗仁、孙科竞选副总统三部曲组成。“行宪国大”的召开，进一步加深了国统区的危机，预示着国民党政权的最终覆灭是不可避免的。

根据国统区形势的变化，中共中央提出了这一时期党在国统区的工作方针，即：长期打算，积蓄力量，发动斗争，推动高潮，配合反攻形势，发动第二战场，准备里应外合，争取全国胜利。鉴于广大群众越来越把希望寄托在人民革命战争的胜利上，根据中央的指示精神，国统区的党组织不再提“反内战”的口号，而是在“反饥饿”、“反迫害”的旗帜下，领导人民开展斗争。

正当国民党政府加紧“戡乱”和“行宪”的时候，国统区各阶层人民掀起了反蒋斗争的新高潮。1947 年 10 月下旬，国民党浙江省保安司令部非法逮捕浙江大学学生自治会主席于子三，并把他杀害。这一暴行激起了浙大学生及教职工的愤怒，他们举行罢课以示抗议。浙大校长竺可桢挺身而出，向反动当局抗争，支持学生们的正义斗争。这一事件成为全国反蒋抗议运动的新起点。11 月 6 日，北平各大中学校学生 5000 余人在北大民主广场举行于子三追悼会，并在校内示威，北平各大学 163 位教授联名发表宣言支持学生，接着津、沪、汉等 12 个大城市的 10 万学生罢课声援。这是继“五二〇”运动之后又一次大规模的反蒋政治运动。1948年初，上海申新九厂工人为生活所迫举行罢工，遭到军警镇压，3名工人被打死，重伤数十人，造成“申九血案”。1月8日，上海同济大学学生为抗议反动当局大批开除进步学生而罢课，又决定于29日赴南京请愿。交通大学、复旦大学等27所学校的代表1500多人和同济学生一齐去南京请愿，遭军警镇压，数百人受伤，造成“同济血案”。4月间，平、津等地师生提出“向政府要饭吃”的口号，并实行总罢课，在北平形成知识分子罢教、罢职、罢工、罢研、罢诊、罢课的“六罢”运动。5～6月间，在国统区爆发了声势浩大的反美扶日运动。5月4日，上海各大、中学生1.5万多人在交通大学集会，声讨美国扶植日本军国主义。投入这一运动的不仅有学生、教职员，还有其他各界人士。这一斗争，同反对美国扶蒋打内战的斗争结合在一起。6月4日，司徒雷登出面为美国政策辩护并对中国人民进行威胁，更激起国人的民族义愤。6月5日，上海5000多学生在外滩举行反美游行。北平437位大学教师联名向司徒雷登发出抗议书，并拒购美援平价面粉，退还配给证。轰轰烈烈的反美运动进一步孤立了美帝国主义和国民党反动派。此后，国统区人民停止大规模的群众运动，转入护厂、护校，配合人民解放军解放大城市的斗争。

在中国革命深入发展的过程中，中国各民主党派实行了政治路线和斗争方式上的转变。各民主党派和无党派民主人士日益走上接受共产党领导、参加人民的革命的道路。1947年11月12日，中国国民党革命委员会(民革)成立，推举宋庆龄为名誉主席，李济深为主席，何香凝、冯玉祥、谭平山等为中央常务委员会委员。1948年元旦公开发表成立宣言、行动纲领，宣告正式成立。民革提出了反对美国助长中国内战、反对蒋介石独裁统治、坚持孙中山三大政策、成立联合政府的政治主张。

民盟遭取缔后，沈钧儒、章伯钧等人秘密赴香港，继续坚持反蒋斗争。1948年1月5日至19日，他们主持召开了一届三中全会，宣布恢复民盟总部，表示民盟“决不能在是非曲直之间，有中立的态度”，指出独立的“中间路线”不符合中国的现实环境，确定了支持人民革命武装反对反人民武装、彻底摧毁国民党反动统治、与共产党密切合作、赞成土地改革和没收官僚资本的新的政治路线。

民革的成立和民盟一届三中全会的召开及其他民主党派在这个时期也明确地表示站在新民主主义革命的立场，表明民主党派实现了历史性的转折，这是中国人民革命即将胜利的一个重要标志。

1948年4月30日中国共产党发出了纪念“五一”劳动节口号，号召巩固和扩大反帝、反封建、反官僚资本主义的统一战线，为着打倒蒋介石、建立新中国而共同奋斗，团结各民主党派、各人民团体、各社会贤达，迅速召开新政协，成立民主联合政府。这一号召得到了各阶层人民的拥护。5月5日，在香港的各民主党派代表联名发出响应号召的通电，并展开新政协运动。从 8 月起，各民主党派和无党派民主人士陆续北上东北、华北解放区，同中共代表一起共商建立新中国的大计。

四、中国新民主主义革命的伟大胜利

（一）战略决战

解放战争经过两年作战，人民解放军同国民党军之间的力量对比发生了显著变化。人民解放军总兵力已达 280 万人，其中正规军 149 万人。军政素质、战术技术水平及装备大大提高，不但能打运动战，而且能打阵地战和攻坚战。经过新式整军，士气更加高昂，用于一线的机动进攻力量大大增多。解放区面积已扩大到 235 万平方公里，人口达 1.68 亿。解放区的土地改革已基本完成，生产迅速发展，兵源充足，后方巩固。而国民党军总兵力已降至 365 万人，正规军 198 万，用于一线兵力的仅有 174 万人；由于接连失败，士气更加低落，内部矛盾重重；国统区的政治经济危机日益加剧，国统区民主运动日益高涨，国民党统治集团的内部矛盾进一步激化，蒋介石的后方更加不稳；蒋军在战略上已被人民解放军分割为东北、西北、华北、华中、华东五个孤立集团，只能据守战略城市和交通线，难以摆脱被动挨打的局面。战局表明，人民解放军同蒋军进行战略决战的时机已经成熟。1948 年 9 月，中共中央在河北省平山县西柏坡村召开政治局扩大会议，提出建设 500 万解放军，从 1946 年 7 月算起，在五年左右的时间内从根本上推翻国民党的统治。为此，要求各战略区在第三年准备打更大规模的歼灭战，进行战略决战。中央军委综观全局，高瞻远瞩，毅然抓住战机，连续组织和指挥了辽沈、淮海、平津三大战役。

1948 年 9 月 12 日，东北野战军发动辽沈战役。以 1 个纵队和 9 个独立师围困长春，6 个纵队和 3 个独立师南下北宁线，5 个纵队配置于沈阳以西和以北，以对付沈阳之敌并阻止长春之敌突围。南下部队连克昌黎、滦县、北戴河、绥中、义县，至 10 月 1 日完全包围了锦州、锦西、山海关，切断北宁线，关上了东北大门。为保证辽沈战役的顺利进行，中共中央命华北野战军第二、三兵团发起察绥战役，华东野战军发起济南战役。9 月 16 日至 24 日进行的济南战役是整个战略决战的重要组成部分，共歼敌 11 万余人，生擒国民党第二绥靖区司令长官兼山东省主席王耀武。济南战役的胜利，切断了国民党军华东、华北两大战略集团的陆上联系，既配合了辽沈战役的进行，又为即将进行的淮海战役创造了条件。10 月 2 日，蒋介石飞抵沈阳，组成以十七兵团司令侯镜如指挥的 9 个师的东进兵团,以第六兵团司令廖耀湘指挥的5个军11个师的西进兵团,分别从锦西、沈阳出发东西对进增援锦州。东北野战军预先配置于锦州西南塔山、高桥地区的2个纵队顽强阻击东进之敌,另3个纵队把廖兵团钳制在彰武、新立屯一带,而主力于15日一举攻克锦州,俘获东北“剿总”副总司令兼锦州指挥所主任范汉杰,歼守敌10万余人。在解放军的威慑和争取下,被困在长春的第六十军军长曾泽生于10月17日率部起义,东北“剿总”副总司令兼第一兵团司令官郑洞国于10月21日率部2.6万余人投诚,长春和平解放。此时,蒋介石令廖耀湘西进兵团猛攻黑山,妄图重占锦州。东北野战军以一部在黑山进行阻击,主力迅速回师,包抄廖兵团,10月16至28日全歼该部10万余人于辽西地区,俘兵团司令官廖耀湘。接着乘胜前进,于11月2日解放沈阳、营口,再歼敌14.9万余人。11月8日,刚上任不久的东北“剿总”副总司令兼冀热辽边区司令官杜聿明率残部从营口、葫芦岛逃走,东北全境解放。全战役历时52天,歼敌47.2万余人。辽沈战役加上这期间在其他各个战场的胜利使中国的军事形势发生了根本变化:国民党总兵力降到290万人,解放军发展到310余万人,人民解放军不仅在质量上且在数量上超过了国民党军。

1948年11月6日至1949年1月10日,华东、中原两大野战军及其他部队共约60万人,在以邓小平、刘伯承、陈毅、粟裕、谭震林组成的总前委领导下,在以徐州为中心,东起海州、西至商丘、北起临城、南达淮河的地区,同约80万国民党军进行了淮海战役。战役分三个阶段进行:11月6日至22日为第一阶段。华东野战军实行中间突破,在碾庄地区全歼国民党军主力第七兵团,击毙兵团司令黄伯韬,争取了第三绥靖区副司令张克侠、何其沣起义,共歼敌17.8万余人。同时,中原野战军攻克宿县,完成了对徐州的战略包围。11月23日至12月15日为第二阶段。中原野战军在宿县西南双堆集地区全歼由河南来援的敌十二兵团12万余人,活捉兵团司令黄维。其中一个师在中共地下党员廖运周率领下起义。同时,华东野战军在永城东北的陈官庄地区包围了弃徐州城而逃至该地的敌徐州“剿总”副总司令杜聿明率领的孙元良、李弥、邱清泉3个兵团共27万人,歼灭了企图突围逃跑的孙元良部约4万。12月16日至1949年1月10日为第三阶段。华东野战军向被围于青龙集、陈官庄的敌军发起总攻,全歼残敌邱清泉、李弥部2个兵团20万余人,活捉杜聿明,击毙邱清泉,仅李弥等少数人逃脱。整个战役历时66天,歼敌55.5万余人。至此,人民解放军基本上解放了长江以北的华东和中原地区,国民党统治中心南京处在人民解放军的直接威胁之下。

淮海战役期间,东北野战军80万人挥师入关,同华北野战军2个兵团联合发起平津战役。在林彪、罗荣桓、聂荣臻组成的总前委领导下,百万大军依据毛泽东制定的作战方针,首先将敌军分割包围,有的围而不打,有的隔而不围,以防止已成惊弓之鸟的60余万敌军南逃和西窜。至12月中旬,完全切断了傅作义的"一"字长蛇阵,将敌人包围于张家口、新保安、平、津、塘诸点。接着,先打两头,后取中间,12月22日解放新保安,24日解放张家口。1949年1月15日解放天津。不久,解放塘沽,切断海上退路。然后,百万大军层层包围北平。1月16日,人民解放军平津前线司令部以司令员林彪、政治委员罗荣桓的名义向傅作义送出关于北平和平解决的公函,傅作义随后派其代表邓宝珊与中共谈判。1月21日,双方签订《关于和平解决北平问题的协议》。1月31日,国民党军开出城外接受改编,人民解放军入城接防,北平和平解放。平津战役自1948年11月29日始,至1949年1月31日止,历时64天,歼敌52万余人。

三大战役历时142天,共歼敌173个师154万余人,国民党赖以发动内战的精锐部队几乎丧失殆尽,人民解放战争的胜利已成定局。三大战役规模之大,歼敌之多,决战之速,拓地之广,在中外战争史上是罕见的。它是在毛泽东军事思想指导下,在人民群众的大力支援下,经过人民解放军的艰苦奋斗取得的。据统计,三大战役中动员民工达880余万人次,人民群众出动支前的大小车辆141万辆,担架36万副,粮食近4.25亿公斤。三大战役的胜利是人民战争的伟大胜利。

(二)中国共产党七届二中全会

在中国人民革命即将取得全国胜利的前夜,1949年3月5日至13日,中国共产党在河北平山县西柏坡村召开了具有历史意义的七届二中全会。出席会议的中央委员34人,候补委员19人。会议通过了毛泽东代表中共中央所作的报告及有关决议,提出了中国共产党在夺取全国胜利后,由民主革命向社会主义革命转变的具体任务、方针和政策。会议的主要内容是:

(1)关于消灭国民党残余部队,迅速夺取民主革命在全国胜利的方针。全会认为:今后消灭国民党残余部队的方式,不外"天津式"(战争解决的方式)、"北平式"(和平改编的方式)、"绥远式"(有意保存一部分国民党军队,在一个相当长的时间之后,再按人民解放军制度改编为人民军队的方式)三种。由于革命的迅速发展,需大量干部接管广大的新解放区,全会提出人民解放军不但是一支战斗队,同时又是一支工作队,必须把人民解放军看成是一所巨大的干部学校。

(2)关于党的工作重心由乡村转移到城市的问题。会议指出:从1927年到现在,我们的工作重心在乡村。现在随着革命胜利的发展,开始了由城市到乡村并由城市领导乡村的时期。为了实现党的工作重心的转移,全党同志必须用极大的努力去学会管理城市和建设城市,必须全心全意地依靠工人阶级,尽可能地恢复和发展生产。

(3)关于党在全国胜利后,在政治、经济、外交等方面的基本任务和政策。全会指出:中国革命在全国胜利后,尚存在着两种基本矛盾,即工人阶级和资产阶级的矛盾、中国和帝国主义国家的矛盾。必须创造条件,使中国有可能稳步地由农业国转变为工业国,由新民主主义社会发展到社会主义社会。为了实现这一总任务,全会规定了党在政治、经济、外交上的一系列政策。政治上,全国革命胜利后,工人阶级领导的人民共和国的国家政权,必须强化。要认真地团结工人阶级、农民阶级和广大知识分子,这是这个专政的领导力量和基础力量。同时要坚持同党外人士长期合作的政策。经济上,首先要没收官僚资本为国家所有,建立起社会主义的国营经济,使之成为整个国民经济的领导力量和国家建设的物质基础。其次,鉴于民族资产阶级的两重性,对于私人资本主义经济,一方面允许其有利于国民经济的私人资本存在和发展;另一方面则对其采取限制政策,对它不利于国计民生的消极作用进行限制。对于占国民经济90%的分散、落后的个体农业和手工业经济,要谨慎地、逐步地而又积极地引导它们向着现代化和集体化的方向发展。外交上,不承认国民党时代的一切卖国条约,按照平等原则同一切国家建立外交关系。

(4)关于加强党的思想建设、警惕资产阶级思想侵蚀的问题。全会指出:夺取全国胜利,这只是万里长征走完了第一步,告诫全党必须加强党的思想建设,警惕资产阶级思想的腐蚀,要求全党同志必须防止资产阶级糖衣炮弹的攻击,号召全党务必继续地保持谦虚、谨慎、不骄、不躁的作风,务必继续地保持艰苦奋斗的作风,掌握好批评和自我批评这个马列主义的思想武器。

会议通过了毛泽东给会议所写的工作总结《党委会的工作方法十二条》。根据毛泽东的提议,决定禁止给党的领导者祝寿,禁止用党的领导者的名字作地名、街名和企业的名字,以防止对个人歌功颂德的现象出现。

七届二中全会是中国共产党历史上一次重要的会议,它具体回答了党处于历史转折关头的现实任务、工作方向、党在新民主主义革命胜利后的基本方针政策及党的自身建设的工作重点等问题,从而为中国共产党在夺取全国革命胜利后,不失时机地从新民主主义向社会主义过渡,作了思想与政治上的准备。

全会结束后不久,中共中央和中国人民解放军总部于3月25日由西柏坡迁到北平。

(三)国民党南京政权的全面崩溃

国民党政府随着军事上的失败和政治欺骗的破产,其财政经济也陷入总崩溃的境地,其统治的经济基础正在急剧瓦解。由于军费的巨额开支,使国民党政府的财政收入连年入不敷出,出现巨额赤字,1948年的财政赤字竟达900万亿元。1948年负内债1.75亿多美元,外债8.66亿多美元。为了弥补赤字,除加重对人民的盘剥外,就是大量发行法币。法币发行额猛增,至1948年8月猛增至6636946万亿元,较1937年6月的14.1亿元增加了47万余倍。由于滥发钞票,造成了币值猛跌。以美钞计算,1948年1月,1美元换法币17.8万元,8月即达1108.8万元。法币贬值,造成物价飞涨。以米计算,上海市每市担大米,1948年1月值法币150万元,到8月涨至6500万元。上海的批发物价1至8月上涨了50倍至100倍。法币贬值已经到了不抵自身纸张和印刷的费用了。恶性通货膨胀,再加上美货倾销和官僚资本的侵吞以及繁重的捐税,使民族工商业纷纷停产或倒闭。1948年,平、津工厂已倒闭十之七八,青岛700余家民营工厂全部歇业,沈阳3000余家商号倒闭了2000家,广东400家工厂剩下不足100家。民营工厂停产、歇产,"国营"企业也一蹶不振。1949年同1936年比,重工业产量下降70%,轻工业产量下降30%。国统区的农业经济更趋恶化。国民党政府抓丁拉夫、征粮征税,致使农村人口大量逃亡,土地抛荒,加上连年水旱天灾,造成粮食大量减产,1949年的粮食产量只有2263.6亿斤,较1936年下降了约24%。农民绝对贫困化程度加深,无以为生。上述情况表明,国统区的经济秩序已趋崩溃。

为了挽救经济崩溃,1948年8月19日,国民党政府开始实行所谓"币制改革"和"限价政策",颁布了《财政经济紧急处分令》及四项办法。四项办法是:(1)《金圆券发行办法》,即发行20亿金圆券作为本位币,限期以金圆券1∶300万元法币的比例收兑法币。(2)《人民所有金银外币处理办法》,即限期收兑人民所有的金银外币券,禁止任何人持有。(3)《中华民国人民存放国外外汇资产登记管理办法》,即限期登记管理本国民众存放国外之外汇资本。(4)《整理财政及加强管制经济办法》,即限制各地物价,冻结于1948年8月19日水准上。为了推行上述法令,国民党政府在全国设置了若干经济管理区,委派经济管制督导员坐镇,强制推行,共收兑金银外币价值2亿美元。这实质是借币制改革之名,行集体掠夺之实。上述措施,未能挽救濒于崩溃的经济,相反却激发了国统区人民对国民党政府的痛恨和反抗,加深了社会危机。11月10日,国民党政府被迫宣布取消限价政策和限制金圆券发行额的规定。自此,金圆券发行更无力控制。经济的崩溃又促进了国民党政权的全面崩溃。

随着三大战役的进展,国民党统治集团内部出现混乱与分裂,朝野上下笼罩着失败、失望气氛。先是有陈布雷(时任国民党中央政治会议副秘书长)、戴季陶(时任国史馆馆长)于1948年11月13日、1949年2月11日相继服安眠药自杀。随后分化出了以李宗仁、张治中为代表的主和派。而美国的对华政策已发生变化,想放弃蒋介石而寻求新的代理人。早在1948年10月23日,美国驻华大使司徒雷登向美国国务院报告说:国民党政府,特别是蒋介石“已较过去更加不负众望,并且愈来愈众叛亲离”。他向国务卿马歇尔提出,可否“劝告蒋委员长退休,让位给李宗仁或国民党内的其他较有前途的政治领袖,以便组成一个没有共产党参加的共和政府”[①]。11月,司徒雷登与李宗仁进行会谈。事后,他又向马歇尔建议发表一项表示支持新的非共产党政权的政策声明。美国要求蒋介石下野,而以李宗仁为首的桂系又打起了与中共和谈的旗子,在此情况下,蒋介石被迫于1949年元旦发表了以保存伪宪法、伪法统和保存反动军队为前提的“求和”声明。对于国民党政府的这个虚伪声明,毛泽东在1948年12月30日为新华社所写的新年献词中发出了“将革命进行到底”的伟大号召。1949年1月6日,中共中央政治局举行会议,讨论并通过毛泽东起草的决议,重申党“必须将革命进行到底,而不容许半途而废”的坚定立场。毛泽东于1月14日发表严正声明,揭露了蒋介石的和平骗局,指出其谈判条件是继续战争的条件,是妄图利用“和平谈判”达到保存反革命势力的目的。同时提出,为了迅速结束战争,实现真正和平,减少人民痛苦,中国共产党愿意和南京国民党政府及其他任何国民党地方政府和军事集团在下列条件的基础之上进行和平谈判:(1)惩办战争罪犯;(2)废除伪宪法;(3)废除伪法统;(4)依据民主原则改编一切反动军队;(5)没收官僚资本;(6)改革土地制度;(7)废除卖国条约;(8)召开没有反动分子参加的政治协商会议,成立民主联合政府,接收南京国民党反动政府及其所属各级政府的一切权力。毛泽东的这一声明击中了蒋介石的要害,迫使他不得不于1月21日宣告“引退”,由李宗仁“代理”总统职责。李宗仁上台后,采取了一些培养国内和平空气的措施,并表示愿意以中国共产党提出的八项条件为基础进行谈判,派出张治中、邵力子、黄绍竑、章士钊、李蒸、刘斐为和谈代表与中共谈判。3月26日,中国共产党正式通知国民党政府决定在北平进行谈判。4月1日,以周恩来、林伯渠、林彪、叶剑英、李维汉、聂荣臻为代表的中共和谈代表团同以张治中为首的国民党政府代表团在北平进行谈判。4月15日,达成了《国内和平协定》。但到4月20日夜最后签字期限,仍未被南京政府接受。

国民党政府拒绝在和平协定上签字后,人民解放军于4月20日20时发起渡江作战。4月21日,毛泽东主席和朱德总司令发出了《向全国进军的命令》。遵照命令,人民解放军第二、第三野战军百万雄师在西起江西湖口、东至江苏江阴长达500公里的战线上分三路发起渡江战役。中路军30万人,首先突破安庆、芜湖防线;西路军35万人,在九江、安庆间突破;东路军35万人在镇江、江阴

① 《美国与中国的关系(白皮书)》,载《中美关系资料汇编》第1辑,世界知识出版社1957年版,第325、327页。

间突破，彻底摧毁了敌人苦心经营三个半月的长江防线。4月23日，解放南京。攻克南京后，人民解放军继续南进。三野直插浙江，于5月3日解放杭州。5月12日至27日，发起上海战役，解放上海。二野于5月17日、22日解放九江、南昌。四野于5月14日在九江、武汉间强渡长江，至17日解放武汉三镇。整个渡江战役历时50天，歼敌40余万人，解放武汉、南京、上海、南昌、杭州等城市120座，取得了重大胜利。同时期，华北野战军肃清了太原、大同、安阳等据点的敌人，解放了华北全境。5月20日，一野解放了西安。此后，各路大军开始了大进军。

当渡江战役即将发起时，4月20日9时左右，英国“紫石英”号军舰由东向西闯进长江人民解放军防线，不顾解放军警告，强行溯江上驶，双方激烈发生炮战。该舰被击伤后，搁浅于镇江附近江面。4月20日13时，停泊在南京的英舰“伴侣”号下驶接应，被击伤后仓皇向东逃窜。4月21日上午，英国远东舰队副总司令梅登中将率旗舰“伦敦”号和快速舰“黑天鹅”号溯江西上，被解放军炮火击伤后东逃。长江炮击事件，震惊世界。它表明鸦片战争以来，帝国主义者依仗船坚炮利在中国横行霸道的时代已一去不复返了。

四野继续挥师南下。国民党湖南省主席程潜及第一兵团司令陈明仁于8月4日在长沙率部起义，长沙和平解放，9～10月间发动衡宝战役，歼敌3万余人。二野四兵团和四野十五兵团自赣粤边南下，10月14日，广州解放。11月初，四野主力及二野四兵团进攻广西，11月22日，桂林解放。12月4日，南宁解放。12月11日，镇南关解放。至此，残存在中南的国民党军，除少数逃往越南外，其余全部被歼。

从11月1日起，四、二、一野战军展开了大西南围歼战。人民解放军于11月15日解放贵阳。除胡宗南部敌军外，国民党在西南地区的其他部队纷纷起义。四川的邓锡侯、潘文华，西康的刘文辉，云南的卢汉都在12月9日宣布起义，西康、云南和平解放。23日，胡宗南只身乘飞机逃走，27日，成都解放。

在华东战场，到7月上旬，三野解放了浙江除定海及沿海岛屿以外的全部地区，而后组织福州战役和彰厦战役，于8月17日解放福州，10月17日解放厦门。

与此同时，聂荣臻、徐向前指挥的华北兵团，于4月24日攻克太原。彭德怀、贺龙指挥的一野部队，与华北军区第十八、第十九兵团配合进军西北，8月26日，9月5、23日先后解放兰州、西宁、银川，全歼马步芳、马鸿逵集团。国民党西北军政长官公署副长官马鸿宾率一个军起义。9月19日，绥远省国民党军队5万多人在省主席董其武率领下起义，归绥（今呼和浩特）和平解放。9月25日、26日，新疆省警备司令陶峙岳、省主席包尔汉先后通电起义，西北全境解放。除西藏外，整个大陆获得解放。

蒋介石在“引退”期间，为退保台湾作了部署。他任命陈诚、蒋经国分别担任国民党台湾省政府主席和省党部主任委员，命令国民党中央银行将所存黄金、银元、外币共约5亿美元全部移存台湾。解放军解放南京后，代总统李宗仁逃到桂林，后由桂林到广州，要求蒋介石停止幕后操纵，给他以指挥调度的全权。但蒋介石不但不愿停止幕后操纵，反而迅速从幕后走向前台。7月，蒋介石从台北飞到广州，以国民党总裁身份召开国民党中央常务委员会议，决定成立一个以他为主席、以李宗仁为副主席的中央非常委员会，作为最高权力机关，政府一切措施须经它通过方为有效。这实际上取消了李宗仁的所有权力。无奈之下，李宗仁以赴美就医的名义，寡居美国。蒋介石以国民党中央非常委员会主席和总裁的身份掌控军政，盘踞台湾，继续挣扎。

至1950年6月，人民解放军共歼敌807万人，其中生俘458万余人，毙伤171万余人，投诚63万，起义和接受改编113万。人民解放军指战员牺牲26万，负伤104万。在进军过程中，摧毁国民党各级地方政权，建立了人民民主政权，为新中国的建立奠定了基础。

(四)中国人民政治协商会议召开和中华人民共和国成立

随着人民革命战争的胜利，国民党反动政权的被推翻，全国性的革命团体的建立、扩大或统一，召开新的政治协商会议，成立新中国的条件已完全成熟。在中国共产党提议下，1949年6月15日至19日，在北平召开了由中国共产党和各民主党派、各人民团体、各界民主人士、海外华侨等23个单位134位代表参加的新政治协商会议筹备会第一次会议。会议通过了《新政协筹备会组织条例》、《关于参加新政协的单位及其代表名额的规定》，选出了以毛泽东为主任，周恩来、李济深、沈钧儒、郭沫若、陈叔通等为副主任的新政协筹备会常务委员会，领导进行建国的准备工作。

新的国家就要诞生了，它的性质及各阶级、各党派在国家中的地位、作用及其相互关系是怎样的，这个国家的基本政治、经济制度和对内、对外的基本政策是怎样的，这些重大问题的解决都提上了日程。在这种情况下，1949年6月30日，毛泽东发表了《论人民民主专政》一文。文章总结了28年中国新民主主义革命的经验，阐明了即将成立的新中国的国家性质，各个阶级在国家政权中的地位和相互关系以及新中国对内、对外的基本政策。指出中国革命胜利后，只能建立工人阶级领导的、以工农联盟为基础的、人民民主专政的共和国。此文集中反映了中国共产党关于建立新中国的政治主张，奠定了我国人民民主专政的理论基础和政策基础。

就在此时，由于国民党政权的失败，在美国统治集团内部引起了"谁丢掉中国"问题的争吵。1949年8月5日，即美国大使司徒雷登离华返美的途中，美国国务院抛出了《美国与中国的关系》的白皮书。该书正文有8章和233个附件，叙述了从1844年到1949年的中美关系，在客观上成为美国侵略中国罪行的自供书。毛泽东抓住这一反面教材，领导各民主党派、人民团体和知识界展开了对白皮书的批判。8月12日，新华社发表了《无可奈何的供状》。随后，毛泽东在1949年8～9月间，连续写了《丢掉幻想，准备斗争》、《别了，司徒雷登》、《为什么要讨论白皮书?》、《"友谊"，还是侵略?》和《唯心历史观的破产》五篇评论文章。上述文章深刻地揭露了美国对华政策的帝国主义本质，点明了自1844年起美国在政治、经济、文化等方面对中国进行各种公开或隐蔽的侵略活动，批判了某些资产阶级知识分子对美国的幻想，使中国人民在精神、思想上为之一振。在为建立人民民主专政国家扫清障碍方面起了一定的作用。

经过三个月的筹备和协商，9月17日，新政协筹备会召开了第二次会议，基本通过了各项草案，并决定将新政协改名为中国人民政治协商会议。9月21日至30日，中国人民政治协商会议第一届全体会议在北平中南海怀仁堂隆重举行，出席会议的有中国共产党、各民主党派、各人民团体、人民解放军、各地区、各民族、国外华侨和特邀代表共662人。会议具有代表全国人民的性质，充分显示了中国人民在中国共产党领导下的大团结。经过充分讨论，会议一致通过了《中国人民政治协商会议共同纲领》、《中华人民共和国中央人民政府组织法》和《中国人民政治协商会议组织法》。《共同纲领》具有临时宪法的作用，它规定了新中国是人民民主专政的国家，国家政权属于人民，实行工人阶级领导的、以工农联盟为基础的、团结各民主阶级和国内各民族的人民民主专政。它还规定了国家政权机关、军事制度、经济、文教、民族、外交等方面的基本政策。《中央人民政府组织法》规定：新中国政府实行民主集中制的人民代表大会制。它对新中央政府的政务院、人民革命军事委员会、最高人民法院及最高人民检察署等机构的地位、任务都作了具体规定。《中国人民政治协商会议组织法》规定：人民政协是中国人民民主统一战线的组织形式，在全国人民代表大会召开前，代行人民代表大会职权，其后也将长期存在，成为各民主党派、人民团体及其他爱国人士民主协商国家大事、参政议政的重要场所。9月27日，通过了四项决定：(1)中华人民共和国国都定于北平，自即日起将北平改名为北京。(2)采用公元纪年，今年为1949年。(3)在国歌未正式制定前，以《义勇军进行曲》为代国歌。(4)国旗为红底五星旗，象征中国革命人民大团结。9月30日，参加会议的全体代表选出了由180名委员组成的中国人民政协第一届全国委员会，选举毛泽东为中央人民政府主席，朱德、刘少奇、宋庆龄、李济深、张澜、高岗6人为副主席，选出了由63

名委员组成的中央人民政府委员会。会议还通过了宣言、向解放军致敬电、在天安门广场竖立人民英雄纪念碑办法及毛泽东起草的碑文。

10月1日下午2时,中央人民政府委员会在天安门城楼举行第一次会议,中央人民政府主席、副主席和委员宣誓就职。会议宣布中华人民共和国中央人民政府正式成立。会议推选林伯渠为中央人民政府秘书长,任命周恩来为中央人民政府政务院总理兼外交部长,朱德为人民解放军总司令,沈钧儒为最高人民法院院长,罗荣桓为最高人民检察署检察长,责成他们迅速组成政府机关。会议决定接受中国人民政治协商会议共同纲领为政府施政方针。会议向全世界宣告:中央人民政府为代表中华人民共和国全国人民的惟一合法政府,愿意和遵守平等互利及互相尊重领土主权等项原则的任何外国政府建立外交关系。下午3时,首都30万群众齐集天安门广场隆重举行开国大典。林伯渠宣布典礼开始,在雷鸣般的礼炮中,毛泽东亲手升起第一面五星红旗。他向全世界宣告:中华人民共和国中央人民政府已于今天成立了!随即宣读了中华人民共和国中央人民政府公告,接着举行了阅兵式和群众游行。首都人民同全国人民一道沉浸在狂欢之中。

(五)新民主主义革命胜利的历史意义与基本经验

中国革命的胜利和新中国的成立,在世界东方最大的国家结束了极少数剥削者统治广大劳动人民的历史,结束了自鸦片战争以来帝国主义、殖民主义奴役中华民族的历史,使中国人民真正成为新国家、新社会的主人。中国实现了从几千年的封建专制政治向人民民主政治的伟大跨越,中华民族一洗一百多年来的奇耻大辱而荣立于世界民族之林。新民主主义革命从根本上改变了中国社会的发展方向,为我国从新民主主义社会转变为社会主义社会奠定了基础,为中国通过实现现代化实现国家繁荣富强和人民共同富裕扫清了障碍,使中国由一个混乱、分裂、贫困的国家,逐步成为一个安定、统一、富强的国家。中国革命的胜利,改变了世界政治力量的对比,激励着殖民地、半殖民地国家人民争取民族解放的斗争,使中国成为保卫世界和平的一支重要力量。中国革命的胜利,是马克思列宁主义、毛泽东思想的伟大胜利,是中国共产党人把马克思列宁主义的基本原理与中国革命具体实践相结合的必然结果。经过中国革命的实践,丰富和发展了马克思列宁主义。

中国共产党在领导中国新民主主义革命取得胜利的过程中取得了丰富的经验。毛泽东在总结新民主主义革命的历史经验时指出:“一个有纪律的,有马克思列宁主义的理论武装的,采取自我批评方法的,联系人民群众的党。一个由这样的党领导的军队。一个由这样的党领导的各革命阶级各革命派别的统一战线。这三件是我们战胜敌人的主要武器。”“依靠这三件，使我们取得了基本的胜利。”①

首先，是要有一个先进的党。“没有共产党，就没有新中国。”这是中国人民从近代以来中国革命的历史经验中得出的最基本、最重要的结论。中国人民所以接受中国共产党的领导，归根到底是由中国共产党的先进性决定的。

——这个党从建立的时候起，就是以中国先进生产力的代表，作为工人阶级的先锋队登上历史舞台的。它很快提出了反对帝国主义、封建买办势力的民主革命纲领，带领中国人民走上反对帝国主义、封建主义和官僚资本主义的革命道路，致力于为促进生产力发展与社会进步，为推进现代化扫清障碍。

——这个党有着先进理论马克思、列宁主义的正确指导。中国共产党从一开始就以马克思列宁主义这个最先进、最科学的思想武器为指导，并将它与中国革命的实际相结合，提出和发展能够对中国人民起到巨大鼓舞和指引作用的先进理论、先进文化。马克思列宁主义基本原理同中国革命实际相结合，产生了毛泽东思想这个伟大的理论成果。中国共产党所以能把中国革命引向胜利，正是由于它坚持了把马克思列宁主义基本原理同中国革命实际相结合的正确方向，坚持解放思想、实事求是、与时俱进的思想路线，坚持从中国实际出发，坚定不移地走自己的路。

——这个党代表中国最广大人民的根本利益，始终保持同人民群众的血肉联系。党始终把体现人民群众意志和利益作为一切工作的出发点和归宿，始终从人民群众的智慧和力量中汲取推动革命事业前进的不竭动力，逐步形成一套关于相信群众、依靠群众、从群众中来到群众中去的群众路线。群众路线是党不断取得胜利的重要保证。

——这个党必须紧紧围绕党的政治路线，不断加强自身建设。中国共产党不断发展壮大，从一开始只有 50 余名党员的党，到 1949 年 9 月已成为一个拥有 448 万余名党员的全国性政党。党在长期奋斗中培育和形成了理论联系实际、和人民群众紧密联系在一起以及自我批评的优良作风。

其次，新民主主义革命的特点和优点，是以武装的革命反对武装的反革命。中国共产党从独立领导中国革命战争时起，即以武装斗争在农村开辟根据地，实行土地革命、武装斗争和根据地建设三方面的结合，形成工农武装割据局面。党成功地解决了在以农民为主要成分的情况下，用无产阶级建军思想，建设一支具有高度政治觉悟、同群众保持密切联系的新型人民军队的问题。人民军队形成了一系列战略战术，最根本的是战略上重视敌人，“以一当十”，而在战术上“以十

① 《毛泽东选集》第 4 卷，第 1480 页。

当一”，集中优势兵力，各个歼灭敌人。人民军队长期以农村为依托，通过以农村包围城市、最后夺取城市的道路，经过22年艰苦卓绝的武装斗争，取得了全国革命胜利。

还有，要取得新民主主义革命胜利，必须最大限度地孤立和打击主要的敌人，最广泛地团结一切可能团结的同盟者。无产阶级如果不争取和联合占人口多数的阶级，不巩固工农联盟，不建立和发展除反动的地主阶级和官僚资产阶级之外的，包括各民族、各阶级和各阶层人民在内的最广泛的革命统一战线，中国革命就不能胜利。要通过开展彻底的土地革命，调动广大农民的积极性，建立巩固的工农联盟以作为统一战线的基础，并实现对农民的领导。要对资产阶级实行又团结又斗争，以斗争求团结的政策。

这些基本经验在新民主主义革命取得胜利后，在党领导人民实现国家繁荣富强和人民共同富裕的新的征程中，需要不断坚持、发展和完善。

【导　读】

1. 军事科学院军事历史研究部：《中国人民解放军战史》，解放军出版社1993年版。该书较为详实地反映了中国人民革命战争曲折发展的历程。全书共分3卷：第1卷为土地革命战争时期战史，第2卷为抗日战争时期战史，第3卷为全国解放战争时期战史。该书各卷正文之后，附有各革命战争时期的形势要图、重要战役战斗经过要图以及敌我双方的序列表、我军战绩统计表、重要战役战斗一览图表等。

2. 李新、陈铁健主编：《争取和平民主》，上海人民出版社1996年版。

3. 丁永隆编著：《南京政府的覆亡》，河南人民出版社1987年版。

4. 解力夫编：《解放战争实录》（上、下），河北人民出版社1990年版。

5. 彭明主编：《中国现代史参考资料选辑》第6册，中国人民大学出版社1989年版。

6. 廖盖隆：《全国解放战争简史》，上海人民出版社1984年版。

7.《第一野战军战史》、《第二野战军战史》、《第三野战军战史》、《第四野战军战史》，解放军出版社1990～1998年版。

8. 军科院军事历史研究部：《全国解放战争史》5卷，军事科学出版社1997年版。

9. 刘统：《东北解放战争纪实》，东方出版社1997年版。

10. 何晓环等：《淮海战役史》，上海人民出版社1993年版。

11. 牛军：《从赫尔利到马歇尔——美国调处国共矛盾始末》，福建人民出版社1989年版。

12. 郭晓平:《第二条战线史论》,中央文献出版社1997年版。

【思考与讨论】

1. 简析抗日战争胜利后中国面临的国际形势。
2. 战后中国国民党、共产党、各民主党派的建国方针是什么?国内斗争的实质和斗争焦点是什么?
3. 政治协商会议召开的历史条件是什么?五项协议的主要内容和基本精神是什么?
4. 中国共产党制定的粉碎国民党军事进攻的政治方针、经济方针和作战方针是什么?
5. 为什么说国民党的"制宪国大"是一党的非法的、分裂的"国大"?
6. 谈谈国统区人民反蒋战线(第二条反蒋战线)形成的原因和情况。
7. 为了实现人民解放军的战略转变,毛泽东采取了哪些决策?为什么要采取这样的决策?
8. 试析中间路线的基本主张。
9. 中共中央"十二月会议"的内容和召开的意义是什么?
10. 中共中央是怎样纠正群众运动中"左"倾错误倾向的?有什么经验?
11. 简述战略决战的过程和意义。
12. 中共七届二中全会的内容和召开的意义是什么?
13. 国民党反动统治迅速崩溃的原因是什么?
14. 试析新政协的召开和《共同纲领》。
15. 试论中国新民主主义革命胜利的意义和基本经验。

下　　编

第一章 中国现代史的上限、分期及宏观体系

一、中国现代史的上限

中国现代史从何时开始，国内外史学界认识很不一致，大体有如下几种见解：1894 年中日甲午战争，1905 年同盟会创立，1911 年辛亥革命或 1912 年中华民国成立，1915 年新文化运动的兴起，1917 年十月社会主义革命，1928 年张学良东北易帜，1945 年抗战胜利，1956 年三大改造的完成等等，而影响最大的则是 1919 年的五四运动和 1949 年新中国的成立。

中国现代通史的研究，始于 20 世纪 50 年代中期。1954 年教育部通令高等学校开设中国现代史课，1956 年 9 月颁布《中国现代史教学大纲》，这是教育部集中一批专家学者，按通史的框架拟定的，以 1919 年五四运动到 1949 年建国为现代史。"中国现代史"的学科名称从此确定下来。大学历史系一般以 1919 年为界限，分设中国近代史教研室和中国现代史教研室，有关中国现代史的出版物绝大多数以 1919 年为上限。这种观点的主要根据是列宁划分历史时代的标准：区分不同"时代"的"基本特征"，是哪一个阶级成为时代的中心，决定着时代的主要内容、时代发展的主要方向。列宁认为，所谓"近代史"，就是指以资产阶级为中心的时代的历史；所谓"现代史"，就是以无产阶级为中心的时代的历史。在我国，自五四运动到新中国成立，中国社会的"基本特征"不是别的，正是中国无产阶级及其先锋队中国共产党站在时代的中心，决定着时代的主要内容、时代发展的主要方向；正是中国共产党的革命斗争成为推动社会进步的主要动力。这时以无产阶级为中心的时代已经代替了以资产阶级为中心的时代，因此，中国历史也就由"近代"进入了"现代"。五四运动是中国新民主主义革命的开端，新民主主义和社会主义是中国共产党人领导中国革命总体系的两个紧密联系的组成部分，也是人民革命实践的不可分割的两部分。五四运动后的三十年，虽然中国的社会性质没有改变，但社会的政治结构和经济结构的具体情况却与"五四"前不同。新民主主义实体的产生和不断发展，使中国社会开始了部分质变的历史过

程,1949 年中华人民共和国的建立,表明中国社会由部分质变发展到整体质变,现代史可分为新民主主义革命时期和社会主义革命社会主义建设时期。

与这种看法相对应的则认为,中国现代史的上限是 1949 年新中国的成立。毛泽东曾持这种观点。如 1949 年 8 月 5 日美国国务院发表了题为《美国与中国的关系》的白皮书和国务卿艾奇逊致杜鲁门的信,叙述了从 1844 年《望厦条约》以来至 1949 年中国革命基本胜利的中美关系。毛泽东在《唯心历史观的破产》一文中批判说:"艾奇逊胡诌了一大篇中国近代史"①,这里使用的是近代的概念。范文澜的《中国近代史》一书的内容也是从鸦片战争到全国解放。20 世纪 50 年代主流意见把中国现代史界定在 1919 年"五四"以后,但也有一些人主张,把 1840～1949 年间的中国历史都称为中国近代史。据《中国近代史分期问题讨论集》②所载,林敦奎 1956 年 6 月 4 日在中国人民大学第六次科学讨论会讨论"中国近代史分期问题"时最早提出,接着荣孟源在 1956 年第 8 期《科学通报》发表《关于中国近代史分期的讨论》一文,后来刘大年、黎澍、李新、胡绳等都持这种观点。李新、彭明、蔡尚思等主编的《中国新民主主义革命时期通史》之所以未称《中国现代史》,原因即在于此。创刊于 1979 年由中国社会科学院近代史所主办的《近代史研究》杂志,也是刊载鸦片战争至建国前这个时期的内容。20 世纪 80 年代以来,李新、胡绳、陈旭麓等人又一再重申这个观点,使其在史学界愈来愈占有主导地位,并且已被中学历史教材所采用。这种意见的根据,是马克思主义按照社会经济形态的不同来划分历史时期。他们认为自鸦片战争之后,中国从一个独立的封建社会变成了一个半殖民地半封建的社会,这种情况只是在 1949 年 10 月 1 日中华人民共和国建立以后,才得以根本改变。这就是说,1949 年 10 月 1 日前后的中国国家性质、社会性质是完全不同的。依据对中国社会历史发展的特点的这种认识,这派学者认为,"以 1840 年鸦片战争为开端,到中华人民共和国成立以前的这一段历史都应该称做中国近代史。因为这 110 年里,中国社会性质没有变化"③。他们认为,在旧中国占统治地位的,是半殖民地半封建的社会经济形态,新生的新民主主义社会形态虽然代表了中国社会发展的方向,却没有处于支配地位,五四运动并没有改变中国的社会制度,因而不能成为现代史的开端。新民主主义革命和社会主义革命虽然互相联系、互相衔接,但是又是性质完全不同的两个革命过程,代表着两种不同的社会经济形态,在历史分期上应当分开:资产阶级民主革命,只能属于近代史范畴;只有社会主义革命,才属于现

① 《毛泽东选集》第 4 卷,第 1509 页。

② 《历史研究》编辑部编,三联书店 1957 年版。

③ 张海鹏:《关于中国近代史的分期及其"沉沦"与"上升"诸问题》,载《近代史研究》1998 年第 2 期。

代史范畴。他们列举不以1949年为中国近代史下限的种种弊端，主要是不利于了解和把握中国近代史发展的全过程，不利于揭示和认识中国近代历史的发展规律[①]。

以上两种见解各有其理论根据，应当说后种意见道理更为充分些。

二、中国新民主主义革命的开端

中国现代史以1919年五四运动为上限，是基于五四运动是中国新民主主义革命的开端的认知。但围绕新民主主义的开端应适于何时，五四运动是否是中国新民主主义革命的开端，学术界也进行了讨论。

五四运动开端说。关于中国新民主主义革命的开端问题，史学界曾在一个长时期中习惯于将1919年的五四运动作为开端。1939年5月，毛泽东肯定了这个观点。他在《五四运动》一文中说：五四运动“表现中国反帝反封建的资产阶级民主革命已经发展到了一个新阶段”。同年底，毛泽东在《中国革命和中国共产党》一文中，首次使用了“新民主主义革命”这个科学概念，同时也首次明确指出：中国新民主主义革命，“是从1919年五四运动开始的”。此后，有的学者发表文章进一步论证了这一观点，如贺世友的《五四运动是新民主主义革命的开端》（载《上海师范大学学报》1991年第1期）、赵三多的《如何看待五四运动是新民主主义革命的开端》（载《河北学刊》1994年第2期）等。将五四运动作为新民主主义革命的开端，其理由是：五四运动是在十月革命的鼓舞和列宁的号召下发生的；运动的指导者是具有初步共产主义思想的知识分子；运动的后期无产阶级成为运动的主力军；运动的内容和方向是沿着彻底的反帝反封建的道路发展的；运动为中国共产党的成立从思想上和干部上作了准备。

对上述观点，早在1962年朱务善曾撰文提出不同看法。他认为，五四运动的爆发是自发的，事先没有任何行动计划的准备，“五四运动是在从中国旧民主主义革命到新民主主义革命的一部分质变，而不是全部质变”[②]。1989年，张静如等撰文认为五四运动不是中国新民主主义革命的开端。其理由：第一，五四运动不是无产阶级领导的，而是由激进民主主义者领导的，上海工人阶级只是支持者，而不是领导者。第二，五四运动不是彻底反帝反封建的运动，而只是反对日本帝国主义的运动。第三，五四运动未能自觉得出组建统一战线的策略。第四，五四运动不是世界无产阶级革命的一部分，中共与共产国际的联系是从“一大”

① 参见李侃《中国近代“终”于何时》，载1982年11月17日《光明日报》。

② 朱务善：《五四运动是否就是新民主主义革命》，载《历史研究》1962年第4期。

开始的。五四运动也不是资产阶级领导的,因为资产阶级已退出对革命的领导,无产阶级未能替补资产阶级的领导地位。因此,五四运动只能是为新旧民主主义革命的转变提供条件。①

有的学者在对五四运动是新民主主义的开端提出异议时,还提出了其他观点,主要有:

(1)1920 年 8 月说。主张将 1920 年 8 月中国共产党第一个组织的成立作为新民主主义的开端:中国共产党第一个组织的成立标志着中国革命开始了共产党的领导;提出了革命的对象是帝国主义和封建主义。②

(2)1921 年中国共产党成立说。此说认为,党的成立使中国革命有了新的领导阶级,有了新的革命纲领,有了新的革命斗争策略,有了新的革命前途,标志着中国革命从此进入逐渐由无产阶级领导的新时期,标志着新民主主义革命的开始。新民主主义革命的两个特征即党的领导和社会主义前途是在 1921 年中国共产党成立就明确提出了,因此党的成立是新民主主义的开端的标志。③

(3)五四运动至中共"二大"说。此说认为,讨论新民主主义的开端应以毛泽东关于新民主主义革命论为依据。认为开端的标志有四:一是无产阶级的领导;二是革命的统一战线;三是反帝反封建的革命纲领;四是与国际无产阶级的直接联系。据此,1919 年五四运动至 1922 年 7 月中共"二大",当作为新民主主义革命开端的标志。④

(4)国共合作开端说。此说认为,五四运动时期无产阶级未能达到"自为"阶级,初步具有共产主义思想的知识分子未从总体上对五四运动给予领导;而中共"二大"的政纲通过建立民主主义联合阵线,才开始争取掌握对民主革命的领导权;国民党"一大"与首次国共合作,是旧民主主义革命向新民主主义革命转变的重要标志,是民主革命的飞跃。⑤

(5)"七一五"政变说。此说认为,从 1921 年 7 月到 1927 年"七一五"政变前,是中国新旧民主主义革命交替并存时期。在此时期内,无产阶级与资产阶级,共产党与国民党分别以不同形式、在不同程度上对中国民主革命起领导作用。中国资产阶级领导的旧民主主义革命终结的标志是 1927 年"七一五"政变的发生。在此前的中国革命中,中国资产阶级及其政党国民党,仍然具有革命

---

① 张静如、姜秀花:《五四运动不是新民主主义革命的开端》,载《东岳论丛》1989 年第 5 期。

② 任全才:《也谈新民主主义革命的开端》,载《新时代论坛》1990 年第 1 期。

③ 蒙子良:《党的成立是新旧民主主义革命的分界线》,载《理论学习月刊》1990 第 3 期。

④ 莫志斌:《五四运动至中共二大是新民主主义的开端》,载《湖南师范大学社会科学学报》1991 年第 1 期。

⑤ 程佩玉:《谈新民主主义革命的开端问题》,载《晋阳学刊》1994 年第 3 期。

性，对革命仍然起到一定程度的领导作用。“七一五”政变的发生，使中国国民党变成一个反动的政党。[①] 五四运动到大革命失败时期的民主革命，并非单一的旧民主主义性质，也非单一的新民主主义性质，而是两者兼而有之。[②]

(6)南昌起义开端说。此说认为，中国新民主主义革命的起点，应当以 1927 年“八一”南昌起义为标志。理由是：南昌起义在实践上体现了我们党同陈独秀右倾机会主义路线的彻底决裂，体现了党在无产阶级掌握民主革命领导权问题上的认识的彻底更新，从而使新民主主义革命的诞生具备了主观条件；南昌起义标志着无产阶级成为民主革命的主要力量，这就使新民主主义革命的诞生具备了客观条件；南昌起义的爆发，从根本上改变了无产阶级在民主革命中的地位，它表明无产阶级已经毫无疑问地走上了民主革命的领导岗位。[③] 还有学者认为，新民主主义革命开端的标志有两个：一个是中国革命的主要斗争形式，即武装斗争；一个是无产阶级的领导。只有到了南昌起义才开始把无产阶级领导权同武装斗争联系起来。[④] 有的学者指出，将 1919 年的五四运动作为中国新民主主义革命的开端是可以的，但这时的新民主主义革命不具备完整的意义。经过了以中国共产党的建立和国共合作进行的国民革命为基本内容的准备时期后，以南昌起义为标志，中国革命才进入了比较完整意义的新民主主义革命阶段。[⑤]

三、中国现代史的分期

由于对上限的意见分歧，再加上其他因素，对中国现代史的分期也存有各种不同意见，主要是：

1. 将 1919～1949 年划分为五个阶段。这是目前高校许多现代史教材的一般分法。

(1)1919 年 5 月～1923 年 12 月　北洋军阀统治的继续，新民主主义革命的开端。

(2)1924 年 1 月～1927 年 7 月　国民革命，北洋军阀的末路。

(3)1927 年 8 月～1937 年 7 月　国民党统治的建立与加强，工农武装革命和抗日民主运动。

---

① 任振涛：《中国旧民主主义革命终结再探》，载《理论学习月刊》1992 第 9 期。

② 莫岳云：《论新旧民主主义革命的交替》，载《广西大学学报》1995 年第 1 期。

③ 席书涛：《论中国新民主主义革命的起点》，载《学术交流》1992 年第 1 期。

④ 方小年：《新民主主义革命开端的标志小议》，载《湖南师范大学社会科学学报》1990 年第 4 期。

⑤ 郭圣福：《五四运动不是完整意义上的新民主主义的开端》，载《华中师范大学学报》1991 年第 6 期。

(4)1937 年 7 月～1945 年 8 月　抗日战争,国民党政权走向腐朽和人民力量的壮大。

(5)1945 年 9 月～1949 年 9 月　国民党统治的崩溃,人民解放战争的胜利。

也有的把第一、二两个阶段合为一段,这样便成为四个时期。

2. 将 1919～1949 年分为六个时期。王桧林主编的《中国现代史》(高等教育出版社 1988 年版)即是这种分法:

(1)1919 年 5 月～1923 年 12 月　北洋军阀统治的继续,新民主主义革命的开始。

(2)1924 年 1 月～1927 年 7 月　国民革命,北洋军阀统治的末路。

(3)1927 年 8 月～1931 年 9 月　国民党在全国统治的确立,苏维埃革命的开展。

(4)1931 年 9 月～1937 年 7 月　日本帝国主义的武装入侵,由国内战争向抗日战争的过渡。

(5)1937 年 7 月～1945 年 8 月　抗日战争。

(6)1945 年 9 月～1949 年 10 月　国民党统治的崩溃,中国新民主主义革命的胜利。

3. 将 1919 年以来的历史分为三大段。这是 1983 年北京历史学会和中国现代史学会联合召开的中国现代史科学体系讨论会的一种意见。主张根据社会矛盾的变化和社会性质的变化将现代史分为:

(1)1919 年五四运动到 1949 年新中国成立为半殖民地半封建社会阶段。

(2)1949 年到 1956 年社会主义改造完成,为新民主主义社会阶段。

(3)1956 年底以来为社会主义阶段。

4. 将 1912～1949 年划分为四个时期。秦英君主编的《中国现代史简编》(河南大学出版社 1987 年版)即是这种分法:

(1)1912 年 1 月～1928 年 6 月　北洋军阀统治的兴衰与国民革命。

(2)1928 年 6 月～1937 年 6 月　国民党统治的确立与加强,共产党领导的工农武装割据。

(3)1937 年 7 月～1945 年 8 月　抗日战争。

(4)1945 年 8 月～1949 年 9 月　国民党统治的崩溃,民主革命的最后胜利。

至于认为 1840～1949 年为中国近代史、1949 年之后为中国现代史的同志,又有各种不同的分法,这里不再赘述。

四、中国现代史的宏观体系及与中共党史、革命史、民国史的关系

关于中国现代史科学体系，史学界较为一致的认识是：中国现代史是中国通史的一部分，但在具体表述上又有不同意见。

第一种，中国现代史是各种专史的综合。以彭明为代表，认为“中国现代史应该是中国通史的一部分，它应该是经济史、政治史、文化史、思想史各种专史的综合。这种综合不是简单的剪辑和拼凑。经济史是历史的骨骼，政治史是历史的血肉，文化史、思想史是历史的灵魂。现代史应该是这样一部有骨骼、有血肉、有灵魂的有机整体”①。

第二种，中国现代史是社会主义时期发展过程的综合。陈纯仁认为，确定中国现代史研究的对象，首先必须明确中国现代史是中国通史的一部分，应当把现代史放在整个中国历史的长河中考察。它应该是我国社会主义时期政治、经济、军事和科学技术文化发展过程的综合，它要阐述的是中国现代社会的发展规律及其趋向。

第三种，研究整个中国社会运动及其规律。这是参加 1983 年北京历史学会和中国现代史学会联合召开的“关于中国现代史科学体系讨论会”的同志比较一致的意见②，但进一步分析又有四种看法。一是“矛盾”说。主张从历史实际出发，用中国共产党关于新民主主义革命的理论为指导去探求，认为帝国主义、封建主义、官僚资本主义同中国共产党及其领导下的工人、农民、城市小资产阶级和民族资产阶级这两个方面的对立统一关系构成社会的主要矛盾。同时，统治阶级营垒中的各部分既互相依赖，又进行着你死我活的斗争。人民阵营内部，既有利益一致的共同性，又有各种各样的矛盾，这些矛盾不是孤立存在的，而是通过人们的政治、经济、文化、军事、外交等活动表现出来的，贯穿于社会的各个领域。这些矛盾及其运动，就构成了中国现代史研究的主要对象和科学体系。二是“结构”说。主张根据结构论的方法，对中国现代社会的政治结构、经济结构、文化结构等及其相互关系作全面综合的考察，从整体上认清现代中国社会全貌。认为中国社会主要存在着帝国主义、地主买办阶级、民族资产阶级、工人阶级、农民阶级和城市小资产阶级五种政治势力，它们在政治上表现了四个不同的方面，即半殖民地半封建方面、殖民地方面、资产阶级共和国方面、新民主主义方面。

---

① 彭明：《中国现代史的研究对象问题》，载《学习与研究》1981 年第 6 期。

② 参见成汉昌《中国现代史科学体系讨论述评》，载《教学与研究》1983 年第 6 期。

这四种不同的政治方面表现在经济领域则形成半殖民地半封建经济、殖民地经济、民族资本主义经济、新民主主义经济四种不同的经济结构。在文化领域表现为帝国主义买办文化、封建主义文化、资产阶级文化、新民主主义文化这几种形式。因此,研究中国社会的政治结构、经济结构、文化结构及其相互关系和运动规律,即可认清中国社会的整体结构及其运动规律。三是"过程"说。主张应以毛泽东阐述的近百年来中国历史的两个过程为依据来确定现代史的研究对象和体系。以帝国主义与中国封建主义相勾结把中国变为半殖民地和殖民地的过程为一方面,以中国人民反抗帝国主义及其走狗的过程为另一方面。这两个方面不仅表现为政治领域,还表现于军事、经济、文化、外交各领域,它们相互联系相互制约而构成了一个整体。四是"与古代史一致"说。主张应采取与中国古代史研究对象和体系基本一致的方法,来确定现代史的研究对象和体系。认为长期以来中国现代史以"一个运动"、"两个过程"、"四次战争"为基本体系,割裂了数千年来中国历史体系的系统性,把占社会支配地位和统治地位的主要方面置于一个不重要的地位,不符合历史实际,也不利于人们全面了解历史,因此,近现代史研究对象和体系都应是古代史对象和体系的历史延续;不过也应重视现代中国社会的特点,对革命人民斗争给予更突出的地位。

第四种,中国现代史是现代中国各种政治力量在中国现代化的历程中,如何以自己代表的政治集团的利益为出发点,相互之间既合作又斗争,选择现代化道路,变被动现代化为主动现代化的过程;同时也是现代中国的政治、经济、思想、文化、军事等各方面的现代化因素不断积累的过程。

中国现代史是在党史、革命史的基础上演变和建立起来的,其体系自开始就很不完善,也不科学,同古代史及近代史相比,在各方面都显得很幼稚,不少人时常把它同中共党史、革命史、民国史的概念混淆在一起。因此,明确现代史的研究对象,应该分清它与党史、革命史、民国史的区别与联系。

中共党史,顾名思义是指中国共产党自身发生和发展的历史,它以党的理论方针政策和实践为直接研究对象,内容主要有三个方面:一是党领导人民进行新民主主义革命和社会主义革命与建设,经过曲折道路取得伟大胜利和成就的历史;二是马列主义的普遍原理同中国革命的具体实际经过反复实践日益结合的历史;三是党在自身建设中正确纠正错误,光明面战胜阴暗面,逐步成长和发展的历史。它以党的理论方针政策和实践作为直接研究对象,所要着重阐明的是理论问题,主要是作为一门政治理论学科而存在的,它的分期可以以 1921 年党的"一大"、1949 年新中国成立、1978 年党的十一届三中全会为标志。

革命史是指中国人民反抗外来侵略者和本国反动势力的历史,应以这一斗争的理论、实践和过程作为直接研究对象,主要研究的是人民群众革命活动的史实，着眼于各革命阶级、阶层及各族人民群众，怎样向三大敌人作斗争直至取得胜利。它的侧重面在于政治斗争活动，一般包括旧民主主义革命、新民主主义革命、社会主义革命三大阶段。

民国史即民国统治者的历史，它研究的着眼点是资产阶级革命派怎样创立中华民国，北洋军阀及国民党新军阀怎样夺取了中央政权，他们如何由盛而衰直至灭亡。当然，民国史也要反映人民的活动，但它是作为促使反动的统治者由盛到衰的对立面而存在的。它的分期可以是民国创立时期、北洋政府时期、国民政府时期。

而现代史则是以中国社会的各个领域、各个方面为对象的。它与党史、革命史、民国史不仅是研究范围广狭的不同，更重要的还在于体系不同。现代史的体系应该是现代中国社会经济结构、政治结构、文化结构等，即社会结构整体的历史反映，体现这一阶段中国社会发展的内在规律，因此它们是不同的历史学科。

同时也必须看到，现代史又是同中共党史、中国革命史、中华民国史有着紧密联系的学科，因此，不能不承认中国历史现代阶段的特殊性，正是这些特殊性，决定了党史、革命史、民国史在现代史范畴中，并不是一般的专题史，而是占有重要的地位，是现代史的极其重要的组成部分和内容。

【导　读】

1. 成汉昌：《中国现代史科学体系讨论述评》，载《教学与研究》1983 年第 6 期。

2. 李新：《关于中国近现代历史分期问题》，载《历史研究》1983 年第 4 期。

3. 彭明：《中国现代史的研究对象问题》，载《学习与研究》1981 年第 6 期。

4. 王桧林：《从教学和研究看中国现代史科学体系》，载《史学史研究》1982 年第 2 期。

5. 张海鹏：《关于中国近代史的分期及其"沉沦"与"上升"诸问题》，载《近代史研究》1998 年第 2 期。

6. 王玉祥：《社会现代化理论与中国现代史学科体系的断想》，载《中共党史研究》1996 年第 2 期。

7. 曾业英主编：《五十年来的中国近代史研究》，上海书店出版社 2000 年版。

【思考与讨论】

1. 你认为中国现代史应如何分期才更为合理？

2. 怎样认识中国现代史的科学体系？它与党史、革命史、民国史有何区别与联系？

3. 谈谈中国现代史上限之我见。

第二章 中国现代社会经济的构成

鸦片战争之后，中国社会经济在外国资本主义侵略下发生了巨大变化，原来的封建的自给自足的自然经济受到了破坏，外国资本主义经济在中国出现，民族资本主义经济产生并不断发展。在这个演变过程中，中国社会经济已摆脱了较为单一的形式而向多元化发展。新民主主义革命兴起后，新民主主义经济得以产生并逐渐扩大，因此中国现代社会经济构成较为复杂。

一、国家垄断资本与官僚私人资本

以往习惯于将这部分资本称为"官僚资本"。"官僚资本"一词最早见之于瞿秋白 1923 年 1 月发表在《前锋》杂志上的《论中国之资本主义的发展》一文。他将晚清洋务运动时期一些大官僚经营的官办企业、官督商办、官商合办企业统称为官僚资本，认为这些企业是由处于统治地位的士绅阶级、以官为业的官僚阶级所把持。抗战时期"官僚资本"一词开始盛行起来，当时泛指国民政府中一些大官僚利用职权搜刮民财、垄断工商业的事情。1947 年，毛泽东在《目前形势和我们的任务》的报告中，把掌握在以蒋、宋、孔、陈四大家族为首的国民党统治集团手中的国家垄断资本称之为"官僚资本"。此后，在许多论著中都沿用了这一说法，认为它是依靠帝国主义勾结封建势力，直接利用国家政权，形成的国家垄断资本主义，其基本特征是与国家政权结合，具有买办性、封建性和垄断性。20 世纪 80 年代以来，人们开始感到"官僚资本"这一概念较为含混，不易掌握。因为官僚办企业都和国家政权有不同程度的结合，但哪些官僚办的企业属于国家所有，哪些不是，难于区别。而且政府办的企业属于国家所有，并不是某个官僚得以私有。不少学者围绕这一问题发表了不同看法。许涤新认为，"官僚资本"这个通俗名称，原义并不明确，但已为群众所接受，并载于党的正式文献，因而仍可以用这个特定的概念，来概括晚清官办、官督商办到国民党国家垄断资本的继承性和发展的阶段性，而它的实质，用政治经济学的术语来说，就是这些不同政权下的国家资本主义。1985 年在重庆召开的西南经济研究会上，有的学者认为，官僚资本应划分为两个组成部分，既包括国家资本，又包括官僚私人资本；有的学者认为，官僚资本是一政治概念，不是经济概念，使用这种术语去研究中国的政治问题是不无道理的，但用以研究经济问题就导致概念上的含混；就经济研究而言，使用国家资本和私人资本为妥。丁日初明确表示不赞成使用“官僚资本”这一概念。他认为那些官僚利用枪杆或政治特权从人民身上搜括得来的资本，投资创办的企业，“大部分是民族资本主义的私人资本企业，他们的原始积累的来源并不能决定所办企业就是‘官僚资本’”[①]。还有学者认为，官僚资本就是民族资本，中国只存在民族资本主义一种，不存在所谓官僚资本和民族资本（私人资本传统称为“民族资本”）两种资本主义。不过，事实上仍须对这两种不同性质的资本加以区分，仍存在着是把这种官僚资本称作国家资本，还是维持传统的官僚资本的概念的问题。从总的趋势看，一般都接受以国家资本代替官僚资本概念的主张，这样，易于与官僚私人投资区别开来。

民国时期的国家资本经济，经历了前、后两个不同阶段：前者是北洋政府时期的国家资本经济，它继承清末洋务运动发展而来，仅达到雏形阶段，其特点是初步奠定了以金融资本为中心的经济势力，还没有控制整个国家的经济生产领域，因而北洋时期的民族工业发展具有更多的自由性。有的研究者认为北洋时期的经济政策促进了资本主义的发展，反映了资产阶级的利益；民国初年的经济法制建设，门类齐全，内容详尽，初步形成了资本主义经济法制体系。[②] 南京政府建立后，蒋介石集团十分重视对整个国民经济的控制和干预，形成和发展了国家垄断资本主义。它的形成与一般帝国主义的国家垄断资本主义不同，在帝国主义国家是先经济后政治：先是资本主义高度发展，生产集中，工业资本与银行资本结合，形成一般垄断，后来随着内外矛盾日益尖锐，为保证获得最大利润，巩固财政资本的统治，垄断寡头直接执政，用国家政权干预经济，才形成国家垄断资本主义。南京政府则不同，他们是先政治后经济：完全依靠法西斯独裁政权，用政治强制的掠夺方法首先垄断金融，再通过政权和金融力量逐步控制全国的商业、工业、农业，到无所不包地垄断国民经济的一切部门。他们的全部财富，本质上都是依靠这个政权，用超经济的手段，残酷掠夺而集中起来的。政治变经济，经济变政治，互相作用，就是南京政府国家垄断资本形成与发展的过程。

南京政府国家垄断资本形成于十年内战时期，其标志是完成了金融垄断。

---

① 参见许涤新、吴承明《中国资本主义发展史》第1卷“总序”；丁日初：《关于“官僚资本”与“官僚资产阶级”问题》，载《民国档案与民国史学术讨论会论文集》；丁日初、沈祖炜《论抗日战争时期的国家资本》，载《民国档案》1986年第4期。

② 参见黄逸平《辛亥革命后的经济政策与中国近代化》，载《学术月刊》1992年第6期；虞和平《民国初年经济法制建设述评》，载《近代史研究》1992年第4期。

主要通过两个途径:第一,以中央银行、中国银行、交通银行、中国农业银行、中央信托局、邮政储金汇业局四行二局为金融垄断中心,进一步插足二三流银行,建立全国范围内的金融垄断机构。1935 年,全国 2566 家银行机构中,官办银行就有 1971 家,占 77%。第二,通过币制政策,进一步完成金融垄断。1935 年 11 月,南京政府在英、美支持下,实行法币政策,规定中央、中国、交通(以后又加农民)银行发行的钞票为法定货币;白银收归国有,一切白银持有者要到指定银行兑换法币;以后一切完粮纳税和公私支付只准使用法币。1936 年便进一步完成了金融垄断,标志着国家垄断资本主义的形成。

抗战期间,南京政府不但使金融垄断更为加强,而且还使垄断扩展到国民经济的各个部门。在金融方面,国民党政府于 1939 年 9 月成立中央、中国、交通、农民四行联合办事处,作为战时最高金融决策机构,蒋介石、孔祥熙分任四联总理事会主席、副主席。1940 年 7 月,国民政府把货币发行集中统一到中央银行,加强了中央银行作为银行之银行的垄断地位。在商业方面,财政部贸易委员会下属的复兴、富华、中国茶叶三大公司垄断了丝、茶、桐油、猪鬃等主要出口物资,资源委员会垄断了钨、锑、锡、汞等主要出口矿产。1941 年 4 月,成立了专卖事业管理局,对各类生活日用品先后实行专卖。1943 年 2 月,原农本局福生庄改组为财政部花纱布管制局,对棉花、棉纱、布匹贸易实行统制。此外,国民党政府经济部门对钢铁、煤炭、汽油、水泥等物资都设有专门的统制机构。在工业方面,1937 年 9 月设立了工矿调整委员会,吞并了不少民营工业。资源委员会所属企业,从战前 21 个厂矿单位发展到 1945 年的 121 个,另有 4 个矿产出口垄断单位,主要是通过控制和吞并而来。1942 年,大后方共有工厂 3758 家,其中公营 656 家,民营 3102 家,但公营企业占资本总额的 69%强,民营只占 31%弱。[①] 若以平均资本而论,公营厂家平均每厂为 200 万元,而民营厂家尚不及 20 万元,特别是后方的基础工业和重工业均已处在公营势力范围之内,国家资本完全占垄断地位。[②] 在农业方面,1937 年设置了农产调整委员会作为控制和垄断农业生产机构。棉花、蚕丝、茶叶、猪鬃、桐油等实行统购统销。通过实行田赋征实和粮食征购征借,将广大农村的粮食纳入国家机构的直接掌握之中。国家垄断资本是农村最大的高利贷主,据国统区 15 省调查,在农民借款来源中,受国家垄断资本直接或间接操纵的银行、合作社、合作金库所占比重,1938 年为 27%,1945 年上升为 44%。交通运输业方面,国家垄断资本独占了全国的铁路网、公路网、轮船公司、航空公司。

---

① 参见陈真、姚洛合编《中国近代工业史资料》第 1 辑,三联书店 1957 年版,第 95 页。

② 参见陈真、姚洛合编《中国近代工业史资料》第 1 辑,三联书店 1957 年版,第 94 页。

抗战胜利后，国民党政府通过对沦陷区敌产的接收，国家垄断资本急剧膨胀而发展到顶峰。在金融方面，国家垄断资本控制的四行二局，接收了日伪正金、住友、朝鲜及中央储备等银行的全部资产。截至1946年6月，国统区3489家银行中，官营为2446家，占银行总数的70%，其他所谓商营银行，多数都有"官股"渗入，国统区已形成了国家垄断资本的金融独占网。日伪的工矿企业也均为国家垄断资本所独占。据国民党政府经济部1946年7月报告，国民政府共接收日伪工厂2411家。在此基础上，建立了许多全国性和地区性的独占组织，其资金占全国资本总额的80%以上，形成全国的工业垄断。国民政府在农村也接收了日本掠夺的大量土地，有华北垦业公司、军粮城农场、华北农业实验场和东北盘山农场的土地150余万亩以及日本在台湾圈占的若干万亩。国家垄断资本恶性膨胀，数额高达200亿美元，达到国家垄断资本发展的顶峰。

在国家资本形成过程中，一批负责经办国家金融、工商企业的官僚，尤其是大官僚，也利用手中的权力和体制本身的弊病，乘机膨胀私人资本，形成以宋子文、孔祥熙等为代表的私人官僚资本。对官僚私人资本的性质还需进行深入研究。丁日初指出，官僚军阀创办的企业"大部分是民族资本主义的私人资本企业"，那么还有小部分企业的创办者是哪些人呢？这小部分似应包括四大家族，他们的投资既然未被列入民族私人资本范畴，那么又应是什么性质？魏明认为，军阀官僚的私人投资是民族资本，又说他们不是民族资产阶级，也甚费解。[①] 孔祥熙历任南京政府工商部长、实业部长、财政部长、中央银行总裁、中国银行总裁、行政院长等职。由他和家人名义投资经营的企业很多。在金融方面，主要有裕华银行。该行设于1915年，总行设在天津，最初资本200万元，抗战时期迁到重庆，增资1000万元，战后迁到上海，增资到1亿元，这是孔家私人企业的核心。在工业方面，孔家投资的企业有中国兴业公司、中国火柴公司、中国毛纺织厂和西北毛纺织公司等。在商业方面，投资的重点主要有祥记公司、庆记纱号、强华公司、大元公司、恒义商号、升和商号、广茂兴商业、晋丰源商行、扬子公司、长江企业股份有限公司、嘉陵公司等等。其中祥记公司、扬子公司规模最大。前者原开设于山西榆次，以经销美孚煤油、蜡烛、肥皂等发展起来，以后在全国各大城市大都设有商号；后者主要进行对外贸易，特别是推销美国工业品。

宋子文历任南京政府财政部长、中央银行总裁、中国银行总裁、中国银行董事长、行政院副院长、院长等职。宋家控制的官僚资本在金融方面，主要有中国建设银行公司，它成立于1934年，资本1000万元，由宋子文发起，宋子文、宋子良兄弟各占185股，共投资37万元。抗战时期该公司投资于工矿企业，利润甚

① 参见魏明《论北洋军阀官僚的私人资本主义经济活动》，载《近代史研究》1985年第2期。

丰。此外,宋家对广东银行、新华银行、中国国货银行、中国保险公司、上海银行等都有投资,并控制着广东银行。在工业方面,宋家在中国毛纺织公司、南洋兄弟烟草公司、四川丝业公司、振华造纸厂、民生实业公司、甘肃林木业公司、华丰和记织布厂、大中华火柴公司等企业中皆有投资。在商业方面,1936 年宋氏成立了中国棉业公司,1937 年又成立了华南米业公司。前者是当时经营棉花、纱布交易的主要公司,后者则垄断着华中、华南大米的运输和销售。抗战胜利后,宋家又成立了孚中公司、统一贸易公司、金山贸易公司等。

在全国近代化工业和交通运输业中,官僚资本所占的比重 1911 年为 26.8%,约 4.78 亿元;1920 年为 26.0%,约 6.70 亿元;1936 年为 35.9%,约 19.89 亿元;战后 1947～1948 年增至 64.1%,折战前币值约 42 亿元。在全国金融业资本中,1911 年占 6.3%,约 0.45 亿元;1920 年占 16%,约 2.33 亿元;1936 年占 58.9%,约 5.64 亿元;战后 1947～1948 年更增至 88.9%,可谓登峰造极。①

以上所说的官僚资本(包括国家垄断资本和私人官僚资本),仍属于中国民族经济的一部分,具有两方面的性质与作用。一方面,它在抗战前期接管和扩充了金陵电厂、戚墅堰电厂、武汉既济电厂等动力工业,兴办了淮南煤矿和淮南铁路等,为长江中下游中小民族工业的发展提供了能源的便利;在抗日战争中,它的资源委员会发展了大后方的电力、煤矿等动力工矿业,创办了后来成为新中国石油工业基地的玉门油矿等,对支持抗战和便利民族工业发展起了有益作用;抗日战争后,它更集中了 70%以上的中国资本主义经济,客观上为新中国走上社会主义大生产准备了经济条件。这些都是它所表现的进步性与积极作用的一面。另一方面,它又有全面地依附外国资本和排斥民族资本,保护封建落后势力,疯狂镇压进步势力,阻碍近代中国社会发展的反动性和消极作用,到了登峰造极的地步,因而迫使全国人民不得不把它和帝国主义、封建主义一起列为打倒对象。②

二、私人民族资本

私人民族资本是中国人民在反抗外国资本主义经济侵略,或在外国资本主义影响和刺激下,并在和外国资本主义经济、国家资本经济和封建经济激烈的斗争中得到发展和成长起来的,是新生产力的代表。它出现于 19 世纪最后 30 年

① 参见许涤新、吴承明主编《中国资本主义发展史》第 3 卷,人民出版社 1993 年版,第 14 页。

② 参见姜铎《略论旧中国三种资本主义》,载《社会科学战线》1986 年第 2 期。

间，以后呈波浪式前进。辛亥革命后，由于帝国主义无暇东顾、辛亥革命的推动、抵制外货等因素，中国资本主义得到了进一步发展。这种发展势头一直持续到1922年。此后中国资本主义出现危机，陷入萧条。由萧条获得再度发展的转机是“五卅惨案”后全国掀起的外资工厂工人大罢工及抵制英、日货浪潮，这在很大程度上抑制了外国商品在华销售并沉重打击了在华外资企业，使民族工业得以摆脱困境，再度走向发展。棉纺织业、面粉业、烟草业皆扭亏为盈，而且民族工业内部形成了几个较大的资本集团。如荣家集团，到1927年为止，茂新、福新系统面粉厂已发展到12个，粉磨由1903年的4座增加到346座，为创办时的87倍；年产能力由9万袋增加到2886万袋，增长320倍；荣家面粉工厂的生产能力约为全国关内各省面粉工厂的1/3；上海福新各粉厂的生产能力则占全市粉厂的1/2左右，荣家遂赢得“面粉大王”称号。与此同时，荣氏的申新纺织系统已发展到6个厂子，纱锭由1916年的12960枚增加到1927年的189804枚，布机由1917年的350台增加到1927年的1888台。① 前者增长了14.65倍，后者增长了5.39倍。至此，申新系统的棉纺织业在整个民族棉纺织业中具有举足轻重的地位。另外，还有大生资本集团、裕大资本集团、刘鸿生资本集团、永安资本集团等。

这种由“五卅惨案”所激发的抵货运动，使民族工业由战后的萧条转入再度发展的状态一直持续到1931年。这是因为：第一，1927年后官僚资本虽开始崛起，但与民族资本的正面矛盾还不大，对民族工业的发展尚未造成威胁；第二，1928年“济南惨案”所掀起的抵制日货运动以及1929年后中国关税率的提高，都有利于民族工业的发展；第三，1929年爆发的世界经济危机，使主要资本主义国家的物价先后暴跌，世界银价也大幅度下降，因中国是用银国，“金贵银贱”使国内物价不仅没有下跌，反而有所上涨。这些因素使民族工业出现短暂繁荣。如棉纺织业：1927年全国有民营纱厂73家，纱锭2099058枚，1931年为84家，2730790枚。其中上海纱锭数增长了2.54倍，荣家继“面粉大王”后又被时人称之为“棉纱大王”。橡胶、制酸、制碱等化工产业：到1933年全国已有橡胶厂74家，其中成立于1928年的上海大中华橡胶厂是这时期最大的橡胶企业，1929年到1931年获利达100万余元。② 著名实业家吴蕴初在上海创办了天原电化厂，生产烧碱、漂白粉和盐酸；范旭东创办的天津永利碱厂于1925年投产，生产的红三角牌纯碱不仅畅销国内，而且进入日本市场；1937年全国有8家制酸厂，年产硫酸、盐酸、硝酸共计502650担；有制碱厂7家，年产纯碱、烧碱、泡花和硫化碱

① 参见《荣家企业史料》上册，上海人民出版社1963年版，第615页。

② 参见《上海民族橡胶工业》，中华书局1979年版，第93页。

共计818700担。缫丝业:无锡、上海是中心,1930年与1927年相比,两地丝厂增加32%,缫丝车增长了33%。电力、电气行业:到1927年,全国约有273家华商电厂,装机容量达到151354千瓦,其资本总额为6000万元。电力部门的发展为电器制造业的兴起创造了条件。1925年,上海华生电器厂改造美国奇异牌电扇后生产的华生牌电扇和亚浦耳电器厂生产的圆形绕丝灯泡,都深受欢迎。另外,面粉、水泥、机器、皮革、造纸、煤矿等行业也有所发展。

民营工业在1927年到1931年期间得到了发展,但从1932年至1935年又困难重重,处于萧条之中。原因在于:一是美国高价收购白银的政策,物价大跌;二是东北沦陷后,使中国民族资本失去一个重要的原料来源地和广阔市场;三是长期的内战及连续几年的自然灾害。以上原因,致使这一时期新设厂数减少,资本额下降,不少工厂改组、闭歇,甚至停工、停产。

1935年后,由于世界经济危机已经过去,对中国的冲击消退,国内农业丰收,国民政府又进行了币制改革,使金融稳定,物价回升,故从1936年到1937年上半年,民营工业又出现转机,生产得到恢复和发展。1936年登记的较有规模的工厂数为2441家,其中新设厂193家,工厂闭歇情况明显减少。工业生产产量1936年比1935年棉纱增长65.63%,棉布增长17.7%,火柴增长300%,卷烟增长70.23%。然而好景不长,日本发动的全面侵华战争,使刚刚得到恢复和发展的中国民族工业遭到浩劫,大部毁于战火,只有少数内迁。

战区工矿业内迁,从抗战爆发到1940年底基本结束。其中由国民政府协助内迁的民营厂矿共448家,完全复工者有2/3。为使战时后方工业迅速形成生产能力,国民政府对民营工矿业采取了扶持措施和优惠政策,如制定奖励人民投资办厂的法规,协助厂矿疏建,予以资金协助,帮助招募训练技工等,对于战时后方民营工矿业生产恢复和发展起了很大促进作用。1944年,后方的5226家工业企业中,民营工厂工人占90.47%,资本额占61.19%。当然,因受原料、资金、运输、市场等的限制,大多处于困难状态。

抗战胜利后,民营工商业遭到美国剩余产品涌入中国的巨大冲击、国家垄断资本的排斥、苛捐杂税的增多以及通货膨胀、经济恶化的影响,生产经营十分困难,出现了大规模关闭、停业现象,逐渐陷入绝境。在上海,战后一年多中,在3419家民营工商业中,倒闭的就有2597家,占75%。[①] 1948年上海各面粉厂开工率不到年生产能力的37.5%,到1949年1～5月,开工率更低于10%左右。著名的申新纺织系统、福新面粉系统处境已十分艰难。上海申新6个厂,1949年1～6月的棉纱产量,月平均比上年下降11.1%,与抗战前的1936年相比,则

① 参见《当前民族工业的危机与出路》,载1946年10月20日《解放日报》。

减少了41.2%;上海福新各厂,1948年开工率为31.6%,1949年1～5月下降为9.8%,平均日产量比上年下降69%,与1936年相比则减少87.6%。[①] 在重庆,自战后到1946年5月,368家工厂中歇业的达349家,约占95%。[②]

由于大批工厂倒闭歇业,工业生产大幅度下降,在战后的头三年中,民营工业产值在工业产值中所占比例不断下降。据统计,在基础工业类,民营产值1945年占80%,1946年占76.2%,1947年占56.1%;在民生工业类,民营产值1945年占93.9%,1946年占72.9%,1947年占61.9%。以民营工业的主要行业棉纺织业而言,1945年民营企业棉纱、棉布产量均占棉纱、棉布总产量的100%;1946年棉纱占72.4%,棉布占75%;1947年棉纱占64.2%,棉布占66.4%。1948年,全国有民族工业12.3万户,职工人数164.38万人,资产净值20.08亿元,总产值68.28亿元(折合新人民币)。[③]

民族资本主义具有两重性。一方面,它是封建经济的对立面,是抵抗帝国主义经济侵略和反对国家垄断资本主义垄断行为的力量,是中国近代社会的新的生产关系。另一方面,在剥削劳动者上,它与帝国主义、封建主义、国家垄断资本主义有利益一致的一面。中国的部分资本家同时又是封建地主,是一身兼有两种性质的生产资料所有者,资金在两者之间互相融通。由于民族资本的微弱和民族资产阶级在政治上的无权,民族资本企业在资金、设备、原料、材料、技术、运输等方面要依赖帝国主义和国家垄断资本主义,与它们发生千丝万缕的联系。

三、处在解体过程中的封建地主经济与小农经济

封建地主经济是正走向没落的一种经济成分。鸦片战争后由于外国资本主义的侵入,商品经济和资本主义的发展,封建经济发生了重要变化,在一些大中城市中逐渐为资本主义经济所取代,在农村虽还占有相当地盘,但也开始解体。一方面是地主经济的没落,佃农对地主的依附关系削弱,土地买卖现象增多,自耕农增加,富农经济有了发展;另一方面,是少数资本持有者在沿海等地的荒地上开办了具有资本主义性质的农垦公司,农村中产生了新的生产力和生产关系。封建经济的变化主要表现在:

第一,土地占有形式上,部分官田通过各种形式转化成了民田,土地买卖逐步向近代的自由化买卖发展。辛亥革命后北洋政府对清王朝的旗地和屯田,公

---

① 参见许维雍等:《荣家企业发展史》,人民出版社1985年版,第256、257页。

② 参见《中国经济年鉴》(1947年),第9页。

③ 参见吴承明《中国资本主义与国内市场》,中国社会科学出版社1985年版,第144页。

开采取定章拍卖政策，对禁垦的土地和边荒，实行全面放垦。于是上述官公土地便转归私人所有，如号称荒地最多的北满，据统计，1917 年至 1920 年吉、黑两省的私有地自 50%增加到 63.5%。自 1905 年至 1929 年的 24 年间，黑龙江 95%的土地“皆归私人所有，大部分转入大地主之手”[①]。再如“四川土地，过去三分之一以上，集中于庙、寺、祠、会、公家、土司之手，此为前资本主义的土地所有关系之表现”。由于这种土地所有制受封建宗法关系的制约，不能自由买卖。“但至民国以后，公共田地被官卖、私卖、提卖殆尽，使三分之一的土地完全加入自由买卖之商品化过程。”[②]在封建社会土地买卖过程中须受宗法关系的束缚与制约，如族邻有承买的优先权，同是族邻要看亲疏，含有维护土地封建所有权的绝对意义。北洋政府时期，这种情况已不再受法律保护，而以出价高低而定。这是土地占有形式的一大变化，它为土地新的兼并和集中提供了机会，各省军阀、官僚、商人、豪绅，凭借其政治权力和地位，以极低廉的价格霸占了大量土地，成为地主阶级中一个新兴阶层，即军阀地主。

第二，农业生产进一步商品化，出现资本主义经营方式。民族工业的发展、日美投资的增加以及国际市场的扩大，都在需要农产品原料，这就促使中国农业生产的进一步商品化，棉花、大豆、蚕桑、烟草、花生、蓝靛、桐油等农产品原料的种植面积都在增加，农业商品生产的专门化区域日益扩大，农产品出口显著增长。我国粮食的商品率 1840 年约为 10%，1895 年约为 16%，1920 年约为 22%，1936 年不足 30%。[③] 棉花的商品率 1840 年约为 27%，1894 年约为 33%，1920 年约为 42%，1936 年约为 51%。[④] 另据估计：1840～1894 年半个世纪中，几种主要农产品的商品值由 24987.2 万元增加到 78574.9 万元，增加了 2 倍，年率不到 1.5%，可见农产品商品化过程是很缓慢的；1894～1919 年的 25 年间又增长到 217171.9 万元，增加了 1.76 倍，年率几近 5%，发展较快；1939～1936 年 16 年间又增达 4.5 亿元左右，增加了 1.7 倍，约保持年率 5%，与上期同样速度。[⑤] 不过，学者们指出，对农村商品化和自然经济解体程度不能估计过高。丁长清根据卜凯的安徽七省 17 处田场现金收支调查，现金收入占 58.1%，现金支出占 47.6%；又根据马尔扎亚对中国农民经济商品性的估计，出售农产物收入和市场购买生活需要品支出均不少于 40%，因而认为 20 世纪二三十年代，“农

---

① 章有义编：《中国近代农业史资料》第 2 辑，三联书店 1957 年版，第 74 页。

② 章有义编：《中国近代农业史资料》第 2 辑，三联书店 1957 年版，第 70 页。

③ 参见吴承明《中国资本主义与国内市场》，中国社会科学出版社 1985 年版，第 272 页。

④ 参见丁长青《关于中国近代农村商品经济发展的几个问题》，载《南开经济研究》1985 年第 3 期。

⑤ 参见吴承明《中国资本主义的发展述略》，载《中华学术论文集》1981 年 11 月。

民经济的商品化程度还不到 50%,农民经济生活基本上仍保持着半自给状态"。[①] 黄逸平则认为,农家出售农产品的现金收入或商品率,与农民自给自足经济破坏的程度,并不是等量的一回事。因为农民出售农产物所得,有相当大部分是用来纳租银、完赋税、偿还积欠之用。根据卜凯的另一统计,即安徽六省 13 处农家生活费的检查,农民向市场购买费用平均数仅为 34.1%,其中有些地区只有 1/4,或者不到 1/4;若干偏远和落后地区还处于古代封建型的自然经济状态;因此,他认为 20 世纪二三十年代农民向市场购买的商品率只有 1/3 左右,实际情况可能还偏低些。[②] 吴承明认为,直到全国解放,农村"仍保持着半自然经济状态"[③]。

农村商品经济的进一步发展,促成了农业中资本主义的萌芽产生。农业资本主义发展的主要表现是出现了经营资本主义富农、经营地主和新式农垦公司。旧中国的富农经济,由于经营情况不同可分为资本主义富农和半封建富农两种。前者系指不用或很少用出租土地或放高利贷的方式进行剥削,而是像资本家剥削工人那样剥削雇工,有的还兼营工商业,他们是按资本主义方式经营自己经济的,故称为资本主义富农。这种富农经济在 20 世纪 20 年代已开始出现在大城市附近及某些经济作物比较发展的地区,但数量很少。后者是指自己参加劳动,同时雇用长工耕种,大多出租一部分土地,又放高利贷,具有很重的封建和半封建的剥削性质,故称半封建富农。不管是资本主义富农还是半封建富农,他们的农业经营都带有资本主义性质,他们是农村的资产阶级。根据 1927 年国民党农民部的估计,当时全国有 5600 万户,每户平均 6 人计,共 33600 万人,其中有地 30 亩以上的富农、中小地主及大地主占 14%。[④] 可见,旧中国富农经济的微弱,在全国农业经济中始终不占重要地位。富农在农村总户数中只占 5%。1929 年无锡地区的 20 个村中,富农仅占总户数的 5.6%,占耕地面积的 17.7%,平均每户占有土地 21 亩。[⑤]

农村商品经济的发展,也促使地主经济发生分化。甲午战后,一些地主雇工种植商品作物,而自己不参加劳动,他们不同于依靠出租土地收取地租的租佃地主,而成为工商地主或经营地主。经营地主由于雇工经营,对生产比较关心,产品部分地作为商品而生产,故有向资本主义经济转化的性质。随着旧地主的衰落,地主中兼营工商业的比重加大,地主与农民之间的人身依附关系进一步松

① 丁长清:《关于中国近代农村商品经济发展的几个问题》,载《南开经济研究》1985 年第 3 期。

② 参见黄逸平《19 世纪末 20 世纪初中国自然经济解体的程度》,载《学术月刊》1982 年第 9 期。

③ 吴承明:《中国资本主义的发展述略》,载《中华学术论文集》1981 年 11 月。

④ 参见丁长青《试论中国近代农业中资本主义发展水平》,载《南开学报》1984 年第 6 期。

⑤ 参见严中平等编《中国近代经济史统计资料选辑》,北京科学出版社 1955 年版,第 270 页。

弛;实物地租中的分成制进一步为定额租制所代替,折租制、押租制扩展较快;在少数城郊及商品经济发达的地区,出现货币定额租制。

20世纪初,还出现了垦殖公司这种农业资本主义经济形式。民国以后垦殖公司有较大发展,据1912年到1921年江苏、安徽、浙江、山东、河南、山西、吉林、察哈尔八省统计,垦殖公司由59家发展为100家,投资额由286万元增到1245万元。其投资者主要为军阀、官僚、买办商人、华侨、工业资本家,采用资本主义方式经营的极少,许多公司领荒后即放佃收租。此外,不少投资者的目的是为了贱价领取官荒地后高价出售,因此垦殖公司发展虽快,但到30年代便衰落下去。

与农村比较,城市中的封建所有制变化得早一些,快一些,相继转化为资本主义所有制或劳动者个体所有制,封建主义所有制以残余的形式存在。到建国前夕,从整个国民经济结构看,已不是完整的封建经济了。与封建所有制相关的人,即地主、半封建性富农、佃农等,在全国总人口中占多数,以封建主义所有制为基础的生产关系,在农村仍占统治地位。在封建生产关系下生产出来的产品,在工农业总产值中占的比例,最低时期大约也有50%。变化的趋势是:这种比例越来越小;与落后的分散的生产方式相联系的封建所有制逐步走向瓦解,在国民经济中丧失了起主导作用的地位,变成帝国主义和国家垄断资本主义剥削农民的基础。

劳动者个体经济,包括农业、手工业、运输业等生产领域的小生产者(主要是自耕农、半自耕农和有较完备的农具、耕畜的佃农以及手工业者)和流通领域的小商小贩所掌握的生产资料与资金。小生产者的主体部分是个体农民。在近现代,这种经济发生了重要变化,家庭农业和家庭手工业逐步分离,产品中进入市场的部分日益增多。农业和手工业的产业结构也有变化,由自给自足的生产转向为市场生产,由只与狭小的地方经济相联系,逐步地变成与广大的国内市场或世界市场有了联系。农民经济由原来完全依附于封建主义经济,变成部分依附于封建经济,部分依附于资本主义经济,受世界市场上的垄断资本主义的支配。城镇中的个体手工业者的产品,有很大一部分在市场上受到机器工业产品的排挤,有一小部分进入了国际市场,前者衰落,后者发展。小商小贩成批增加,这种劳动者个体所有制可称之为“小资产阶级所有制”。①

中国是一个小农经济占优势的国家。因为小规模的农业经营,所以生产量并不庞大;因为生产量并不庞大,所以没有力量自行推销其所生产的农产物,更没有力量使之直达消费者的市场,因此,农民便不得不在当地随时把农产物售出去。抗战时期,日用品价格不断上涨,农产品与工业品的剪刀差更为明显,在这

---

① 参见赵德馨主编《中华人民共和国经济史》,河南人民出版社1988年版,第18页。

种情况下,受害的只能是农民。同时,为了纳税、还租,为了渡过灾荒,为了解决某种燃眉之急,许多农民还要乞求于高利贷,使他们不得不在农产物未收获以前,即以贱价“抵押”或“预卖”出去。在这种买卖关系中,农民不但对于市场及价格毫无选择的可能,而且还要受到商业高利贷资本的超经济剥削。战后谷价飞涨,表面对农民有利,但其实不然。一般贫农甚至中农,因为纳税还租的关系,真正能够出卖的并不多;有的农民虽能在新谷登场时卖出,但到了青黄不接时却要买入,卖出时便宜,买入时昂贵,自然受害。在物价暴涨中,小农经济处于每况愈下的境地。

四、革命根据地的新民主主义经济

新民主主义经济是在中国共产党领导下的农村革命根据地中产生和发展起来的一种向社会主义过渡的经济形态。它主要由五种经济成分组成:国营经济是社会主义性质的,是国民经济的领导成分;合作社经济是半社会主义性质的;私人资本主义经济主要是中小资本主义工商业经济;国家资本主义经济是国家和私人合作的经济;个体经济则主要是个体农民和个体手工业者,它所占的比重最大。

新民主主义经济产生于土地革命战争时期。从1927年起,中国共产党在一些农村建立工农武装割据地区,并在这些地区实行土地革命,消灭封建经济,建立新型经济,开始了用新民主主义经济形态取代半殖民地半封建经济形态的过程。

土地革命为发展农业生产开辟了广阔的道路。由于在残酷的战争环境中,大批青壮年参军奔赴前线,根据地内劳动力不足,农民又缺乏工具,尤其是缺乏牲畜,于是1929年上杭县才溪乡出现了换工形式的耕田队,1931年在此基础上第一个劳动互助社在中央苏区应运而生,随后予以推广。

为了战胜敌人的经济封锁,根据地必须发展工业,首先建立了兵工厂、子弹厂、炸弹厂、被服厂等一些公营工厂。据1934年1月的不完全统计,仅中央苏区的国营工厂就有32家。其次是发展了手工业生产合作社,如中央苏区的生产合作社从1933年8月到1934年2月就由76个增加到176个,社员由9276人增加到32761人,股金由29357元增加到58552元。① 第三,私人手工业获得发展。如川陕区有17万工人,其中手工业工人为15万人,其中绝大部分是小生产者。随着根据地经济的恢复和发展,财政收入便放在正常可靠的农、工、商业经济基

① 参见亮平《目前苏维埃合作运动的状况和我们的任务》,载《斗争》第72期,1934年9月23日。

础之上，即以税收为主，为劳动者实行轻税，以促进工农业发展。财政支出以厉行节约、反对贪污浪费为原则，合理分配财力、物力，以保证战争的供给，保证工农民主政府各项费用的需要。这样，随着土地革命的进行和经济建设的开展，在根据地经济中，逐步形成了公营（国营）经济、合作社经济、私人经济这样三种不同的成分，新民主主义经济已具雏形。

新民主主义经济在第二次国内革命战争时期是其产生阶段，到了抗战时期则得以重建和发展。为适应抗战新形势的需要，1937 年中共中央决定以减租减息作为抗战时期的土地政策。解放区多处于贫困地区，1940 年至 1943 年在日、伪、顽的经济封锁下，处于严重困难状态，为解决这一问题，解放区军民开展了轰轰烈烈的大生产运动。通过这一运动，陕甘宁边区的耕地面积到 1945 年比 1937 年增长近 1 倍，粮食产量 1944 年比 1937 年增加 72%，棉花产量 1944 年比 1941 年增加 5 倍多，同时牧业、工业等方面都有了迅速发展。其他各解放区也都取得了很大成绩。为了在大生产运动中使农民群众的生产有一个大的发展，党领导农民在减租减息的基础上又开展了农业互助合作运动。各解放区充分利用了原来民间自发存在的劳动互助组织形式，同时又根据需要发展了一些新的形式。如陕甘宁边区利用原来的变工、札工形式，组织了变工队、札工队、唐将班子，此外还组织了劳动互助社。据统计，整个抗战期间，解放区平均组织起来的劳动力，约占劳力总数的 20%。这种农业互助合作组织，是建立在个体经济基础之上的集体劳动组织，因而还是一种初级形式的合作社，另外也出现少数个别的半社会主义性质的农业生产合作社。

在大力发展农业的同时，解放区还发展了以自给为目标的工商业。中央红军到达陕北后，即建立了一批公营的军需工业，包括小规模的机械厂、被服厂、印刷厂等，1937 年工人约有 700 人。1938 年后，解放区开始注意发展自给性的工业，如制药厂、纺织厂、造纸厂、制革厂等公营工厂。到 1944 年 7 月陕甘宁边区有公营厂矿 103 个，工人 1.2 万人。边区政府还通过贷款、订货等方式，扶持私营工业、合作社工业与家庭手工业发展。家庭纺织业至 1945 年约有纺妇 15 万人，织妇 4.5 万人，各种织布机 2.3 万架。其他解放区也有了些工业。在商业方面，解放区一面积极发展公营商业，除大型骨干商店外，各部队、机关都有一些小的商店。另一方面大力扶持合作社商业及私营商业。1944 年陕甘宁边区的县、区、乡合作社发展到 400 多个，经营单位近千个，股金资产总计 20 余万元，社员 20 多万人，差不多每户有一人参加合作社。这些合作社不单搞消费，约有半数还搞生产。私营商业主要存在于城市与集镇中，如延安市 1938 年时有 220 家，1944 年增至 473 家。

解放区的财政金融政策，是在“发展经济，保障供给”的总方针以及“公私兼顾”、“军民兼顾”等原则下制定的。在财政方面，除积极领导开展大生产运动从根本上解决财源外，还规定了人民群众主要是农民的合理负担的政策。负担总额确定后，通过统一累进税率，将负担合理地落在具体人头上。在金融方面，各解放区相继成立了自己的银行，其对外任务 1940 年前主要是同伪币进行斗争，1941 年皖南事变后实行“停法(币)禁伪(币)”政策；对内主要是代理国库筹划财政与支持生产发展。

解放战争时期是新民主主义经济在全国的胜利阶段。抗战后，面临着蒋介石集团发动内战的形势，为调动广大农民支持革命战争的积极性，“五四指示”决定把减租减息政策改为没收地主土地分配给农民的政策。至 1950 年 6 月全国已有 1.6 亿人口的地区完成或基本完成了土地改革。随着土改的发展，各解放区进一步开展了农业互助运动，陕甘宁边区劳动互助合作的形式相应地改变为劳武结合。其他解放区，已出现少量带有某些社会主义性质的农业互助合作组织，如晋冀鲁豫边区鸡泽县 1944 年后发展的租佃互助就是这类性质的组织，有小型合作农场、劳动合作社、农业生产组三种形式，其共同特点是以按劳多得的原则进行分红。此外还有一些劳动互助合作组织已开始拥有部分大农具。

中共在总结了经济发展和多年革命实践经验的基础上，提出了关于新民主主义革命时期的三大经济纲领，即“没收封建阶级的土地归农民所有，没收蒋介石、宋子文、孔祥熙、陈立夫为首的垄断资本归新民主主义的国家所有，保护民族工商业”①。据此，除开展土地改革外，中共还积极恢复发展工商业，接管敌伪金融机构，统一金融业务，采取正确的货币政策，加强外汇管理，尤其是随着城市的解放，没收官僚资本。至 1949 年底，没收的这类企业共有 2858 个，拥有生产工人 75 万多人。官僚资本控制的铁路、公路、航运等交通运输企业及邮电也先后回到人民手中。1951 年 1 月，人民政府又公布了《企业中公股公产清理办法》，清理和接收了隐匿在私营企业中的官僚资本股份，至此，没收官僚资本工作最后完成。剥夺官僚资本使之转化为国营经济，就意味着人民政府掌握了国家主要的经济命脉，具有了领导全国经济的物质力量，中国只剩下小的和中等的私人资本主义经济和个体经济，这标志着我国新民主主义的经济体系已基本形成。

五、在华外国资本经济

在华外国资本经济，是存在于中国大地上的外国资本主义经济，主要存在于对外贸易、工矿、交通运输、金融、房地产等行业之中。帝国主义依据不平等条约

① 《毛泽东选集》第 4 卷，第 1253 页。

取得多种特权，在中国办工厂、矿山、银行、商店、铁路等等，形成了一种经济成分，直接或间接控制中国的经济命脉。与殖民地经济形态相比，半殖民地半封建经济形态中的帝国主义所有制的特征在于不是一个帝国主义独占或为主，而是包括多个帝国主义。它们在中国的势力，依其国力与在华力量的大小而发生变化。在很长的一段时间里，英国的势力最大，在华的资本最多，其次为德、俄、法、美、日。随着1914～1918年帝国主义再分割殖民地战争，列强在华势力起了新的变化，支配中国的主要帝国主义只有英、美、日三国，而日本增长最快。1914～1930年间，英在华资本增加了60%，美国增加了近2倍，而日本增加了4.5倍。"九一八"事变后，东北成了日本的殖民地，日本在东北的投资，包括它所控制的伪满洲国资本，从1930年的5.5亿多美元增加到1936年的14.55亿多美元，但它在关内的投资，由于借款余额减少，基本没有增长。在关内投资大增的只有美国，其投资增加了40%；英、德、法的投资都陷入停滞状态。这说明争夺中国市场的主要力量只有美、日两个帝国主义了。

抗日战争时期，日本占领了很大部分中国领土，它在中国的资本增加了3倍以上，1944年达68亿多美元，当然，其中大部分是对沦陷区的。1937年后东北殖民地经济进一步深化。独占东北工矿业的主要经济掠夺机构是1937年12月建立的满洲重工业开发会社(简称"满铁")。东北的21种重要的轻、重工业都被置于日本的"统制"之下，只有日伪投资的特殊公司和准特殊公司才能经营这些统制事业，中国民族资本毫无生存余地。日寇为供应其侵华战争的需要，疯狂掠夺东北资源，1937年到1941年实行了"第一次产业开发五年计划"，1942年又实行"第二次产业开发五年计划"，掠夺目标是以重工业为中心的工矿业，特别是煤和钢铁，有22800万吨煤和1200万吨生铁被日本运回国。东北工业完全成为日本的附庸，连极普通的机器设备也必须从日本进口。日本在东北还实行日满经济一体化的殖民地农业政策，强迫农民种植日寇需要的鸦片、棉花、大豆，并强制收购各种农产品。

日本在华北和华中占领区也进行了疯狂的经济掠夺，用"以战养战"经营沦陷区来支持其长期侵略战争。对工矿业的掠夺经营有多种方式，在华北主要是"军管理"，日本军方拥有被掠夺产业的主权，再委托给日本的私人会社经营；在华中主要是"委任经营"，日军把工矿企业移交给日本大资产阶级去经营。1940年以后，日本为扩大侵略战争的需要，集中力量经营沦陷区重要战略资源，在其他工矿业方面采取以日方为主或强制性的中日合办、租赁、收买等掠夺方式。日本把工矿企业分为统制事业和自由事业两类。统制事业包括矿山、钢铁、交通、通信、公用事业及与日本经济可能发生摩擦的事业，由日本政府、军阀、财阀垄断经营。1938年以后，日本成立了两个执行对华经济侵略的国策会社。华北开发会社对华北进行“普遍开发”，华中振兴会社对华中进行“重点开发”。两大国策会社各拥有一批子公司，控制所有属于统制事业的工矿业，这些下属公司一般都以中日合作为名。自由事业诸如轻纺、面粉、造纸、火柴、水泥、烟草、肥料以及一般商业，主要被日本的私人会社控制经营。

对农村，日寇一方面强占大量耕地或作军用，或供日朝移民使用，还圈占大片耕地作为“垦殖会社”。日在华北强制种植棉花，然后低价掠夺收购；在华中则更严厉排挤打击一向与日本竞争的中国蚕丝业，导致大批蚕农破产；还用无休止的“征发”、“收购”掠夺农产品，除供日伪消耗外，大量被运往日本。

日在沦陷区通过其金融、贸易政策大肆掠夺，吸取中国资财。日本在沦陷区不仅成立了伪政权，而且还成立了银行，作为掠夺机构。张家口的蒙疆银行发行蒙疆券，北平的中国准备银行发行联银券，上海的中央储备银行发行中储券，这些都是几乎没有准备金的不兑现纸币，同时还使用掠夺性的军用票。日本通过发行伪钞、收兑纸币、套取中国外汇基金，破坏中国的金融币制，并榨取沦陷区人民的血汗。

第二次世界大战后，欧洲各资本主义国家都失掉了向国外投资的能力，美国因而独霸了对中国的投资。1937～1948 年间，美国供给国民党政府 14.4 亿多美元的借款，如果连同其他未转作借款的美“援”，合计超过 60 亿美元。到 1948 年，这些美“援”和其他美国投资合计，将近占各帝国主义在华资本总数的 80%。同时，其他帝国主义在中国的投资权利也逐渐转入美帝之手。如原英国所控制的海粤汉铁路和计划中的滇缅铁路，原法国所经营的滇越铁路和计划中的成渝铁路，都转由美国管理或借款。几十年来由英国控制的中国海关，在抗战期间改由美国人担任总税务司，变成了美国的海关。几十年来由英国银行垄断的中国外汇市场，在抗战期间也转入美国银行之手；战后的美“援”协定中规定这些款项必须由美国银行经手。战前中国有六家英国银行，四家美国银行；战后英国银行有三家复业，美国银行不仅全部复业，并且在 1949 年还有一家新的美国商业银行在上海开业。1936 年美国占中国对外贸易总额的 22.6%，战后 1946 年跃升到 53.19%；1936 年美国占中国进口货总额的 19.7%，1946 年跃升为 57.2%，1948 年占 48.4%。1936 年美国只占在华外国轮船航行吨位的 3.9%，1948 年上升为 27.5%。1936 年英国与美国在华企业数目的对比是 100∶58，1948 年则为 100∶75。战后英国在上海新设企业 27 家，而美国新设企业 32 家。尤其值得注意的是：第一，战后美国国外投资的机构已由个别的资本家集团改为美国政府；它对中国的资本侵略已不只是设立企业和借款，并且大量地通过“美军总部”、“联合国救济总署”之类机关来进行。第二，美国政府资本与中国官僚资本的结合，成为这时美国对华投资的特点，中美“经济合作”、“技术合作”、“农业合作"等协定，成为美国资本侵略的主要形式。国民党的全部经济机构事实上都是由美国顾问、美国银行和美国借款所掌握的。占在华外国资本76%以上的日本和德国财产，经国民党接收后事实上也都成为美国控制的企业。美国资本同时也渗入了四大家族的企业和部分民族资本企业，因此这一时期美国对中国的资本侵略已不是数字可以表明的了。

帝国主义在华资本，1914年为22.56亿美元，1930年为34.88亿美元，1936年为42.85亿美元，1941年为91.62亿美元，1948年为30.99亿美元，战前为逐步增长，战后呈下降趋势。

关于外国在华资本的来源，魏子初、蓝天照在其论著中指出，外资一部分是对中国的原始掠夺而来；一部分是借用中国人的资金；一部分是其在华企业高额利润的积累，因此外国人自中国掠夺去的资金，远超过其输入的资本。①

外国资本的入侵，是促进中国封建自然经济解体、刺激和迫使中国资本主义生产方式发生和发展的直接因素。外国资本在华设立的近代工商企业，又是中国资本主义生产方式的先行，它向中国人提供的银行和运输服务、贷款、现代化机器设备和技术训练对稍后发生的中国资本主义企业，客观上起着带头、示范、开风气之先、缓和资本短缺和准备技术力量等作用，这是外国资本客观上存在积极作用的一个方面。但是，外国资本在华的活动，又是代表外国资本帝国主义的利益，对中国人民进行经济侵略的主要工具，是为外国资本帝国主义的商品输出和资本输出服务的，因此，由于外国资本的侵略本质，它又直接阻碍中国资本主义的顺利发展。外国资本和中国资本的关系，是在同一市场上互相依存和互相竞争的关系，由于外国资本经济利用不平等条约，享有许多特权，使中国资本经济处于不利地位。因此，外国资本的存在，是中国民族资本赖以发展或受到阻滞的一个外部条件，也是中国资本主义经济的一个内部因素。

【导　读】

1. 陆仰渊、方庆秋主编：《民国社会经济史》，中国社会经济出版社1991年版。该书以中国经济近代化历程为主要线索，将1912～1949年的经济史分四个阶段，比较系统全面地阐述了财政、金融、税务、工矿、农业、交通运输、商业、邮电通信等各行业的发展变化和水平，分析了有关名人的经济思想和社会经济团体为追求中国经济近代化所进行的各种探索活动，区别了"国家垄断资本"和"官僚资本"两个概念。

---

① 参见魏子初《帝国主义在华投资》，人民出版社1951年版；蓝天照《帝国主义"在华投资"探实》，载《学术月刊》1960年第2期。

2. 许涤新:《中国国民经济的变革》,中国社会科学出版社 1982 年版。全书分 3 篇,其中第 1 篇为"解放前半封建半殖民地的旧中国经济",分析了近百年中国经济的变化及旧中国的经济结构。

3. 汪敬虞:《中国近代经济史》下册,人民出版社 2000 年版。

4. 魏永理:《中国近代经济史纲》,甘肃人民出版社 1983 年版。

5. 黄逸平编:《中国近代经济史论文选》,上海人民出版社 1985 年版。

6. 许涤新、吴承明主编:《中国资本主义发展史》第 3 卷,人民出版社 1993 年版。

7. 汪敬虞:《中国资本主义的发展和不发展》,中国财政经济出版社 2002 年版。

8.〔美〕黄宗智:《华北的小农经济与社会变迁》,中华书局 2000 年版。

9.〔美〕黄宗智:《长江三角洲小农家庭与乡村发展》,中华书局 2000 年版。

10. 夏明方:《民国时期自然灾害与乡村社会》,中华书局 2000 年版。

11. 祝寿慈:《中国近代工业史》,重庆出版社 1989 年版。

12. 桑润生:《中国近代农业经济史》,农业出版社 1986 年版。

【思考与讨论】

1. 试析 20 世纪 20 年代以来民族资本的发展与衰退。
2. 简述南京政府国家垄断资本的形成、膨胀及破产。
3. 叙述中国共产党土地政策的演变。
4. 试评南京国民政府建立后的十年经济。
5. 如何估计从 1919 年到 1949 年 30 年间中国经济近代化的发展程度?

中国现代社会结构及各界群众运动

在阶级社会中，由于人们在一定的社会经济结构中所处的地位不同而形成了不同的阶级。阶层是阶级中的不同层次。在现代史上，中国社会政治的剧变和经济的发展，加剧了社会阶层间的流动：工人阶级作为新兴的阶级得到了发展和壮大；资产阶级在复杂的政治经济环境中进一步分化；大量农民为生活所迫纷纷离村，流向社会各个层面；地主阶级在新的环境下也发生了某些变化。

在对中国现代阶级、阶层及各界群众运动的研究中，史学界对农民运动、工人运动、学生运动、中国资产阶级、资产阶级民主运动等进行了深入研究，取得了丰硕的成果。而对妇女运动、下层群众活动的探索则较为薄弱，有待于进一步深入。

一、关于地主阶级构成的变化

关于地主的数字，1927 年国民党中央农民部土地委员会的统计表明，中国地主约占总农户的 6.25%。① 地主和富农占农业人口的 14%，占耕地面积的 81%。薛暮桥 1935 年根据南京国民政府农村复兴委员会等机关对陕西、河北等省的调查，认为地主约占总农户的 3.5%，占人口 3%～6%的地主却拥有全国耕地面积 16 亿亩的 50%以上，即约有 8 亿亩。② 乌廷玉指出，占人口不到 10%的地主和富农，占有全国 28%到 50%的耕地。③ 地主阶级在半殖民地半封建的中国的生存和发展，是附属于帝国主义的。这个阶级代表中国落后、反动的生产关系，阻碍着中国生产力的发展。这是史学工作者的共识。但一些研究论著认为，地主阶级在中国现代史的不同历史时期其阶级构成和政治态度又不相同。

在国民革命时期，地主阶级主要分为两个部分：一是大地主阶级，如张作霖、陈恭受等，他们始终站在帝国主义一边，是极端的反革命派。二是小地主阶级，

---

① 参见《第一次国内革命战争时期的农民运动资料》，人民出版社 1983 年版，第 4 页。

② 参见薛暮桥《中国农村常识》，大连大众书店 1947 年版，第 26 页。

③ 参见乌廷玉《旧中国地主富农占有多少土地》，载《史学集刊》1998 年第 1 期。

属于中产阶级的范畴,他们对于革命具有矛盾的态度。他们在受帝国主义、军阀压迫感到痛苦时,赞成革命;但当革命迅速发展,对其阶级地位构成威胁时,又怀疑革命。

在土地革命战争时期,有些地主虽然已破产了,但破产之后仍不劳动,依靠欺骗、掠夺或亲友接济等方法为生,而其生活状况超过普通中农,仍然算是地主。国民党新军阀、官僚、土豪、劣绅是地主阶级的政治代表。帮助地主收租的管家,依靠地主剥削农民为主要的生活来源,他们中一些人的生活状况超过了普通中农,也应划为地主阶级。还有一部分人依靠高利贷剥削为主要生活来源的人,也是地主阶级的构成部分。由于日本帝国主义的侵略,工农红军长征的胜利,地主阶级中的小地主们就发生动摇以至有参加抗日斗争的可能。

在抗日战争时期,由于抗日民族统一战线的形成以及中国共产党实行减租减息的土地政策,就使地主阶级的构成又发生了变化。以蒋介石为代表的英美派大地主阶级被迫参加抗日民族统一战线,同时又坚持独裁、反共,成为顽固势力;以汪精卫为代表的亲日派大地主阶级,公开投敌,成了分裂民族团结的分子;以陕甘宁边区的李鼎铭等人为代表的同中国共产党合作的带有民主色彩的地主阶级开明绅士,是抗日民主统一战线中的中间力量。

在解放战争时期,以美国政府支持下的蒋介石集团为代表的大地主、大资产阶级同以中国共产党为代表的人民大众之间的矛盾上升为主要矛盾,地主阶级的构成也随之发生了变化。以蒋介石为首的大地主阶级的政治代表,坚持独裁、卖国,发动内战,成了全中国人民的公敌。这时期,地主阶级营垒中则明显地分成大地主、中地主、小地主,恶霸地主和非恶霸地主。对此,中共中央明确规定,在土地改革和群众运动中,对大、中、小地主,对地主富农中的恶霸和非恶霸,在平分土地的原则下,也应有所区别。对于新区的土地改革,应首先打击大地主,然后打击其他地主。对于恶霸和非恶霸,对于大、中、小地主,在待遇上要有区别。对于地主阶级中的开明绅士,在现阶段是赞成反美、反蒋,赞成民主(不反共),赞成土地改革,我们要团结他们。我们认为,对这一问题的研究还有待于进一步深入。

地主阶级内部结构的一个重要变化是军阀与官僚地主的出现。他们利用政治上、军事上的权势,采用暴力手段霸占、掠买,迅速集中大量土地,形成新兴的地主阶层。北洋军阀统治时期,已出现一批新的军阀官僚地主。如袁世凯在河南彰德、汲县、辉县等地占有田产400万顷,其田产占彰德所有耕地的1/3以上。段祺瑞在东北边境圈占荒地20万顷。冯国璋在苏北与张謇合办盐垦公司,占地达75万亩。徐世昌在河南辉县有田产50多万顷。张作霖先后占有土地300多万亩。督军倪嗣中、张敬尧在家乡阜阳、霍邱等地各占地7万余亩。国民党统治的 20 余年中，国统区新旧地主的交替更为剧烈。据张渔分析，抗战期间新旧地主的人口比例是 31∶69，但新兴地主则占有了全部地主阶级所有土地的 90%，新地主中主要是国民党军阀、官僚、资本家和发国难财的投机家，尤以军人地主最占优势。[①]

从经济角度看，值得注意的是，随着农村资本主义的兴起，出现了一批工商地主。一些原来的高利贷者、商人和资本家争相获得土地，成为一方地主。原有的地主在工商利润的推动下，开始向近代工商业投资。一些地主不再是旧式的收租地主，而是集地主、官吏、工商者于一身。由官吏、乡绅、买办商人、华侨、资本家等开办的垦殖公司勃兴，1922 年，仅江苏、浙江、安徽、山东、河南、山西、察哈尔八省统计，垦殖公司就由 59 家扩增到 100 家，资金达 1245 万元。

二、关于现代农民问题

民国时期的农民阶级内部，依其占有土地多寡及有无土地，可区分为富农、中农、贫农和雇农四个阶层。富农是农民中较富裕的阶层，在农民中的比重不大。薛暮桥在《中国农村常识》中估计富农约占农村总户数的 6.4%；郭德宏估计富农约占农村户数和人口的 5.67%，约占全国土地总数的 16%。中农是农民中的中产阶层，约占农村人口的 27%。贫农和雇农是农民中人数最多的一个阶层，贫农、雇农约占农村人口的 58%。[②] 农民变化的流向主要有三：一是某些从事经济作物生产和从事商业活动的农户发家致富上升为地主；二是某些背井离乡的农民沦为游民；三是无地农民增多，自耕农减少。

自从 19 世纪中期现代化进程启动以来，作为现代化“弃儿”的农村和农民一直在衰败和危机中挣扎。南京国民政府成立后，还是比较重视农村和农民问题的，也做了大量工作。到 1936 年止，国民政府及各省市有关地政的法规及单行章程就多达 240 余种。但由于国民政府的法令、政策遭到新兴官僚与军阀地主的抵制，无法得到有效实施。30 年代，国民政府曾以考试的方式选拔基层干部，但全国 2000 多个县长职位只有 100 个是由通过考试的人员担任，且他们无法获得农民和新兴地主的认可。1927 年至 1936 年间，国民政府推出“新县制”，确立县、区、乡、保、甲五级行政组织，但对基层的控制仍无法得到保障。据统计，全国如全部实现“新县制”需培训 1118.7 万名县政人类，需经费 7.6 亿元，这在当时是无法做到的。对基层行政的失控及“新县制”流于空谈，使国民政府改造乡村

① 参见张渔《旧中国农村土地关系与地租剥削》，载《新中华》1950 年第 13 卷第 12 期。

② 参见郭德宏《中国近代农民土地问题研究》，青岛出版社 1993 年版，第 42 页。

的政策难以实行。地籍整理工作在大多数省份陷于瘫痪，乡绅根本不与政府的土地丈量及调整工作合作。1928年，浙江省历时1年，耗资300余万，动用人力12.3万余，完成了土地陈报，但陈报结果由于明显的虚报根本无法使用。田赋滞纳与短收严重。在浙江省，1936年各县滞约田赋超过1000万元以上。其原因是由于天灾、地主隐瞒田数与拒不纳税，还有官员层层截留，欺上瞒下。国民政府还推行过租佃改良。1932年，国民政府颁布了《租佃暂行条例》19条，规定“缴纳最高限度不得超过当年正产物收获额千分之三及三十五”，但不过是一纸空文。

除国民政府外，当时的知识界对农村和农民问题也予以关注。李景汉于1929年出版了《北平郊外之乡村家庭》一书，于1933年出版《定县社会概况调查》。费孝通出版了《乡土中国》、《生育制度》和《乡土社会》等以农村社会学为题的理论著作。梁漱溟提出了“乡村建设道路”，认为中国的问题虽然包含政治经济问题，但实则是近代西方文明冲击造成的文化失调问题，其出路是改良文化而不是制度革命，解决乡村问题进而解决中国问题的惟一出路通过乡村建设复兴中华文明。

当时关注中国农村与农民问题的还有外国的机构和学者。1920～1925年，金陵大学农科教授卜凯对中国7省17个县2866个农场进行了为期五年的调查，并于1933年出版了《中国农家经济》一书。他认为，中国的贫困在于农场面积的零细，生产力的薄弱，总根源是人口过剩、人口过密，解决这一问题的出路是实行人口控制。1925年，上海沪江大学的美国学者库尔普带领攻读社会学的学生对广州潮州凤凰村的家族进行了调查，撰写了《南部中国的乡村生活：家族主义的社会学》。日本于1907年在大连设立的“南满洲铁道株式会社”为制定侵华政策，大量搜集中国的社会经济情报，包括农村的情报。满铁资料中现已出版的有《中国农村惯行调查》。中国学者杜赞奇的《文化、权力与国家：1900～1942年的华北农村》，朱德新的《二十世纪三十、四十年代河南冀东保甲制度研究》，曹辛穗的《旧中国东南农家经济研究》等著作，就是利用满铁资料写成的。

在中国能够正确认识农民问题的，只有无产阶级政党——中国共产党。中国共产党把马克思主义的普遍真理与中国革命的实际情况相结合，对中国社会各阶级所处的社会地位以及它们在革命斗争中的作用，作出了具体分析，形成了中国共产党正确的农民观。这就是：农民问题是中国革命的中心问题，中国农民是无产阶级革命的主力军，中国革命没有农民参加不能成功。土地革命战争时期，以毛泽东为代表的中国共产党人把对农民的正确认识付诸于行动，并在实践中对农民的认识进一步升华，认识到农村是中国革命的中心和阵地，土地革命是中国革命的基本内容，组织农民走武装斗争道路是中国革命的主要形式。从此，中国共产党为中国革命探索出农村包围城市、武装夺取政权的革命道路，形成了关于新民主主义革命理论体系中关于农民问题的基本思想，也形成了我党农民问题的理论。关于农民问题理论的研究，近年来提出中国农民问题的理论是党内许多同志共同探索研究的成果，如彭湃、瞿秋白、周恩来、恽代英、邓中夏等，都对中国农民问题进行过理论探讨，但毛泽东在农民问题的理论上的杰出贡献应该肯定。从这里可以看出，对于农民问题理论的宣传研究突破了以往只宣传毛泽东的农民问题理论这一局限性，在广度和深度上都取得了新的进展。

中国共产党领导的农民运动，有一个逐步发展的过程，由领导农民和土豪劣绅进行斗争，组织农民协会，建立农民武装的农民运动阶段，发展到变地主土地所有制为农民土地所有制的土地革命阶段（这一阶段即土地革命运动）。第一个阶段包括党领导的农民运动的两个时期，即早期农民运动时期和国民革命时期的农民运动。早期农民运动时期（1921 年 7 月中国共产党成立——1924 年初国共合作实现），党开始了领导发动农民运动的工作。主要有三个地方：一是沈玄庐（当时是共产党员）1921 年秋在浙江省萧山县衙前村领导的农民运动，这是我党领导的最早的农民运动；一是 1922 年夏彭湃领导的广东农民运动；一是 1923 年 9 月，发生在湖南衡山岳北、白果一带的农民运动。这些农民运动都被军阀反动政府镇压下去了。国民革命时期的农民运动（1924 年初至 1927 年 7 月国民革命失败）可分为两个阶段：第一阶段是从 1924 年初到 1926 年北伐前夕。这时，由于国共合作实现，中共以广东革命根据地为基地，有计划、有组织地开展了农民运动。为培养农民运动骨干，在广东举办了六届农民运动讲习所。对广东农民运动讲习所的宣传和研究，过去只注重第六届，前五届几乎被湮没。三中全会以来，学术界较为全面地研究了广东农讲所。第二阶段是从 1926 年 7 月北伐战争开始到 1927 年 7 月国民革命失败。随着北伐战争的胜利发展，湖南、湖北、江西、河南等省的农民运动，轰轰烈烈地开展起来，建立起强有力的农民组织，和土豪劣绅展开了激烈的斗争。当北伐军占领武汉，革命形势继续发展的时候，农民提出了解决土地问题的新要求。后来由于陈独秀的右倾投降主义错误，使农民运动受到摧残，最后失败。关于国民革命时期的农民运动，还存在着一些争议的问题。如国民革命时期是否召开过全国农代会问题，传统观点认为召开过。近几年学术界有的同志认为国民革命时期并未召开过全国农代会。关于国民革命时期是否应开展土地革命，近年来学术界有三种观点：第一种坚持传统观点，认为国民革命时期应开展土地革命；第二种认为国民革命时期不具备普遍开展土地革命的条件；第三种认为普遍开展土地革命，当时条件虽不具备，但两湖的局部地区是可以的。此外，对于农民运动中的“左”的错误也进行了研究。

在研究农民运动时，一些史学工作者强调通过社会史的观点去探讨共产党和广大人民是如何结合起来的历史进程。他们指出要从农民运动的历史事件中探讨社会结构的变化，在结构的变化之中去寻找民众运动的来源和推动力。从社会史的角度研究中国现代史，拓宽了中国现代史的研究领域，是深化中国现代史的重要途径。

三、关于工人阶级的成长壮大与工人运动

工人阶级的成长壮大与工人运动的不断发展，是中国共产党诞生的一个基本条件，它推动着中国革命的不断发展并走向胜利。中国工人阶级是一个新兴阶级，最早产生于19世纪四五十年代，19世纪70年代随着中国民族工业的发展和外资企业的增加，中国工人阶级的队伍进一步壮大。1913年，中国的产业工人有60多万，到1919年已达200多万。到20年代末，产业工人达300万。1949年，中国产业工人达800万。

中国工人阶级从它诞生之日起，就不断地进行着反抗剥削和压迫的斗争。在中国共产党领导下（党的“一大”之后，专门成立了公开组织和领导职工运动的机关——中国劳动组合书记部），工人阶级在中国历史上掀起了一次又一次的斗争高潮。其中有：1922年1月香港海员大罢工至1923年2月京汉铁路工人大罢工，中国工人运动的第一次高潮；国共合作时期，以1925年“五卅”运动的爆发为标志的全国工人运动高潮；还有随着北伐战争的胜利开展，全国工人的斗争再次进入了高潮，这就是汉口、九江工人收回英租界的斗争，上海工人举行的三次武装起义。1927年国民革命失败，工农革命力量遭到严重摧残。中国工人运动暂时又转向了低潮。在此以后，工人运动又有所复兴。与此同时，由于“左”倾错误的影响，使刚刚开始复兴的工人运动又低落下去。以后，再没有爆发过大规模的工人运动。但是，工人阶级的斗争并没有停止，为反抗国民党的独裁统治，为反抗日本帝国主义，工人阶级进行着不懈的努力，为抗日战争的胜利和新中国的建立作出了巨大的贡献。

对于工人运动的研究，随着档案资料的发掘和出版，研究日益深入，成绩斐然，陆续出版了一些有关中国工人运动史的研究专著。特别是对于20世纪30年代以前的工人运动的研究，已进入了微观研究阶段，提出不少新的观点。如关于中国劳动组合书记部成立的时间，是于“一大”前，还是“一大”后，对此史学界有两种针锋相对的意见：一种认为成立于“一大”后，陈志清、蔚宗龄、姜沛南等持此说。他们指出：中国共产党成立后，为了组织和领导工人运动，1921年8月，在上海成立了公开从事领导工人运动的总机关——中国劳动组合书记部，主任

张国焘,秘书李启汉。[1] 现在的教科书一般都采用这种观点。另一种认为成立于"一大"以前,曾长秋是此说的代表。他认为:"将中国劳动组合书记部的成立时间,定在1921年5月下旬或6月上旬,是比较切合实际的。"[2]关于1922年香港海员大罢工是谁领导的问题,史学界有三种说法:一种是共产党领导说;一种是国民革命政府支持,中国共产党关怀说;另一种是国民党领导说。现在赞成第一种说法的占多数,一般教材也采取了这个说法。关于京汉铁路大罢工的评价,除传统性观点外,新的观点是:这次罢工对孙中山产生了重大的影响。孙中山从罢工中看到了工人阶级反对军阀的勇气和力量,看到了共产党的力量,推动了他改组国民党、联合共产党的决心,促进了国共合作统一战线的建立。关于五卅运动是谁领导的问题,绝大多数研究者认为五卅运动是中国共产党领导的。近年有人提出新的看法。有的认为:五卅运动是国共两党共同领导的。有的认为:五卅运动是由共产党领导的,但也不能低估国民党在五卅运动中的积极作用。还有的认为,五卅运动究竟是谁领导的还值得研究,应把共产党与国民党在运动中各自发布的一些文件和大的活动排列起来,这样便于用事实来说明问题。这需要进一步发掘资料。关于收回汉口英租界斗争的领导权问题多年来众说纷纭。有说是群众直接收回占领的,或者说是群众占领后交武汉政府收回的;也有说是在共产党领导下收回的;还有的说收回汉口英租界是在武汉政府领导下进行的,或者说是由武汉政府派军警接管和收回的。关于武汉工人纠察队交枪事件,近年来学术界对1927年6月底武汉工人纠察队公开宣布解散这一事件的评价,有两种截然不同的观点:一种观点坚持党的"八七"会议《告全党党员书》的评价,即这是陈独秀右倾投降主义政策的组成部分,是公开的取消主义;另一种观点认为,"八七"会议《告全党党员书》的评价不符合客观实际,党中央决定武汉工人纠察队交枪解散是从实际出发,对保持和发展革命力量有利,是必要的妥协,应该加以肯定。

四、关于资产阶级的政治分野与资产阶级民主运动

一些研究中国现代史上的中国资产阶级问题的论著认为,中国资产阶级问题,是一个很复杂、具有很大特殊性的问题。许多研究成果说明,要正确认识和处理中国资产阶级问题,就必须运用马克思主义关于资产阶级的一般原理分析

① 参见姜沛南等《中国劳动组合书记部成立于"一大"以前》,载《近代史研究》1986年第2期;蔚宗龄《关于中国劳动组合部成立时间的问题》,载《南充师院学报》1981年第1期。

② 曾长秋:《中国劳动组织书记部成立于"一大"以前》,载《近代史研究》1986年第2期。

中国资产阶级，揭示中国资产阶级的阶级属性。传统观点认为，中国资产阶级区分为两部分：一部分是大资产阶级，即官僚买办资产阶级；另一部分是中等资产阶级和上层小资产阶级，又称“民族资产阶级”。早年，毛泽东还曾把它称为“中产阶级”。对官僚买办资产阶级的研究，一是把它的产生发展的过程分为 1912 年之前的初步形成和发展阶段、1912～1927 年的发展阶段、1927～1949 年的发展为官僚资产阶级阶段。二是把它的性质和作用定为完全依附于外资的反动阶级，代表中国最反动的生产关系，阻碍和破坏了生产力的发展；但也有学者认为它与民族资产阶级有若干共性，有相互转化的可能。三是认为它是外资侵华的重要合伙者和支持者。[①] 民族资产阶级的情况与大资产阶级不同。半殖民地半封建的国情和我国生产力所处的发展阶段决定了民族资产阶级具有两面性或双重性。在民族资产阶级的两面性问题上，史学工作者又提出了不同观点。有的认为革命性是中国民族资产阶级特性的主要方面，有的认为中国资产阶级两面性是对立统一的。在对资产阶级进行分析的过程中，形成了我党关于中国资产阶级的理论，史学界对此理论形成的标志有两种看法：第一种认为 1926 年初毛泽东《中国社会各阶级的分析》的发表和同年 7 月党的四届中央第三次扩大会议的召开；第二种认为 1935 年 12 月瓦窑堡会议特别是毛泽东随后所作的《论反对日本帝国主义的策略》的报告。近来有的研究者提出了“一个阶级论”，认为不存在官僚资产阶级和民族资产阶级，买办不仅可以向民族资产阶级转化，且是其中的一部分；把民族资产阶级分为上、中、下三个层次，并以此认定其政治态度，与历史事实不符。[②]

关于资产阶级在历次政治运动中的表现。黄逸锋、李鸿江认为，民族资产阶级在五四运动中一度表现了积极态度。但当运动发展到了一定程度，工人已普遍行动起来，罢工运动已由日本工厂发展到所有外资工厂，最后又发展到所有工厂时，他们便害怕和紧张起来，主张限制罢工，提早收兵，表现了两面性。[③]

上海资产阶级在五卅运动中的表现如何？以往大都认为，他们从参加反帝斗争，到结束罢市破坏运动，和帝国主义妥协，表现了两面性。近有学者认为，以往的评价存在一些简单化倾向。他们通过对当时上海工商界两大组织——上海总商会和上海各路商界总联合会的具体剖析，认为这两个组织分别代表民族资

① 黄逸峰：《关于旧中国买办资产阶级的研究》，载《历史研究》1964 年 3 期；伍丹戈：《论旧中国买办资本的落后性和反动性》，载 1964 年 8 月 12 日《光明日报》等。

② 参见丁日初《关于“官僚资本”与“官僚资产阶级问题”》，载《民国档案与民国史学术讨论会论文集》，档案出版社 1988 年版。

③ 参见黄逸锋《五四运动与我国民族资产阶级》，载 1959 年 5 月 2 日《新闻日报》；李鸿江《五四时期民族资产阶级的两面性》，同上。

产阶级的不同阶层，在五卅运动中的态度，既有共同点，又有相异点。总的说来，上海资产阶级虽在五卅运动中时时表现出动摇、妥协的一面，甚至反戈相向，但他们在五卅运动达到高潮时还是站在中华民族一边的。即使他们极其害怕工人运动的高涨，但在“三罢”期间，在工商业遭受严重经济损失的情况下，仍捐款、募款接济罢工工人。要求摆脱外来压迫，发展本国资本主义经济，是民族资产阶级最主要的一面。[①]

丁日初撰文系统地阐述了资产阶级在五卅运动后至全国解放这段时期的表现。他认为，在北伐战争中，资本家阶级的多数人对工农群众运动的发展和帝国主义对革命的压力感到恐惧。他们在财政上和政治上支持蒋介石，充当了反革命的助手。但它同帝国主义和国内外反动势力仍有矛盾。日本侵占东北后，资本家阶级要求国民党政府对日出兵，收复国土，主张对日经济绝交。日本进攻上海以后，资本家阶级政治代表人物进一步提出了停止内战、一致对外、恢复中苏邦交、对日实行绝交等主张。在抗日战争时期，资本家阶级在国民党同共产党之间大体上保持中立，其中一部分还对共产党表示同情。抗日战争胜利后，资本家阶级反对再把国家拖上半殖民地的道路，但是他们也不愿意在工人阶级领导之下建设一个新民主义的人民共和国。他们反对蒋介石集团独裁、内战和卖国的反动方针，还反对轻工业国营，要求国民党政府解散轻工业部门中的国家垄断资本组织。1946 年第四季度，资本家阶级的党派和团体参加了“美军退出中国运动周”的群众运动。从 1948 年 5 月到 1949 年初，资本家阶级的绝大多数人留在大陆，保护企业，迎接解放。

五、关于青年学生运动

在半殖民地半封建的中国社会，北洋军阀勾结帝国主义，对外妥协卖国，对内残酷镇压，造成了严重的民族危机，挽救民族危亡成为中华儿女的历史重任。当巴黎和会上中国外交失败的消息传来，激起了中国人民的强烈愤慨，以学生斗争为先导的五四反帝爱国运动犹如火山般地爆发了。五四运动标志着中国革命发展到一个新的阶段，即由旧民主主义革命阶段到中国新民主主义革命阶段。从此以后，青年学生在中国共产党和中国社会主义青年团领导下，为夺取政权而继续奋斗，并掀起了一次又一次的斗争高潮，这其中有抗战救亡的“一二·九”运动、有解放战争时期的第二条战线。青年学生的爱国斗争，在中国革命史上写下了反帝、反封建、反官僚资本主义的光辉篇章。对青年学生运动的研究，一直是

① 参见丁日初《民主革命时期的中国资本家阶级》，载《社会科学》1980 年第 1 期。

史学界研究的重要课题，研究时间长、范围广、精度深，有的已进入了专题研究的深度。史学界主要对青年学生运动爆发的背景、领导权、历史地位与作用等方面的问题进行了研究。就整个新民主主义革命时期的青年学生运动的研究情况来看，对于新民主主义革命的开端时期、解放战争时期的青年学生运动研究得比较深入，而对国民革命时期、土地革命时期、抗日战争时期的青年学生运动的探讨比较薄弱。就青年学生运动三次高潮来说，"一二·九"运动的研究没有多大突破，而近年来对于五四运动、解放战争时期的第二条战线的研究又有了进一步的推进，取得了重大的成果。

五四运动的研究已呈现出百家争鸣的局面。其中关于五四运动领导权的讨论最为热烈。有的研究者对五四运动的领导者是无产阶级或具有初步共产主义思想的知识分子的观点提出不同看法，认为赞成俄国革命的、具有初步共产主义思想的知识分子与资产阶级、小资产阶级知识分子一起领导了五四运动。有人认为五四运动是自发进行的，没有统一的共同接受的领导。还有人提出五四运动的真正推动和领导者应该是以孙中山为首的资产阶级革命民主派。关于五四运动起因的问题，近年来，有些学者从新的角度展开了探讨，提出了新的见解，概括起来有以下几种：(1)五四运动的爆发，应该首先从经济因素上去探索；(2)主观抱负与客观现实的巨大反差，导致了五四运动的爆发；(3)朝鲜"三一"运动树立了行动的楷模；(4)留日学生爱国斗争的影响是五四运动爆发的又一原因。① 关于五四运动的性质，多数认为是新民主主义革命的开端。但有的认为不是开端，而是中介。还有一种意见认为，既不是开端也不是中介，仍属于旧民主主义革命的性质。现在的教材还普遍采取第一种观点。关于无产阶级在五四运动中的历史地位，以往史学界普遍认为，五四运动中工人阶级已开始作为一支独立的政治力量登上了历史舞台，并对运动的胜利起了决定性的作用。近年来则提出了不同意见。认为工人阶级是五四运动中的一支重要的政治力量，但不是或基本上不是一支独立的政治力量，更没有在运动中起决定性的作用。此外，还有研究者认为，应该把整个五四运动历史时期看作是中国工人阶级以一支独立的力量登上政治舞台的过程。对五四运动中各阶层的作用及其影响的研究，以往空白颇多。近年来取得了开拓性的进展。一些研究者撰文指出，在"三罢"风潮中，广大爱国商人的罢市斗争具有举足轻重的地位和作用。对以孙中山为首的资产阶级革命民主派在五四运动中的活动，以往多持否定或基本否定的态度。近年来，有些研究者指出：民主派不仅为五四运动作了一定的舆论准备，而且积极投身于其中，在五四爱国运动和五四新文化运动中均有所建树。此外，近年来一些

① 参见《党史研究与教学》1997年第6期。

研究者还对救亡与启蒙的关系、东西方文化论战等进行了不同程度的研究和探讨。

解放战争时期，青年学生在中国共产党的领导下，掀起了波澜壮阔的民主爱国运动，在国统区形成了反对蒋介石反动统治斗争的第二条战线，有力地支援了解放战争的胜利发展。以往把解放战争时期的学生运动称为"第二条战线"，近年来，学术界对第二条战线的概念有了不同意见，进行了热烈的争论，提出四种观点。第一种认为，以学生运动为先锋和主体的、有各阶层人民广泛参加的人民运动，形成为第二条战线。第二种观点认为，白区斗争是解放战争的第二条战线。第三种观点认为，第二条战线就是学生运动和蒋介石反动政府之间的尖锐斗争，而不是整个人民的反美反蒋斗争。第四种观点认为，国统区普及到工人、农民、学生、小资产阶级、民族资产阶级、少数民族及其他爱国民主人士等各个阶层的反抗国民党统治的爱国民主运动，是中国人民革命的第二条战线。关于第二条战线形成的历史条件，史学工作者看法比较一致，他们大致都从以下几个方面加以论述：(1)中国共产党的正确领导是第二条战线开辟的根本保证。(2)蒋介石推行"独裁、内战、卖国"三位一体的反动政策，造成国统区政治、经济的严重危机，引起国统区各阶层人民的不满，是第二条战线形成的主要原因。(3)人民解放军的迅速发展，革命力量空前强大，是第二条战线出现的重要条件。关于第二条战线的起点，大多数同志认为，1946 年 12 月的"抗暴"运动是第二条战线的起点。也有的同志认为，因为整个第三次国内战争时期的学生运动都属于第二条战线，所以 1945 年的"一二·一"惨案是第二条战线的起点。关于第二条战线形成的标志，对于这一问题，目前史学界主要存在两种不同的意见：(1)第二条战线形成的标志是 1947 年的"五二"惨案。(2)第二条战线形成的标志是 1947 年的红五月运动。关于第二条战线的斗争特点，从目前出版的有关教材和发表的论文来看，大家看法比较一致。归纳起来，主要有以下特点：(1)有明确的政治目标，其目标又是和整个革命斗争的任务相一致的。(2)规模大，范围广，次数多，时间长，成绩显著，影响深远。(3)组织严密，斗争勇敢坚决，策略灵活。(4)以学生运动为先锋和主干，并与人民运动紧密结合，汇合成冲击国民党反动统治的人民斗争的高潮。(5)以解放区为依托和基地，是农村包围城市道路在新形势下的发展。关于第二条战线的作用，研究者普遍认为，第二条战线的作用主要是：(1)直接配合第一条战线的作战，加速了中国革命的胜利进程。(2)从政治上沉重地打击了以蒋介石为首的国民党反动统治。(3)积蓄了革命力量，锻炼和培养了一大批干部。(4)配合解放军接管城市，保护城市的公共设施，为新中国成立后迅速恢复和发展国民经济奠定了基础。

六、关于中国妇女运动

在中国共产党的领导下，中国妇女积极参加革命运动、妇女解放斗争，为中国革命作出了贡献。实践证明，妇女解放运动是整个中国革命运动的一部分。近年来探讨的关于妇女运动史的理论问题主要有：妇女运动兴起的条件、中国妇女运动的形态、中国妇女运动的历史分期、中国妇女运动的特点。李静之将新民主主义时期的妇女运动的特点概括为：(1)以马克思主义及其妇女观为指导思想和理论形态；(2)同革命运动紧密结合，与革命运动同步发展；(3)男女平等的法律地位，保护妇女的合法权益；(4)提高妇女素质，唤起女性的主体意识；(5)以劳动妇女为主体，广泛团结各界妇女；(6)建立在中国共产党领导下的妇女团体，代表和维护妇女的利益，促进男女平等。① 对新民主主义革命时期的妇女运动的研究，从现有论著看，探讨较为深入的问题有：(1)《新青年》对妇女问题的探讨及贡献。杨荣、张强认为，妇女运动经过民国初年的沉寂，能再度兴起，《新青年》起了重要作用。指出《新青年》对妇女问题探讨的贡献是：冲破了袁世凯独裁的高压，重新提出妇女解放问题；对妇女问题研究广泛，覆盖了当时人们可能探讨的范围；率先用马克思主义观点研究妇女问题，将妇女解放置于无产阶级解放的大背景中，有益于推动妇女运动健康发展。② (2)新民学会对妇女运动的贡献、党对妇女运动的领导。(3)关于抗战时期妇女统一战线。此外，还研究了妇女解放思想、著名人物妇女观等问题。总之，妇女运动史的研究还要深入发展，应加强妇女运动史的理论研究，提高妇女运动史的研究水平。

【导　读】

1. 高熙：《中国农民运动纪事》，求实出版社 1988 年版。该书记叙了从中国共产党创立到第一次国内革命战争时期农民运动的情况，并从三个方面对这个时期的农民问题进行了探索。该书内容丰富，观点鲜明，充分反映了这一时期农民运动的发生和发展的历史，是一本可读性很强的历史著作。

2. 共青团中央青运史研究室和中央档案馆合作编：《中共中央青年运动文件选编》，中国青年出版社 1988 年版。本书集中选编了 1921 年 7 月至 1949 年 9 月，中国共产党在各个时期对青年运动的基本方针、政策的历史文献以及中央领导人的重要报告、讲话和文章，为中国革命史、中共党史、青运史的教学、研究和

---

① 参见李静之《马克思主义妇女观》，中国人民大学出版社 1992 年版，第 151 页。

② 参见《民国档案》1994 年第 4 期。

共青团干部的学习以及对青年进行革命传统教育提供了重要历史材料。

3. 朱汉国主编:《中国社会通史·民国卷》,山西教育出版社 1996 年版。该书的第五章“阶级、阶层的分化与发展”论述了民国时期地主阶级、农民阶级、工人阶级、资产阶级和其他社会阶层的状况。

4. 黄逸峰等:《旧中国民族资产阶级》,江苏古籍出版社 1990 年版。

5. 聂宝璋:《中国买办资产阶级的发生》,中国社会科学出版社 1979 年版。

6. 王建初等:《中国工人运动史》,辽宁人民出版社 1987 年版。

7. 郭德宏:《中国近现代农民土地问题研究》,青岛出版社 1993 年版。

8. 蔡少卿:《中国秘密社会》,浙江人民出版社 1989 年版。

9. 刘明逵:《中国工人阶级历史状况》,中共中央党校出版社 1985 年版。

10. 任建树:《五卅运动的兴起》,载《社会科学》(上海)1985 年第 5 期。

11. 蒋景源:《论新民主主义革命时期资产阶级民主派政治活动的特点和作用》,载《华东师范大学学报》1991 年第 3 期。

【思考与讨论】

1. 略述民国时期地主阶级构成的变化。
2. 略论现代中国工人运动的发展。
3. 略述中国共产党人对资产阶级所作的分析。
4. 略评中国现代资产阶级民主运动。
5. 略述现代史上的青年运动与妇女运动。

第四章 北京政府时期的南北政权

一、北洋军阀政府

北洋军阀是中国近现代历史上有着重要地位的军事政治集团。1912 年 2 月 12 日，清帝退位。翌日北洋军阀总头子袁世凯致电南京临时政府，声明赞成共和，承认“共和为最良国体”，表示“永不使君主政体再行于中国”。3 月 10 日，袁世凯取代孙中山在北京宣誓就任中华民国临时大总统职，取得了中华民国最高领导权。直至 1928 年，中华民国中央政权一直由北洋军阀实际掌控，故习惯称之为“北洋军阀政府”或“北京政府”。

袁世凯死后，北洋军阀内部因缺乏公认的领袖而逐渐走向分裂，形成直、皖、奉三个主要派系。各派系为争夺最高统治权在军事上混战不已，在政治上纵横捭阖，翻云覆雨，中央政权先后由皖、直、奉更替或联合执掌。1916 年～1920 年，势力最强的皖系军阀率先取得了对北京政府的控制权，形成了皖系军阀政府时期。皖系当政时期，其首脑段祺瑞刚愎自用，颐指气使，对内实施独裁，破坏民主，迷信武力统一，谋求一派私利；对外加紧与日本勾结，出卖国家利权。皖系与北洋军阀其他派系的矛盾与斗争迅速激化，终于引发了 1920 年的直皖战争，以皖系失败告终，其统治结束。直系军阀获胜，成为北京政府的实际操纵者，进入了 1920～1924 年直系军阀主控北京政府时期。直系秉政的前半期，口碑较好。直系的“后起之秀”吴佩孚每每在国内外重大问题上，具有引领舆论的表现，获有“爱国将军”、“民主将军”之美誉。然而，1922 年第一次直奉战争后，由于吴佩孚最终走上武力统一的老路及曹锟上演了贿选总统的丑剧，直系的统治成为社会舆论的众矢之的。与此同时，直系独控中央政权的巨大派系政治利益引起了奉、皖两系的嫉视，于 1924 年 9 月爆发了第二次直奉战争。直败奉胜，奉系控制了中央政权，北京政府进入了由奉系军阀主控时期。强化军事独裁统治，加剧军阀派系混战，是奉系当政时期的统治特征。总之，由于北洋军阀自我削弱、自毁长城，很快失去统治基础而走向覆灭。军事上，军阀的同室操戈严重消耗了作为政治支柱的武装力量;政治上,军阀的虚假民主激发人们认清了军阀政治的反动性,推翻军阀政权很快成为国内一致的政治主张。军阀统治在政治上孤立,在军事上极度虚弱,已经走到了政治生命的尽头。1926年7月开始的北伐战争得到了广泛的社会支持,北洋军阀虽然全力挣扎,但已是强弩之末。1928年底,张学良宣布东北"易帜",北洋军阀的统治彻底败亡。

北洋军阀控制政权的十六年,是中国近代史上的一个重要时期,我国正处于由旧的封建专制向新的资产阶级议会民主制度形式过渡转型时期,因此,这段历史是中国近现代史研究的重要领域之一。这个时期的社会现象纷繁复杂,军阀政权又具有逆历史潮流的反动性,给后来留下了诸多有待探讨与论定的课题,全面客观地认识这段历史确有难度,建国后相当长的一段时间内,由于人们认识与研究视角受到束缚,北洋军阀史的研究受到冷遇,严重缺位。综观建国后北洋军阀史的研究,大致可分为两个阶段:20世纪80年代以前,北洋政府被视为"反动落后"的代名词,这一领域成为深入研究的禁区,没有形成独立的研究领域;在现代史的研究与著述中,一直作为革命史的反面陪衬出现。研究者以一种全盘否定的程式审视历史,致使研究进展迟缓,成果鲜少。据粗略统计,三十余年间,有关的论文仅130余篇,国内出版的专著只有3部:陶菊隐著《北洋军阀统治时期史话》、来新夏著《北洋军阀史略》、丁中江著《北洋军阀史话》。其中,陶、丁之作属史话体,内容带有明显的演绎成分。此外,中华民国史著述中均涉及北京政府的内容。这一时期海外的研究成果突出,专题性论著较丰富,在学术上有相当影响的著述有数种,如陈志让的《军绅政权》、齐锡生的《中国军阀政治》、派伊的《军阀政治》、黎安友的《北京政治》等,它们以多学科的研究手法与宽广的视野,从多个层面考察分析了北洋军阀与社会发展的互动关系及其演变脉络。

北洋军阀史研究的真正起步是在20世纪80年代以后。随着研究者突破"左"的思想认识的束缚,研究视野的拓宽,学术空气日趋活跃,北洋军阀史作为史学研究中的独立领域得到学术界的普遍认同与重视,研究成果接踵面世,学术水平不断提高,呈现出勃勃生机的景象。这一时期出版的通史性的北洋军阀著述有两部,俱为来新夏主持撰著。其一为《北洋军阀史稿》,是80年代初来新夏在《北洋军阀史略》的基础上进一步充实其内容改写完成的,它为北洋军阀史的总体研究奠定了良好基础;其二为《北洋军阀史》,这部具有真正意义上的通史性质的新著,梳理了建国五十年来北洋军阀史的研究成果,对该领域的诸多有争议的全局性问题进行了深入探讨与分析,使北洋军阀史的总体研究达到一个新的高度,成为北洋军阀史研究的标志性成果。另外,郭剑林著《北洋政府简史》,对北洋政府的活动进行了全面考察,可谓北洋政府研究领域具有一定代表性的成果。上述之外,尚有一批专题研究著述推出,在此恕不详述。

由于北洋军阀史覆盖领域广泛，论文形式的成果丰硕，在此仅有所选择地着重就涉及全局、争议较大或在北洋军阀史上占有重要地位的专题研究进展，略述于下：

1. 北洋军阀的特点。彭明认为：(1)军阀各有一支为自己争权夺利服务的军队；(2)各有一块随意搜括和统治的地盘；(3)大都是帝国主义在中国进行统治的工具。李新认为：(1)采用外国兵制；(2)财政来源已不完全依靠封建经济，主要来自关盐税、官办企业收入和发行公债、举借外债；(3)实行募兵制；(4)不断分裂，乃至发展为各据一方，进行混战。来新夏认为：(1)以封建地主阶级为其主要社会基础；(2)割据称雄，拥兵自重；(3)各树派系，荣损与俱；(4)纵横捭阖，制造政潮；(5)卖国媚外，残民以逞。

2. 北洋军阀的社会基础和阶级属性。有以下说法：(1)封建地主阶级说。认为北洋军阀是地主阶级的代理人，是最落后和最反动的生产关系的代表。(2)军阀地主说。北洋军阀依仗政治上、军事上的权势疯狂掠夺土地，成为新兴地主阶级，并兼有军阀和地主双重身份。(3)资产阶级色彩说。认为北洋军阀在某一阶段某些方面已带有资产阶级的色彩，较多地体现了资产阶级的利益。(4)民族资产阶级说，有人认为部分军阀官僚拥有的私人资本已属于民族资本。

3. 关于北京政变的性质。北京政变是北洋军阀走向衰落的标志之一。关于北京政变的说法有：(1)“首都革命”说(即“武装政变”说)。此说认为此次政变既不是一场革命，也不是一场反革命，而是具有进步意义的改良性质的武装政变。(2)直系军阀内部权力斗争说。即认为冯玉祥发动政变既不是不满于曹锟、吴佩孚所实行的大政方针，也不是不满于军阀割据带来的巨大社会危害，更不是受孙中山影响和革命形势推动而发动的，而是因与曹、吴因权势利益分配不均产生矛盾而导致的必然结果。

4. 北洋军阀历史作用的评价。毋庸讳言，建国后相当长一段时期，对北洋军阀历史作用的研究受“左”的思想影响，完全采用阶级本质决定论的程式化研究，简单得出了全盘否定的结论。这种单一视角的研究，使许多历史现象无法进入研究者的视野，研究工作停留于条条框框而难以深入推进。80 年代后，史学界开始从不同角度全面审视北洋军阀的历史作用，提出了一些有说服力或具启发性的论点，专题研究得以打破僵局走向深入。目前，研究者特别关注于某些特定方面社会影响的考察，就研究成果所及，对北洋政府在军事近代化和近代经济法制建设及争取外交独立等方面，均予以基本肯定的评价。吴兆清、邓亦兵分别在各自阐述袁世凯主持的北洋建军的文章中，对其改革军制在军事近代化过程中的决定性作用给以充分肯定。[①] 虞和平通过对 1912 年至 1921 年间北洋政府所颁布的经济法规的研究,得出民初经济法制建设在中国经济近代化历程中具有不可忽视的意义和作用的结论。[②] 至于北洋政府的外交,随着研究的深入,人们不再简单地以卖国政府而一概否定,而是以一种客观的态度,对这一领域的一些问题提出了新的见解。其中着墨较多的是对北洋政府参战得失及战后几年争取外交独立活动的重新评价。一些研究者认为中国参加第一次世界大战不是没有道理,中国在巴黎和会上,有失也有得。[③] 同样,北洋政府争取废除不平等条约的意愿、立场及其实绩,也受到研究者的充分关注。有论者认为北京政府在一战期间,废除了中国与德奥之间的不平等条约,在巴黎和会与华盛顿会议上,中国代表团全面提出取消若干外国在华不平等条约的要求,并在华盛顿会议上部分实现。1926 年,又利用修约之机先后断然宣布废除旧的中比条约和中西条约,这种不顾列强的反对而单方面宣布废约的做法,在中国近代史上是破天荒的。[④] 以上俱是针对某一方面的评价。关于北洋军阀历史作用的总体评价,以往主要指出其消极作用:顽固地推行媚外政策,疯狂出卖国家利益,极大地阻碍了民族经济的发展;连年不断的军阀混战给国民经济带来浩劫;横征暴敛,吞没了大量社会财富,严重破坏了工农业的再生产;凭借反动政权竭力维护封建买办的生产关系,严重束缚了社会生产力的发展。也有学者主张应看到其积极作用,如来新夏提出的五要点说。他在承认北洋军阀对中国社会起着巨大破坏作用,对人民生活造成种种灾难,对外国帝国主义惟命是从和丧权辱国,严重阻碍历史发展的同时,认为:(1)北洋军阀集团是维系晚清十余年统治的一个支柱;(2)北洋军阀集团是辛亥革命时期转移政权的主要军事力量;(3)北洋军阀集团所把持的北洋政府是辛亥革命后统治中华民国的政权代表;(4)北洋军阀政权为由统一走向再统一的过渡做了铺路工作;(5)北洋军阀集团使中国的军制摆脱了旧有的落后陈旧的状态。[⑤] 不仅如此,来新夏还就北洋军阀在中国近代化过程中的地位提出初步看法,指出,从中国近代化的全过程看,北洋军阀在中国近代政治舞台上充当主要角色的 32 年,是不容忽视的重要时期。虽然由于研究所限,目前

---

① 参见吴兆清《袁世凯练新军改军制及其历史地位》,载《历史档案》1987 年第 1 期;邓亦兵《论袁世凯的建军实践》,载《北方论丛》1988 年第 3 期。

② 参见虞和平《民国初年经济法制建设述评》,载《近代史研究》1992 年第 4 期。

③ 参见袁继成、王海林《中国参加第一次世界大战和巴黎和会》,载《近代史研究》1990 年第 6 期。

④ 参见王建朗《中国废除不平等条约的历史考察》,载《历史研究》1997 年第 5 期;金光耀《顾维钧与华盛顿会议》,载《历史研究》1997 年第 5 期;习五一《论废止中比不平等条约》,载《近代史研究》1986 年第 2 期。

⑤ 参见来新夏《北洋军阀史研究札论三题》,载《民国档案》1985 年第 2 期。

对北洋军阀在其中的具体作用尚不甚明了，但有一点是可以肯定的，即这一时期的近代化之所以能在中国近代化全过程中占据重要地位，应该说与当时政治舞台的主角北洋军阀有着密不可分的关系。①

5. 北洋军阀主要派系与帝国主义的关系。北洋军阀三大派系与帝国主义的关系是贯穿北洋政府时期的一个重要论题。已出版的有影响的论著如章伯锋的《皖系军阀与日本》(四川人民出版社 1988 年版)以及河本大作等的《我杀死了张作霖》(台北聚珍书屋出版社 1982 年版)等，此外，尚有数量众多的论文。建国后，这一领域的研究方法及取得的成果同样经历了由简单片面向客观全面的转变过程。在早期的北洋政府与帝国主义的关系研究中，既然视军阀为“卖国媚外”的代名词，北洋军阀自然被简单地贴上了帝国主义统治中国的“走狗”、“工具”这样的标签，而不屑于作具体而深入的分析考察。实际上，北洋军阀与帝国主义的关系是既相互勾结，沆瀣一气；又各怀鬼胎，时起冲突。这种关系贯穿了北洋军阀兴衰的全过程。80 年代后，忠实于历史的本来面目，具体动态地审视二者的关系，开始成为研究的普遍方法。

对北洋军阀与帝国主义关系的研究中，争议较多的是奉系军阀与帝国主义的关系。这种关系错综复杂，以 1924 年第二次直奉战争为界，大致可分为两个时期：此前，在政治、军事、经济各方面，相互勾结与利用是双方的共同需求。这个时期奉日关系的主要内容是一方面奉系对日本的曲意逢迎与卖国媚外；另一方面日本则给予奉系以外交支持与实质性资助作为回报，双方利益与共，密切相连。此后，随着张作霖势力的膨胀，对日本的态度不再如以前那样俯首帖耳。很长一段时间，奉日关系的研究中，双方的勾结利用涵盖了全部内容，而今，这种倾向基本得到纠正。奉系与日本关系中矛盾对立的一面受到研究者的足够重视。不少论者注意到第二次直奉战争后，奉系与日本关系的内容与实质均发生很大变化。伴随奉系控制并操纵中央政权、羽翼渐丰之后，张作霖极力寻求打破日本的长期控制，争取较多自主权，为此，逐渐走上联络英、美以牵制日本的“以夷制夷”的道路。双方的矛盾与冲突日趋尖锐成为 1925 年后奉日关系的主导方面，并最终达到不可调和的地步。车维汉在《张作霖与郑家屯事件》一文中就交涉中张作霖对日本的抵制与斗争进行了深刻剖析，勾勒出一个不甘心充当傀儡角色的张作霖形象，并指出其持此态度的成因：其一，随着张作霖地位的不断提高，逐渐滋生了维护统治权威、摆脱日本控制的自主欲。其二，受全国反日声势的震慑和影响。其三，与同日本统治集团反对派的矛盾有关。② 而张作霖皇姑屯被炸

---

① 参见来新夏、莫建来《五十年来北洋军阀史研究述论》，载《社会科学战线》1999 年第 5 期。

② 参见车维汉《张作霖与郑家屯事件》，载《近代史研究》1992 年第 5 期。

死正是奉系对日本的侵略尚有其积极抗争的一面而不被见容于日本的有力注脚。

直系军阀及其把持的北京政府的对外关系中,对日本的侵略实施抵制一直是其对日关系的主导方面,对此,研究者已形成共识。对于直系以英、美为后台的成说,有些论者提出质疑。如娄向哲《直系军阀与英美关系初探》一文从财政、军火等方面,对直系北京政府与英、美帝国主义的关系进行了考察,认为英、美对直系的支持并不明显。①

皖系之对于日本,既非如直系面对日本控制与侵略的企图与行动始终带有明显的抗拒与抵制色彩,又非如奉系采取为我所用的态度,而是自始至终甘当日本的侵华工具,满足其侵略要求。因此,一味死心塌地地投靠日本、卖国媚日是皖系北京政府与日关系的全部内容与本质。对此,史学界的看法基本一致。目前,关于皖系军阀对外关系的研究主要是通过大量确凿的史实对这种关系实质予以论证与说明。这方面的论文在章伯锋的《皖系军阀与日本帝国主义的关系》(载《历史研究》1982 年第 6 期)、庄鸿铸的《试论段祺瑞与日本帝国主义的关系》(载《新疆大学学报》1983 年第 4 期)等文章中均有阐述。

6. 北洋军阀人物研究概要。早期的北洋军阀人物研究,由于思想认识上的局限,视军阀为坏人的代名词,对其自然产生反感情绪,责之惟恐不严。因而,普遍存在着简单定论,随意夸大消极面乃至以偏概全,将历史人物一棍子打倒来代替客观、具体的研究与评价的现象。这种简单化、教条化、片面化的研究不足以服人,更窒息了研究的深化发展。80 年代后,人物研究的这种偏激倾向得到纠正,开始步入正轨,这一领域吸引了众多研究者的关注与重视,许多有争议的人物与问题不断被发掘、提出并展开争鸣,研究成果日渐丰硕且贴近史实,符合客观。在此,仅就北洋军阀统治的后半期即五四运动后军阀政治舞台上几个主要角色的研究状况略加叙述,概要如下:

段祺瑞。段祺瑞作为北洋军阀中仅次于袁世凯的二号人物、皖系首脑,且柄政多年,是一个非常复杂的人物,在其执政期间,一味对日投靠,对内实施独裁,推行武力统一,但他也是"三造共和"与北洋建军的主角。对其一生的是非功过应客观全面地评价。关于段祺瑞与日本的关系,认为段祺瑞在卖国媚外方面,较之其他军阀为尤甚,是日本帝国主义在华代理人已是史学界的共识。对段祺瑞"三造共和"说法的认同及其作用的评价方面,学者之间分歧较大,存有两说:一种如单宝、丁贤俊等对段祺瑞在辛亥革命、"洪宪帝制"和张勋复辟这三个与共和制命运攸关的重要事件中的表现给以充分肯定。认为段祺瑞能够在关键时刻主

① 参见娄向哲《直系军阀与英美关系初探》,载《天津师范大学学报》1986 年第 1 期。

张共和，反对帝制，应当肯定；对其所产生的影响，也应当承认，否则是不公允的。并认为段"三造共和"有其一定的思想基础。[①] 一种如李开弟、徐卫东等人则持否定看法，他们从剖析段祺瑞拥护共和的政治动机出发，断言"三造共和"不过是段的自我吹嘘与标榜，是为个人的权势与独裁而采取的政治手段，毫无真正拥护共和可言。[②] 对段祺瑞在北洋建军史上的地位与作用，莫建来《试论段祺瑞在北洋建军中的作用》(《历史档案》1991 年第 1 期)进行了全面阐述，对段祺瑞早期活动的研究具有补漏之效。

吴佩孚。吴佩孚是北洋军阀集团中的"后起之秀"，是上一世纪 20 年代初期活跃于中国政治舞台上叱咤风云的人物，其能量一度达于"八方风雨会中州"之气势，因而对吴的研究自然成为北洋人物研究的热点。目前可见及的有关专著与论文较丰，专著如蒋自强等编的《吴佩孚》(山东人民出版社 1985 年版)、章君谷著的《吴佩孚传》(台湾传记文学出版社 1980 年版)、赵恒惕等编的《吴佩孚先生集》(载沈云龙主编《近代中国史料丛刊》第 68 集，台湾文海出版社印行)。此外，尚有解放前即已面世的多种传记版本。对吴佩孚的晚节评价颇有争议。北洋军阀的晚节问题即在抗日战争时期的表现很早就引起学者的较大兴趣。抗日战争时期，北洋军阀不少头面人物面对日本人劝其出山组建伪政权之请，拒附敌伪，凛然自守，晚节可风。如段祺瑞、徐世昌、曹锟、吴佩孚等均有如是表现。有学者对吴佩孚在日军引诱面前的表现进行了深入探讨，充分肯定吴"为烈而死"[③]。吴根梁也认为当日本入侵，中华民族处在生死存亡的紧要关头时，他能够以国家和民族的利益为重，没有出山充当汉奸头目，使日本侵略者的政治诱降活动遭到一次挫败，这是难能可贵的。[④] 以上是较有代表性的观点。其实，早在 1940 年为吴佩孚举殡时，这已是当时社会对其晚节的定论。其时，国民党军政要人蒋介石、孔祥熙、李宗仁等均致悼词或唁电对吴保持晚节给以高度评价。另有学者对这一观点提出质疑并有相左的看法，马振犊从吴佩孚对日本及华北伪政权的态度、对汪精卫汉奸政权的态度、对国共两党给他的规劝警告及抗日阵营的态度三方面，分析得出了吴佩孚在晚年虽不能说是一个汉奸，但他无疑是中国抗日战争中的一个亲日分子，他决不是一个"爱国者"、"民族英雄"，他的晚节是有污点的。[⑤] 针对吴佩孚晚节研究出现的分歧，来新夏提出了更深入的研究视

① 参见单宝《段祺瑞"三造共和"评议》，载《安徽史学》1984 年第 5 期。

② 参见李开弟《段祺瑞"三造共和"评述》，载《安徽史学》1986 年第 1 期；徐卫东《段祺瑞"三造共和"之真相》，载《复旦学报》1987 年第 3 期。

③ 参见郭剑林、王杰《吴佩孚与抗日战争》，载《社会科学战线》1992 年第 2 期。

④ 参见吴根梁《日本土肥原机关"吴佩孚工作"及其破产》，载《近代史研究》1982 年第 3 期。

⑤ 参见马振犊《吴佩孚盖棺不能论定》，载《史学月刊》1997 年第 3 期。

角与标准，主张从思想层面予以探讨，立足于客观史实，给予恰如其分的评价：(1)吴最后没当汉奸事实俱在，这应是评价其晚节的立足点。(2)吴受忠、孝、节、义等封建纲常伦理思想熏陶至深，晚年更醉心于《循分新书》、《正一道诠》、《明德讲义》等书稿的著述，试图以封建伦理道德挽救世道人心，这一思想认识基础在考察其晚节问题时应给以一定重视。[①] 此外，吴佩孚活动的亮点还表现在其颇著声名的军事思想与建军实践中，史学界对此也有充分肯定。而对于吴佩孚推行武力统一，尤其是反对工农运动和国民革命，则是其历史上不能宽恕的污点和罪责。[②] 总之，吴佩孚的思想与活动带有鲜明的矛盾色彩，对其全面研究尚有待于进一步深入。

张作霖。张作霖是一个富于传奇色彩的人物，是北洋军阀人物与东北地方史研究的重点对象。目前已出版的著作有常城的《张作霖》(辽宁人民出版社1981年版)，麦科马克的《张作霖在东北》(1911～1928)(斯坦福大学，1977年版)，司马桑敦的《张老帅与张少帅》(台湾传记文学出版社1984年版)、(日)园田一龟著、胡毓铮译的《怪杰张作霖》(辽宁大学出版社1981年版)，它们为张作霖的进一步研究奠定了基础。有关的论文也较多。综观建国以来对张作霖的研究，80年代以前，对其评价基本止于否定。这之后，由于学术界治学严谨，研究方法也有所变化。随着研究的深入，对张作霖与日本关系的一些具体问题重新考察分析，得出了与以往判然有别的结论。研究中，大多数学者都注意到了张作霖对日本持有的两面性，但如何评价其投靠性与反抗性的结合以及反抗的具体表现，则是争论的焦点。对此，争议较大的是关于张作霖皇姑屯被炸死的原因。传统观点认为，张作霖失去利用价值而被日本抛弃。[③] 与之相反的另一种观点似乎更贴近史实，丁雍年在《对张作霖的评价应实事求是》一文中指出张作霖不甘心当汉奸出卖东北，而往往采取拖延办法，表面敷衍，因而引起日本的不满，是不见容于日本而被害。这种观点代表了目前史学界不少学者的看法。丁文中还就张作霖镇压宗社党复辟、坚持中国统一、反对东北与中国分离的做法给予了公允的评断。[④] 论者对张作霖的一些维护国家主权表现的评价并未因人而废，而是予以充分论证与公正评价。另外，关于张作霖早期历史及与其他军阀派系关系的研究，也取得了一定的进展。

冯玉祥。冯玉祥一直是民国人物研究中备受瞩目的人物。对其在北洋这段

① 参见来新夏《北洋军阀史》(上)，南开大学出版社2000年版，第59～60页。

② 参见郭剑林、苏全有《洛阳时期的吴佩孚评析》，载《史学月刊》1997年第5期。

③ 参见常城著《张作霖》，辽宁人民出版社1980年版。

④ 参见丁雍年《对张作霖的评价应实事求是》，载《求实学刊》1982年第5期。

历史中的主张与活动的研究，主要集中于两点：北京政变和冯玉祥政治思想的转变。关于北京政变，又有两个重点：其一为北京政变的原因。认为北京政变是直系军阀内部矛盾激化的产物，已成公论。但对日本与北京政变的关系，有学者挖掘国外的史料进行了深入阐述，指出，在政变前日本作祟其中，为了既不致激化和英、美的矛盾，又维护其在满蒙的利益，而巧妙利用这一矛盾，以金钱手段加速了这一矛盾的爆发。① 其二为北京政变的性质。对此学术界有不同的看法，革命说在很长一段时间成为权威性的论断，但它明显存在不顾史实随意粉饰历史，有为贤者讳的倾向。这种现象已得到纠正。目前带有普遍性的观点认为，政变不过是军阀内部变乱而进行的一次倒戈活动，绝谈不上是一次革命。② 有关冯玉祥政治思想发生根本转变的时间，史学界的看法分歧较大，存有三说：一种观点认为，1925 年的“五卅”惨案是冯玉祥政治思想发生根本性变化的转折点，开始由一位军阀营垒中的爱国将领转变为革命将领。另一种意见认为，到 1926 年南口战役时，冯的思想发生了根本性变化，由单纯地维护本派系利益而发展为以国民革命为目的。还有一种意见认为，五原誓师是冯由一个北洋军阀中分化出来的将领，转而公开正式参加国共合作的国民革命。各种观点各持己见。其实，一种思想的形成应具有相对稳定性，这是评判冯玉祥思想发生根本转变的关键。至于对冯玉祥一生的总体评价，史学界意见基本一致。认为他是“一生不断追求进步的爱国将领”，“也是同我们党长期合作的朋友”③。

总之，作为活跃于民国政坛十六年的一个主导性军事政治集团，对北洋时期人物群体与共性的研究应该是研究的重点，但是，很长一段时期，由于人们多关注领袖级人物，研究面窄，基础薄弱，群体研究一直是个空白。直至 80 年代后期，人们研究的视野越来越开阔，关注的人物日益增多，突破了以往的研究范围，许多二三流军阀成为研究的对象，对人物的评价也未囿于定论，个体人物研究在广度和深度方面日趋深入，从而为群体研究奠定了基础。研究成果陆续面世。如辛培林编著的《军阀列传》，编列了袁世凯、冯国璋、段祺瑞、张作霖、曹锟、吴佩孚、张勋、张宗昌、吴俊升等十位北洋军阀重要人物的传记；杨大辛主编的《北洋政府总统与总理》（南开大学出版社 1989 年版）系北洋政府历届总统与总理的评传之作。此外，还有焦静宜著的《二十世纪初的遗老遗少》（科学出版社 1990 年版）。尽管群体研究取得了一定进展，但目前的成果多限于初级形式的列编，缺乏对整体共性更深刻的剖析与探讨。北洋军阀群体研究急需深入拓展，我们拭

① 参见俞辛淳《日本对直奉战争的双重外交》，载《南开学报》1982 年第 4 期。

② 参见来新夏《北洋军阀史》（下），南开大学出版社 2000 年版，第 822 页。

③ 来新夏：《北洋军阀史》（上），南开大学出版社 2000 年版，第 60 页。

目以盼更多的有较高学术深度的成果面世。

二、广州国民政府与武汉国民政府

北京政府时期，北洋军阀政府是中华民国对外惟一的合法代表，广州国民政府与武汉国民政府是北京政府时期两个区域性政权。1915 年 12 月 12 日，为反对袁世凯复辟帝制，原云南督军蔡锷、国民党人李烈钧联络云南督军唐继尧通电反袁，发起护国运动。1916 年 5 月 8 日，在广东肇庆成立了军务院。护国运动胜利后，1916 年 7 月 14 日，军务院自行撤消。1917 年张勋复辟失败后，段祺瑞重掌政权，拒绝恢复《临时约法》和国会，为此，孙中山揭起护法旗帜，8 月 25 日，南下的国会议员在广州召开国会非常会议，公布《中华民国军政府组织大纲》。9 月 1 日，选举孙中山为军政府陆海军大元帅，唐继尧、陆荣廷为元帅。9 月 10 日，孙中山就任大元帅职，中华民国军政府在广州宣告成立。孙中山领导的护法斗争，依靠的主要力量是西南军阀，这就注定了护法斗争的失败。1918 年 4 月，桂系议员向国会提出改组军政府案，5 月，国会非常会议通过此案，变大元帅制为七总裁制，孙中山成为七总裁之一。后又推岑春煊为主席，孙中山愤而离粤返沪。1920 年 10 月，陈炯明的粤军击败桂军，岑春煊、陆荣廷等随即通电解除总裁职务，宣布军政府撤消。11 月 28 日，孙中山返抵广州，恢复军政府，并提议改军政府为中华民国正式政府。非常国会选举孙中山为大总统，即非常大总统。1921 年 5 月 5 日，孙中山就职，同时撤消军政府。由于孙中山依靠的是陈炯明的武装，而陈炯明是国民党内拥有军政实权的野心家。他攻取广东后即图据地自雄，反对孙中山以革命武力统一全国的主张，以至与北洋军阀勾结，利用孙中山北伐之机，于 1922 年 6 与 16 日公开举行叛乱。这个中华民国政府只存在一年多，又失败了。

1923 年初，孙中山组织原广东中华民国政府北伐军的一部分军事力量，打败了陈炯明，再抵广州，成立陆海军大元帅大本营，孙中山任陆海军大元帅。大本营是军政最高机关，大元帅不由国会产生，全权处理重要政务，如指挥调度各军任免重要官员、公布条例、发布命令、不受制约等。根据孙中山“以党治国”原则，党与政府的关系是：党行使最高权力，组织政府，任免政府官员；政府执行党的决议、方针、政策，接受党的指导监督，从组织上领导政府。首先是国民党全国代表大会及其产生的中央执行委员会。后来在国民党中央执行委员会中成立一个政治委员会，由它专门负责领导，指导政府工作。1925 年 6 月，国民党中央政治委员会决定，立即改组大本营为国民政府。7 月 1 日，国民政府在广州宣告正式成立。国民政府采取合议制领导体制，以委员若干人组成。国务由委员会议执行，主席由委员互选，为国民政府委员会议的召集人、主持人，不具有领袖主席的特权。选举汪精卫为第一届国民政府主席。7月3日，又成立国民政府军事委员会，汪精卫为主席。军事委员会受国民党的指导、监督，也采取合议制。广东国民政府是改组后的国民党领导下的政府，它体现了国共两党的共同意志，实行扶助农工政策，代表工人、农民、小资产阶级、民族资产阶级的利益。它是无产阶级在不同程度上参加了的、小资产阶级、民族资产阶级及一部分地主阶级联合的，带有不同程度的新民主主义色彩的政府。

从1925年7月1日大元帅大本营改名为中华民国国民政府，直到1926年12月国民政府议决迁都武汉，是为广州国民政府时期。这个时期为时甚短，但历史现象却极其复杂，涉及的问题也较多。目前，对这段时期的综合性研究成果可以通过曾庆榴著《广州国民政府》(广东人民出版社1999年版)的面世予以体现。这一著述大大推进与拓展了广州国民政府与国民革命领域的研究。论文形式的成果集中于人物与政策制度层面的研究。90年代以来，对于广州国民政府一些重要人物的研究取得了相当大的进展。如对谭延闿的评价，有论者不再仅仅将其视为蒋介石篡权的帮凶，而是通过对其主要活动与历史影响进行全面考察，认为，这一时期是谭积极投身国民革命、展布个人野心、纵横捭阖于国民党内、功成名就的重要时期，既往之成说片面而失之公允，且不符和历史事实。[①]有论者对汪精卫这一反面人物进行分阶段考察和评价，指出：汪精卫当选广州国民政府后从所制定的内政外交方针，从所采取的统一军政、行政、财政的措施，反对西山会议派的分裂行动，以及他支持工农运动的态度等方面的考察，应该肯定当时他的活动还是在一定程度上坚持了三大政策的思想倾向和政治态度，在客观上顺应了也借助了蓬勃发展的革命形势，同时也符合了国民党本身的长远利益。[②] 关于制度与政策内容的研究，则集中于禁烟政策与法律制度建设两个方面。对于前者，有研究者通过剖析禁烟政策蕴含的特殊财政作用指出，广州国民政府的禁烟政策实际上是以筹饷收税为目的，禁烟很难说有什么成绩。[③] 法律制度建设一直是孙中山探索民主制度及广州国民政府活动的重要内容之一。对此，研究者给予了极高的评价，认为广州国民政府的法律制度在立法思想、立法内容等方面具有辛亥革命时期未曾有的新特点，在中国近代法制史上具有重要地位。[④]

---

① 参见许顺富《论广州国民政府时期的谭延闿》，载《求索》1994年第5期。

② 参见《汪精卫出任国民政府主席原因探讨》，载《党史研究与教学》1997年第2期。

③ 参见王金香《广州国民政府的鸦片政策探略》，载《山西师范大学学报》1997年第4期。

④ 参见庄有为《广州国民政府法律制度概述》，载《上海师范大学学报》1995年第4期。

1926年7月,国民革命军出师北伐。随着北伐军的顺利进军,国民革命的中心逐渐由两广地区转移到两湖地区。因此,国民政府决定迁都武汉。12月13日,在武汉成立"国民党中央执行委员暨国民政府委员临时联席会议"。1927年1月1日,国民政府明令武汉为首都。2月21日,国民党在武汉召开中央执监委员与国民政府委员临时联席会议,决定结束临时联席会议的工作,中央党部,国民政府在武汉开始办公。

关于武汉国民政府研究的一个热点集中在对武汉国民政府的外交政策与战略退却的考察评价上。1927年4月,蒋介石叛变革命,帝国主义列强对武汉实行经济封锁,武汉地区的政治、经济、军事形势急剧恶化,中国革命处于紧急时期。在这种情况下,国民政府总顾问鲍罗廷果断地提出了调整外交政策,对帝国主义实行战略退却。这一策略得到中共中央和武汉国民党中央的认可并付诸实施。长期以来,史学界对此基本都持否定看法,认为这项政策是鲍罗廷在大革命进入紧急阶段以后,由于起对革命的悲观失望而采取的一种右倾逃跑机会主义的政策,它带来的影响是极为恶劣的——导致了中国共产党和国民党左派人心涣散,毫无斗志,从而间接导致了大革命的失败。这一成说在最近几年遭到很多研究者的一致质疑,他们认为"战略退却"有积极意义,尽管它所起到的作用有限,并未达到预期效果,未促使帝国主义国家改变对武汉政府的既定政策,且施行过程中出现偏差,但其决策是正确的、及时的,符合革命利益和斗争实际,对缓和南京事件后帝国主义列强共同干涉中国革命的形势,对于缓和帝国主义对武汉的经济封锁,起到了一定的作用,有利于武汉国民政府的巩固。[①]

关于武汉国民政府研究的另一个热点是对武汉国民政府性质的争论,归纳起来有如下几种意见:

曾宪林认为,武汉国民政府从成立武汉临时联席会议起,到1927年5月21日"马日事变"前,是革命的政权,它是在共产国际的帮助下,中国共产党参加并领导的,以国民党左派为主的、国共合作的、执行三大革命政策的政权。这个政权具有鲜明的反帝反封建性质,是参加当时民族民主革命各阶级的联合政权,具有新民主主义的因素。同时,这个政权又是一个不成熟的,存在着许多弊病的政权,即中国共产党在这个政权中并没有取得完全的领导权;缺乏强大而又可靠的革命武装作支柱;也没有巩固的工农联盟作基础。特别是到武汉国民政府后期,从"马日事变"前后,由于资产阶级的相继叛变,它也就迅速变质解体,走上了反

① 参见李付安《论大革命后期鲍罗廷指导武汉国民政府战略退却的积极意义》,载《甘肃社会科学》2003年第5期;罗重一《浅析武汉国民政府的"战略退却"策略》,载《鄂州大学学报》2001年第3期。

动道路。[①]

朱培民认为，武汉国民政府不是新民主主义性质的政权。他从中国共产党在武汉国民政府中的地位和作用，从对武汉国民政府人员的构成和阶级结构的分析，从毛泽东关于新民主主义政权的论述，从对武汉国民政府执行的政策的分析等几个方面，论证了武汉国民政府不是国民党左派政府，不具有新民主主义政权的因素，不属于新民主主义政权的范畴，而是一个资产阶级政府。指出，武汉国民政府即使在前期，连孙中山先生的民权主义也没有实行多少，"政权为一般平民所共有"只是说说而已。临时联席会议期间，蒋介石尚未叛变革命，国民党的最高权力是掌握在蒋介石等右派手里；"四一二"以后，逐渐走向反动；特别是从4月中旬起武汉政府由汪精卫所掌握，当时他就着手制裁共产党和工农运动。武汉政府这种由革命政府向反动政府的转变，正是资产阶级两面性的表现。这种两面性，在欧美历史上的资产阶级也是具有的，不过中国资产阶级的这个特点更加突出罢了。[②]

任建树认为，武汉政府是资产阶级性质的政权机关，它的领导成员大部分是资产阶级右翼的代表人物。但是武汉政府从1926年12月中旬临时联席会议成立到1927年5月中旬，在这短短的五个月时间里，不愧是中国革命的中心：实行扶助农工政策，两湖地区普遍地建立起拥护三大政策的省、市、县党部，收回了汉口和九江英租界。所有这些成就都是在共产党的直接推动或领导下取得的。然而，共产党无论在国民党中央或国民政府里都没有取得重要的地位和权力。[③]

面对上述观点的分歧，有论者指出，用一种固定的模式来套用武汉政府的性质不太合适。实际上，武汉政府既不同于一般的纯粹的资产阶级政权，也不同于完全意义的新民主主义的政权，它同时具有两种性质政权的某些特征，即它是两种政治力量或多种政治力量并存的联合政权，是一种正在过渡的政权。它既可能向右转成为比较纯粹的资产阶级专政的政权，又可能向左转变为以无产阶级为领导的、以工农联盟为基础的、包括小资产阶级和民族资产阶级参加的新民主主义政权。

【导　读】

1. 来新夏等：《北洋军阀史》（上、下），南开大学出版社2000年版。
2. 郭剑林主编：《北洋政府简史》（上、下），天津古籍出版社1999年版。

---

① 参见曾宪林《论武汉国民政府的性质〉，载《近代史研究》1982年第1期。

② 参见朱培民《武汉政府不是新民主主义性质的政权》，载《近代史研究》1983年第3期。

③ 参见任建树《武汉国民政府的成立、蜕变、消失》，载《党史资料丛刊》（上海）1984年第3、4期。

3. 陈志让:《军绅政权》,三联书店1980年版。

4. 曾庆榴:《广州国民政府》,广东人民出版社1999年版。

5. 陈瑞云:《现代中国政府》(1919～1949),吉林文史出版社1988年版。

6. 郭剑林:《吴佩孚传》,北京图书馆出版社2006年版。

7. 唐锡彤等:《吴佩孚研究——第三届吴佩孚生平与思想、学术研讨会论文集》,北京图书馆出版社2007年版。

8. 张传华:《民主斗士——冯玉祥传》,团结出版社2000年版。

【思考与讨论】

1. 如何评价北洋军阀的历史作用?

2. 试评价吴佩孚。

3. 试评冯玉祥。

第五章 中国民主党派与多党合作

中国共产党领导的多党合作和政治协商制度，是我国一项基本的政治制度。这项具有中国特点的政党制度正式形成于1949年9月中国人民政治协商会议第一届全体会议，但酝酿的时间很长，大体上贯穿整个新民主主义革命时期。这里主要介绍作为我国多党合作载体之一的民主党派的产生和发展与多党合作的酝酿和形成。

一、各民主党派的建立、发展与多党合作的酝酿

中国共产党关于多党合作的思想，最早反映在1922年6月15日发表的《中共中央第一次对时局的主张》中。该文件指出："依中国政治、经济现状，依历史进化的过程，无产阶级在目前最切要的工作，还应该联络民主派共同对封建式军阀革命，以达到军阀覆灭能够建设民主政治为止。"不久，中国共产党即按这个原则实现了同孙中山领导的国民党的合作。

1927年国共合作破裂后，国民党内少数左派分子没有放弃民主主义立场，仍然坚持继续革命，宋庆龄、邓演达等是他们中杰出的代表。他们联合其他爱国民主人士、革命知识分子，组织政党和政治团体。例如，1930年8月，邓演达他们组织了中国国民党临时行动委员会，时称"第三党"。由于大目标的一致，他们很快走上与共产党合作的道路。

1935年，中国共产党发表《八一宣言》，提出"停止内战、一致抗日、建立抗日民族统一战线"的倡议后，得到了各民主党派和社会各界的热烈拥护。各地纷纷组织抗日救亡团体，开展多种形式的救亡活动。1935年11月10日，中国国民党临时行动委员会在九龙召开第二次全国干部会，决定为适应救亡形势将党名改为"中华民族解放行动委员会"。同年12月12日，马相伯、沈钧儒等280人发表了《上海文化界救国宣言》，提出组织广大民众以铁和血与敌人作殊死战斗的口号。之后，上海妇女界救国会、上海文化界救国会、上海各大学教授救国会、上海学生救国会等抗日救亡团体相继成立。

为了集中救亡团体组织的力量，加强救亡团体之间的联系与联合，1936 年 1 月 28 日，上海各界救国联合会成立。这是一个松散的具有阶级联盟性质的群众团体。它不仅容纳了大批爱国知识分子，还包括了各阶层、各党派的人士。除了大部分是无党派人士外，国民党、共产党、国家社会党、民族革命同盟、中华民族解放行动委员会都有。许多共产党员参加了救国会，他们在其中发挥了重要作用。随后成立的全国各界救国联合会也是如此。因此，救国会实际上是共产党领导的多党合作的群众性的救国组织。

1936 年 5 月 31 日至 6 月 1 日，由上海各界救国联合会筹备的全国各界救国联合会在上海成立。宋庆龄、何香凝、马相伯、沈钧儒等 15 人为执行委员会常务委员，沈钧儒为实际主要负责人。全救会成立后，经过努力争取，成为一个半公开的全国性救亡组织。

全国各界救国联合会成立后，一方面开展宣传和组织发展工作；一方面直接组织群众广泛开展抗日救国活动，并且努力做国民党内同情爱国运动的上层人士的工作。

全救会的救亡运动得到了中国共产党和全国各界人民的赞誉和支持，但却为国民党所不容。11 月 22 日深夜，国民党在上海逮捕了全救会领导人沈钧儒、章乃器、邹韬奋、李公朴、王造时、沙千里、史良七人，制造了著名的“七君子事件”。西安事变后，“七君子”才被无罪释放。

抗日战争爆发后，代表资产阶级和上层小资产阶级的各民主党派及无党派民主人士的政治主张和政治活动的基本点是坚持抗战，反对妥协；坚持团结，反对分裂；坚持民主，反对独裁；坚持进步，反对倒退。与共产党在抗日战争时期的立场基本上是一致的。在抗战进入相持阶段，国民党一步步加紧推行消极抗战、积极反共反人民的错误政策，各民主党派利用 1938 年 7 月成立的国民参政会这个阵地，开展了一场要求国民党结束一党专政，实行民主政治的宪政运动。

还在民主宪政运动刚刚开展起来的时候，各民主党派就感到自己势单力薄，要求联合起来，形成一种“第三者”的立场和力量，共同对国民党顽固派进行斗争。因此，国民参政会的一些党派领导人开始酝酿成立一个国共两党以外的联合政治组织。1939 年 10 月，黄炎培、梁漱溟、章伯钧等民主党派领导人和张澜等社会贤达在重庆发起并于 1939 年 11 月正式成立了“统一建国同志会”。蒋介石以不能成为正式政党为条件，允许这个组织合法存在。在此基础上，1941 年 3 月 19 日，成立了正式政党——中国民主政团同盟，通过了十大政治纲领。十大政治纲领的基本精神是主张抗战团结民主、保障人民权利、结束党治、革新政治等。这些都是正确的。但是，十大纲领中提出的“国权统一”、“军队属于国家”、“反对以武力从事党争”等，实际上就是要把共产党领导的边区和人民军队交给国民党蒋介石，这是完全错误的，反映了中间派的两面性。

中国民主政团同盟的成立，是我国抗日战争时期政治生活中的一件大事。它是中间势力由小到大、由分散行动到联合行动的标志，也是中间势力要求摆脱国民党控制、向左靠拢的开端。民主政团同盟成立后，力量发展很快，特别是1944年9月中国民主政团同盟改为"中国民主同盟"，使以党派团体为基础的单位联合体改组为政治主张相同的个人联合体后，大量的无党派进步分子加入，壮大了民盟的力量。

1945年10月，中国民主同盟在重庆召开第一次全国代表大会(当时会议称为"临时全国代表大会")。这是一次民盟历史上具有重大政治影响的大会，是一次团结胜利的大会。在政治上，它指出了民盟的中心任务是实现和平民主、团结统一，反对国民党内战、卖国、独裁。在组织上，使民盟的最高领导机构发生了重大变化，确立了民主进步人士在民盟中央的领导地位。这个重大变化是民盟组织不断纯洁、巩固和发展的根本保证，也是民盟能够顺应历史潮流前进、接受共产党的领导并成为中国共产党领导的多党合作的一个成员的重要保证。民盟"一大"的召开，使民盟的政党形态进一步完善。从此，民盟以第三大党的姿态活跃在中国的政治舞台上。

抗日战争胜利后以至人民解放战争时期，在新的形势下，民族资产阶级、上层小资产阶级及其知识分子，以很大的政治热情，组织了一些新的民主党派，积极投身到反蒋反美反内战、争取和平民主的斗争中，他们在中国共产党的关心、支持和帮助下，得到了迅速的发展。

1. 民主建国会(1952年改称为"中国民主建国会"，简称"民建")。此党是由两部分人经过较长时间的酝酿发起成立的。一部分是以黄炎培为首的中华职业教育社为骨干的、与工商界有较密切联系的文化教育界的中上层知识分子；另一部分是以胡厥文为代表的迁川联合会以及与他们有联系的民族工商业者。1945年12月16日，民主建国会在重庆召开成立大会。大会通过的政纲和成立宣言，提出了和平统一、民主建国、反对官僚资本、保护和发展民族工商业的政治主张，确定了不"左"倾、不右袒的政治态度。选举黄炎培、胡厥文等为常务理事，并确立了不采取领袖制的原则。民建的成立，表明民族工商业者及其相联系的人士举起民主建国的大旗，积极行动起来了。

2. 中国民主促进会(简称"民进")。此党也是由两部分人发起组织的：一部分是以马叙伦为代表的文化、教育、出版界的爱国民主人士，另一部分是以王绍鳌为代表的上海工商界的爱国民主人士。民主促进会是在抗日及反蒋斗争中逐渐形成和发展起来的。主要发起人大都是抗战时期留居上海的文化界和出版界的进步知识分子。他们与共产党一起，坚持抗战，坚持团结。抗战胜利后，他们又投入反对蒋介石反动政策的爱国民主运动中。在实际斗争中,他们痛感有组织起来的必要。因此,在中国共产党的推动和帮助下,经过酝酿筹备,于1945年12月30日,在上海召开了民主促进会第一次会员大会,标志着民主促进会的正式成立。1946年1月2日,中国民主促进会举行第二次会员大会,选举第一届理事会,并通过了《中国民主促进会对时局的宣言》。《宣言》全面阐述了民进的基本政治主张,其宗旨为发扬民主精神,促进中国政治民主化的实现。1月4日,民进第一届理事会举行了第一次会议,选举马叙伦、陈巳生、王绍鏊为本届理事会常务理事。从此,中国民主促进会以一个新型民主党派的姿态出现在中国政治舞台上。

3."九三"学社。这是以科技界、文教界中的中高级知识分子为主体组成的爱国民主党派。1944年底,一批爱国忧时的学术界人士为坚持团结抗战和争取民主,在重庆组织民主科学座谈会。1945年9月3日,为纪念抗日战争胜利,决定改名为"九三座谈会"。为使其成为永久性的政治组织,又成立"九三"学社筹备会。1946年5月4日,在重庆召开成立大会,"九三"学社正式成立。其政治主张为:反对官僚政治,实现民主政治;反对官僚买办资本,从速实现国家的工业化、农业现代化,建立以民生为主的经济制度;从政治的民主化,谋军队的国家化;学术思想绝对自由;对外政策独立自主,对各国一律平等,促进世界和平等。"九三"学社的这些主张,就其基本方面与中国共产党争取和平民主的方针是一致的,因而得到中国共产党和全国人民的赞同和支持。

4. 中国人民救国会(简称"救国会")。它是在原全国各界救国联合会的基础上建立起来的。1945年冬,鉴于争取抗日胜利、民族解放的任务已经完成,原救国会成员决定改组原全国各界救国联合会,建立中国人民救国会,制定新的政治纲领。1945年12月下旬,中国人民救国会在重庆召开成立大会。大会通过新的政治纲领,指出中国人民现阶段的革命任务是反帝反封建,革命的性质是资产阶级民主主义革命,最终由新民主主义革命走向社会主义革命,建立一个独立、自主、平等的人民共和国。当前的任务是消除内战,加强团结,结束国民党一党专政,成立民主联合政府。这表明中国人民救国会已接受了中国共产党的新民主主义革命理论与政策。大会选举产生了中央领导机构,推举沈钧儒为中央主席。中国人民救国会成立后,积极联络各界人士,开展反内战、争和平、反独裁、争民主的活动。

5. 三民主义同志联合会(简称"民联")。此党是由国民党内一部分爱国民主人士组成的政治组织,它是经过较长时间酝酿筹备后成立的。1941年,在中共南方局周恩来等的支持和帮助下,经国民党中央立法委员王昆仑、许宝驹与中共党员王炳南共同努力串联之后,于是年夏在重庆成立了中国民族大众同盟,它是由中国共产党领导并有共产党人参加的革命组织。1942年改名为“中国民族革命同盟”，抗战胜利后又改名为“中国民主革命同盟”。中国民主革命同盟不属于国民党民主派组织，但它与国民党内的爱国民主力量有着密切的联系，为民革及其他民主党派培养了重要骨干。1943年2月，由谭平山、王昆仑等人发起，在重庆召开民主革命同盟座谈会。8月，在座谈会的基础上筹备建立新的民主党派组织——三民主义同志联合会，1944年上半年开始吸收会员、开展活动。1945年10月28日，三民主义同志联合会召开第一次全国代表大会，宣告该会正式成立。大会选举了中央临时干事会，谭平山负总责。民联的政治主张是：接受三民主义及国民党“一大”宣言；国民党结束党治，建立民主联合政府；保障人民的民主权利；国内民主党派一律处于合法平等地位。在经济上实行民主主义的计划经济，节制私人资本，发展国家资本，平均地权。民联成立后，在国民党内进行了争取和团结工作，并参加了一些党派团体联合组织的反内战协会和其他和平民主运动。

6. 中国国民党民主促进会(简称“民促”)。此党亦为国民党内爱国民主人士组织的政治团体，它是以香港、桂林、广州等地的国民党爱国民主人士为基础建立起来的。早在抗战后期，李济深、何香凝、蔡廷锴等就开始酝酿组织政党问题，初定名为中国民主促进会，后来改名为中国国民党民主促进会。抗战胜利后，民促加紧了筹备工作。1946年4月14日，在广州召开了中国民主促进会成立大会，发表了《中国民主促进会成立宣言》，主张民促在政治上忠诚于孙中山的三民主义，实行民主，结束党治，国内各民主党派处于平等合法地位，建立民主联合政府；经济上实行民主主义计划经济，节制私人资本，发展国家资本，平均地权；军事上实行军队国家化等等。会议推举李济深、蔡廷锴、李章达等为常务理事，李济深为主席。民促成立后，在广州等地积极开展反蒋民主运动。

7. 台湾民主自治同盟(简称“台盟”)。这是由台湾同胞及海外台籍爱国民主人士组成的一个民主党派。1947年台湾“二二八”起义的失败，使台湾的革命者和进步人士深感必须建立一个统一的政治团体，制定明确的纲领，组织和发动台湾各界群众，才能坚持与敌人斗争到底并取得胜利。经过一段时间的筹备，1947年11月12日，谢雪红、杨克煌、苏新等在香港召开了台湾民主自治同盟筹备会第一次会员代表会议，正式宣告台盟成立。会议推谢雪红、杨克煌、苏新为台盟负责人，讨论通过了《台湾民主自治同盟纲领》等重要文件。台盟的基本政治主张是：设立民主联合政府，建立独立、和平、民主、富强与康乐的新中国；以实现台湾省之民主政治及地方自治为宗旨。台盟不是一个阶级的政党，而是代表台湾各阶层人民利益的政治团体。它的成立为台湾省内外同胞树立了一面革命斗争的旗帜，这对于团结广大台胞共同反对美帝国主义的侵略和蒋介石的独裁统治、支持人民解放战争、加速民主革命在全国的胜利将发挥重要作用。

8. 中国国民党革命委员会(简称“民革”)。这一党派的成立,标志着国民党民主派的大联合。这个大联合经过了较长时间的酝酿。1947 年 11 月 12 日,中国国民党民主派(“民促”、“民联”、“民主革命同盟”及其他国民党爱国民主分子等)第一次联合代表大会在香港召开。大会推举宋庆龄、李济深、冯玉祥、何香凝等 20 人为主席团成员,宋庆龄为总主席,李济深为副总主席,由李济深主持大会。1948 年 1 月 1 日,大会通过《中国国民党革命委员会成立宣言》、《组织总纲》、《行动纲领》等文件,选举产生了中央执行委员会和监察委员会,推宋庆龄为名誉主席,李济深为主席。民革宣告成立。民革在《成立宣言》中宣布:“脱离蒋介石劫掠下的反动中央,集中党内忠实于总理、忠实于革命之同志,为实现革命的三民主义而奋斗;并发布行动纲领,愿与全国各民主党派、民主人士携手并进,彻底铲除革命障碍,建立独立、民主、幸福之新中国。”[①]民革从酝酿到成立,是在中国共产党的支持和帮助下进行的。它的政治主张和行动纲领与中国共产党的最低纲领也基本上一致。它的成立,不仅从政治上,而且在组织上同蒋介石把持的国民党公开决裂,从而使国民党爱国民主力量的联合大大地推进了一步,促进了国民党内部的分化,使国民党反动势力更加孤立,标志着人民民主统一战线的扩大和巩固。

在新的民主党派不断建立的同时,原来的民主党派也在抗战胜利后以及国民党统治区的爱国民主运动中得到进一步发展壮大。

中华民族解放行动委员会为适应革命形势的发展,更好地担负起历史赋予的使命,于 1947 年 2 月 3 日在上海召开了第四次全国干部会议,决定将该党易名为中国农工民主党。会议第一次进行公开反省和自我批评,并在政治上开始较大的转变和进步,这就是从联共到拥共的转变,公开明确地宣布参加中共和各民主党派的联合战线。这对于农工民主党成员参加中国人民的解放事业起到了积极的作用。

中国致公党(简称“致公”)是 1925 年 10 月 10 日成立的一个以海外华侨特别是海外洪门人士为基础的政党。该党工作曾一度停顿,1946 年该党在重庆的部分成员在中共的支持与具体帮助下,经过细致而艰难的筹备,于 1947 年 5 月 1 日在香港召开了致公党第三次代表大会。这是该党历史上一次极其重要的会议。它使该党获得新生,具有划时代的意义。从政治上看,“三大”使该党明确了中国革命的敌人是帝国主义、封建主义和官僚资本主义,革命的目标是民族解放,结束国民党一党专政,成立民主联合政府,并且从这时开始承认中共的领导

① 于刚等:《中国各民主党派》,中国文史出版社 1987 年版,第 419、420 页。

地位，这在政治上向前进了一大步；从组织上看，他们采取重新登记的办法，清除不良分子，吸收非洪门人士入党，增强了组织的活力；从领导成员看，这次会议选举的中央领导机构成员，大多数经历过长期斗争实践，有高度的爱国热情，与中共保持密切联系，还选进了一些非洪门人士进领导机构，加强了领导核心的力量。“三大”后，致公党由一个旧民主主义政党变为新民主主义政党，成为中共领导的人民民主统一战线的组成部分，标志着致公党的历史方向发生了根本的转变。

在人民解放战争步步胜利的形势下，国民党反动派更加疯狂地镇压民主运动。1947 年 10 月 27 日，国民党政府宣布民主同盟为“非法团体”。11 月 6 日，民盟总部被迫宣布解散。民盟的被迫解散，宣告了中国资产阶级中间路线即“第三条道路”的彻底破产，宣告了国共两党之外的第三大党运动的彻底失败。

民盟总部虽然在国民党的压力下被迫解散了，但民盟各地方组织都转入地下继续斗争，为民盟总部恢复准备了组织基础。

1948 年 1 月 5 日至 19 日，沈钧儒、章伯钧等在香港主持召开了民盟一届三中全会，标志着民盟的新生。会议通过了《三中全会紧急声明》、《三中全会政治报告》、《三中全会宣言》等决议案。全会在分析国内外形势的基础上确立了拥共反蒋的政治路线。《三中全会宣言》提出了在新形势下民盟的基本政治主张：(1)反蒋；(2)消灭封建土地制度和没收官僚资本；(3)反美；(4)拥共。全会提出民盟要与一切民主党派结成坚强的民主统一战线。民盟一届三中全会确立了反美反蒋、与中共携手合作的新的政治路线，抛弃了内部的中间路线，这是民盟历史上的重要转折点。从此，民盟在中国革命道路上迈开了新的一步。

民主革命时期的民主党派的性质如何？民主党派的纲领是什么性质的？这些问题在学术界存有争议。

1. 民主党派的性质

中国民主党派的性质问题，并不是一个新问题。从我国民主党派的形成发展至现在，中国共产党对其性质的认识和判断曾几经变化。学术界对民主党派性质也有一个认识过程。

建国伊始，李维汉在《人民民主统一战线的新形势与新任务》一文中说：“各民主党派均对一定的社会阶级或阶层，主要对民族资产阶级、城市小资产阶级和它们的知识分子，有不同程度的联系和代表性；但都是阶级联盟的性质，不是单一阶级的政党。过去他们有过不同程度的参加民族民主运动及同我党合作的历史，中国人民政治协商会议召开后，它们都参加了民主联合政府，都宣告以共同纲领为自己的纲领，并接受中共领导。这就说明了它们基本上都是新民主主义性质的政党"[1]。这代表了建国初期中国共产党对民主党派性质的判断。

1957年开展反右派斗争后,对民主党派性质的判断变化了,认为民主革命时期的民主党派"是资产阶级性质的党派"。1958年3月15日,《光明日报》发表了《民主党派的性质、作用和所处的政治地位》一文,作者说:民主党派的社会基础是"民族资产阶级、上层小资产阶级及其知识分子";民主党派的"政治理想是要在我国建立资产阶级共和国";民主党派的"政治主张和政治实践反映了中国民族资产阶级和上层小资产阶级的两面性"。作者说:民主党派"既不满国民党反动政府的独裁统治,也不完全同意中国共产党的革命路线;而且它们之中,有的当时还只打算在保持国民党统治的基础上,用改良的方法取得若干政治上和经济上的民主与自由。他们对民主主义革命的态度都是不坚决的,是动摇的"。作者从多方面作了论证,断定民主党派是"属于资产阶级性质的政党"。不仅如此,作者还认为,"不论在民主革命时期或者社会主义革命时期",它们都是"属于资产阶级性质的政党"。[2] 显然,这篇文章的许多观点是错误的。1960年8月14日,李维汉在《学习毛主席著作,逐步改造世界观》的讲话中,也改变了原先的观点,认为民主党派"都是资产阶级性的党派,不论过去或者现在,都在不同的具体历史条件下反映着民族资产阶级的两面性及其政治分野"[3]。

十一届三中全会以后,对民主党派是"资产阶级政党"的观点提出了异议,认为这种观点背离了实事求是的原则。1983年《红旗》第七期发表《新时期的统一战线》一文,提出"各民主党派从来不是单纯的资产阶级政党,而是具有或带有统一战线和阶级联盟的性质"的政党。作者论证说:民主党派的"社会基础主要是民族资产阶级、城市小资产阶级和它们的知识分子,也有一批革命知识分子和共产党员参加,它们在民主革命时期的政纲带有新民主主义性质(有些右翼分子主张中间路线,但没有形成主导地位);在行动上,其基本的方面,也是同共产党合作的。所以,各民主党派从来不是单纯的资产阶级政党,而是具有或带有统一战线和阶级联盟的性质"[4]。此后,《中国民主党派史》[5]、《中国各民主党派》[6]、《统一战线概论》[7]等著作及不少论文,进一步阐发了民主党派是阶级联盟性质的政党的观点。理由是:从阶级基础来看,民主党派的成员大体可分为三部分人:

---

① 李维汉:《统一战线问题与民族问题》,人民出版社1982年版,第10页。

② 张执一:《民主党派的性质、作用和所处的政治地位》,载1958年3月15日《光明日报》。

③ 李维汉:《统一战线问题与民族问题》,人民出版社1982年版,第278页。

④ 杨静仁:《新时期的统一战线》,载《红旗》1983年第7期。

⑤ 邱钱牧:《中国民主党派史》,浙江教育出版社1987年版。

⑥ 于刚:《中国各民主党派史》,中国文史出版社1987年版。

⑦ 林远主编:《统一战线概论》,华东师范大学出版社1987年版。

(1)“民族资产阶级和上层小资产阶级及其知识分子。”“反映这部分社会基础的代表人物和成员”,大体是“早年就追随孙中山进行革命斗争的资产阶级民主主义革命家”。还有“民族资本家、实业家和与他们相联系的知识分子”,“小资产阶级及其知识分子”。这些人“是民主党派的主体部分”。(2)其他爱国民主人士,包括“爱国华侨和港澳台胞”;还有从“统治集团内部分化出来的反对派、民主派”,以及“一些带资本主义色彩的地主买办阶级的代表人物”。以上这几种人“是民主党派中一支重要的力量”。(3)“革命知识分子”,其代表人物和成员主要是进步学者、教授、专家、新闻出版工作者。此外,“民主党派中还有少数共产党人”。从阶级基础来看,民主党派是以民族资产阶级和上层小资产阶级为主,但他们不是单一的资产阶级政党。从政治纲领来看,总的来说,其纲领从民主立宪一直到新民主主义革命都有。“民主党派的政纲基本属于资产阶级旧民主主义的范畴,但它不是单纯的资产阶级政纲,它又具有新民主主义的性质;或者我们也可以说,民主党派的最高奋斗目标,即资产阶级共和国的政治理想,属于旧民主主义的范畴,而民主党派最迫切、最现实的反帝爱国、要求民主的政纲则与中国共产党的最低纲领的要求基本相同,因而具有明显的新民主主义性质。”“从政治上来看,说民主党派是旧民主主义的政党或新民主主义的政党都是不确切的”。比较适当的说法应该是:“民主党派是以民族资产阶级和上层小资产阶级为主体的具有阶级联盟性质的革命爱国政党。”[①]有人认为,所谓“阶级联盟”性质的党,实际上主要是代表民族资产阶级、小资产阶级利益的党。说如果“否认他们主要是代表民族资产阶级、小资产阶级,那么也就否认了民主党派的历史地位和历史作用”[②]。

也有一些论者认为,民主党派是“小资产阶级政党”、“小资产阶级知识分子的政党”。[③] 有的说,中国民主同盟是以“小资产阶级知识分子为中心的政治联盟”[④]。有的学者指出,中国“各民主党派是以知识分子为主体的干部型政党”,“汇集着大量的知识分子和专家学者,民主党派同知识分子问题存在着内在的必然联系。[⑤]

2. 民主党派的纲领

民主党派的纲领是什么性质的?是旧民主主义性质还是新民主主义性质?

---

① 张军民:《试论我国民主党派的性质》,载《北方论丛》1985年第4期。

② 《统一战线的理论和实践讲课稿》,中央社会主义学院统战理论教研室1984年编印,第71页。

③ 参见1958年3月15日《光明日报》。

④ 参见杜任之《中国民主同盟的性质、任务及其前途》,载《中国民主同盟的历史、性质与任务学习参考资料》,中国民主同盟宁夏省支部1953年编印,第14页。

⑤ 参见周淑真《政党和政党制度比较研究》,人民出版社2001年版,第316～317页。

主要有两种观点。

其一,带有新民主主义性质。早在1947年11月,新华社时评就对民盟的政纲发表了评论,"民主同盟在若干历史关节中,实行了与中共在部分民主纲领上的政治合作"①。1983年《红旗》杂志发表《新时期的统一战线》一文,认为民主党派"在民主革命时期的政纲带有新民主主义性质"。② 同年,《红旗》第23期发表《略论中国民主党派的历史道路》一文,又继续阐述以上观点,认为"各民主党派成立时期的政纲,主要是反帝爱国和要求民主。这同中国共产党的最低纲领即在新民主主义革命阶段的纲领的要求是基本一致的"③。

其二,具有新民主主义和旧民主主义两重性。"主要表现在大多数民主党派的最高奋斗目标都是要建立以三民主义为最高准则的西方资产阶级议会制为模式的民主共和国。在它们的政纲和政治主张中,强调三民主义是'救中国之惟一良方',主张以西方资产阶级议会政治为榜样,把中国造成一个'十足道地的民主国家'。"但是,"另一方面,民主党派的纲领中贯彻始终的是反帝爱国和反对以国民党为代表的大地主大资产阶级专政的民主要求,又具有鲜明的新民主主义性质,这种要求是和中国共产党在民主革命时期的最低纲领的要求基本一致的"。总之,民主党派的政纲既有"旧民主主义的局限性",又有"鲜明的新民主主义性质"。④ 又有一种观点,认为民主党派政纲的两面性,不是各占一半,平分秋色,也不是前后一致、凝固不变的。论者认为,"中国民主党派开始形成时的政治纲领基本上是旧民主主义的"。但是,"进步的一面随着革命的发展而发展和扩大,其错误倾向,则随着革命斗争的深入而不断地被克服,最后达到与新民主主义纲领完全一致"。这种"进步性,与新民主主义纲领的一致性,是占主导地位的,是代表其发展方向的"。"从基本上是旧民主主义性质的纲领,发展到接受中国共产党的新民主主义纲领,进而执行社会主义纲领,这就是民主党派政治纲领的发展道路。"⑤从以上论述说明,近几年来学术界对民主党派政治纲领的分析已逐步深化,但对区分新旧民主主义革命纲领的标准尚较模糊,有待于进一步研究。

二、新政协运动与多党合作制的正式形成

1947年7～9月,人民解放军发动了全面的战略反攻,这是中国民主革命走

---

① 《蒋介石解散民盟》,载1947年11月10日《晋察冀日报》。

② 《新时期统一战线文献选编》,中共中央党校出版社1986年版,第291页。

③ 《中国民主党派历史资料选辑》上册,华东师范大学出版社1985年版,第70页。

④ 林远主编:《统一战线概论》,华东师范大学出版社1987年版,第106页。

⑤ 陈志远:《试论我国民主党派的政治纲领及其发展》,载《南开学报》1986年第5期。

向胜利的伟大历史转折点。10月,中国共产党在《中国人民解放军宣言》中提出:"联合工农兵学商各被压迫阶级、各人民团体、各民主党派、各少数民族、各地华侨和其他爱国分子,组成民族统一战线,打倒蒋介石独裁政府,成立民主联合政府。"[①]12月,毛泽东在《目前形势和我们的任务》的报告中重申了这个纲领。中国国民党革命委员会的成立和中国民主同盟的新生,使中共关于"组成民族统一战线、成立民主联合政府"的政治主张获得了更加广泛的社会基础。情况表明,各革命党派、人民团体及社会贤达共同协商国家大事的条件已经成熟。因此,中国共产党在1948年4月30日发布纪念"五一"劳动节口号时提出了"各民主党派、各人民团体及社会贤达,迅速召开政治协商会议,讨论并实现召集人民代表大会,成立民主联合政府"[②]的号召,立即得到各民主党派、各人民团体、无党派民主人士和海外华侨的积极响应。5月5日,各民主党派和无党派民主人士的代表在香港联名通电全国,并致电中共中央主席毛泽东,响应中央"五一"号召,并以香港为中心开展了新政协运动。

为了更好地保障新政协会议的召开,筹备建国工作,中共中央邀请香港等地各民主党派及无党派人士来解放区。中共中央代表与抵达东北解放区的民主党派和民主人士代表就新政协的性质、任务等问题取得了一致的意见。

在新政协运动中,各民主党派和民主人士政治态度的一个重大飞跃就是公开声明拥护和接受中国共产党的领导。1949年1月22日,李济深等55名民主党派负责人和民主人士发表对时局的意见,表示"愿在中共领导下,献其绵薄,共策共进,以期中国人民民主革命之迅速成功,独立、自由、和平、幸福的新中国早日实现"[③]。这是民主党派的历史性选择。

1949年4月,中共和各民主党派开始进行新政协的筹备工作。6月、9月召开新政治协商会议筹备会第一、二次会议,并在第二次会议上将新政治协商会议改名为中国人民政治协商会议。在各项必要的准备工作就绪后,于1949年9月21日至30日,在北平举行中国人民政治协商会议第一届全体会议。会议通过了《中国人民政治协商会议共同纲领》。共同纲领指出:(1)中国人民由被压迫地位变成新社会新国家的主人,以人民民主专政的共和国代替封建买办法西斯专政的国民党反动统治。(2)我国人民民主专政是工人阶级、农民阶级、小资产阶级、民族资产阶级及其他爱国民主分子的人民民主统一战线的政权,而以工农联盟为基础,以工人阶级为领导。(3)由中国共产党、各民主党派、各人民团体、各

① 《毛泽东选集》第4卷,第1237页。

② 1948年4月30日《解放日报》。

③ 《中国民主同盟历史文献》,文史资料出版社1983年版,第505页。

地区、人民解放军、各少数民族、国外华侨和其他爱国民主分子的代表所组成的中国人民政治协商会议就是人民民主统一战线的组织形式。这表明:第一,共同纲领的制定,使我国民族统一战线发展到了一个崭新的阶段。1924年,中国共产党提出了统一战线的主张,实现了同孙中山领导的国民党的合作,后来由于蒋介石的破坏,国共分裂;抗日战争爆发,中共倡导的抗日民族统一战线形成,国共再度合作,但国民党实行一党专政,不能平等地对待其他抗日的革命党派,因而抗日民族统一战线虽然建立起来,但没有得到充分的发展。而中国人民政治协商会议的召开就使统一战线成为全国规模的反对帝国主义、封建主义和官僚资本主义的人民民主统一战线。由于人民政协会议是在全新的政治基础上召开的,因而它具有代表全国人民的性质,成为真正民主的、完全平等协商的政治组织。第二,人民政协第一届全体会议代行全国人民代表大会职能,其首要任务是规定新中国的各项基本制度。会议通过的《共同纲领》是中共与各民主党派为之奋斗的共同目标,也是实行中共领导的多党合作和政治协商制度的政治基础。中国人民政治协商会议产生了中央人民政府,各民主党派的领导人分别参加了各级人民政府,并担任了许多重要领导职务,成为新民主主义政权组成成员之一,在中共领导下,与共产党一道担负起管理国家和建设国家的历史重任。因此,中国人民政治协商会议的成功召开,是中国历史上一个重要里程碑,它既是中国一百多年来民主革命及三十年民族民主统一战线胜利果实的标志,同时,也是中国共产党领导的多党合作和政治协商这一基本政治制度正式形成的标志。

首先,各民主党派都宣告以《共同纲领》作为自己的政治纲领,都表示愿为实现新民主主义而奋斗。民革1949年11月通过组织总章,提出“愿为建设新民主主义的人民共和国而奋斗”,“拥护工人阶级及中国共产党领导的人民民主专政的联合政权,以实现共同纲领”。[①] 民盟代表沈钧儒在人民政协第一届全体会议上发言指出:“中国革命的经验,世界各国的经验告诉我们,旧民主主义的道路走不通,产业落后的中国,只有从新民主主义才能通到社会主义和共产主义的道路。”“各级政府机构要采取民主集中制……而不是采取相互牵制三权分立的英美议会制度。这样才能巩固人民的政权,而使国家得到长治久安。”[②]

其次,共同纲领的通过,表明各民主党派从此开始自觉地接受中国共产党的领导,共产党领导的多党合作成为我国基本的政治制度。在抗日战争和人民解放战争时期,各民主党派也接受过共产党的帮助和支持。但这种相互支持、相互帮助以及领导与被领导的关系没有规范化,也不具有法律效力。只有中国人民政治协

① 《中国国民党革命委员会的历史道路》,湖南人民出版社1987年版,第190~191页。

② 《中国民主同盟历史文献》,文献资料出版社1983年版,第587页。

商会议通过的具有临时宪法性质的共同纲领才使中国共产党与民主党派的合作关系获得了宪法性质的保障；也只有各民主党派都以共同纲领为本党的纲领，才是正式确认新民主主义的道路，并在共产党的领导下，为新民主主义而奋斗。

综上所述，中国人民政治协商会议的召开，共同纲领的制定，人民民主专政政权的建立，标志着中共领导的多党合作的政治局面的正式形成。共产党领导的多党合作和政治协商的政治制度在中国正式确立。

中国共产党领导的多党合作和政治协商制度，是中国民族民主革命统一战线不断发展、演变的结果。这种政治制度完全符合中国国情，是中国长期革命历史合乎规律的发展的产物，是在中国特殊的国情这个大环境中培育起来的具有中国特色的新型的政党制度。它的基本特征是：

第一，我国多党合作的政治制度，是以接受中国共产党的领导为前提条件的。中国特殊的国情决定了中国共产党同各民主党派特殊的历史关系，使各民主党派一开始就处于与中共的密切合作之中，并受到中共的深刻影响。在历史的发展过程中，这种影响逐步上升为思想上以至政治上的领导。由于中共各项方针政策深得民心以及它对民主党派的平等的态度，使各民主党派都积极响应中共的号召，踊跃参加中国人民政治协商会议，愉快地参加到中共领导的多党合作的政治体制中，与中共共同创建人民政权。对中共来说，此举大大提高了新生政权的代表性与合法性，在国内各阶层和国际社会中产生了良好的政治影响；对民主党派来说，由于对中共领导地位的认同，本身也就获得了可靠的政治保障，确立了他们在新中国的重要政治地位，多党合作的政治载体才得以确定。另一方面，我国国体的实质是无产阶级专政，而无产阶级专政的根本特征，就是坚持无产阶级（通过共产党）的领导，这是时代赋予无产阶级的历史使命。中国共产党是以马克思主义武装的无产阶级的先锋队，是代表无产阶级和全体劳动人民的政党，是新中国国家和社会的惟一领导核心。民主党派作为我们国家的政党组织，多党合作作为与我国政体——人民代表大会制度相适应的发扬人民民主的基本政治制度，首要的是要以接受共产党领导为前提。我国所有的民主党派在参加政协会议前都正式宣布接受中国共产党的领导，并且以后在它们历次党章中一再重申这一点，这已成为民主党派的政治准则。

第二，在我国多党合作政治体制运行中，中国共产党与其他民主党派一直坚持政治协商的原则。1946 年 1 月召开的政治协商会议，是多党派政治协商在中国政治生活中的第一次尝试。在这次会议上，中共代表周恩来在报告国共两党会谈经过时，总结了党派协商的经验教训：第一点是互相承认，不要互相敌视；第二点是互相商量，不要独断；第三点是互相让步，不要独霸；第四点是互相竞争，不要互相抵消。周恩来指出："以上四点，是从九年来双方商谈中得来的痛苦经验与教训，虽似泛论，但很希望各位先生和全国人民了解，这是一种由衷之言。我们诚恳希望在这次政治协商会议上，能够认识到这方面。"[①]周恩来总结的多党派政治协商的原则，在当时即得到各民主党派的认同，对后来我国多党合作与政治协商制度的形成也具有重要的指导意义。

中国共产党倡导的政治协商原则和实践在1949年新政协会议的筹备与召开期间得到了充分的体现。会议的圆满成功就是中共与各个方面政治协商的结果。会后，政治协商的原则就成为中国民主政治的一个重要组成部分，成为多党合作的重要方式之一。在通常情况下，统一战线内部、各党派之间的关系是通过协商来调整的。国家事务中的重大问题也是经过协商一致后才决定的。采取这种政治协商的方式，有利于执政党发扬民主，加强和改善领导，也有利于各民主党派和民主人士畅抒己见，参政议政。

第三，我国多党合作体制作为国家的一项基本的政治制度，具有长期性、稳定性，不是权宜之计。这主要表现在中国共产党是从法律的层次上，把多党合作和政治协商制度规定为我国的基本政治制度之一，这就保证了多党合作在我国政治地位的稳定和政治作用的发挥。1945年，毛泽东在中共"七大"《论联合政府》的报告中提出由中共和各进步党派及无党派进步人士共同组织民主联合政府的问题，开始考虑把无产阶级政党与各民主党派的合作，由统一战线性质的层次上升到国家的一种基本的政治制度的层次上来。中国人民政治协商会议第一届全体会议通过的新中国临时宪法性质的共同纲领中明确规定：中华人民共和国为新民主主义国家，政权是由中国工人阶级、农民阶级、小资产阶级及其他爱国民主分子组成的人民民主统一战线政权，这个政权以工农联盟为基础，以工人阶级为领导。把这个规定运用到党派关系上，就是中国共产党（代表工人阶级、农民阶级）和各民主党派（代表民族资产阶级、城市小资产阶级和其他爱国民主分子）的多党合作的政权。这就是说，我国的多党合作的政治制度从这次会议通过的共同纲领起，就以法律的形式确定下来了，并正式纳入了新中国的基本政治制度体系。之后，这种新型政党制度之多党合作和政治协商的基本原则及其运行机制，在长期的实践中，获得了进一步的明确与完善。

综上所述，我们可以得出如下结论：

第一，在半殖民地半封建的中国，民族资产阶级、城市小资产阶级及其知识分子，政治上受压迫、经济上受束缚的状况，决定了代表这个阶级、阶层的各民主党派，必定拥护和参加反帝国主义、反封建军阀的革命运动。由于他们所处的阶级地位及其特殊的政治地位和社会地位，在民主革命过程中，起着特殊的不可低

① 《周恩来统一战线文选》，人民出版社1984年版，第114页。

估的作用，他们的向背，往往成为我们同国民党反动派斗争时决定胜负的重要因素。各民主党派为推翻帝国主义、封建主义和官僚资本主义在中国的统治，进行了不懈的斗争。在斗争中他们都走上了与中国共产党团结合作的道路，为中国共产党领导的多党合作的政党体制的确立作出了重要贡献。

第二，中国共产党领导的多党合作和政治协商制度，是伴随着新民主主义革命的发展，在中国这块沃土上成长起来具有中国特色的政党制度。它是和我国社会状况、政治状况分不开的，特别是和中国的阶级斗争的特点分不开的。列宁主义为共产党坚持统一战线中的领导权和无产阶级专政的国家政权组织形式，提供了理论基础和具体模式，中国的社会政治状况又决定了多个政党存在，两者的巧合，就形成了这种具有中国特色的政党制度。因而它既合国情，又切民意。

【导　读】

1. 罗涵先主编：《中国共产党领导的多党合作》，北京大学出版社 1991 年版。该书比较全面地叙述了中国共产党领导下的多党合作的历程、发展爱国统一战线、发挥政协作用的重大意义以及各民主党派的共同任务等重要问题；介绍了八个民主党派在新民主主义革命阶段的发展简史。

2. 萧超然主编：《中国政治发展与多党合作制度》，北京大学出版社 1991 年版。

3. 林治理等主编：《中国民主党派简史》，江西人民出版社 1995 年版。

4. 朱汉国：《中国政党制度史》，安徽人民出版社 1995 年版。

5. 邱钱枚：《中国民主党派史》，浙江教育出版社 1987 年版。

6. 陈旭麓主编：《五四以来政派及其思想》，上海人民出版社 1987 年版。

7. 曹健民主编：《中国民主党派的历史和现状》，中国人民大学出版社 1994 年版。

8. 邱钱枚：《民主党派史研究述评》，载曾景忠编《中华民国史研究述略》，中国社会科学出版社 1992 年版。

9. 张忆军主编：《风雨同舟七十年：中国共产党与民主党派关系史》，学林出版社 2001 年版。

10. 杨淑娟：《中共领导的多党合作史稿》，河南人民出版社 1992 年版。

【思考与讨论】

1. 试分析我国民主党派的历史特点。

2. 了解各民主党派在民主革命时期的政治纲领。

3. 试论中国共产党领导的多党合作的形成及其特点。

第六章 现代三大文化思潮与文化论争

五四新文化运动以来的中国思想文化舞台上,主要活跃着三大文化思潮,它们是自由主义、文化保守主义与马克思主义。这三大思潮是三个鼎立的、互相抗衡的价值系统,三者的联合与对抗,形成了中国现代史上文化思潮的主要格局和发展趋势。

一、自由主义思潮

中国的自由主义者在文化上基本上是一些不同程度的西化论者。作为西化派,他们对传统文化持批判乃至否定的态度,全面肯定西方近世文明的优越性,主张用西方文化来批判、改造乃至取代中国文化,实现以西方文化为体的中西结合或全盘西化。基于西方文化的价值观,他们主张个人本位、文化多元与科学主义。

自由主义在政治上的基本特征是主张渐进、温和的改良,反对激烈的革命。由严复、梁启超等维新派开启的自由主义思潮,由于坚持渐进论,随着反清革命的发展,很快被淹没在激进主义的声浪中。民国成立后,自由主义思潮复苏,并很快在新文化运动中走向高潮。新文化运动时期,自由主义思潮最典型的代表人物是蔡元培和胡适。蔡元培作为近代中国杰出的教育家,把自由主义推行到学术和教育层面。他在阐述自己办大学的指导思想时说:“大学者,囊括大典网罗众家之学府也。”于教育如是,对于学术“仿世界各国大学通例,循‘思想自由’原则,取兼容并包主义”[①]。在他的倡导下,北京大学成为荟萃各种人才、容纳各派学说的场所。当时,北大学派林立,百家争鸣,他本人也成了“兼收并蓄”、“学术自由”的象征。胡适自由主义思想表现在人生观上,他鼓吹易卜生主义,提倡个人主义,喊出了“世界上最强有力的人就是那个最孤立的人”的口号;在社会政治生活中,他主张“一点一滴的改造”,反对根本解决;在东西文化论战中,号召以

① 《蔡元培全集》第3卷,中华书局1984年版,第210、271页。

“评判的态度”重估贞操、孝道、孔教等传统的价值，要求全力西化。

此后，胡适成为中国自由主义的主要代言人。20世纪20年代初，他致力于提倡“好人政府主义”，其所涉及的政治监督、谋全民的谋利、发展个性、宪政的政府、公开的政府等主张，一直是自由主义者所追求的政治目标。20世纪30年代，胡适、罗隆基等提出“反对摧残人权，要求保障自由”的口号，掀起了一场“人权运动”，与国民党的专制暴政进行了抗争。他们还在文化上与国民党发起的复古主义进行斗争。胡适在1929年用英文写的《中国今日的文化冲突》一文中用了“wholesale westernization”一词，意为“全盘西化”。胡适虽然是最早使用“全盘西化”一词的人，但他主张的是“充分西化”或“充分的世界化”。陈序经于1934年1月出版了《中国文化的出路》一书，他在此书的“绪言”中认为中国文化的出路不外三种：一是复古，二是折中，三是全盘西化。他认为“折中的办法既办不到，复古的途径也行不通”，“我们的惟一办法，是全盘接受西化”。此外，张佛泉提出“从根上西化才是我们民族的出路”。[①] 西化派与受国民党当局暗示的“中国本位文化”论进行了论战。

“九一八”事变后，随着民族危机的发展，自由主义者逐渐采取与国民党政府合作的立场，他们中有不少人参加了国民党政权。抗日战争爆发后，胡适出任了国民政府的驻美大使。在抗日救亡的洪流中，自由主义者“独立”的声音趋于低落。

抗日战争胜利后，自由主义者又一度活跃起来。他们从国共两党的对峙中发现了有可能实现其政治理想的机会，幻想在国共两党的建国方案外走“第三条道路”。这一时期，除胡适等少数人仍坚持个人本位的自由主义外，大多数自由主义者转而主张兼采自由主义与社会主义的“新自由主义”，主张“在政治上和文化上自由主义者尊重个人，因而也可说带了浓厚的个人主义色彩，在经济上，鉴于贫富悬殊的必然结果，自由主义者赞成合理的统制，因而社会主义的色彩也不淡”。[②] 内战的炮火很快打破了自由主义者“和平—改良”的梦幻。1949年，随着共产党在大陆取得胜利，国民党溃败到台湾，自由主义阵营最终分裂，胡适、傅斯年等辗转去了台湾，罗隆基、章乃器、章伯钧、储安平等留在大陆。

自由主义之所以在中国遭受命运不济的冷遇，从客观上讲，是由于国民党政权坚持独裁，共产党人坚持暴力革命，缺乏自由主义者施展抱负的社会环境。从主观上讲，是由于其本身思想脆弱，理论浅薄，作为其阶级基础的民族资产阶级

① 张佛泉：《西化问题之批判》，载《中国本位文化建设讨论集》，（台）帕米尔书店1980年版，第225～226页。

② 《自由主义者的信念》，载1948年1月8日上海《大公报》。

也软弱无力。与西方自由主义相比,中国还没有出现像穆勒《论自由》、海耶克《自由之构成》这类理论巨著。

二、文化保守主义思潮

文化保守主义主张以中国传统文化作为建构新文化的主体,肯定中国文化高于西方文化;对传统文化,认同多于批判,主张弘扬传统道德与人文精神;对西方文化,批判多于认同,认为西方文化的成就主要是在科学技术、物质文明方面,怀疑以至排斥西方以个人为本位的价值系统、精神文明;分割科学与人生、社会的关系,强调科学不能支配人生观,认为人生观问题的解决应反求诸己,靠内心修养。文化保守主义起源于清末以康有为为首的"今文经学"派和章太炎为代表的"国粹"派,而在民国时期获得较大的发展。

民国初期,具有文化保守主义特征而与新文化运动前期激进文化思潮分庭抗礼的主要是以下三派:(1)以康有为为代表的孔教派。他和他的弟子于1913年9月成立"孔教会",出版《孔教杂志》,开办孔教大学,甚至提议定孔教为国教,试图借此提倡儒学,以与基督教相抗衡;(2)以《东方杂志》主编杜亚泉(笔名伧父)为代表的东方文化派。他们以鼓吹东西文化调和为名,实则主张西方的物质文明可以吸取,东方的道理伦理不宜改变,要求以儒家思想"统整"国内思想界,并以东方静的精神救济西方动的文明;(3)以林纾、辜鸿铭为代表的更具守旧色彩的一帮文人。林纾反对新文化运动提倡白话文及抨击孔教,辜鸿铭在其《中国人的精神》等论著中,鼓吹儒家文明的永恒价值,宣扬东方文明救西论。以上派别虽站在新文化运动的对立面,但绝不同于只认同传统而不批判传统、只排拒西学而不吸收西学的文化传统主义者。

"五四"后期,文化保守主义思潮在哲学、文学、史学领域都有所表现,形成了较为可观的阵势。在文化哲学领域,先有梁启超在1920年发表《欧游心影录》一书,宣告科学已经破产、西方文化已经破产,断言中国只能以"自己的文化"为基础造出一种新的文化系统,并以此拯救、超拔欧美。接着,梁漱溟于1921年出版了《东西文化及其哲学》,这是第一部对现代新儒家的思想方向具有定位意义的著作。梁漱溟在这部著作中通过中、西、印三大文化系统的比较,展开了"西方文化已经破产"的命题,预言世界未来文化就是"中国文化之复兴",强调儒家思想才是中国传统文化的核心,尤其是强调宋明理学的伦理精神。玄学派主将张君劢则展开了梁启超关于"科学破产"的命题。在1923年至1924年的"科学与人生观"论战中,强调世界区分为自然领域和人文领域,认为科学可以提供关于自然领域的知识,但不能为人文领域提供价值,解决人生和社会问题不能靠科学而只能靠直觉的了解，认为宋明理学为人们提供了安心立命之本。张君劢强调科学与价值的分野，“确立了现代新儒家的另一重要的精神方向，即不仅是对于‘五四’反传统主义的保守回应，而且是对于当时颇为盛行的科学主义的反动”[①]。

在文学领域、史学领域，1922 年创刊的《学衡》杂志，会集了一批文史专家，如吴宓、梅光迪、胡先骕、王国维、陈寅恪等，成为文化保守主义的重阵。“学衡”派对新文化运动的道德革命和白话文运动提出了尖锐的批评，指责道德革命动摇了中国社会的基础而使中国积贫积弱，攻击白话文除产生满纸“的啦吗呀”之小说及散文外无任何成绩可言。文学方面以梅光迪为代表，他曾深受美国白壁德“新人文主义”的影响，认为中国在文化复兴时代，向传统挑战固有其必要，但不应仅以进化论为评判标准，这样就否定了“恒常性”的一面，而应以“世界性观念”作为评判标准，声称这种观念存在于“学者与君子合一”的儒者之道中。史学上则以王国维为代表，他前期致力于西方哲学及文学研究，深受叔本华哲学的影响。民国初年出现“国几不国”的混乱局面后，他将其归咎于西学传播，由对西学的心灰意冷，转向了中国旧学，晚年主要从事古文字、古器物、古史地的考订研究。

20 世纪 30 年代以后，尤其是抗战期间，文化保守主义思潮获得了长足的发展。在哲学领域，现代新儒学作为一个文化流派开始形成，并成为文化保守主义思潮的主流。熊十力在 1932 年发表了《新唯识论》文言文本，于 1944 年又推出了《新唯识论》语体文本。他以重建儒学本体论为宗旨，以宋明理学的精神，即从心性论的角度阐释《周易》，提出了“体用不二”、“翕辟成变”等命题。冯友兰虽受过严格的现代西方哲学教育，但他自觉地以程朱理学为自己的直接先导，宣称自己不是“照着讲”，而是“接着讲”，表明了“新理学”与程朱理学之间既继承又发展的关系。贺麟则将现代西方新黑格主义哲学与陆九渊、王阳明的主观唯心论融会贯通，创立了自己的思想体系——“新心学”。

20 世纪三四十年代，在哲学领域，除新儒学外，还有非主流的“文化建设派”和“中国本位文化派”。为进行复古主义宣传，1934 年 10 月，国民党“CC”派成立“中国文化建设协会”，同时在上海创办《文化建设》月刊，陈立夫在该刊发表《中国文化建设论》等文，提出“文化建设”是要恢复中国的固有文化与道德，同时采取外国的科学技术。在陈立夫的授意下，陶希圣等十位教授于 1935 年 1 月发表《中国本位的文化建设宣言》，强调文化建设要以中国本位为基础。这两个派别实际上都是重弹洋务派“中学为体，西学为用”的调子，对儒学人文精神并没有作出什么新的诠释。

---

① 方克立：《现代新儒学的发展历程》，载《南开学报》1990 年第 4 期。

在史学领域，这一时期保守主义思潮的主要代表是钱穆。他在1937年出版了《中国近三百年学术史》，于1939年出版了《国史大纲》，于1943年出版了《文化与教育》。他认为，文化是民族的生命，中华民族五千年来绵延不断，靠的就是传统文化的“优异”价值。

20世纪三四十年代文化保守主义的活动主要有：1939年，梁漱溟、熊十力、马一浮在四川乐山乌龙寺办复性书院；次年，梁漱溟在重庆北碚主持勉仁中学和勉仁书院；张君劢在云南大理创办民族文化书院。这些书院的宗旨都是复兴并弘扬中华文化，传播新儒学。文化保守主义者还创办了一些刊物，宣传他们的主张。1941年，由迁徙到遵义的浙江大学的张荫麟、谢幼伟等人创办了《思想与时代》杂志。贺麟在其创刊号上发表了《儒家思想的新开展》，首先使用了“新儒家思想”、“新儒学运动”的概念，并认为民族文化的复兴主要是儒家文化的复兴，被视为“现代新儒家的宣言”。张君劢先后创办了《再生》、《自由钟》杂志，为“儒家思想的新开展”积极呐喊。

解放战争时期，熊十力出版了《十力语要》四卷，梁漱溟于1949年6月写成《中国文化要义》。更为引人注目的是，第二代新儒家开始在中国思想文化界崭露头角。1947年1月，熊十力的弟子牟宗三和钱穆的弟子姚汉源在南京创办了《历史与文化》杂志，致力于中国文化的弘扬与研究。同年4月，徐复观在南京创办《学原》月刊，成为新儒家的重要阵地。次年，熊十力弟子程兆熊根据牟宗三的建议，在当年朱陆之争的旧地江西铅山鹅湖重建鹅湖书院，创办《理想·历史·文化》杂志。在牟宗三等起草的《鹅湖书院缘起》中提出了“儒学三期发展论”，认为孔、孟、荀、董是第一期，程、朱、陆、王是第二期，现在是儒学发展的第三期，第三期与第一、第二期相比，所面临的任务更为艰巨。1949年中华人民共和国成立后，现代新儒家转向港台和海外，继续得到发展。

文化保守主义思潮立足于中国本位寻求中国文化的出路，着重于发掘、继承、弘扬传统文化的优异价值，致力于重新稳立民族精神；同时，又主张吸收西方文化以充实、发展儒学，建设中国的新文化，并对中西结合作了有益的尝试。这对我们从事文化建设不无借鉴意义。但实际上，对中学，文化保守主义者很难真正分清精华和糟粕；对西学，文化保守主义者仍局限于“中体西用”的模式；对人文精神的追寻，又未免过于玄虚。这是我们有必要超越的。

三、马克思主义思潮

港台一些学者将马克思主义称为“激进主义思潮”。激进主义在近代中国曾保持旺盛的发展势头。近代激进主义主要是由无政府主义和激进民主主义组成的。从无政府主义的早期传入，到孙中山领导的资产阶级民主革命，到陈独秀发动新文化运动，近代激进主义在文化思想领域和社会政治领域表现得极为活跃。马克思主义从新文化运动的各种“新思潮”中脱颖而出，并从此成了现代中国文化发展的方向和主流。李大钊、陈独秀等一大批曾经热烈地追求过西方文明的先进中国人，迅速地放弃了原来的“西化”主张，开始“用无产阶级的宇宙观作为观察国家命运的工具，重新考虑自己的问题。走俄国人的路——这就是结论”①。

“走俄国人的路”，这是就最基本的方向和原则而言的，决不意味着照搬照抄苏联革命模式，决不意味着把马克思主义当成僵死的教条。中国共产党人没有盲目搬用教条，而是运用其基本原理探索社会主义在中国实现的特殊途径，把马克思主义中国化。在民主革命时期，马克思主义中国化的过程，也就是新民主主义革命理论形成和发展的过程，也就是毛泽东思想科学体系形成和发展的过程。

毛泽东在1940年初发表的《新民主主义论》一文中，第一次系统地阐述了有关中国新民主主义革命的理论，包括科学地回答了文化建设中的形式与内容、吸收与继承等问题。毛泽东提出，要建设“民族的科学的大众的”中华民族的新文化，“中国应该大量吸收外国的进步文化，作为自己文化食粮的原料”。“凡属我们今天用得着的东西，都应该吸收。”但是这种吸收不是无批判、无选择地生吞活剥，照搬照抄，更不是“全盘西化”，而必须经过一番“消化”的工夫，“把它分解为精华和糟粕两部分，然后排泄其糟粕，吸收其精华”。外来的先进文化必须“和民族的特点相结合，经过一定的民族形式，才有用处”。与此同时，还必须认识到“中国现时的新政治新经济是从古代的旧政治旧经济发展而来的，中国现时的新文化也是从古代的旧文化发展而来，因此，我们必须尊重自己的历史，决不能割断历史”，必须对古代文化进行清理和继承，任何民族虚无主义的观点都是十分错误的。但是，“尊重”历史，“是给历史以一定的科学的地位，是尊重历史的辩证法的发展，而不是颂古非今，不是赞扬任何封建的毒素”；“继承”文化，“决不能无批判地兼收并蓄，必须将古代封建统治阶级的一切腐朽的东西和古代优秀的人民文化即多少带有民主性和革命性的东西区别开来”，“剔除其封建性的糟粕，吸收其民主性的精华”。

稍后，张闻天在《中国文化》第2期上发表了《抗战以来中华民族的新文化运动与今后任务》一文，也就“中华民族的新文化与旧文化”、“中华民族的新文化与外国文化”等问题作了阐述。他指出，旧中国占统治地位的是“买办性的封建主义的文化”，新文化是对这种文化的彻底的否定。“旧文化中也有反抗统治者、压

---

① 《毛泽东选集》第4卷，第1471页。

迫者、剥削者,拥护被统治者、被压迫者、被剥削者,拥护真理与进步的民族的、民主的、科学的、大众的文化因素。”这些文化因素“是过去我们的祖先留给我们的宝贵的遗产”,“是值得骄傲的”东西。“对于这些文化因素,我们有从旧文化的仓库中发掘出来,加以接受、改造与发展的责任。这就叫‘批判地接受旧文化’。所以新文化不是旧文化的全盘否定,而是旧文化的真正‘发扬光大’。新文化不是从天上掉下来的奇怪的东西,而是过去人类文化的更高的发展。”张闻天进而提出,中华民族的新文化还“应该充分地吸收外国文化的优良成果,而成为世界文化中优秀的一部分”。但这种“吸收”决不是完全抄袭外国文化的所谓“全盘西化”;“也决不像‘中学为体,西学为用’的‘中国本位文化’论者那样,只吸收外国的自然科学,来发展中国的物质文明”。相反,“它要吸收外国文化的一切优良成果,不论是自然科学的、社会科学的、哲学的、文艺的”,凡能够满足我们建设新文化需要的,“我们都应吸收过来。我们要在大胆吸收外国的优良的营养料中,使我们的新文化长大起来”。

毛泽东等人的论述科学地回答了文化建设中的形式与内容、吸收和继承这些西化派、文化保守主义者没有也不可能正确回答的问题。

四、三大文化思潮的离合异同

自由主义、文化保守主义和马克思主义三大文化思潮在现代中国的思想文化舞台上的互相冲撞激荡,既有斗争,又有联合,从而形成内外交织、色彩斑斓的思想斗争画面。

三大文化思潮在文化取向上彼此对立:自由主义者主张西化,文化保守主义者维护传统,马克思主义者努力将马克思主义的普遍真理与中国革命的具体实践结合起来,以实现马克思主义的中国化。它们代表着三种中国现代化模式的不同选择和冲突:自由主义者主张照搬西方的经验,走西方工业文明即西方发达国家的老路;文化保守主义者认为中国的现代化应是中国传统的“精神文明”加西方近代的“物质文明”,到现代新儒家的第二代代表人物那里,更明确地提出以“儒家资本主义”为中国现代化道路的选择;马克思主义者则坚持新民主主义、社会主义现代化的方向和道路。

尽管三大文化思潮之间存在着相互背离的一面,但也有互通交融、相同相似之处。美国哈佛大学中国近代思想史专家史华兹教授认为,中国现代史上的马克思主义、自由主义和保守主义同时出现的事实,说明它们在许多共同观念的架构里运作。如,它们都具有强烈的民族主义热情。保守主义是伴随着民族主义发展起来的,民族矛盾愈尖锐,保守主义情绪愈炽热;保守主义者认为,中国文化历史上“曾产生过伟大的事物”，应敬重、发扬优秀民族文化传统，以此启发人们捍卫民族自尊的意识。“至于民族主义和自由主义的关系，人们始终不渝地爱其国家，因为它是‘自由的乐土’，或如严复、梁启超，甚至胡适，认为自由主义确有其价值，正因其强大国家。”①中国现代史上的自由主义属后一种情况，即将自由作为民族国家达到富强的一种手段。马克思主义之所以能够在中国逐渐传播开来，其重要原因之一是，它是作为挽救中华民族危亡的思想武器而出现的。当时中国所面临的最大问题是国内的封建军阀统治与国际上帝国主义列强对中国的侵略。中国共产党成立不久，即在“二大”上制定了反帝反封建的民主革命纲领。中国的马克思主义者将民主主义与民族主义革命有机地结合在一起。再如，三大文化思潮都具有不同程度的容纳中西古今文化的开放意识。保守主义虽以开掘和继承传统文化为本位，但也并不完全隔绝自己与西方文化，包括思维方式和思想学说的联系，也许西方文化思想对中国保守主义影响相对较小，但它们毕竟成为中国保守主义思想酝酿的养料。自由主义也是中西兼采、新旧兼备，一些自由主义的文化代表人物如胡适的“国学”根底就很不错，他们的思想完全是中西结合的产物，他们在中西文化冲突中所持的矛盾态度与他们本身固有的“理智上要学习西方，情感上却倒向传统”的认识方式有着密切联系。马克思主义者对中西文化均持弃其糟粕，取其精华；批判继承，综合创新的态度。还有，他们也都不反对中国实现现代化，只是各自选择的方向和道路有所不同而已；都具有改造社会、经世致用的强烈的实践倾向；等。

三大文化思潮由于文化取向的不同，曾经展开过多次思想文化论战。1919年的“问题与主义”的论战，论战的双方是中国早期马克思主义者和中国自由主义的主要代言人胡适，当时的文化保守主义者则是站在胡适这一边的。“五四”前后的东西文化大论战，论战的一方是杜亚泉、梁启超、梁漱溟、章士钊等文化保守主义者，另一方是由胡适、常燕生、毛子水等西化派和陈独秀、李大钊、杨明斋等中国早期的马克思主义者所组成的联合战线。“五四”时期关于中西古今的文化论争是十分激烈的，许多问题影响至今。1923年的科学与人生观的论战，玄学派的主将是现代新儒家先驱人物张君劢，支持张君劢的有梁启超；科学派的主将是丁文江、吴稚晖和胡适等西化派代表人物。中国早期马克思主义者陈独秀、邓中夏也介入了这场论战，他们对双方都有批评，但更多地支持和肯定了科学派的进步主张。这场论战体现了“五四”以后中国思想界三大思潮的互动与交锋，具有深厚的理论底蕴与文化内涵，在中国现代思想史与文化史上有着重要的地位。20世纪30年代的中西文化大论战，主要是在以“中国本位文化派”为代表

① 史华慈：《论保守主义》，载《近代中国思想人物论·保守主义》，（台）时报文化出版公司。

的文化保守主义者和胡适、陈序经等西化派之间展开的，是“中国本位”与“全盘西化”、“充分西化”两种文化取向之争，是“五四”时期文化论争的继续。马克思主义者基本上没有全面参加争论，但从他们事中或事后所发表的一些文章来看，他们既反对“中国本位文化派”的文化主张，也不赞同陈序经的“全盘西化”论，对两者均持批评的态度。抗日战争时期，钱穆等新儒家学者公开鼓吹复古主义，马克思主义者胡绳、艾思奇、蔡尚思等进行了反对复古主义的斗争。

“五四”前后的东西文化大论战，从1915年起延续了十余年，直到1927年因思想战线上争辩的焦点转到社会性质等问题去而告一段落。这次论战大体分三个阶段。第一阶段从《新青年》创刊到五四运动爆发，论战集中于比较东西文明的优劣方面。论战的一方是新文化运动的倡导者，他们用西方资产阶级的文化来反对中国固有的旧文化，重要论著有陈独秀的《东西民族根本思想之差异》、李大钊的《东西文明根本之异点》等。论战的另一方为《东方杂志》主编杜亚泉等，他们主张以东方静的文明为基础与西方动的文明互为补充。杜亚泉以“伧父”为笔名发表了《静的文明与动的文明》、《战后东西文明之调合》、《迷乱之现代人心》等文。1919年五四运动以后进入第二阶段，主要讨论东西文化能否调和的问题。章士钊等鼓吹新旧调和之说，所谓新旧折中的基本模式是“中国精神—西方物质”，或者是“道德复旧—物质开新”，骨子里仍坚持“中体西用”。蒋梦麟、罗家伦、常乃德、毛子水等西化派强调西方文明“精神物质都发达”，“非走西方文明的路不可”。李大钊发表了《物质变动与道德变动》、《由经济上解释中国近代思想变动的原因》等文，运用唯物史观批判了新旧调和论，指出道德变动随着物质的变动而变动，“物质若是开新，道德亦必跟着开新”。第三阶段是1920年梁启超的《欧游心影录》和梁漱溟的《东西文化及其哲学》出版后形成了文化论战的高潮。梁启超、梁漱溟宣称“西方文化已经破产”，人类文化要发生“由西洋态度变为中国态度”的“根本改革”，世界未来文化是“中国文化之复兴”。胡适、吴稚晖、常乃德等西化派反对把文化的发展说成二元的或者三条路向，认为人类文化的发展的路只有一条，现今西方文化是惟一的一条路。陈独秀、李大钊、瞿秋白等马克思主义者在论战中打起了社会主义文明的大旗。如瞿秋白发表了《东方文化与世界革命》、《现代文明的问题与社会主义》等论文，论述了人类社会的发展有“共同公律”。据此，他认为封建宗法文明和资产阶级文明都在淘汰之列，代之而起的只能是“通过世界革命走建设无产阶级新文化的道路”。鲁迅发表了《估学衡》等文，抨击了“学衡”派的复古思潮。

20世纪30年代的中西文化论战是在1935年初陶希圣、萨孟武、何炳松等十位教授发表《中国本位的文化建设宣言》后达到高潮的。这次论战在几个月中就留下150余篇论文，参加讨论者包括各方面的知名人士。十位教授提出中国的文化建设原则应是“不守旧，不盲从，根据中国本位，采取批评态度，应用科学方法，来检讨过去，把握现在，创造将来”。“中国本位”就是“特别注意于此时此地的需要，此时此地的需要，就是中国本位的基础”。“中国本位”的提法，遭到了自由主义者的激烈批评，他们指责“中国本位”是“中体西用”的新形式和翻版。蔡元培在复何炳松的信中指出，十教授主张有如“张之洞‘中体西用’的标语，梁漱溟‘东西文化’的玄谈”[①]。3月20日，胡适在天津《大公报》发表的《试析所谓中国本位文化建设运动》中指出：所谓“中国本位的文化建设，正是中学为体、西学为用最新式的化装出现”。陈序经在《评〈中国本位的文化建设宣言〉》中指出：虽然十教授标榜“不守旧”、“不复古”，但就其主张的实质而言，它“仍是一个复古与守旧”的宣言。西化派在批评本位文化派主张的同时，也提出了自己对中国文化出路的主张。他们虽都认为非西化不可，但在具体提法上却有不同，如胡适的“充分西化”说、陈序经的“全盘西化说”、张佛泉的“根上西化”说和熊梦飞的“西体中用”说。“中国本位”论与“全盘西化”论都不是中国文化出路的正确选择。当时，张岱年明确表示既不赞成“全盘西化”论，也反对文化复古主义，而是主张兼综中西文化之长，创造一种新的中国文化。他把这种文化主张叫做“创造的综合”或“文化的创造主义”。他的有关思想集中表述于1933年发表的《世界文化与中国文化》和1935年发表的《关于中国本位的文化建设》、《西化与创造》三篇文章中。后来，他将这一文化主张归纳为“文化综合创新论”。

【导　读】

1. 毛泽东：《新民主主义论》，载《毛泽东选集》第2卷，人民出版社1991年版。该文“一一、新民主主义文化”、“一二、中国文化革命的历史特点”、“一三、四个时期”、“一四、文化性质问题上的偏向”、“一五、民族的科学的大众的文化”，论述了中西学之争的性质、新民主主义文化纲领等问题。

2. 陈崧编：《五四前后东西文化问题论战文选》，中国社会科学出版社1985年版。

3. 罗荣渠主编：《从“西化”到现代化——五四以来有关中国的文化趋向和发展道路论争文选》，北京大学出版社1990年版。

4. 郑大华：《梁漱溟与胡适——文化保守主义与西化思潮比较》，中华书局1994年版。

5. 姜义华：《社会主义学说在中国的初期传播》，复旦大学出版社1984年版。

---

① 《蔡元培全集》第6卷，中华书局1988年版，第484页。

6. 林代昭、潘国华编:《马克思主义在中国——从影响的传入到传播》(上、下),清华大学出版社1983年版。

7. 唐宝林主编:《马克思主义在中国一百年》,安徽人民出版社1997年版。

8. 胡伟希、高瑞泉、张利民:《十字街头与塔——中国近代自由主义思潮研究》,上海人民出版社1991年版。

9. 方克立、李锦全主编:《现代新儒学研究论集》(一、二),中国社会科学出版社1989、1991年版。

10. 罗义俊:《评新儒家》,上海人民出版社1989年版。

11. 启良:《新儒学批判》,上海三联书店1995年版。

12. 郭建宁:《当代中国的文化选择》,北京大学出版社2004年版。

13. 李毅:《回顾与前瞻:20世纪中国文化思潮与先进文化的发展》,天津人民出版社2004年版。

14. 郑大华:《民国思想史论》,社会科学文献出版社2006年版。

【思考与讨论】

1. 评述"五四"前后关于东西文化的大论战。

2. 评20世纪30年代中国本位与全盘西化之争。

3. 毛泽东在《新民主主义论》中对继承与吸收问题有何论述?

第七章 现代学术、文艺与文化事业

一、自然科学

中国传统的科技研究在清末已宣告结束，辛亥革命后中国逐渐具备了发展近代科学技术的基本条件，特别是五四运动使中国人的科学意识增强了，于是20世纪20～30年代形成了中国科学创建与发展的大好时机。首先表现在各种学会的成立。从1909年我国第一个近代专业学会地学会的创立到1947年的中国解剖学会的成立止，几乎每年都有新的科技学会诞生。与此同时，一些横向的多学科性科学社团也相继问世，其中时间最早、影响最大的首推中国科学社。该社是1915年1月由中国留美学生胡达、任鸿隽、赵元任、秉志、杨铨等九人发起成立的民间科学组织，1918年社址迁回国内，十年后定在上海，到1949年会员发展到3776人。其主要活动有：刊行《科学》月刊（至1950年止共32卷，论文3000篇）、《科学画报》，设立明复图书馆、博物馆、生物研究所，举办科学讲演和展览，召开学术讨论会，参加国内有关教育、科学咨询活动，参加国际科学会议等。中国科学社于1949年4月同其他科技社团一起联合发起召开全国自然科学工作者代表会议后停止活动。各种学会的建立，加强了中国近代科技工作者之间及与国外的学术交流，卓有成效地推动了中国科技的发展。其次是研究机构的成立。1928年在蔡元培等努力下成立的中央研究院，是旧中国学术研究的最高机构。早在1924年孙中山北上时便拟议设此机构，1927年春由蔡元培、李石曾提议，南京国民政府决定在大学院中附设中央研究院。10月，大学院成立后，蔡元培便积极着手中央研究院的筹备工作。1928年，大学院改为教育部，南京国民政府决定单独成立国立中央研究院，使之从大学院中分离出来，并特任蔡元培为院长。6月9日，蔡元培在上海召集第一次院务会议，中央研究院正式成立。中央研究院先后设置天文、气象、社会科学、物理、化学、工学、地质、历史语言、教育、心理、动物及植物等12个研究所。1938年，总办事处西迁重庆，各研究所也转移到西南各省，后增添了数学、医学两研究所。1945年9月，总办事处及天文、气象、地质、社会科学、历史语言各所迁南京旧址，物理、化学、动物、植物、医学、心理、工学等所迁至上海。该院任务为科学研究和指导、联络、奖励学术研究。设评议会，由院长任议长，各所长及聘请学术成绩卓著者为评议员。1946年10月，评议会第三次年会议决，实行院士制度。在中央研究院之外，1929年9月还成立了国立北平研究院。到1935年，北平研究院已拥有物理、镭学、化学、药物、生理学、动物学、植物学、地质学等8个研究所和5个研究会，成为地方最大的综合性国立研究机构。此外，清华、北大等高校和实业界也逐步设立了一批研究所。至1935年，全国有各类学术研究机构124个，其中属于自然科学的34个。

从1911年至1937年的26年间，近代科学的几乎所有主要的门类都在中国获得了发展机会，其中个别门类与少数科技专家在学术上已赶上国际水平。地质调查所先后在丁文江、翁文灏、李四光的领导下，开展了野外调查和在实验室中的理论研究，推动了我国地质科学的进步。李四光研究东亚大陆板块的构造和运动规律，创立了地质力学，并提出中国也有第四纪冰川的确证，在国际上有相当大的影响。翁文灏创立了东亚燕山运动说和中国矿产区域论。黄汲清提出从地点、地槽和造山运动的关系划分中国地壳构造单位的见解。物理学方面：吴有训对康普顿效应的研究、吴大猷关于原子物理的研究、张宗遂关于统计物理与量子场论的研究、郭永怀关于跨声速流动的研究、钱三强对铀原子核的研究、钱学森对稀薄气体动力学理论的研究都作出了贡献。气候学方面：竺可桢根据大量观测资料，找出中国四季气候变化的规律，提出了中国气候的脉动说。涂长望的《大气运行与世界气温的关系》为我国长期天气预报研究奠定了基础。数学方面：陈建功在三角级数方面，陈省身、苏步青在微分几何学方面，华罗庚在解析函数论方面，俞大维在拓朴学方面，曾炯之在代数方面，赵燕熊在概率方面，许宝禄在数理统计方面等，都取得具有世界先进水平的成果。熊庆来1930年创办了清华大学算学系研究部，是中国第一个正式的数学研究机构。1933年，他因创造了"熊氏无穷极"而享誉世界。在人类学方面：1929年裴文中发现了一个完整的北京猿人头盖骨化石，确证了人类从猿到人进化过程中的猿人阶段，并且把猿人用火的时间从当时公认的十几万年前推进到四五十万年前。1933年，贾兰坡在主持发掘中，又发现了3个较完整的北京头盖骨。考古学方面：1928～1929年历史语言研究所董作宾、李济主持在河南安阳小屯发掘殷墟，这是中国人用现代科学方法进行的一次大规模的地下考古发掘，发现了大量青铜器和甲骨。1930～1931年，由李济、梁思永主持对山东历城县龙山填城子崖遗址的发掘，发掘出一种以黑陶为牲的新石器时代遗址，在中国考古学上具有开创性意义。工业化学方面：侯德榜发明了新的制碱方法，他和国内外同行搞出的"永利"牌纯碱在

1926 年获得了美国建国 150 周年万国博览会的金奖。1933 年，他在纽约出版了《纯碱制造》一书，把当时保密的苏尔维制碱工艺公布于世，为世界制碱工艺打开了紧锁七十多年的技术锁链。工程技术方面：可以仿造万吨级轮船、较先进的飞机、汽车、各种机床。中国的工程师们已掌握了运用钢筋混凝土进行高层建筑的技术，在茅以升主持下建成了具有国际水平的钱塘江大桥。天文学方面：1934 年，中央研究院天文研究所在南京紫金山建立天文台，开始了中国人自己的天文观测工作。张钰哲于 1928 年发现了被命名为“中华”号的小行星，并于 1933 年出版《天文学论丛》一书。生物学方面，秦仁昌对蕨类植物的研究、胡先骕对高等植物分类学的深入、冯言安对植物细胞学的贡献引人注目。中国近代科学技术在这一时期得到建立与发展，并大大缩短了我国科技落后西方的差距。然而 1937 年日本大举侵华，不仅破坏了中国近代经济，也严重摧残了稚弱的中国近代科技，使其几乎陷于停顿状态，这种局面一直持续到 1949 年。

二、社会科学

社会科学在这个时期亦取得很大成就，尤以哲学、史学、经济学、社会学方面较为显著。在哲学方面，20 世纪 20 年代初开始的包括马克思主义哲学在内的大量西方哲学思想的输入，为中国哲学思想的发展带来了新的生机。1925 年 4 月，中国哲学会成立，1927 年，《哲学评论》创刊。至此，国内有了专门的哲学交流的场所和专门的哲学研究刊物。同时，中国人借鉴外来理论，自创哲学体系的尝试亦已开始。到 20 世纪 30 年代，各种不同的哲学流派已渐形成，而最主要的是陆续出版了一大批研究和阐述马克思主义哲学的著作、文章，其中艾思奇的《大众哲学》、李达的《社会学大纲》、毛泽东的《实践论》和《矛盾论》是具有代表性的杰出成果。艾思奇采取通信方式写出《哲学讲话》，先在《读书生活》杂志连载后出单行本，1936 年印第 4 版时更名《大众哲学》。这是一部通俗的马克思主义哲学教科书，它对哲学的基本问题、认识的基本规律、辩证法的若干范畴等作了浅显易懂的解说，把马克思主义哲学与现实中国的革命斗争紧密地联系起来，通俗易读，很受欢迎，到 1948 年 12 月共印 32 版、数万册，在马克思主义哲学宣传和普及方面作出了重要贡献。李达于 1926 年 6 月出版了《现代社会学》一书，在此基础上，1936 年出版了《社会学大纲》一书，对马克思的辩证唯物主义和历史唯物主义作了更为系统深入的阐发，构筑了马克思主义哲学、政治经济学和科学社会主义的比较完备的思想体系，促进了中国人对马克思主义更深入的理解。毛泽东在复杂的革命形势和激烈的对敌斗争及党内斗争中，深感教条主义和主观主义的危害，遂于 1937 年相继写成《实践论》、《矛盾论》两篇文章，以实践为立足点，深刻地揭示了认识与实践的关系、客观事物的矛盾现象及其特征，成为中国革命者在斗争实践中认识世界、改造世界的思想方法和原则，在中国共产党思想发展史和中国哲学发展史上占有重要地位。以上论著的出版，标志着中国无产阶级哲学思想的形成，从而把中国现代哲学思想的发展推向一个新的历史阶段。

五四新文化运动，一方面给传统的中国哲学以沉重打击，另一方面则将西方哲学大量引进国内。20 世纪 20 年代科学与人生观论战中科学派在声势上的胜利，20 世纪 30 年代中期哲学领域中唯物派与唯心派的论争，都说明“五四”后相当长的一段时间里现代西方哲学比之传统哲学更多地赢得了中国人的信仰。与此同时，思想界一些人物或从发扬光大传统文化的角度，或从中西文化结合创造新哲学的角度，力图对传统哲学加以改造和更新，以使其适应现代社会需要。20 世纪 20 年代，梁启超、梁漱溟等对传统思想的宣传和重新探讨，实际上开启了这种改造的端绪，而三四十年代冯友兰、金岳霖、贺麟、熊十力等人哲学体系的完成，则反映了传统哲学更新的成果。冯友兰于 1939 年出版了《新理学》，其后陆续出版《新事论》、《新世训》、《新原人》、《新原道》、《新知言》等著作，合称《贞元六书》，构成其哲学的主要体系。他借鉴西方的逻辑分析方法，吸取西方新实在主义的观点，对传统理学的各种观念进行改造。新理学把世界划分为二，一个是此岸的现实世界，一个是彼岸的虚构的“理世界”。现实世界中的实际人物是“相对的料”，它是第二性的。“理世界”那里是“万理俱备”，“万理不生不灭，不增不减”，则是第一性的。“必须先有飞机之理，然后才有飞机”，物不过是“理之实现”，这是客观唯心主义。“新理学”提出后产生了很大影响，同时也受到各方面的批评。但从民国以来哲学发展史上看，它在融合中西、谋求传统哲学现代化方面，的确是一次有意义的尝试。

在史学方面，五四运动后随着马列主义的广泛传播，中国的马克思主义史学开始出现。李大钊是其奠基人，他发表了一系列史学论文，并在高等学校讲授唯物史观和史学思想史等课程。1924 年 5 月，他的《史学要论》一书出版，标志着马克思主义史学的诞生。郭沫若于 1930 年出版《中国古代社会研究》，则标志着马克思主义史学的开始形成。本书通过对许多第一手资料的分析，得出中国历史经过原始社会、奴隶社会、封建社会几个阶段，体现了人类历史发展的共同规律。郭沫若对甲骨文、金文也作了大量研究，先后发表了《甲骨文研究》、《两周金文辞大系》、《金文丛考》、《卜辞通纂》等著作，使甲骨文、金文的研究发展到新的水平。另一个马克思主义史学家吕振羽在 20 世纪 30 年代写成《史前期中国社会研究》、《殷周时代的中国社会》、《中国政治思想史》等著作，对中国社会史和政治思想史的研究作出了贡献。20 世纪 40 年代，马克思主义史学得到很大发展，主要成就是:第一,完成了一批中国通史著作,其中有吕振羽的《简明中国通史》,范文澜的《中国通史简编》,翦伯赞的《中国史纲》(1、2卷)。第二,出版了一批中国思想史专著,如郭沫若的《青铜时代》和《十批判书》,侯外庐的《中国古代思想学说史》、《中国近世思想学说史》,侯外庐、杜国庠、赵纪彬合著的《中国思想通史》第1卷等。第三,中国近代史的研究,主要成果有范文澜的《中国近代史》(上编第1分册),中国历史研究会编的《中国现代革命运动史》,胡绳的《帝国主义与中国政治》等。第四,中国社会史的研究,主要成果有邓初民的《中国社会史教程》,侯外庐的《中国古代社会史论》等。

除马克思主义史学取得重大成就外,还有许多史学家在其研究领域作出了重要贡献。梁启超是中国资产阶级史学理论的奠基人;王国维是在历史考据方面有很大成绩的史学家,他利用甲骨文资料写成的《殷墟卜辞中所见地名考》、《殷商制度论》等论文,运用"二重证据法"考证了殷王世系及祀典制度;顾颉刚等人发表了大量古史辨伪考证方面的文章,这些文章后由顾氏主持编成《古史辨》7册;陈寅恪从事周边民族史、魏晋南北朝史、隋唐史、明清间史事的研究和考订,开创了以诗文证史的治学途径;陈垣在中西交通史、中国宗教史和历史文献学方面作出了重大贡献,他于1926年出版的《中西国史日历》是中西交通史的开山作;屠寄的《蒙兀儿史记》160卷,柯邵忞的《新元史》和赵尔巽组织编写的《清史稿》,是元史、清史的重要著作。这样,马克思主义史学家和非马克思主义史学家的共同努力和创造性研究,使中国史学成为我国社会科学中最发达、最有成就的门类之一。

经济学在现代中国广泛流行。"五四"以后,翻译西方的和中国人自著的经济学著作大量增加,至1949年的三十年间出版的有关著作有2000余种,杂志140多种。这个时期翻译的资产阶级经济学理论方面的名著有《国家经济学》、《政治经济学及租税原理》、《经济学原理》、《经济学绪论》、《资本肯定论》、《社会主义与资本主义》等。翻译出版的马列主义经典著作有《雇佣劳动与资本》、《价值价格及利润》、《经济学大纲》、《政治经济学批判》、《反杜林论》、《帝国主义论》、《资本论》、《剩余价值学说史》等。除翻译外,中国人自己也写了不少经济学著作。资产阶级学者的主要著作有刘秉麟的《经济学》、李权时的《经济学原理》、赵兰坪的《经济学》、马寅初的《经济学概论》、《中国元经济改造》等;用马克思主义观点写的有李达的《中国产业革命概观》、许涤新的《现代中国经济学教程》、郭大力的《生产建设论》、王亚南的《中国经济原论》等。这一时期出版的经济刊物影响较大的有《经济学季刊》、《新经济》、《中国农村》、《中国经济》、《经济周报》等。出现的经济学术团体主要有中国经济学社和中国农村经济研究会。前者是1923年夏在上海成立的,由刘大钧和马寅初发起和主持;后者1933年成立,主要成员有陈翰笙、吴觉农、薛暮桥、钱俊瑞等。

社会学同近代经济学一样是从外国输入的,"五四"后它在中国广泛传播。西方社会学主要学派的著作大部分都有了中译本,如爱尔乌特的《社会学及社会问题》、黎朋的《群众心理》、罗素的《社会结构学》、鲍格达的《社会学概论》、涂尔干的《社会学方法论》、沙罗坚的《当代社会学学说》、麦其维的《社会学原理》、马凌诺斯基的《文化论》等。中国人关于社会学的著述主要有陶孟和的《社会问题》、常乃德的《社会学要旨》、朱亦松的《社会学原理》、吴景超的《社会组织》、孙本文的《社会学大纲》、《社会学原理》等。这些书大多是关于社会学一般介绍。中国学者还运用社会学观点考察中国的实际问题,人口问题便是其中之一。陈长蘅的《中国人口论》和《三民主义与人口政策》、许仕廉的《中国人口问题》、陈达的《人口问题》便是主要几种。社会学学术团体有:1922 年余天休发起成立的中国社会学会,创办了《社会学杂志》;1928 年由孙本文、吴景超发起,联络东南各大学社会学系教师学生组织了东南社会学会,并于 1930 年 2 月学会改组为中国社会学社,成为全国性组织,其刊物是《社会学刊》。

三、文　艺

五四新文化运动以前所未有的规模和气势冲击着我国积弊数千年之久的意识形态领域,动摇了封建制度的基础,也震撼了全民族的精神世界。在这个新思想、新观念空前活跃的年代里,文艺界的仁人志士义无反顾地举起了反帝反封建的大旗。他们异常激越的政治主张和鲜明的斗争精神,在各种文学艺术形式中得到充分体现,并取得令人瞩目的成就,开创了文艺发展历史的新篇章。

在小说创作方面:"五四"时期出现了鲁迅的《狂人日记》、《祝福》、《阿 Q 正传》等名闻世界的佳作。他于 1921 年 12 月写成的《阿 Q 正传》,塑造了一个在封建势力压榨下的落后农民形象,深刻地批判了辛亥革命的不彻底性,指出了启发农民觉悟的重要意义。这部小说至今已有近 40 种不同文字的译本,成为世界文学史上的不朽之作。《狂人日记》是新文学史上第一部白话小说。郁达夫于 1921 年出版了《沉沦》,这是中国新文学史上的第一部白话小说集。张资平的《冲积期化石》则是第一部白话长篇小说。20 世纪 30 年代涌现出茅盾、巴金、老舍等著名作家。茅盾的长篇小说《子夜》,1933 年出版后震动了中国文坛,它形象真实地反映了 20 世纪 30 年代中国社会现实和阶级矛盾,成功地塑造了买办资产阶级和民族资产阶级的典型人物。他的短篇小说《林家铺子》、《春蚕》等也是著名的佳作。巴金 1931 年开始了其杰出的代表作《激流三部曲》(《家》、《春》、《秋》)的创作,它描写了"五四"以后一个官僚地主家庭的没落,反映了中国半封建半殖民地社会全面崩溃的现实，揭露了封建社会的黑暗腐朽，歌颂了青年知识分子的觉醒和反抗斗争，在青年知识分子中产生了积极影响。老舍于1936发表的《骆驼祥子》则通过一个北平人力车夫的悲剧，反映了城市贫民的悲惨生活，具有广泛的社会意义。抗战期间，赵树理的小说《小二黑结婚》、《李有才板话》、《李家庄的变迁》等，深刻地反映了农村的新变化，塑造了新型的农民形象。他的小说创作对以后产生很大影响，形成了一个新的文学创作流派。钱钟书擅长心理描写，他的小说《围城》将抗战时期某些知识分子的面貌刻画得精妙入微，令人叫绝。另外，丁玲的《太阳照在桑干河上》、周立波的《暴风骤雨》是两部反映土改斗争的优秀长篇小说。重要的小说家还有李劼人、张天翼、沙汀、萧军等。

在诗歌方面：胡适最早提倡并创作白话诗，他于1920年出版的《尝试集》，是我国第一部新诗集。郭沫若于1921年出版了中国现代文学史上的一部具有突出成就和巨大影响的诗集《女神》，是浪漫主义的优秀作品。闻一多是继郭沫若之后，对新诗的发展作出重要贡献的人，先后出版了《红烛》和《死水》等诗集。徐志摩出版的诗集有《志摩的诗》、《翡冷翠的一夜》、《猛虎集》等。臧克家在20世纪30年代初一登上诗坛便引起人们的注意，出版了《烙印》、《罪恶的黑手》、《自己的写照》等诗集。抗战期间出现了新诗人艾青、李季等。叙事长诗《火把》是艾青的著名诗篇，写的是一位小资产阶级知识分子在人民大众的集体行动中受到教育而坚定了革命信念的故事。艾青在自由体诗方面的成就使他成为中国现代文学史上最重要的诗人之一。李季的长篇叙事诗《王贵与李香香》，采取民歌形式和传统的比兴手法，表现了新的内容，做到了思想性和艺术性的和谐统一。阮章竞的《漳河水》是另一篇采用民歌形式写得成功的长诗。

在散文方面：新文学初创时期，除了鲁迅的白话散文外，朱自清在散文方面也很有成就。收入《背影》、《你我》诸集中的《背影》、《荷塘月色》、《给亡妇》等散文，以平易的叙述表达了作者的真情实感，笔致简约，朴素亲切。许地山的散文《落花生》和《春的林野》等名篇清新爽朗，富于生机。周作人从新诗创作入手转到小品散文的写作，其散文舒徐自在，冲淡平和，处处是作者个性的自然流露，散文集有《自己的园地》、《雨天的书》、《谈龙集》、《谈虎集》等。20世纪30年代，左翼文学运动兴起，杂文的繁荣是当时左翼文坛乃至整个文学界的突出现象。鲁迅的后期杂文政治倾向鲜明，激情饱满，论辩艺术炉火纯青，冷峻犀利而又汪洋恣肆，代表着左翼文学的最高成就，也标志着中国杂文艺术的最高境界，其杂文集有《三闲集》、《二心集》、《南腔北调集》、《伪自由书》、《准风月谈》等。瞿秋白的杂文高屋建瓴，词锋犀利，明白晓畅，其名篇有《流氓尼德》、《财神的神通》等。

在剧作方面：20世纪30年代曹禺写的《雷雨》在文学史上享有盛名。它描写了一个带有浓厚封建性的资本家家庭的悲剧，展示了这个家庭的罪恶历史和现实,使人们看到了上层社会的腐朽。抗战期间出现了一批以历史题材为现实服务的剧本,其中著名的是郭沫若的《屈原》,表现了作者对国民党统治的愤恨,歌颂了不畏暴虐的斗争精神。夏衍的《法西斯细菌》也是一部优秀剧作。在解放区还产生了一种新的文艺形式——新歌剧,最著名的是《白毛女》,反映了中国农村农民与地主的矛盾,它是在继承传统戏曲和学习新秧歌剧的基础上,借鉴西洋歌剧而创作出来的,在思想性和艺术性上达到了很高的程度。

五四新文化运动以来,全国成立了不少文学社团,出版了一批文艺刊物。1921 年 1 月,由沈雁冰、叶绍钧、郑振铎等 12 人发起成立了文学研究会,成立于北京,后迁上海,先后参加者有 170 多人,主张写实主义文学,出版《小说月报》、《文学旬刊》、《诗》月刊和许多种丛书。1921 年 7 月,由郭沫若、郁达夫、成仿吾等留日学生发起在上海成立创造社,初期具有浪漫主义和唯美主义倾向,后转而强调文学对于时代的使命,出版《创造季刊》、《创造周报》、《创造日》、《洪水》、《创造月刊》等十多种刊物。1924 年成立于北京的语丝社,主要由鲁迅、周作人、林语堂、江绍原等组成。1923 年成立的新月社,由闻一多、徐志摩担纲。据茅盾先生在《现代小说导论(一)》中统计,仅《小说月报》记载的从 1922 到 1925 年间成立的文学团体便不下百余个,实际数字要多上一倍。1930 年 3 月 2 日,中国左翼作家联盟在上海创立,发起者有鲁迅、郭沫若、潘汉年、冯乃超、钱杏邨、沈端先、郑伯奇、阳翰笙、冯雪峰、田汉、柔石、郁达夫等 50 余人。"左联"理论纲领宣布,其艺术"是反封建阶级的,反资产阶级的","我们文学运动的目的在求新兴阶级的解放"。"左联"的成立标志着新文学运动跨入了一个新的发展阶段。

在美术方面:"新美术运动"摈弃了宫廷美术迂腐的画风,主张熔中西绘画之所长于一炉,为我国现代绘画艺术的发展奠定了基础。徐悲鸿、齐白石、黄宾虹、张大千、林风眠、刘海粟等人的作品因突破了国画传统模式的束缚而洋溢着清新的时代气息与精神风貌。漫画成就最大的要推丰子恺。

在音乐方面:"唱歌"和"乐歌"在中小学教育中迅速普及,为我国专业音乐事业的发展打下了良好的基础。在沈心工、曾志忞、李叔同、蔡元培、萧友梅、黄自、吴梦非等人的不懈努力之下,我国的音乐教育体系日臻完善,并培养出一大批有成就的作曲家和演奏家。黄自的《怀旧》、贺绿汀的《牧童短笛》和《摇篮曲》、冼星海的《风》和《d 小调小提琴奏鸣曲》、江文也的《台湾舞曲》、谭小麟的《弦乐四重奏》等中国风格的音乐作品不仅改变了我国近代以来"举国无一人能谱新乐"的历史,而且在世界乐坛上赢得盛誉。以聂耳为代表的左翼作曲家在创作中投注了爱国热情,他的《义勇军进行曲》、《毕业歌》、《铁蹄下的歌女》和冼星海的《黄河大合唱》等,表现了中国人民抗日救国的斗争精神。

在舞蹈方面:"新舞蹈"的概念一经提出,便以其特有的艺术魅力展现在人们面前。吴晓邦、戴爱莲、赵德贤、梁伦、康巴尔汗·艾买提等人的创作和精彩表演,不仅为我国专业舞蹈事业的发展注入了新的活力,也为这一新兴的表演艺术形式增添了夺目的光彩。

在电影方面:电影在19世纪末传入中国,初步奠定中国电影艺术地位的是1923年拍摄的故事片《孤儿救祖记》。1925年前后,全国有电影公司175家。到20年代末,中国故事片平均每年100部以上。30年代后出现了《歌女红牡丹》、《渔光曲》和《马路天使》等优秀影片。

在戏曲方面:京剧在改革的浪潮中几经波荡终于摆脱了宫廷艺术的痼习和商业化倾向的影响。梅兰芳、尚小云、程砚秋、荀慧生等人的艺术成就,使京剧艺术的发展进入了巅峰时期,并对其他剧种的改革和发展产生了积极而深远的影响。同时,中国戏曲界与国际间的交流活动日渐频繁,自梅兰芳、韩世昌、程砚秋等表演艺术家出访日本、美国及欧洲各国后,中国戏曲很快就以其特有的艺术风格和魅力轰动了世界戏剧舞台;以梅兰芳为代表的中国戏曲表演体系与斯坦尼斯拉夫体系、布莱希特体系并列为世界三大表演体系而载入了世界戏剧艺术的史册。另外,以新兴话剧为代表的中国现代戏剧艺术的崛起,也充分体现了我国社会和文化的进步与发展。田汉的《回春曲》、李健吾的《这不是春天》、夏衍的《上海屋檐下》等力作,以浓厚的浪漫主义气息和强烈的现实主义精神为特点,震动了剧坛。

四、文化事业

现代科技的传入,使我国图书出版印刷工作呈现出新的面貌。古老的刻印技术已经过时,铅活字排印普遍流行,胶印印刷也已应用。书刊的印刷越来越精美。随着工业的发达和物资材料的充裕,采用了多种多样的开本、字体、装帧形式,版式从直排到横排,正文从无标点、圈点到新式标点,封面绘图并涂塑涂金,平装、软精装、硬精装,彩色印刷,插图优美,印制达到了前所未有的精美程度。这个时期究竟出了多少图书,尚无精确数字,据上海图书馆馆藏民国时期出版图书的不完全统计,至少有10万种以上。其内容门类众多,包罗万象。这一时期出版了一系列马列主义著作。1921年秋,中共成立后就在上海成立了人民出版社,由李达主持,一年内出版了《共产党宣言》等著作15种。1923年11月又成立上海书店,在三年左右的时间里出书30多种。1926年建立长江书店,到1927年结束,在半年的时间里,新出和重版革命书籍50余种。其他出版马克思主义著作的机构还有如1920年9月上海共产主义小组创办的新青年社,1921年9月在广州成立的人民出版社等。第二次国内革命战争时期,据不完全统计,1930

年至1934年苏区的出版物有《共产儿童读本》等各种教科书28种,《中国苏维埃》、《列宁主义概论》等一般图书69种。1938年,党中央设立了解放社,在极困难的情况下,大量编辑出版了马克思主义经典著作和党的政策文件等书籍,到1939年8月为止,共发行98种新书。还成立了公开发行机构——新华书店。从1937年5月到1940年10月三年多的时间中发行解放社出版的书籍130余种,其他出版机关的丛书30余种。总计发行延安出版的书籍不下50万册。另外,敌后各根据地也通过报社翻印出版一些党的政策文件和毛泽东著作等。抗战胜利之后,随着解放战争的胜利进展,新华书店得到扩大,从1946年起,华中解放区成立了新华书店总管理处,大量翻印出版进步书刊。各大区也纷纷成立新华书店,到新中国成立前夕,全国已有分支店730多个,形成全国统一的发行网。

在国统区,第二次国内革命战争时期社会科学读物的出版十分兴旺,出版机构林立。成立于1932年、1935年、1936年的生活书店、新知书店和读书出版社,是当时有影响的进步出版机构。在文学读物方面,开明书店1929年出版了叶绍钧的《倪焕之》,1933年出版了茅盾的《子夜》、巴金的《家》;良友图书印刷公司1931年开始出版赵家璧主编的《中国新文学大系》,生活书店出版郑振铎的《世界文库》;文化生活出版社1935年开始陆续出版《文学丛刊》。大型丛书和工具书有:商务印书馆从1929年起出版了《万有文库》第一、二集,共4000册;1930年出版了《百衲本二十四史》,1933年出版了《四库全书珍本》231种1960册,1935年出版了《丛书集成初编》3111种。中华书局1930年出版了《聚珍仿宋版二十四史》,1934年出版了《古今图书集成》(线装)808册和《四部备要》(洋装点句本)119册,1936年出版了《四部备要》聚珍仿宋版精装100册和《辞海》上、下册。开明书店也在1934年出版了《二十五史》和《辞通》等。在自然科学和地图等的出版方面,1927年成立于南京的中华自然科学出版社出版了《科学世界》杂志和其他科技书籍。1933年8月中国科学图书印刷公司出版中国科学社的《科学画报》和其他科技书籍。新亚书店出版有各种适合中小学教育用的自然挂图,1931年严幼芝等创立的龙门联合书局专门翻印和编译出版了不少外文科技图书。申报馆出版了由丁文江、翁文灏、曾世英编绘的《中国新地图》、《中国分省图》。屠思聪创办的世界舆地学社以及竞文书局、法学书局等也出版了一些地图。抗战期间,1938年复社出版了《鲁迅全集》20卷本,1940年开明书店出版了巴金《激流三部曲》第一部《家》,1941年华夏书店出版了茅盾的《腐蚀》,新知书店出版了夏衍的《心防》,1942年知识书店出版了于伶的《长夜行》,1944年重庆群益出版社出版了陈白尘的《岁寒图》等。这些都是以抗日战争为题材的优秀之作。在科技、地图等方面也成立了一些出版社,如1938年秋上海成立的亚光舆地学社系金振宇三兄弟创办，出版有《袖珍中国分省详图》等。抗战胜利后，商务印书馆、中华书局、世界书局等几家大型企业也都受到了国民党政府的控制，主要出版教科书和一般文化知识方面的读物，而生活书店、新知书店、读书生活出版社等进步书店则以新姿态出版进步书刊，并采用多种形式反对国民党政府的迫害。同时，上海也出现海燕、晨光、群益等中小型出版单位，在进步作家的支持下出版了不少优秀图书。

新闻事业在现代中国有了较大变化。"五四"时期也是中国新闻事业发展的一个新时期，其特点是：第一，杂志的勃兴和"四大副刊"的出现。新文化运动主要是以杂志和报纸副刊为阵地而展开的，民主报刊多达200多种，继《新青年》之后涌现的有李大钊主办的《每周评论》，毛泽东等主办的《湘江评论》，许德珩、邓中夏创办的《国民》月刊，罗家伦、傅斯年创办的《新潮》月刊等。报纸副刊特别是"四大副刊"(《时事新报》副刊《学灯》、《民国日报》副刊《觉悟》、《晨报副刊》、《京报副刊》)无论是内容还是形式，都发生了重大变化，成为宣传新思潮、新思想的园地和新、旧思潮论战的阵地。第二，新闻事业在这一时期出现重大改革。改革包括内容和形式两个方面，如白话文和新式标点符号在报刊上的广泛应用以及行款的改革(竖改横)、版面编排的改进等。报纸副刊也从先前那种供人茶余酒后消闲解闷的"报屁股"，一跃而成为传播新思想、新文化、新文学的园地。政治思想评论和学术讨论在报刊上普遍展开，呈现出百家争鸣的民主风气。报纸驻外采访工作也开始得到足够重视，驻外通讯员、特派员、特约记者数量增多，广开了国际新闻的来源，也开阔了读者的视野。第三，由于《新青年》杂志的改组，《共产党》月刊和第一批工人报刊的出现，宣告中国无产阶级新闻事业的诞生。它们为中国共产主义运动的兴起作出了重大贡献，揭开了我国新闻事业的新篇章。中国共产党成立后对中国新闻事业的发展产生了巨大影响，一是共产党创办了不少报刊，其中著名的有1922年9月在上海创办的党中央机关报《向导》、1923年6月创办于广州的《新青年》、1923年创办于上海的《前锋》、《热血日报》等。中国社会主义青年团则于1922年1月创办了《先驱》、于1923年10月创办了《中国青年》等。二是帮助国民党创办报刊，主要是统一战线方面的报刊，影响较大的有《民国日报》、《政治周报》等。从总的情况看，这一时期我国的报刊事业又有一定程度的发展。1912年，全国有1500余种报刊，1913年由于北京政府的镇压减少至130余种，1919年又上升到400余种。1921年，全国已有报刊550种。1926年，增加到628种，其中商业性、企业性的大报如《申报》、《新闻报》、《时报》、《时事新报》等又有了长足发展，特别是1926年吴鼎昌、胡政之、张季鸾"三巨头"组成的新记公司接办《大公报》，在我国现代新闻史上产生了重大影响。此外，这一时期新创的报纸有陈布雷主编的上海《商报》、成舍我创办的《世界日报》等。

我国的广播事业也在这一时期起步。1923年初，在上海诞生了中国境内的第一座无线广播电台，它是由美国商人奥斯邦办的。1926年，我国人自办的第一座官办广播电台——哈尔滨广播无线电台诞生。这一年，全国通讯社已增加到155家，其中较为著名的有"国闻通讯社"及国民党的"中央通讯社"等。

十年内战时期的新闻事业可分两大部分：一是国民党统治区，主要集中在南京、上海等地，其中包括国民党反动的新闻事业、共产党创办的秘密出版的地下报刊及进步的新闻事业和企业化大报及私营报纸等等。二是革命根据地，即苏维埃地区的新闻事业，主要集中在江西瑞金一带。国民党以中央社为中心，建立通讯事业网；以中央台为中心，建立了广播事业网；以《中央日报》及《扫荡报》为中心，建立国民党党报、军报网。1927年中共"八七"会议后，中共中央机关由武汉迁到上海，并转入"地下"办报活动。1927年10月，创办了中共中央理论性机关刊物《布尔塞维克》，随后又于1928年11月20日在上海创办了《红旗》周刊，于1929年4月由中共江苏省委出版了《上海报》，1930年8月《红旗》和《上海报》合并，改出中共中央机关报《红旗日报》。此外，共产主义青年团中央于1927年11月7日创刊了《无产青年》。中华全国总工会主办的《中国工人》于1928年12月1日秘密复刊。以上报刊中影响极大的是《布尔塞维克》和《红旗日报》。另外，不少的进步文化人士和共产党员也创办了一些刊物，如《文化批判》、《太阳月刊》、《生活》周刊等。在1927～1937年间，据不完全统计，革命根据地出版的报刊和通讯社达35家，其中最有影响的是于1931年11月7日在瑞金创办的红色中华通讯社和同日创刊的《红色中华》。1937年1月29日，红中社改为新华通讯社，《红色中华》改名为《新中华报》，成为陕甘宁边区政府的机关报。

抗日战争时期主要可分为三种类型地区的新闻事业：一是抗日根据地的新闻事业，这基本上是中共的新闻事业，主要以延安为中心。1939年2月7日，《新中华报》成为中共中央的机关报，后与《今日新闻》合并，于1941年5月改为《解放日报》。全国各抗日根据地的新闻事业都有了大发展。二是国民党统治区的新闻事业，其中包括国民党的新闻事业、共产党在国统区创办的报刊、进步力量及抗日团体创办的报刊和中间势力创办的报刊等。抗战初期，上海地区成为国统区新闻事业的中心，出版了不少宣传抗日救亡的报刊。1937年11～12月间，武汉一度成为国民党军、政中心，也成了国统区新闻事业的中心。武汉失守后，重庆成为战时"陪都"，原沿海城市及其他大城市出版的报纸，大批向重庆迁移，重庆报业最盛时达22家。此外，桂林和香港也一度成为国统区报刊及新闻事业的重要基地。《新华日报》是中国共产党在国统区出版的第一张机关报，1938年1月11日在汉口创刊，10月25日迁重庆，1947年2月28日停刊。三是沦陷区的新闻事业。日本侵略者和它扶植的伪政权在沦陷区的新闻事业主要集中在北平、天津、上海、南京等大城市，他们在这些地方曾创办了大量的报刊及广播电台，进行战争叫嚣和奴化宣传。中国爱国的、进步的新闻工作者和有关人士，冒着生命危险也出版了一些抗日报刊，特别是上海“孤岛”时期，进步的新闻工作者与日伪进行了不屈的斗争，表现了崇高的爱国主义精神和民族气节。

全面内战爆发前夕，新华通讯社进行改组，成为中共中央的通讯社。1947 年 3 月 27 日，《解放日报》停刊，新华社集通讯社、广播电台、报纸工作于一身。1948 年 6 月，中共中央华北局机关报《人民日报》创刊，8 月改为中共中央机关报。各地方党报也相继创刊。1949 年 5 月 5 日，原新华社语言广播部扩充为中央广播事业管理处，管理并领导全国广播事业。国民党和帝国主义侵略者的新闻机构随着国民党撤离大陆被取缔或自动停止。

【导　读】

1. 徐乃翔、张占国主编:《新编中国民国史》，人民出版社 1995 年版。本书为百卷本《中国全史》(名誉主编:张岱年、季羡林，主编:史仲文、胡晓林)民国卷(上、下册)。

2. 史全生主编:《中华民国文化史》(上、中、下三册)，吉林文史出版社 1990 年版。

3. 黄兴涛主编:《中国文化通史・民国卷》，中共中央党校出版社 2000 年版。

4. 史仲文主编:《中国全史・中国民国科技史》，人民出版社 1994 年版。

5. 叶青、马怀忠:《中国现代文化史》，吉林大学出版社 1990 年版。

【思考与讨论】

1. 为什么说 20 世纪 20～30 年代形成了中国科学创建与发展的大好时机？表现在何处？
2. 简述马克思主义史学在中国的出现及其发展。
3. 列举著名的文学家、艺术家及其代表作。
4. 简述新闻事业在现代中国的变化。
5. 怎样估计 1919 年至 1949 年中国文化近代化的发展程度？

第八章 现代中外关系

近年来现代中外关系史的研究有相当进展。过去侧重于帝国主义侵华活动的描述批判，近十多年研究深入到与中国关系密切的美、苏、日等国对华政治、军事、外交的战略方针及中国政府对外政策方面的剖析。综合性的专著比较有影响的有：唐培吉主编的《中国近现代对外关系史》(高等教育出版社 1994 年版)，吴东之主编的《中国外交史(中华民国时期)》(河南人民出版社 1990 年版)，石源华的《中华民国外交史》(上海人民出版社 1994 年版)，杨公素的《中华民国外交简史》(商务印书馆 1997 年版)，程道德主编的《近代中国外交与国际法》(现代出版社 1993 年版)，王建朗的《中国废除不平等条约的历程》(江西人民出版社 2000 年版)，孙莹、丁惠希的《大革命时期的中外关系》(武汉大学出版社 1997 年版)，陶文钊、杨奎松、王建朗合著的《抗日战争时期中国对外关系》(中共党史出版社 1995 年版)，王真的《没有硝烟的战争——抗战时期的中共外交》(广西师范大学出版社 1995 年版)等。由于研究者所掌握外语语种及个人精力的限制，更大量的研究是按国别而分类进行的。除以下分述的中日、中苏、中美关系外，其他双边关系史专著重要者有萨本仁、潘兴明的《20 世纪的中英关系》(上海人民出版社 1996 年版)，马振犊、戚如高的《蒋介石与希特勒——民国时期的中德关系》(台湾东大图书公司 1998 年版)等。

一、中日关系

中日关系史是现代中外关系的重要内容，而日本侵华史仍然是中日关系史研究的基本内容。新中国成立前就已有王芸生编《六十年来中国与日本》、陈觉编《九一八后国难痛史资料》、蒋坚忍著《日本帝国主义侵略中国史》等。解放后出版了一批具有较高学术价值的著作特别是关于日本侵华的著作，如复旦大学历史系编的《日本帝国主义对外侵略史料选编 1931～1945》(上海人民出版社 1975 年版)，张蓬舟编的《近五十年中国与日本(1932～1982)》(四川人民出版社 1985 年版)，刘惠吾、刘学照主编的《日本帝国主义侵华史略》(华东师范大学出版社 1989 年版），易显石等编著的《九一八事变史》（辽宁人民出版社 1981 年版），胡德坤著的《七七事变》（解放军出版社 1987 年版），王晓秋的《近代中日关系史研究》（中国社会科学出版社 1997 年版），臧运祜著的《七七事变前的日本对华政策》（社会科学文献出版社 2000 年版），刘庭华著的《九一八事变研究》（国防大学出版社 1986 年版），天津市政协文史编译委员会翻译的《日本军国主义侵华资料长编》（四川人民出版社 1987 年版），张振鹍、沈予等的《日本侵华七十年史》（中国社会科学出版社 1992 年版），张声振的《中日关系史》（吉林文史出版社 1986 年版）等。近年来，有关中国对日外交方针逐步受到研究者的重视，特别是将国民党政府从对日妥协转向抗日的政治态度与对日外交方针逐步强硬结合起来研究，发表的论文如李义彬的《华北事变后国民党对日政策的变化》，陈鸣钟的《试论 1935 年、1936 年中日会谈》（载《民国档案》1989 年第 1、2 期）。关于“七七”事变后中日秘密交涉问题，一些人将此视为蒋介石对抗战动摇，准备投降。但另一些人认为，交涉和妥协并不等于投降。蒋介石在交涉中始终坚持恢复“七七”事变前的状态，是有基本原则的。还有学者指出，国民政府与日谈判还怀有牵制日方作战及要英、美提供更多援助等目的。[①]

五四运动与中国共产党创立时期。第一次世界大战期间日本在华势力的扩张与巴黎和会作出出卖中国山东给日本的决定，极大地激发了中国民众的爱国情绪，引发了五四运动，中日关系受到冲击。在这种情况下，华盛顿会议的召开重新调整了列强在中国的关系，日本也对中国作出了一些让步，收回了“二十一条”中的部分内容，中国接管胶州湾。这样，日本在大战期间和凡尔赛会议获得的特殊权益受到限制，日本政府内部也推行以国际协调路线为核心的币原外交，标榜不干涉主义，并主要采取了经济手段。[②]

国民革命时期。国民革命初期，日本虽有枪杀顾正红并引发了五卅运动的举动，但此后一度采取比较妥协的低调政策，如在 1927 年南京事件中，日本主要是拉拢蒋介石走上反共道路，与英国的对华政策也是不同的。[③] 蒋介石也曾经想笼络日本。济南事件是中日关系发生转折的标志，一方面“济案”是蒋介石对日妥协的开始，同时却放弃了以日本为对外政策中心的取向，寻求与美国建立密

---

① 参见蔡德金《如何评价卢沟桥事变爆发后蒋介石的对日交涉》，载《抗日战争研究》1996 年第 3 期；汪熙《太平洋战争与中国》，载《复旦学报》1992 年第 4 期。

② 参见臧运祜《20 世纪前半期的中日美三角关系述论》，载《北京大学学报》2000 年第 6 期。

③ 参见沈予《四·一二反革命政变与帝国主义关系的再探讨》，载《历史研究》1984 年第 4 期；《论日本币原外交破坏中国大革命》，载《中日关系史论文集》，黑龙江人民出版社 1984 年版。

切的关系以制衡日本的侵略。①

第二次国内革命战争时期。这一时期中日关系急剧恶化并最终走上全面战争，其原因主要是中国国民革命运动给中国带来了巨大的变化，民族意识空前高涨，南京政府也以此为基础推行"革命外交"，而日本却无视中国的这种变化，不仅继续推行僵硬的对华政策，拒绝承认中国有修改不平等条约的权利，而且日本国内的军国主义势力再度膨胀，炮制了皇姑屯事件。特别是1929年开始的世界资本主义经济危机打破了刚刚趋于相对稳定的世界格局，日本趁机制造了"九一八"事变，对华政策由协调外交走向自主外交。② 有的学者指出，这些阴谋固然由军方策划，但日本政府并不反对战争，政策还是出自内阁，同时天皇在其中也起到怂恿作用，因而实质是日本天皇制国家意志的体现。③ 从"九一八"事变到"七七"事变前，日本对华政策的主要内容是侵略中国华北地区，因而"卢沟桥事变"并不是偶发的事件，而是日本侵华政策的延续。④

抗日战争时期。近年来抗战时期的中日关系除了继续检证南京大屠杀等事件外，比较多地关注中日秘密交涉问题。沈予认为，中日秘密交涉从日本方面来说是同军事进攻手段相互配合的一种策略，而蒋介石既有谋求妥协的政治动摇，也有周旋和策略的原因。⑤ 杨奎松认为，蒋介石在坚持抗日的前提下，并不拒绝停战议和，并且几乎所有与蒋直接有关的议和之举，均为日方主动；而蒋接受议和，除受内外形势高压以外，通常又是消息传递不确或对日方妥协意图估计过高所致，并且蒋对日议和是以恢复卢沟桥事变前的状态为底线的。⑥ 此类研究否定了此前认为蒋介石对抗战动摇、准备投降的观点，认为抗战时期国民政府同日本的秘密交涉是一种策略手段，怀有牵制日方作战及要英、美提供更多援助的目的，尚不构成投降行为，有的谈判甚至是为了打压汪伪政权的建立。⑦

---

① 参见杨天石《济案交涉与蒋介石对日妥协的开端》，载《近代史研究》1993年第1期；罗志田《济南事件与中美关系的转折》，载《历史研究》1996年第2期。

② 参见武寅《从协调外交到自主外交——日本在推行对华政策中与西方列强的关系》，中国社会科学出版社1995年版。

③ 参见郎维成《日本军部、内阁与"九一八"事变》，载《世界历史》1985年第2期。

④ 参见臧运祜《七七事变前的日本对华政策》，社会科学文献出版社2000年版。

⑤ 参见沈予《论抗日战争期间日蒋的"和平交涉"》，载《历史研究》1993年第2期。

⑥ 参见杨奎松《蒋介石抗日态度之研究》，载《抗日战争研究》2000年第4期。

⑦ 参见蔡德金《如何评价卢沟桥事变爆发后蒋介石的对日交涉》，载《抗日战争研究》1996年第3期；汪熙《太平洋战争与中国》，载《复旦学报》1992年第4期；荣维木《论卢沟桥事变期间的中日"现地交涉"》，载《民国档案》1998年第4期；杨汉卿《抗战相持阶段孔祥熙与日本的秘密和谈》，载《河南大学学报》1998年第6期。

二、共产国际、苏联与中国的关系

解放前出版的中苏关系史著作有40余种，如何汉文的《中俄外交史》（上海中华书局1935年版）、田鹏编的《中俄邦交之研究》（上海正中书局1937年版）和孙科的《中苏关系》（上海中华书局1946年版）等。20世纪80年代以来，发表了大量关于中苏关系、共产国际与中国革命的关系方面的研究论文，出版了一些专著，如杨云若、杨奎松的《共产国际与中国革命》（上海人民出版社1988年版），向青、石志矢、刘德喜主编的《苏联与中国革命》（中央编译出版社1994年版），刘志清的《恩怨历尽后的反思——中苏关系70年》（黄河出版社1998年版），李嘉谷的《中苏关系（1917～1926）》（社会科学文献出版社1996年版）、《合作与冲突——1931～1945年的中苏关系》（广西师范大学出版社1996年版），田保国的《民国时期的中苏关系（1917～1949）》（济南出版社1999年版），罗志刚的《中苏外交关系史研究（1931～1945）》（武汉大学出版社1999年版），曹军的《中国共产党与共产国际关系史研究》（陕西人民出版社2001年版）等。以下对各个时期共产国际、苏联与中国的关系的大事作些介绍：

五四运动与中国共产党创立时期。苏俄政府于1919年7月25日、1920年9月27日、1923年9月4日发表三次对华宣言，体现了列宁的无产阶级对外政策，对中国先进分子接受十月革命的影响和马克思主义，对孙中山确定联俄政策产生了积极影响。中国共产党的创立，与苏俄、共产国际的帮助是分不开的。1920年春，经共产国际批准，俄共远东局派俄共产党员魏金斯基来中国，在北京会见了李大钊，并经李大钊介绍，在上海会见陈独秀。在他的帮助下，1920年8月，在上海成立了中国第一个共产主义小组。1920年6月，马林作为共产国际的正式代表来到中国，他和尼柯尔斯基参加了于次年7月召开的中共“一大”。1922年7月召开的中共“二大”根据列宁关于民族、殖民地问题的理论和党成立后对中国革命基本问题的探索制定了民主革命纲领。十月革命的影响与苏俄、共产国际代表的具体帮助是孙中山晚年得以实现伟大转变的重要因素。1920年秋，经陈独秀介绍，魏金斯基在上海会见了孙中山，这是共产国际使者第一次同孙中山会见。1921年12月，马林在桂林会见了孙中山，并向他提出了改组国民党、创建军官学校等建议。1922年7月，苏俄政府任命越飞为驻华特使，在与北京政府谈判，未获成果后，1923年1月南下赴沪与国民党谈判，并发表《孙文越飞联合宣言》，标志着孙中山联俄政策的确立。1923年10月，鲍罗廷到达广州，12月13日被孙中山任命为国民党中央执委会政治顾问，并以共产国际派驻中国代表的身份与陈延年领导的中共两广区委保持联系。

国民革命时期。共产国际、苏俄对国民革命作出了贡献。主要表现在：(1)政治上帮助中国实现了第一次国共合作。马林极力主张以共产党员加入国民党的党内合作形式建立统一战线，他的意见为共产国际所接受。1922年8月，中共中央在西湖举行的特别会议和1923年6月召开的中共"三大"，根据马林的建议与共产国际的指示决定了以党内合作形式建立国共合作的统一战线的策略。1924年1月召开的国民党"一大"在共产国际与中国共产党的帮助下，确立了"联俄，联共，扶助农工"三大政策，重新解释了三民主义，确认共产党员以个人资格加入国民党，标志着以国共合作为基础的统一战线的建立。(2)军事上推动了国民革命高潮的到来。共产国际和苏联对中国革命的援助，采取了在国共合作的前提下，在工农运动方面支持共产党、军事上支持国民党的方针。首先，帮助创建黄埔军校。国民党"一大"后，鲍罗廷与廖仲恺、蒋介石一起筹建军校，军校参照苏军政治委员制度建制，共产国际、苏联为军校提供了资金、武器、军事教官等。1924年10月，帮助广州政府镇压了商团叛乱。1925年，帮助国民党统一广东，建立国民革命军。在1926年的北伐战争中，不仅提供了物质援助，而且派出了以加伦将军为首的军事顾问团，帮助制定了集中兵力、各个击破的作战方针。(3)理论上，在列宁的民族殖民地问题理论促成中共制定民主革命纲领后，斯大林在1926年底召开的共产国际第七次执委扩大会议上所作的《论中国革命的前途》的演说，对年幼的中国共产党具有指导作用。斯大林认为：中国革命的领导者和倡导者、中国农民的领袖不可避免地要由中国无产阶级及其政党来担任；中国革命的形式是武装的革命反对武装的反革命；中国革命的前途将走向非资本主义即向社会主义发展。共产国际、苏联对国民革命的指导也有失误：(1)重视国民党、轻视共产党。共产国际把国民党看作中国惟一强大的革命组织，把希望寄托于国民党并帮助国民党取得领导权，而认为中国工人阶级和共产党力量薄弱，影响不大，不足以领导中国革命。整个国民革命时期，苏联政府在经济上支援国民党，而对共产党却始终未采取具体措施给予有力支援。(2)国民革命中期，在领导权问题上的三次大退让，即在国民党"二大"上的退让、对"中山舰事件"的妥协和对"整理党务案"的退让，反映了共产国际右倾思想。(3)在国民革命紧急关头，共产国际、苏联的"联合战线高于一切"的根本方针导致全面放弃无产阶级领导权，终使国民革命失败。第一，对蒋介石、汪精卫等资产阶级右翼从盲目依靠到无原则退让，甚至把共产国际"五月指示"密电送给汪精卫，为他公开反共提供了借口。第二，放弃对武装斗争的领导权，在军事上只援助国民党而不发展共产党的武装。第三，取消土地革命，指责农民运动过火，企望依靠武汉政府进行土地革命，实际上是取消土地革命。(4)理论上对中国阶级关系和革命阶段的分析犯了公式化的错误。苏联、共产国际认为蒋介石是民族资产阶级代表，汪精卫是小资产阶级代表，他们相继叛变表明民族资产阶级、小资产阶级离开了革命，并据此将革命分为三个阶段：第一阶段是广州时期，革命阵营是工人、农民、小资产阶级、民族资产阶级四个革命阶级的联盟；第二阶段是武汉时期，革命阵营是工人、农民、小资产阶级的联盟；第三阶段是苏维埃革命时期，革命阵营只剩下工农两个阶级。这三个阶段的划分机械地套用俄国的1905年革命、1917年二月革命和十月革命的模式，对中国共产党出现"左"、"右"倾错误产生了影响。

第二次国内革命战争时期。(1)苏联、共产国际与北京政府、南京政府的关系。1927年4月以后，因蒋介石坚持反共、反苏政策，致使苏联、共产国际与正取得全国政权的南京政府之间的关系破裂。与此同时，奉系军阀在北京强行搜查苏联驻华大使馆，苏联政府提出抗议并决定撤回驻华代表，但并未宣布断交。1928年12月，张学良宣布东北"易帜"，南京政府统一中国后，蒋介石支持张学良收回中东铁路主权，引起中苏冲突。1929年7月18日，苏联政府正式宣布与中国断交，随后发生武装冲突。张学良在军事冲突中失败后派代表同苏联进行谈判，1929年12月22日签订《伯力协定》，恢复冲突前的状态。关于"中东路事件"，以往我国史学界沿袭苏联观点，大都指责中国政府反苏反共。20世纪80年代起，有学者提出不同看法，认为中东路事件的起因是中国政府为了收复国家主权。[①] 对于后来苏联政府于20世纪30年代将中东路出售给伪满，学者们大都持批评态度，认为此举违反了公认的国际准则，侵犯了中国主权。[②] "九一八"事变后，中苏两国出于各自战略利益的考虑，开始调整相互间不正常的关系，重新联手抵御强敌，于1932年12月12日复交。此后虽有曲折，但趋势是逐步升温。(2)苏联、共产国际与中国共产党的关系。在第二次国内革命战争时期，苏联、共产国际的指导既有基本正确的，也有错误的方面。基本正确的主要有：第一，面对蒋、汪的叛变，1927年7月14日，共产国际执委会发出《关于中国革命目前形势的决定》，召回罗易、鲍罗廷等人，派罗明那兹到武汉并力主召开了中央紧急会议即"八七"会议，提出了土地革命和武装反抗国民党的新方针。第二，共产国际于1935年7月25日至8月30日召开"七大"，决定建立反法西斯统一战线。这为中国共产党于8月1日发表《八一宣言》形成我党抗日民族统一战线的策略思想，为12月中共中央瓦窑堡会议确定建立抗日民族统一战线的政治路线，为1936年12月和平解决西安事变起到了积极作用。错误方面主要有：第

---

① 参见冯国民《评"中东路事件"》，载《世界历史》1986年第12期。

② 参见金梅《"苏满关于中东路转让基本协定"所涉及的国际法问题》，载《近代史研究》1990年第4期。

一,苏联、共产国际在指导思想上坚持斯大林关于中国革命三阶段论,因而政策日益僵化,越来越"左",导致了中国共产党内连续三次出现"左"倾错误。第二,在抗日民族统一战线的设计上,经历了反蒋抗日——联蒋抗日——反蒋抗日——联蒋抗日的摇摆过程,并认为联蒋抗日就是以蒋介石为领袖,以国民党为中心,要求中国共产党以妥协退让与国民党蒋介石联合。

抗日战争时期。中国的抗战与苏联的民族利益休戚相关,因此,苏联支持中国抗战。"七七"事变后不久,共产国际发表宣言谴责日本对中国的侵略。1937年7月14日,苏联外交人民委员接见中国驻苏大使,表示"愿助中国"。8月21日,中苏两国政府代表在南京签订《中苏互不侵犯条约》,苏联开始援助中国抗战。从1937年至1940年,苏联给中国的贷款总计4.5亿美元。抗战期间,苏联支援中国战斗机1000余架,随机参战的航空人员2000余人,加强了中国的国防力量。但苏联对中国利益也有损害。1941年,苏联从民族利己主义出发,为避免与德、日两线作战,便承认"满洲国",4月与日本签订《苏日中立条约》。6月,苏德战争爆发后,苏联更无暇东顾。到1943年初,斯大林格勒战役胜利,苏德战争出现转折,使苏联再次回首中国事务。1945年2月,雅尔塔会议通过斯大林与罗斯福达成秘密协定,确定恢复沙俄在中国的权益作为苏联参战条件。8月8日,苏联对日宣战;9日,苏联出动150万兵力对日作战,消灭67万盘踞东北的关东军,加速了日本的投降和第二次世界大战的结束。8月14日签订《中苏友好同盟条约》。学术界曾在长时期内对这一条约持肯定态度。改革开放后出现了新的评价,认为苏联此举既有协助对日作战的一面,也有恢复沙俄已失去的权益的一面,不应全面肯定。① 关于抗战时期中苏关系发展的基本过程,认为"九一八"事变是促使中苏关系正常化的根本原因,"七七"事变导致中苏成为非正式盟友,而太平洋战争爆发后美国参战又使中苏关系趋于紧张,大致经历了"轻苏冷苏"—"重苏联苏"—"远苏防苏"的发展道路,国家利益则是中苏处理相互关系的基本出发点和依据,中苏合作是一种互利关系(罗志刚:《中苏外交关系史研究(1931~1945)》)。在与中共的关系上,苏联、共产国际与中共中央存在尖锐矛盾。1937年8月,共产国际对中共能否贯彻共产国际政策缺乏信心,决定王明回国。12月,王明回国后根据斯大林指示作了《如何继续全国抗战和争取抗战最后胜利呢?》的演说,提出"一切经过统一战线"、"一切服从统一战线"的主张。中国抗战开始后,国民党正面战场的溃败与共产党领导的敌后根据地的发展,使苏联、共产国际认识到要实现苏联的战略目标仅仅依靠国民党抗日是不够的,开始支持毛泽东为代表的政治路线。1938年2月,中共中央派任弼时向共产国际

① 参见潘志平《关于1945年中苏友好同盟条约的评价》,载《世界史研究动态》1985年第9期。

报告工作，向苏联、共产国际解释中国的具体情况和党的方针政策。7月，任弼时、王稼祥回国时，季米特洛夫对他们说："应该告诉全党，应该支持毛泽东为中国共产党的领导人，他是在实际斗争中锻炼出来的领袖。其他人如王明，不要再争当领导人了。"这为中共六届六中全会纠正王明的右倾错误提供了有利条件。

解放战争时期。抗日战争胜利后，随着苏、美两国由盟友转变为对手和中国抗日民族统一战线转变为内战，在中国形成了在野的中国共产党、执政的国民党、苏联和美国错综微妙的三国四方关系。由于：第一，斯大林从保证苏联的国家安全利益出发，不愿在中国出现苏、美直接武力对峙的局面，需要一个相对友好的中国为邻，因而，当时对华政策的主要对象是国民党政府。其对华政策的主要任务是保证和实现通过《雅尔塔协定》和《中苏友好同盟条约》在中国东北取得的权益。第二，毛泽东成为党的领袖后，抵制和反对了共产国际、苏联的一些不符合中国革命实际的指示和要求，引起苏共中央和斯大林对中共的误解和不够信任。第三，他们过高估计蒋介石的力量，过低估计共产党的力量，不相信中共有能力完成中国的统一。所以，苏联不像美国那样明目张胆地支持国民党，而是暗中信心不足地支持共产党。苏联与国民党政府的外交关系一直保持到1949年10月3日与新中国建交。随着中国革命战争的胜利发展，斯大林重新考虑了对华政策。1949年初，米高扬访问西柏坡后，中苏两党之间真正合作的基础得以初步建立。关于苏联是否有过"划江而治"的建议，有的学者认为，斯大林曾派米高扬来华劝中共不要打过长江，并有人回忆曾亲自听到毛泽东的有关谈话。[①]但另一些人认为这是传说而已，当时担任毛泽东翻译的师哲也否认此事。[②]1994年，俄罗斯方面公布了1949年1月间斯大林和毛泽东就国共谈判问题的往来电文。斯大林电文的基本精神是不赞成和谈，告诫中共不要停止军事行动。研究者据此认为，所谓斯大林主张"划江而治"的说法是难以成立的。[③]刘少奇访苏后，中苏两党在原则上统一了认识，虽然某些根本利益的分歧尚未解决，但未来双方关系发展的目标确定下来。随后，中国共产党宣布了向苏联"一边倒"的外交方针。

---

① 参见向青《关于苏联劝阻解放大军过江之我见》，载《党的文献》1989年第6期；王方名《要实事求是，独立思考——回忆毛泽东1957年的一次亲切谈话》，载1979年1月2日《人民日报》。

② 参见余湛、张光佑《关于斯大林曾否劝阻解放大军过江之我见》，载《党的文献》1989年第1期；师哲《陪同毛主席访苏》，载《人物》1988年第5期。

③ 参见王真《斯大林与毛泽东1949年1月往来电文译析》，载《近代史研究》1998年第2期。

三、中美关系

建国以前出版的中美关系史专著主要有：唐庆增的《中美外交史》(上海1928年版)、李祥麟的《门户开放与中国》(商务印书馆1937年版)、周守一的《华盛顿会议小史》(中华书局1922年版)、张忠绂的《四年来的美国远东外交》(重庆国民图书出版社1941年版)等。建国初期出版的主要著作有：刘大年的《美国侵华史》和卿汝楫的《美国侵华史》等。新时期中美关系史研究成为热门，内容比较集中于抗日战争时期和战后时期。1983年成立的中美关系史丛书编委会已出版了资中筠的《美国对华政策的缘起和发展(1945～1950)》(重庆出版社1987年版)、项立岭的《转折的一年——赫尔利使华与美国对华政策》、《中美关系史论文集》第1、2辑(重庆出版社1985、1988年版)、陶文钊的《中美关系史(1911～1950)》(重庆出版社1993年版)等。其他有影响的专著如屠传德著的《美国特使在中国》(复旦大学出版社1988年版)、牛军的《从赫尔利到马歇尔——美国调处国共矛盾始末》(福建人民出版社1988年版)等。这一阶段还发表了数百篇论文，如王立新的《华盛顿体系与中国国民革命：二十年代中美关系》(载《历史研究》2001年第2期)，牛大勇的《美国对华政策与四一二政变的关系》(载《历史研究》1985年第4期)和《北伐战争时期美国分化政策与美蒋关系的形成》(载《近代史研究》1986年6期)，任东来的《1934～1936年间中美关系史中的白银外交》(载《历史研究》2000年第3期)，王淇、吴荣宣的《评抗日战争时期的美国对华政策》(载《党史通讯》1988年第20～21期)，陶文钊的《40年代中美关系史上新的一页》(载《党史研究》1987年6期)和《赫尔利使华与美国扶蒋反苏政策的确定》(载《近代史研究》1987年第2期)，何志功的《试评1945年～1949年美国对华政策》(载《近代史研究》1985年第1期)等。下面对各个时期的中美关系作些介绍。

五四运动与中国共产党创立时期。第一次世界大战期间，美国政府由于把注意力集中于欧洲，而在亚洲太平洋地区不得不对日本作一些让步和妥协。第一次世界大战结束后，1919年1月18日至6月28日，27个战胜国在法国巴黎的凡尔赛宫举行“和平会议”。在巴黎和会上，美、日既互相争夺又互相勾结。威尔逊袒日压华。在美国的支持下，《凡尔赛和约》规定把德国在山东的特权转让给日本，直接激起了中国的五四反帝爱国运动。巴黎和会后，欧洲争端告一段落，美日在亚洲太平洋地区尤其是中国的矛盾日益尖锐。1921年11月12日至1922年2月6日，由美国提议，美、英、日、中等九国举行华盛顿会议。这次会议除缔结《关于太平洋区域岛屿属地和领地的条约》与《限制海军军备条约》外，还着重讨论了中国问题。中国对这次会议寄予极大希望，派出以驻美公使施肇基为团长、多达100多人的代表团，聘请美国原国务卿蓝辛等人为顾问，提出恢复关税自主、取消领事裁判权、收回山东主权等一系列问题。这次会议签订的《九国公约》名为"尊重中国之主权与独立，及领土与行政之完整"，实则重弹"门户开放"、"机会均等"的老调，中国代表团提出的问题被抛在一边。华盛顿会议及《九国公约》是第一次世界大战后美日妥协的产物，它反映出：第一，日本在中国和整个亚太地区膨胀起来的侵略势力受到了一定的约束，第一次世界大战以来日本在中国的独占状态被打破，过去的英日同盟已瓦解。第二，美国卷土重来，其在华势力逐渐扩大。第三，由于"华盛顿体制"建立了战后远东地区的新均势、新格局，使中国又回到几个帝国主义国家共同支配的局面。

国民革命时期。美国由操纵直系军阀转向支持以蒋介石为代表的国民党新军阀。20世纪20年代早期，美国支持直系军阀吴佩孚"武力统一"中国，把孙中山领导的广州革命政府视为"中国重新统一的突出障碍"，不仅拒绝承认，且于1923年9月派军舰驶入广州进行武力恐吓。孙中山愤然抗议道："美舰压境，助恶长乱，践踏公理。"10月，直系曹锟贿选大总统成功，前往观礼并祝贺的只有美国一家。美国驻华公使舒尔曼说："北京没有欢呼，没有群众，街上只有警察、兵士和洋车夫，我是惟一在场的外国公使。"1925年5月，五卅运动爆发后，帝国主义调往上海的军舰以美国为最多，占13艘，在上海登陆的官兵达450人。随着北伐战争的胜利与直系军阀的失败，美国开始寻找新的代理人。他们对蒋介石软硬兼施，一方面，美、英军舰于1927年3月24日进入南京，制造了"南京惨案"；另一方面，美、英等国以放弃治外法权、关税自主等为诱饵拉拢蒋介石。蒋介石在美英帝国主义、封建势力、大资产阶级的支持下发动"四一二"政变，使国民革命走向失败。

第二次国内革命战争时期。美国政府逐步控制了国民党政权。日本政府虽然也支持蒋介石发动反革命政变，拉拢蒋介石，但由于其经济基础薄弱，无法与美国抗衡，因而日本政府不支持蒋介石"北伐"张作霖，统一中国，主张"分而治之"，企图利用中国南北对立，逐步蚕食中国。而美国支持蒋介石"北伐"张作霖，希望把自己的商品和资本由华东沿海推向华北、东北，以独霸中国。蒋介石也开始由争取日本的支持转为争取美国的支持。1928年4月，蒋介石出兵讨伐控制北京政府的张作霖。6月15日，南京政府宣布完成"北伐"。7月25日，美国政府以签订《整理中美两国关税关系之条约》的形式，第一个承认南京国民政府为中国合法政府。随后，在美国的斡旋下，张学良冲破日本的阻挠，于1928年12月29日宣布东北"易帜"，服从南京国民政府，美国帮助国民党蒋介石控制了全国政权，它的在华势力也随之膨胀。南京政府聘请了大批美国顾问，参与了军事、财政、交通等重要部门的管理工作。美国资本控制了航空、电力等许多重要部门。美国的商品和资本不仅向华北推进,而且伸向东北,动摇了日本在中国东北地区的垄断地位。总之,20 世纪 20 年代后期,美国政府支持蒋介石,控制国民党政权取得了成功,从而为美国在 20 世纪 30 年代和 20 世纪 40 年代进一步控制国民党政权,扩大美国的对华商品输出和资本输出铺平了道路。美国还帮助蒋介石对共产党领导的红军和根据地进行反革命军事“围剿”。1931 年 7 月 8 日和 1933 年 6 月 4 日,国民党政府与美国两次签订“中美棉麦借款”,第一次借款购买美麦 45 万吨,第二次借款 5000 万美元用以购买美国棉麦。国民政府意在加强与欧美的联系,寻求支持,以扼制日本逐步升级的入侵。[①] 1933 年 7 至 8 月间签订《中美航空密约》,规定由美国为中国组织空军,美国供给一半款项等。

抗日战争时期。可以 1941 年 12 月太平洋战争爆发为界分两个阶段。

(1)太平洋战争爆发前的中美关系

1937 年 7 月 7 日,中日战争爆发后,美国政府实行所谓“完全中立”、“不干涉”政策。7 月 16 日,美国国务卿在关于国际政策原则之声明中,以“公正”的姿态,空谈“维持和平”,“切戒在推行政策应用武力”。9 月 14 日,罗斯福总统发布“中立法”声明。但日本在侵华战争头三年内消耗的 4000 万吨汽油中,有 70%来自美国;所进口的废钢铁,90%是美国供应。1938 年 10 月,美国驻日大使格鲁致近卫首相照会,惟一的要求是日本不应“破坏门户开放原则的实际应用,和剥夺美国人民的均等机会”。可见,美国的“中立”,实质是纵容侵略,自己坐山观虎斗,收渔人之利。关于美国在远东的战略,一般包含对日、对华、对苏三方面的政策。围绕这三个方面学术界主要有以下一些观点:第一,“绥靖主义”观点。这是长期以来,我国学术界传统的观点。可以概括为:对日妥协,对华出卖,对苏嫁祸的政策。第二,“两面政策”观点。它认为并不存在“远东慕尼黑”阴谋。英美在远东对日本作出的妥协,无论在动机、程度和后果上都不能和欧洲的慕尼黑相提并论。在总体上,英美政策同时具有两种倾向,一是对日妥协,一是援华制日。第三,“忍耐与中立”观点。在日本咄咄逼人的情况下,罗斯福政府的抉择显得十分软弱无力。它因循观望,养痈成患,最终铸成珍珠港的大败。珍珠港的当头一棒,终于使美国从孤立主义迷梦中清醒过来。罗斯福被迫结束多角外交,投身到反法西斯阵营。第四,“第一枪”的观点。认为罗斯福为摆脱孤立主义者的重重包围,唤起美国人民,制造参战借口,不惜设下珍珠港作为“陷阱”引诱日本“打第一枪”。第五,“两段论”的观点。这是较为集中的一个观点。认为这一时期美国远东政策应以 1940 年秋为界,前段美国执行的是绥靖政策。表现为:对日本的

① 郑会欣:《1933 年的中美棉麦借款》,载《历史研究》1988 年第 5 期。

挑衅行为予以最大限度的克制,拒绝采取集体行动阻止日本扩张,经济上扶植侵略者。从1940年秋到太平洋战争爆发期间,虽然美国对日本仍取守势,但性质已和前段大不相同。1940年底开始的日美谈判与张伯伦的"慕尼黑"阴谋有着明显的区别:首先,张伯伦的对德绥靖,是当时英国整个外交政策的战略方针和基础;罗斯福的对日绥靖,则是产生于"先欧后亚"战略方针下的策略。其次,与张伯伦签订《慕尼黑协定》为终点的英德谈判不同,罗斯福在1941年进行的对日谈判,不是一味地退让,而是一种软硬兼施,又拖又挡的政策。再次,与幻想通过"慕尼黑协定"缔造一代和平的张伯伦不同,罗斯福在整个日美谈判中,并未完全处于和平幻想之中,可见,美国虽然在很长一段时间里对日妥协、退让,但是美国始终在根本问题上未作出过"慕尼黑式"的让步。而且,随着形势发展,美国对日妥协绥靖色彩日益消浅,强硬的趋势不断明显。

(2)太平洋战争爆发后的中美关系

1941年12月8日,日本帝国主义为了同英美争夺太平洋霸权以及在中国的统治权,"不宣而战",偷袭美国在太平洋的海军基地珍珠港和英国在太平洋的战略基地新加坡,太平洋战争爆发。学术界都认为,太平洋战争爆发后,盟军中国战区参谋长史迪威来华后,比较客观地了解中国共产党在抗战中的作用,赞助国共合作抗日,美国改变了原来只承认蒋介石政府而不承认共产党的政策,采取了新的对华政策。但是,对美国这一新的对华政策的具体看法,后来转变的时间及未能贯彻下去的原因等又有不同的观点。

第一,对太平洋战争后美国对华政策的具体看法。有的人认为,太平洋战争后,美国对华政策出现了现实主义对华外交路线与传统的对华外交路线之争,前者代表是史迪威,后者代表是赫尔利。有的认为,太平洋战争后,美国对华政策在军事上,基本方针是维持中国作战能力,充分利用中国雄厚的人力和地理条件;在政治上,则使中国与美国友好,以便战后控制中国。有的认为,美国对华政策是企图把国共两党都控制在自己手里,一方面为使国民党抗日,不打内战,另一方面利用共产党抗日,并且防止共产党倒向苏联。

第二,太平洋战争后,美国新的对华政策未能贯彻的原因。太平洋战争后,美国积极支持中国抗战,赞成国共合作抗日的政策,成为支持中国抗日的主要国家。这一政策所以未能贯彻的原因主要有以下几种观点:一种观点是,罗斯福逝世标志着罗斯福政策的夭折,继任的新总统改变了罗斯福对华的现实主义方向,赫尔利则成为扭转这一政策的代表;另一种观点是,《雅尔塔协定》的签订和苏联政府对蒋介石国民党政府的支持,使赫尔利得以利用并无后顾之忧;还有一种观点认为,罗斯福主张国共合作共同抗日,但在亲蒋反共势力的压力下,由于苏联同意出兵,罗斯福认为打败日本有了保障等原因,罗斯福向反共逆流妥协。

第三,太平洋战争后,美国对华政策转变时间。在世界反法西斯战争和中国抗日战争即将胜利的时期,美国对华政策由赞成国共合作抗日逆转为“扶蒋反共”。美国在太平洋战争中取得对日本的优势后,为取日本而代之,把中国变为它的殖民地,竭力扶植蒋介石反动集团,反对共产党。1944 年 9 月 6 日,赫尔利来华以阻止国民党的崩溃,支持蒋介石领袖地位。11 月 7 日,赫尔利到延安,名为“调处”国共关系,实为摸共产党的底子,要共产党把军队交给蒋介石,遭到中国共产党的坚决反对。1945 年 4 月 2 日,赫尔利在华盛顿公开声明:美国只同蒋介石合作,不同中共合作,帮助蒋介石武力统一中国。关于美国这一政策转变的时间,主要有两种观点:一种观点认为,美国实行“扶蒋反共”政策的标志是赫尔利 1945 年 4 月 2 日讲话,罗斯福总统逝世和杜鲁门继任总统。因为 1944 年 10 月 19 日,史迪威被召回美国前后,赫尔利仍继续执行罗斯福的对华政策。另一种观点认为,美国对华政策转变的时间是 1944 年下半年以后,即撤回史迪威,任命赫尔利为驻华大使。这一种观点又可分为两种说法:一是 1944 年 8 月是美国开始推行扶蒋反共政策,因为这时罗斯福的私人代表赫尔利来华。二是 1944 年 10 月是美国实行扶蒋反共政策的标志,因为这时史迪威被召回国,赫尔利任美国驻华大使。

解放战争时期。传统的说法是美国积极帮助国民党反动派部署内战,并由美国一手导演了一场假调处的和谈丑剧。近年来,学术界提出了一些新观点。抗战胜利后,美国一方面在军事上大力援助国民党,帮助蒋介石运兵到前线,抢占大城市、主要交通线及沿海各港口,使蒋介石尽快恢复对全国的有效统治;另一方面,在政治上寻求国际和中国国内的妥协,鼓励国共从事协商,避免国共、美苏间的大规模冲突,希望出现一个统一的亲美政府。1945 年 11 月 27 日,赫尔利去职。同一天,杜鲁门任命马歇尔为驻华特使,标志着美国对华政策的转变。有学者将这一政策概括为“扶蒋溶共”,其主要精神是:使国共双方停止冲突,消弭内战;协助召开有中国各主要党派参加的政治协商会议;共产党交出军队,国民党让出部分政权,建立蒋介石领导下的联合政府,以和平的方式统一中国。马歇尔来华后,1946 年 1 月 10 日,国共双方签订《停战协定》,组成了“三人小组”和“北平军事调处执行部”,召开了政治协商会议。1946 年 6 月,蒋介石发动全面内战。8 月 10 日,马歇尔宣布“调处失败”。1947 年 1 月 7 日,马歇尔离华返美。马歇尔“调处”失败的原因:(1)是美国给蒋介石大量的经济、军事援助直接鼓励了蒋介石打内战;(2)是马歇尔政治解决中国问题方案与蒋介石独裁、内战的方针不相融;(3)是中国共产党已经成熟,中国人民力量空前发展,使中国成为美国附庸的企图不可能实现。另外,有的学者认为,美、苏对华政策是两国争霸世界的部分内容,由于美、苏不断趋向对抗甚至冷战,马歇尔调处必然失败。美国“因为不能采取军事方式阻止苏联通过中共在中国进行扩张，又始终幻想可以继续影响中国的政局，保持在中国的地位，牵制苏联，结果就出现了马歇尔出使中国积极调处国共冲突的局面。但是，在这样一种条件下的调处，从一开始就注定了是要失败的。因为，马歇尔根本没有打算，也不可能解决苏联最关心的问题，即美国独占日本后苏联所感受到的安全威胁问题。”[①]全面内战爆发后，虽然美国在华目标前途未卜，但已别无选择，只能在内战中继续支持蒋介石。据统计，自抗战胜利至1948年3月，美国援蒋物资及贷款达46.4亿多美元，加上抗战期间援蒋的15.6亿多美元，两项合计达62亿多美元。美国“援助”蒋介石，目的是掠夺中国，蒋介石为了换取美援，也甘愿卖国。1946年11月4日，美、蒋在南京签订《中美友好通商航海条约》（简称《中美商约》）。其后，又签订了一系列卖国条约和协定。随着中国内战战局的发展，美国政府在1948年秋冬已开始考虑脱身问题，它多次拒绝了国民党政府关于扩大援助的要求。1949年1月艾奇逊接任国务卿后，设法摆脱国民党政府已成为美对华政策的主要考虑之一。但艾奇逊的政策受到了各方面的阻力，总不能及时付诸实现，结果使自己陷入泥沼而不能自拔。[②] 1月8日，国民党政府照会苏、美、英、法，要求四国进行“调解”，干涉中国内政，结果苏联拒绝，英国见国民党大势已去也不愿出头，美国知道中国人民了解其面目也表示“拒绝”。之后，美国又指使澳大利亚外长提出由联合国“调停”中国内战的建议。2月13日，中共中央指出：“任何外国政府或联合国组织绝都无权干涉中国的内政。”4月21日，人民解放军渡江作战。23日，占领南京，宣告统治中国22年的国民党反动统治的覆灭，也标志着美国侵华政策的破产。8月5日，美国国务院发表《美国与中国的关系》白皮书，叙述了19世纪中叶以来的中美关系，特别是抗战后期美国实施扶蒋反共政策，干涉中国内战，直至1949年彻底失败的经过。毛泽东在8～9月两个月中为新华社连续写了《丢掉幻想，准备斗争》等五篇评论，揭露美国对华政策的侵略本质，批评了国内一部分资产阶级知识分子对美国的幻想。

【导　读】

1.《毛泽东选集》第2、4卷，参阅《统一战线中的独立自主问题》、《美国“调解”真相和中国内战前途》、《丢掉幻想，准备斗争》、《别了，司徒雷登》、《为什么要讨论白皮书？》、《“友谊”，还是侵略？》等文。

2. 向青：《共产国际与中国革命关系概述》，广东人民出版社1983年版。

---

① 杨奎松：《美苏冷战的起源及对中国革命的影响》，载《历史研究》1999年第5期。

② 参见资中筠《美国对华政策的缘起和发展》，重庆出版社1987年版，第6页。

3. 史义人:《国际共运史疑难问题研究》,甘肃人民出版社 1984 年版。

4. 王真:《动荡中的同盟——抗战时期的中苏关系》,广西师范大学出版社 1993 年版。

5. 李嘉谷:《合作与冲突——1931～1935 年的中苏关系》,广西师范大学出版社 1996 年版。

6. 王淇:《从中立到结盟——抗战时期的美国对华政策》,广西师范大学出版社 1996 年版。

7. 朱铃、张先智:《共产国际与中国革命关系史略》,西南交通大学出版社 1988 年版。

8.《中国近代对外关系史资料选辑(1840～1941 年)》,上海人民出版社 1977 年版。

9. 牛军:《从延安走向世界——中国共产党对外关系的起源》,福建人民出版社 1992 年版。

10. 杨奎松:《中间地带的革命——中国革命的策略在国际背景下的演变》,中共中央党校出版社 1992 年版。

11. 杨奎松:《毛泽东与莫斯科的恩恩怨怨》,江西人民出版社 1999 年版。

12. 章百家:《改变自己,影响世界——20 世纪中国外交基本线索刍议》,载《中国社会科学》2002 年第 1 期。

13. 中共中央党史研究室第一研究部编:《苏联·共产国际与中国革命的关系新探》,中共党史出版社 1995 年版。

【思考与讨论】

1. 苏俄、共产国际对中国共产党的建立起了什么作用?
2. 苏联、共产国际是怎样促进国共两党第一次合作的?
3. 简述抗日战争时期美国对华政策的变化过程。
4. 解放战争时期马歇尔“调处”的目的与失败的原因是什么?
5. 怎样全面评价共产国际对中国革命的功过?
6. 略述第一次世界大战后从日本在中国的独占状态到几个帝国主义国家的“协同侵略”。